教育装备
自觉论

JIAOYU ZHUANGBEI
ZIJUE LUN

王德如　著

河南人民出版社

图书在版编目（CIP）数据

教育装备自觉论／王德如著．—郑州：河南人民
出版社，2021.8
ISBN 978-7-215-12792-0

Ⅰ．①教… Ⅱ．①王… Ⅲ．①教学设备-研究-河南
Ⅳ．①G484

中国版本图书馆 CIP 数据核字（2021）第 174569 号

河南人民出版社 出版发行

（地址：郑州市郑东新区祥盛街 27 号 邮政编码：450016 电话：65788067）
新华书店经销　　　　河南新华印刷集团有限公司印刷
开本　710 毫米×1000 毫米　　　1/16　　　印张　31.25
字数　398 千字
2021 年 8 月第 1 版　　　　　2021 年 8 月第 1 次印刷

定价：90.00 元

序　言

这是一本学术论文和工作研究的文集。

内容主要涉及教育哲学、教育社会学、教育统计学、教育实验学、教育测量学、教育装备理论和党建研究等。全书分三部分。第一部分为"学海无涯",主要是理论研究。着重回答几个相关问题:理论基础、价值取向、主要策略和基本途径。这是教育装备自觉的理论逻辑。第二部分为"点亮主业",主要是工作研究。教育改革出题目,装备发展做文章。着重回答了新时代教育装备深化课程育人、创新服务育人、突出实践育人、支撑公平育人的解决策略。见风见雨见彩虹,践心践行践未来。这是教育装备自觉的实践逻辑。第三部分为"党建引领",主要是党建研究。政务党务相融通,育人干事相并举。教育和制度双管齐下,修心和修行成为一体。把习近平新时代中国特色社会主义思想作为最好的修心教材,把群众路线作为最大的修行法门。这是教育装备自觉的政治逻辑。

老子曰:少则得,多则惑。庄子曰:朴素而天下莫能与之争美。"极简主义"看似小事情,却包含大智慧。去繁从简,力求较好的断舍离,乃本书编写之一大特点。

本书收录了 5 篇作者发表在《教育研究》上的论文,其中 3 篇为攻读硕士研究生期间所作,2 篇为攻读博士研究生期间所作。其中,《教育整体改革实验应该科学化》(《教育研究》1990 年第 7 期)一文被教育部有关机构收录为改革开放以来40篇教育经典之一。乃作者欣慰之作。

习近平同志在《多读书　修正德》一文中指出:"要真正把读书当成一种生活态度、一种工作责任、一种精神追求、一种境界要求……"该如何读书呢?《朱子语类》将"朱子读书法"归纳为:循序渐进,熟读精思;虚心涵泳,切已体察;着紧用力,居敬持志。正如《中庸》所云:"果能此道矣,虽愚必明,虽柔必强。"这也是作者和大家分享的读书学习写作之道!

本书吸收借鉴了一些学者的观点,在此表示谢意!对河南人民出版社张存威总编、张继成处长为本书出版付出的努力,亦致以谢忱!另外,本书有些观点或属管窥之见,甚至有错漏之处,敬请读者批评指正!

王德如

2021年7月26日

目 录

学 海 无 涯

点 亮 主 业

党建引领

学海无涯

课程文化自觉：意义、本质及特点

一、课程文化自觉的意义

　　根据文化的存在形态,可以把课程文化区分为自在的课程文化和自觉的课程文化。[①] 自在的课程文化是指以传统、习惯、经验、常识、情感等自在的因素构成的课程文化。自在的课程文化是课程实践中自在自发的文化形态,其载体具有较大的差异,但是都是以自在为基本特征:一方面,课程的历史意识、文化精神、价值追求等都在其中以"潜意识""集体无意识""集体意向"的形式自发地存在,并发挥规范作用;另一方面,自在的课程文化的载体都不是外在于课程的,而是课程群体内在的组织形式或机制,它们所承载的文化精神和历史意识也不是外在的、灌输的。因此,自在的课程文化与自觉的课程文化相比具有惰性和稳定性。自觉的课程文化则是指以自觉的课程知识或自觉的理性思维方式为背景的课程文化。自觉的课程文化不是自发自在的,而是通过传承、理论、系统化的道德规范,有意识、有目的地引导和左右着人们的行为。自觉的课程文化一

---

① 衣俊卿. 文化哲学[M]. 昆明:云南人民出版社,2005,81－84.

般以课程文化精神的生产活动作为载体和表现形态,如课程的哲学、课程的文化学、课程的社会学等。

运用自觉的课程文化和自在的课程文化这样两个基本范畴来理解课程文化,对于课程文化具有突破性的意义。第一,从历时态的角度来看,有助于对课程文化的演进和发展做出更深刻的分析。从历史的视角分析,课程文化经历了从自在自发向自为自觉的演进过程,课程文化从整体上具有超越性和创造性,具有自由自觉的特征,越是走向现代,课程的自觉文化精神对于课程的发展和变革的影响就越大。第二,从共时性的角度来看,自在和自觉的课程文化范畴对于我们理解课程文化的演进机制具有重要的意义。一般而言,课程文化的发展离不开课程文化的内在的动力机制。正是自在的课程文化和自觉的课程文化之间的相互关系或张力,构成了课程文化演进或进步的内在动力机制。第三,从文化变迁的角度而言,自在的课程文化和自觉的课程文化的范畴进一步揭示了课程文化的复杂性和课程文化变革的艰巨性。课程文化是课程中最为稳定的领域,在很多历史条件下,如果我们不能行之有效地真正触动多年以来凝结成的课程文化传统,那么就无法弘扬课程发展中的科学精神和哲学理性,自觉的课程文化也就不可能成为现实的生存方式。所以,真正意义上的课程改革必然是课程文化的变革,必然是自在的课程文化与自觉的课程文化的交互作用和同步转型。

从文化哲学的视角分析,课程文化的自觉是课程改革和课程实践中的一个重要且关键的因素。换言之,课程改革是一种文化的变革,没有必要的变革机制和变革动力,没有把自觉的课程文化作为改革的灵魂,课程改革就必定无法完成其既定的使命。只有在文化自觉的指导下,依靠课程工作者的文化自觉,才能真正实现课程的文化革新。

二、课程文化自觉的本质

借鉴费孝通先生关于文化自觉的理论,笔者认为课程文化自觉至少应包括三个方面:第一,要自觉到自身课程文化的优势和弱点,懂得发扬优势,克服弱点;第二,要自觉到旧的课程文化(传统课程文化)是在过去的条件下形成的,要使它有益于今天,就必须进行新的现代诠释,使其得到更新和发展;第三,要自觉到我们今天是作为全球的一员而存在的,已不可能是封闭的、孤立的个体,因此,还要审时度势,了解世界文化语境,参与世界课程文化的重组,使自己的课程文化为世界所用,成为世界课程文化新秩序不可或缺的重要组成部分。这才是对自己课程文化的全面自觉。

课程文化自觉实际上是课程文化研究与文化自觉的结合,是课程文化的一种研究范畴,是文化自觉在课程研究中的深化与发展,由文化自觉的概念延伸而来。所以,"课程文化自觉是人类对课程发展方向的理性认识和把握,并形成主体的一种文化信念和准则,人们自觉意识到这种信念和准则,主动将之付诸实践,在文化上表现为一种自觉践行和主动追求的理性态度。其目的是为了加强对课程文化转型、取舍、选择和改造的自主能力,以适应新环境、新时代"①。

作为一个研究的范畴,课程文化自觉具有基本的内涵界定。从本质规定性上,课程文化自觉具有以下几方面本质的规定性。

(一)理性思维

课程文化自觉是课程研究者和实践者在追问课程存在的合理性和对人的存在进行理性探询的过程中产生的。它以现实的人作为理性的指向

---

① 王德如. 试论课程文化自觉与创新[J]. 课程·教材·教法,2004(11).

和尺度,把人本身存在的价值和意义作为认识和实践的最高准则和目的,追求对专属于人的那些特性的发掘与弘扬,以此推动人们的认识探索活动,去展现人的丰富的内心世界。

课程文化自觉的本质就在于理性,在于课程的理性思维。在课程的研究和课程实践中,人们对于课程的合理性、规范性、客观性,是在理性思维上加以确定的。具体而言,课程文化自觉主要表现为科学理性、人文理性、价值理性、多元理性等具体的理性形式。

(二)理性统一

课程文化自觉必然是课程文化的历史性和价值性的统一。课程文化自觉不是简单的课程文化回归,也不是课程文化的他化,而是通过适应新的历史来调整课程文化自身,是在文化反省、文化创造和文化实践中体现出来的一种文化主体意识和心态,从而在社会文化的转型时期,达成课程文化的超越。课程文化自觉是在追问课程存在的合理性和对课程存在进行理性探询的过程中产生的,它以人的本身存在的价值和意义作为认识和实践的最高准则和向度,追求属于人的那些特性的开掘和弘扬,以此推动人们的课程文化活动,去展现课程的丰富的内在文化和意义世界。

(三)理性态度

理性态度是课程文化健康发展的一个前提基础。我们是社会发展的乐观主义者,相信人类会有一个进步美好的未来,但是这种对未来美好的预计绝不是承认历史是一种铁律的宿命论,而是必须依赖于主体的能动创造和自觉正确的选择。

在课程文化的价值选择和建构中,我们在坚持马克思主义历史性和价值性统一的方法论的同时,还必须坚持以马克思主义的科学理性态度,以人的自由全面发展作为价值理想的旨归,汲取西方文化中所包含的科学民主精神和个人奋发向上进取的品格,继承中国传统文化中的优秀人文思想。如此才能创造出合理的、符合我们民族长远需要的文化。

（四）理性选择

课程文化自觉是课程文化在变革中的理性选择和价值建构。在课程文化发展的过程中，具体体现为人在课程研究和课程实践中求真的精神、求善的精神和求美的精神，让课程工作者牢记人永远是目的而不是手段，人的目的在于人自身，课程文化建设必须关心人、热爱人，关注全人类的发展和进步，从而使人成为一种具有崇高境界的真正全面自由发展的主体。恩格斯说："文化上的每一进步，都是迈向自由的一步。"[①]课程文化自觉直接关注人的解放的目的、价值及意义，它对于社会发展，特别是教育文化的选择和建构起着定位和定向的作用。

保持科学理性的实现，要求课程改革在搬用国外的理念和操作模式的同时，必须要考虑本国的历史文化处境，并立足于本国文化处境的课程改革，必须处理好本土文化传统与全球化的关系，寻求建构一种既能凸显本土文化价值，又能够赢得其他文化尊重的课程体系。在课程实施中，要尽量促进超越性变异的产生，避免衰减性变异，力图实现课程的主体需求与价值生成的统一。[②]

（五）理性目标

生活教育、生命教育是对生活意义、生命价值的认知与提升，是课程文化的应有命题，课程文化理应关注、研究。但是，我们的课程文化应积极引导学生正确体验"生命的深度与理想的高度"，而不仅仅是一般意义上的"回归生活"。

"教育向生活世界的回归"，不是课程文化的真正意义。教育一旦"回归生活"，学校与教育的存在似乎就成了多余；"回归生活"一旦实现，教师精心设计的"教育情境"，应该让位给所谓的"生活世界"。因此，"回

---

① 马克思恩格斯选集(第3卷)[M]. 北京:人民出版社,1960:456.
② 石鸥,彭慧芳. 课程改革:在实施中异变的原因与对策[J]. 课程·教材·教法,2004(3).

归生活"这个概念在科学性上是有问题的。生活是一个中性词：好是生活，坏也是生活；接受教育是生活，拒绝教育也是生活。世界上没有一个不是生活中的人，而且无论生活顺遂与否，都要生活。如果非要坚持教育要"回归生活"，至少要在生活前面加必要的定语，即"体验生命深度和理想高度的智性的生活"。

总之，课程理性是人们对课程活动的合理性、规范性、客观性的确定。课程理性主要以课程的科学理性、人文理性、多元理性、价值理性体现出来。课程文化自觉就是要实现这几个方面的有机结合，从而使课程的编制由"行为目标"走向"体验目标"，由"课程开发"走向"课程理解"，由"课程管理"走向"课程领导"，由"教材"走向"学材"，由"量化评价"走向"质性评价"。这种课程理性的形成，本身就是一种文化的创造。

三、课程文化自觉的特点

课程文化自觉，其实质是课程理性在课程研究和课程实践中的能动表现，是一种理性的课程文化认识论。在课程研究和课程实践中，课程文化自觉是课程文化建构和发展的思想基础和前提。课程文化自觉以观念、意识、认知的形式对课程文化的发展起着引导作用。根据相关研究，结合课程文化自觉的本质，笔者认为，课程文化自觉具有以下五个方面的核心特征：

（一）主体性的课程文化意识

主体性的课程文化意识主要指课程本身是一种独立存在的本体化的文化形态，赋予课程一种主体的地位，使得课程具有自身的自律性、独特性、自觉性的文化属性。由此，课程本身具有了内在的文化基础、关怀依据、文化使命、旨趣、原则以及评价尺度。换言之，课程文化自觉决定了课程本身的主体性，课程本身具有文化自觉性，不是他律的、消极的、被动的,也不是给定的、委派的,而是自为自觉的、自成的。课程文化的主体性主要表现在以下三个方面:第一,课程设计者在设计课程时,会将个人经验、知识观念、价值取向以及爱好情趣,尤其是文化和哲学思想的影响等蕴藏在课程里,从而繁衍出新的文化意义,实现文化的增值。第二,课程文化与社会其他文化现象是互动的。社会文化赋予课程的文化意义,推动课程文化的演化、发展;反过来,课程文化也影响和塑造着社会文化,促进社会文化的繁荣与进步。第三,课程文化是教育学化了的文化,课程文化的构建,要体现教育目标的要求,而教育活动有特定的对象、目标、过程、内容,课程文化就是在教育活动过程中彰显自己的主体性存在。[①]

自主的课程文化意识是与他律和被动相对应的。在课程发展的历史上,课程文化的主体意识长期以来受到压抑,学校课程发展明显地呈现出被动的特点和他律的特征。"我们回味一下课程的文化缘路与印记,一个令人怵目惊心的事实便会呈现在眼前。那就是,千百年来学校课程以及由其实际驱控的学校教育实践,从未真正具有自己独立的宗旨、使命及存在的依据。"[②]换言之,千百年来的课程文化都是一种他律的文化,只能是社会法理文化在课程中的体现,课程只能是社会文化的工具。随着社会的进程,这种文化意识已经走到了极致。新时代的课程必须具备一种主体性的文化意识,没有主体性的课程文化意识,学校教育的自主性使命将最终落空,自主性的教育方法和机制也将无法运转。

课程文化主体意识是课程文化自觉中最为根本的特点之一,它与课程文化自觉的理性本质密切相关。只有具备课程文化主体意识,课程文化才能实现由他律向自律的转变,从而成为一种自主的文化形态。

---

① 董守生. 校本课程开发的文化思考[J]. 课程与教学,2004(1).

② 郝德永. 课程与文化:一个后现代的检视[M]. 北京:教育科学出版社,2002:94,387.

（二）开放的课程文化胸襟

开放的课程文化胸襟是指课程本身是一个开放的系统,必须具有开阔的胸襟和开放的胸怀。由此,课程不再是封闭的、阻滞的,而是一种全球化的、包容性的。课程文化研究具有语境性的特征,要从本地区、本民族的文化语境出发,研究文化变迁对课程改革的影响。

开放的课程文化胸襟就是要有一种宽阔的视野。实际上,任何形态的课程文化都是一元与多元、共性与个性的对立统一,人类文化从一元走向相对多元是势不可挡的趋势。其中,对话和开放则是发展课程文化的必要途径。从文化的视角而言,世界各国不论强弱和大小,都应该在尊重各国文化传统的基础上建立新型的伙伴关系,提倡不同文化之间的和谐共处、取长补短,提倡各种文化之间的共处而不是冲突,对话而不是对抗,交流而不是封闭,包容而不是排斥,只有这样才能共同发展,共同繁荣。①在新时期的课程文化建设中,正确处理课程文化的多元化和民族性,要具有开放的胸襟,要保持课程文化的民族性,要以开放和包容的心态去面对课程文化的多元化。

（三）系统的课程文化结构

系统的课程文化结构是指课程文化具有整体的文化结构。从课程文化自觉的视角而言,课程文化是一个有机的整体,在课程文化的变革和课程实践中,必须在整体上把握课程文化的系统性。在诸多的课程文化研究和实践中,往往只是从局部或片断来考察课程文化,造成课程文化的整体性的割裂,从而无法发挥课程文化在实践中的引领作用。课程作为一个自组织系统,具有整体性的文化结构,具体包括课程的价值观、课程符号、课程规范。这个系统的结构围绕着课程理性,构成了课程文化的整

---

① 第三届全球文化论坛组委会. 尊重文化多样性,共建和谐世界[N]. 人民日报,2005 – 11 – 10.

体。

首先,课程价值观是课程实践中主体对特定的文化内在价值的主观反映。课程价值观既包括课程所传递的特定的社会文化的价值观,也包括课程自身的价值观。课程价值观深深根植于社会文化背景,呈现着不同的特征:一是课程价值观是课程实践中稳定进行课程行为和达成课程目标的核心,是一种思想支柱;二是课程价值观具有课程行为的评价功能;三是课程价值观具有规范的作用,对于课程行为具有内在规范性;四是课程价值观具有相对的稳定性,一旦形成不容易改变。正因为如此,课程改革就必须对课程文化的价值取向有所追求:新课程文化的价值取向应根植于人与文化相互选择、动态同构的共同体之中。这种追求作为一个过程,是一种以人为主体,以课程文化为中介,群体文化素质与个体文化素质双向建构的过程。它为新课程改革的文化选择开拓了一个开放的、包容的、综合的思维空间。

其次,课程符号是课程活动的外显形式。课程的主要社会职能在于传递人类文化,而人类文化的外在表现形式就是符号系统,因此,传递这种符号系统成为课程实践的重要任务,同时也成为课程的内在的符号系统的基础。课程本身的符号系统包括课程理论、教学语言及其象征符号。课程理论是指导课程活动的符号系统,它产生于一定文化环境之中,归属于产生它的文化,是课程文化研究的产物,因而具有自身的文化特性;教学语言是教师在课堂上使用的专业化语言,是课程不可缺少的传播符号工具。不同文化的教学语言存在着巨大的差异,如对话性语言、引导性语言、多向度语言,各自具有其特征和符号系统。其他的课程的符号系统有的象征学校的各级集体的符号,有的表示奖惩的意义,有的表示各种课程现象。

再次,课程规范主要是课程的操作规范,它是有效开展课程实践的保障系统。各种课程规范与社会文化有着密切的联系,有些课程规范本身就是社会文化制度的反映。由此,社会文化不同,就会存在不同的课程规范,而社会文化的变迁也会造成课程规范的变化。在西方,美国、英国、澳大利亚等国所倡导的多元文化主义的课程规范,就是它们社会文化政策的反映。我国新课程文化也是一种规范性文化,不过正在对传统的规范文化进行转型,主要是"改变教学的规范、关系的规范和分配的规范"①。教学规范的转型,主要是将教师单纯传授知识的方式改变为引导学生探究、发现和建构知识;关系规范的转型,主要是将个人竞争的交互作用转变为相互关怀和合作共享的文化;分配规范的转型,主要是在对课程资源、机会、决策进行再分配时,引进"民主规范"和"地方分权"的元素。同时,课程按规范性的要求,还要对中西文化的精华进行整合和重建。②

以课程理性为基础,以课程价值观为核心,课程符号和课程规范等按照文化的规则,构成整体的课程文化结构。无论是课程的研究,还是课程的实践,必须在整体上认识课程文化,这样才能更好地理解其中的任何一个要素。

(四)鲜活的课程文化生命

课程文化自觉的终极目标是体验"生命的深度与理想的高度"。由此,课程文化生命是课程文化自觉的一个重要特征。课程文化生命是指对课程中的教育的生命意义和人的生存状态的充分关怀。生活是生命的存在形式,人总是在生活中舒展着个体的生命,体验着生存的状态,享受着生命的快乐和生活的乐趣。

关注生命教育,舒展生命的快乐,体验生命的深度,应是课程文化的应有命题,也是课程文化最终价值的体现。课程文化自觉的生命性品质,要求在课程活动中,一是要体现对生命的关注和生活的关怀,充分体现人

---

① 钟启泉. 现代课程论[M]. 上海:上海教育出版社,2003:449.
② 孟庆男. 叙说新课程文化[J]. 教育导刊,2006(6).

性化本质,尽可能缩短师生之间、学生与社会之间、学生与正面生活之间的距离,从而使学生的生命力得以开发,灵气得以展现,精神世界得以张扬;二是通过课堂的理性生活,使学生尽可能获得最高层次的理智感体验与创造力的激发;三是通过道德生活,产生思想品德内化活动,使学生尽可能获得最高层次的道德感体验和自律性形成;四是通过审美生活,产生感受美、识别美、鉴赏美、表现美和创造美活动,使学生尽可能获得最高层次的感悟和审美。

(五)超越的课程文化品质

超越的课程文化品质是指课程文化自觉中课程文化的先行性、先导性、先进性和理想性的品质。这标志着课程文化自觉视野中的课程文化是一种走在社会和时代前列的、对社会起导向作用的先锋性文化,是一种不为现实的功利主义、实用主义的名利所诱惑、困扰和束缚的乌托邦性的"彼岸世界"文化,是一种不盲目地、不无原则地适应社会主流文化的探索性文化。[1] 正是由于超越性的课程文化品质,课程的实践才能充满生机,课程的行为和活动才能更加深刻和充满活力。

寻求人类自身活动的理性超越,这不仅仅是历史的事实,也是人类的本性。课程文化的复杂性、多样化要求我们具备清醒的头脑,在理性思维的基础上前瞻课程文化的发展方向,逐步走向课程的进一步超越。也只有这样,课程文化才能更多地从其内在的文化发展规律出发,而不是被人为的外控因素所摆布,从而走上良性循环的健康发展道路。

(选自作者在 2007 年第 9 期《教育研究》发表的论文,该文被 2008 年第 1 期《新华文摘》转载)

---

[1]　郝德永. 课程与文化:一个后现代的检视[M]. 北京:教育科学出版社,2002:94,387.

课程文化自觉的价值取向

从世界课程改革的历程来看,文化的冲突是导致课程改革的重要原因,文化的反思、批判和整合是课程改革的重要依据,忽视文化的影响和错误的文化政策是导致课程改革失败的关键因素。复杂的文化背景往往引起人们对课程改革的质疑和批判。为解决这一问题,需要进一步深化对课程文化自觉的研究,因为"这种自觉是人从现实的此岸渡到理想的彼岸的最有效的办法"①。关于课程文化自觉问题,笔者曾进行过粗浅的研究。② 现对课程文化自觉的价值取向问题再进行探讨,以丰富这方面的理论,并为我国的课程改革服务。

一、何谓课程文化自觉的价值取向

关于价值取向,目前学术界主要有三种界说。"倾向性说"认为,"价值取向指主体在价值选择和决策过程中的一定的倾向性"③,"价值取向

---

① 刘启迪. 课程文化:涵义、价值取向与建设策略[J]. 课程·教材·教法,2005(10).
② 王德如. 试论课程文化自觉与创新[J]. 课程·教材·教法,2004(11).
③ 李德顺. 价值学大辞典[M]. 北京:中国人民大学出版社,1995.

就是人们在一定场合以一定方式采取一定行动的价值倾向"①；"价值标准说"认为，"价值取向是指某一个人所信奉的，而且对其行为有影响的价值标准"②；"行为取向说"认为，"价值取向是在价值选择过程中决定采取的方向"③，"价值取向指人们按自行的价值观念对不同价值目标所作出的行为方向的选择"④。

第一种用倾向性界定价值取向，反映了价值取向的定向意义，但容易和心理学中的心理倾向混淆，且淡化了理性色彩；第二种用价值标准界定价值取向，反映了价值取向的价值标准功能，但有失准确；第三种用行为取向界定价值取向，抓住了价值取向最一般的含义，因为"取"乃选取、采取，"向"乃方向，"取向"就是方向的选取。价值取向以价值为衡量标准，必然体现在价值选择和决策行为中。笔者认为，第三种界说也有不完备之处。一是价值取向不能作为一个结果，而是一种动态的观念活动，是一个过程；二是价值取向与动机取向是有区别的，是理性层面的取向。总之，价值取向就是依据主体的认知水平，按照一定的价值标准进行价值选择的理性动态过程。课程文化自觉的价值取向，就是按照一定的课程和文化的价值标准，对课程文化进行价值选择的理性动态过程。课程文化的内涵和属性决定了课程文化自觉具有以下品质：

(一)主体性品质

传统课程被赋予社会文化工具的品质，从而导致课程文化主体性的缺失，即课程文化的"锁定"现象。还原课程的文化主体地位，意味着课程来源于现实文化，又超越并建构现实文化。据此，课程文化自觉的主体性品质主要表现在三个方面：第一，课程设计者在设计课程时，会将个人

---

① 袁贵仁. 价值学引论[M]. 北京：北京师范大学出版社，1992：350.
② 汝信. 社会科学新辞典[Z]. 重庆：重庆出版社，1988：401.
③ 马志政. 哲学价值论纲要[M]. 杭州：杭州大学出版社，1991：339.
④ 毛信德. 当代中国词库[M]. 北京：航空工业出版社，1993.

经验、知识观念、价值取向以及爱好情趣,尤其是文化和哲学思想的影响等蕴藏在课程里,从而繁衍出新的文化意义,实现文化的"增值"。第二,课程文化与社会其他文化现象产生互动。社会文化赋予课程的文化意义,推动课程文化的深化发展。反过来,课程文化也影响和塑造着社会文化,促进社会文化的繁荣与进步。第三,课程文化是教育学化了的文化。课程文化的构建,要体现教育目标的要求,而教育活动有特定的对象、目标、过程、内容,课程文化在教育活动过程中彰显自己的主体性存在。

（二）多维性品质

课程本身作为一种文化是多维的。课程文化的多维性主要表现在以下几个方面:从文化的角度看,课程文化包含物质文化、制度文化和精神文化;从课程的角度看,课程文化有目标文化、内容文化和实施文化;从方法论的角度看,课程文化体现着课程对文化选择的尺度;从对象化的角度看,课程既是文化的载体,也是一种文化形态或文化形式,又是多种文化价值的整合与体现。课程文化的多维性要求课程文化自觉也必须从多维的角度来把握,只有这样才能把握课程文化自觉的深刻内涵,也才能在课程文化建构上提出希望什么或回避什么的规范性要求。

（三）结构性品质

课程文化自觉是一个由多要素组成的自组织系统,这个系统具有结构性品质,具体表现在以下几个方面:第一,对课程价值观的自觉。课程价值观是课程活动主体对特定文化内在价值的主观反映,它既包括一定的社会传统和特征的文化价值观,也包括课程自身的文化价值观。第二,对课程符号的自觉。课程符号作为人类文化的外在表现形式,它产生于一定的文化环境,归属于产生它的文化,又有自己的文化特质。第三,对课程规范的自觉。课程规范主要是指课程操作规范,它是有效地开展课程活动的保障系统,同时也是一种文化形式。对课程规范的自觉,是把

"教学规范、关系的规范和分配的规范"①转型为规范性文化。教学规范转型,主要是将教师单纯传授知识的方式改变为引导学生探究、发现和建构知识;关系规范的转型,主要是将个人竞争的交互作用转变为相互关怀和合作共享的文化;分配规范的转型,主要是在对课程资源、机会、决策进行再分配时,引进"民主规范"和"地方分权"的元素。第四,对课程理性的自觉。课程不是"价值中立"的纯粹知识活动,它必须考虑它的文化处境。当一种课程理性以纯粹理性凌驾于其运用的环境之上,它就会变为一种可称之为"泛科学理性"的东西。

课程理性的自觉,要坚持主体尺度与客观尺度的统一、主观理性与客观理性的统一、工具理性与价值理性的统一、主体需求与价值生成的统一。把课程的科学理性、人文理性、多元理性、价值理性等完整地体现出来,使课程编制由"行为目标"走向"体验目标",由"课程开发"走向"课程理解",由"课程管理"走向"课程领导",由"教材"走向"学材",由"量化分析"走向"质性评价"。这种课程理性的形成,本身就是一种文化的自觉和创新。

(四)生命性品质

关注生命教育,舒展生命的快乐,体验生命的深度,应是课程文化的应有命题,也是课程文化最终价值的体现。课程文化自觉的生命性品质,要求在课程活动中,一是要体现对生命的关注和生活的关怀,充分体现人性化本质,尽可能缩短师生之间、学生与社会之间、学生与生活之间的距离,从而使学生的生命力得以开发,灵气得以展现,精神世界得以张扬;二是通过课堂的理性生活,使学生尽可能获得最高层次的理智感体验与创造力的激发;三是通过道德生活,产生思想品德内化活动,使学生尽可能获得最高层次的道德感体验和自律性形成;四是通过审美生活,产生感受

---

① 钟启泉. 现代课程论[M]. 上海:上海教育出版社,2003:449.

美、识别美、鉴赏美、表现美和创造美的活动,使学生尽可能获得最高层次的感悟。

(五)超越性品质

课程文化自觉的超越性品质,就是在构建课程文化时要富有时代性,把握规律性,体现创造性,它是一种走在时代前列,对社会起正确导向作用的先锋性文化,是一种体现理性、不受功利主义束缚的非工具性文化,是一种以内在品质为依据,按照自我的逻辑编织的自主创新文化。

二、课程文化自觉的价值取向分析

对课程文化自觉的价值取向分析,首先要弄清楚在不同的文化背景下国内外不同历史时期文化变革对课程的影响,以及这些影响促使学者对哪些问题做了回答,还有哪些方面有待进一步深入研究。

从国际上看,西方学者立足于对 20 世纪 60 年代课程改革失败的反思,以英国的伯恩斯坦(Bernstein)、迈克扬(Young)开创的知识社会学研究和美国的阿普尔(Apple)、吉鲁(Giroux)开创的批判教育学研究为代表,起到课程文化自觉研究的奠基作用。国外关于课程文化自觉的研究大体分为三个阶段。70 年代,以伯恩斯坦、法国的布迪厄和阿普尔为代表,关注阶级、种族文化对课程的影响,探讨课程标准、教材、课程实施中的种族、性别、阶级文化偏见和文化霸权与学生成绩、自我概念和身份形成的关系,揭示了教育不平等的课程文化选择原因,为学生的发展创造了公平的社会条件。80 年代中期,一些研究者开始关注学校文化特征对课程质量和效率的影响,研究作为潜在课程的学校价值观、行为准则和制度等学校组织文化因素对课程的实施与学生发展的关系,并致力于学校课程文化的变革。90 年代以来,信息化和全球化使得种族文化、性别文化的冲突得以突出,课程的文化研究开始转向性别、种族对课程的影响,不少学者主张立足课程现代化和后现代主义之争,在后现代主义文化理论指导下,探讨多元文化与课程的关系。

目前,课程文化价值观仍是国际学术前沿课题,代表性的有"文化整体论""历史终结论""文明冲突论""文化危机论""亚洲价值观论"和"单一文化论"等观点,这些都是从本地区、本民族和本国文化等各自不同的角度提出的,试图探讨新的课程文化自觉。

从国内看,这方面的研究比国际上稍晚,也可大体分为三个阶段。20世纪80年代,主要研究民族文化的传统要素对课程目标、内容及课程现代化的影响,不少学者运用人类学的理论成果进行跨文化的比较研究和历史研究。90年代中期,科学文化和人文文化、精英文化和大众文化的矛盾成为这一时期课程改革面临的主要文化矛盾,不少学者运用文化解释学和文化批判理论的研究成果来揭示课程的精神文化内涵,并对课程的文化价值取向进行反思与批判。90年代末以来,开始关注市场经济体制带来的文化分化和经济全球化带来的多元文化对课程改革的影响。如有学者认为,面对21世纪,只有通过文化间的对话,在了解自己文化的基础上进行人类学的跨文化研究,才能获得高度的文化自觉,消除文化之间的误解和偏差,达到"美美与共"的文化新境界,为21世纪人类的和平共处做人文价值观的铺垫。[1]

国内外课程文化研究的发展趋势,初步显现出了课程文化自觉的共同价值取向,即力图在一元和多元、科学和人文、工具和目的、社会和个体、现代和传统、国际和国内等多种文化选择和交往中保持必要的张力。

着眼于21世纪人类新文化的走向和中国传统文化的现代转换,当前我国课程文化自觉至少应该坚持以下几个价值取向。

---

[1] 费孝通. 反思·对话·文化自觉[J]. 北京大学学报,1997(3).

（一）保持个人本位和社会本位的张力，自觉彰显学生的主体性发展

个人本位的课程观认为，个人的自由和发展是教育的目的和归宿，主张"儿童中心""经验中心"和"活动中心"。社会本位的课程观认为，把社会的价值加诸个人身上，使个人适应社会生活并为社会服务，个人是实现社会目的的工具，主张把"个体我"塑造为"社会我"。在对个人本位价值和社会本位价值选择时，应力求既要满足个人的发展，又要服务于社会的发展，克服二者的局限，并保持必要的张力，超越个人本位和社会本位，以学生的主体性发展为本位。其依据有如下几点：第一，社会发展归根到底是人的发展，是为了人的发展。人是价值主体，社会是价值客体。理想的社会应是适合人的发展的社会，应创造适合人的发展的教育。第二，人的本质，即人的类特性，是自由自觉的活动。自由的前提和核心是以人的知识、能力为核心的主体性的发展。第三，主体性发展符合当今世界人的发展方向，以知识和能力为基础的主体性发展是当代人发展的主导需求。第四，主体性发展与新课程改革的主旨一致。新课程改革将个体存在的意义放在了突出位置，在目标上强调情感、态度和价值观的形成；在结构上强调综合性、均衡性和选择性，为全面发展和个性发展创造条件；在内容上强调为终身学习做准备；在实施上倡导学生主动参与、乐于探究和勤于动手；在评价上建立旨在促进全面发展的评价体系。

（二）保持科学主义和人文主义的张力，使科学人文性成为课程文化的重要特征

在课程中既要求重视对自然科学等客观知识体系的掌握，又要求认识到人文社会学科知识的多元性、内在性和境域性，把科学性和人文性统一于课程的"文化内涵"中，科学和人文走向融合，形成科学人文性的文化特征。第一，科学人文性是两种理性的融合。科学主义的理性是认知理性，一种基于控制的观念的因果性寻求、一种追求普遍简化图式的"同一性逻辑"；而人文主义宣扬的理性是价值理性，它注重的是人之为人的

根本,关注人的本身存在及其意义。科学人文性倡导统一理性教育,培养既有效率意识又有愉悦意识的全面发展的人。第二,科学人文性是两种文化的融合。科学文化注重的是"知识之树",人文文化注重的是"生命之树",科学文化和人文文化融合成一种以科学和人文为基础又不削弱任何一方的广泛的人文主义,并以精确清晰的知识引导人过有意义的美好生活。第三,科学人文性是两种精神的融合。在尊重科学精神和人文精神差异的同时,二者之间在方法、视野、目标等方面出现了种种融通,使传统的科学精神和人文精神的划分已不能包摄种种新现象。

科学人文性课程文化,就是要纠正完全的科学理性主义,强调人文精神在人的发展中的价值,形成学生科学精神和诗情意境相结合的探索自然世界和享受生活的能力。

(三)保持人与自然的张力,寻求人、自然、社会和谐统一的课程生态观

生态文化价值取向是古代文化和近现代文化价值取向合理因素的整合,是整体性价值取向与主体性价值取向的辩证统一。一方面,它继承发展古代文化立足自然和社会整体的视角,将人看做生态系统的有机组成部分,对生态规律、自然资源对人的实践活动的制约有充分的认识;另一方面,它继承近现代文化立足于人的视角,肯定人的主体性,主张发挥人的自主性、能动性、创造性。不过,生态文化理解的主体不再是脱离自然万物的主体,而是存在于自然生态环境中,受生态系统制约,与其他生命有机体相互关联的主体。生态文化将人—社会—自然看做相互关联、相互作用、协调发展的复合生态系统,追求人与自然、人与社会、人与自身的协调发展。追求自然、社会整体性价值与人的主体性价值的共同实现是生态文化价值取向的主要内涵。生态文化价值取向反映到课程上便产生了生态主义课程思潮。这些生态主义课程思潮主要包括卡普拉(F. Capra)的课程思想、多尔(W. E. Doll)的后现代主义课程思想以及多

元文化教育的课程思想等。

生态主义课程思潮给当代课程发展带来如下启示：

第一，在课程价值取向上，要摒弃对自然的二元论、还原论和功利主义态度，真正确立起系统整体观念、民主平等原则、尊重差异的思想以及动态发展的观点，切实处理好人与自然、人与社会、人与人、人与自我的辩证关系。

第二，在课程目标上，致力于人的自然性、社会性和自主性的和谐健康发展，注重一致性与差异性的统一、理性与非理性的统一、意识与潜意识的统一、个体需要与社会需要的辩证统一，以培养自由和解放的公民。

第三，在课程内容上要突破狭隘的"科学世界"的束缚，达到"科学世界"与"生活世界"的和谐与统一，谋求自然科学课程与人文科学课程的整合，使自然科学课程中渗透伦理精神和审美体验，而人文科学课程中也渗透着科学精神和理性的光辉，把科学、艺术和道德融入人的生活、人的成长过程之中，使学生的"个人知识"以及他自己的特殊文化世界在学校课程中占有重要的位置。

第四，在课程实施上，注重教学双方在平等基础上的对话与沟通，使学生在体验性、探索性的框架下进行自主性、创新性学习，并且在这一学习过程中建立起民主、平等、对话的新型师生关系。

第五，在课程的来源上，使自然、社会和人成为课程的基本来源，因此，自然即课程、生活即课程、自我即课程，便成为现代课程生态观的基本命题。

总之，课程生态观意味着学校课程突破学科疆域的束缚，向自然回归、向社会回归、向人身回归，意味着理性和人性的完美结合，意味着科学、道德和艺术现实的、具体的统一。①

---

① 靳玉乐. 论基础教育课程发展的新理念[J]. 教育理论与实践,2002(4).

（四）保持国际性与民族性的张力，努力做到"和而不同"

国际性和民族性是文化发展两种不同的特质。民族性是一个民族、一种文化在漫长的历史发展中形成的独特的民族文化个性，这是一个民族、一种文化独特的尊严；国际性是不同民族、不同文化在持续交往中形成的相互理解的能力。二者具有内在统一性。一方面，国际性依赖于民族性，只有尊重民族文化个性，在尊重民族文化差异的基础上展开交往，才能形成国际性。另一方面，民族性又依赖于国际性，只有在与异民族、异文化的不断交往中，本民族文化的自我意识才能不断提升，本民族文化的个性才能不断完善。

在这里，"和而不同"是进行文化自觉的指导原则。

首先，"和而不同"体现了平等和包容的精神，否定了西方文化中心主义，有助于彰显不同课程文化的个性和价值。"和"，就是要做到"有容乃大"，要承认各种课程文化的价值及存在的必要性和合理性，承认它们都是人类文化的凝结，是值得我们吸收和借鉴的，并能与之达到融合。"不同"，不仅要求我们要保持自己的个性，更要以平等的心态深入了解各种课程文化生成、发展、变迁的具体历史及其相对性、历史性，增强其抵抗文化侵略和文化霸权主义的自觉性和能力。只有有了包容的精神，各种风格截然不同的课程文化才能进行"心灵的沟通"，从而实现"精神财富的共享"；只有有了平等的心态，我们才能不卑不亢，才能避免"好强歧弱""以强凌弱"，才能真正进行移情换位的思考，从而开展广泛的课程文化对话和交流。

其次，"和而不同"并不是要为了"和"、为了"不同"而无所不包。"和"是有原则的和谐，"不同"是反对绝对的同一。因此，必须运用科学的、合理的衡量尺度，对不同性质的课程文化进行选择和取舍，使不同课程文化的共存是合理的、和谐的。每个国家的课程文化都有优秀文化与劣质文化、精华与糟粕之分，即使是优秀课程文化也存在着"水土不服"

的问题。因此,"和而不同"并不是同时向优秀文化和劣质文化都打开大门。我们要善于运用科学的尺度,摒弃一切被时代所淘汰的,接纳适合自己国情的,改造那些"水土不服"的,力求建立一种合理的、优秀的,既符合时代发展又适合我们国情的现代课程文化。

(五)保持一元与多元的张力,寻求课程理解

文化进化论认为,人类的文化是由低级向高级进化的,文化的发展是单向的,价值取向是一元的;文化相对论认为,文化产生的环境不同,文化的发展是多向的,价值取向应是多元的。一元和多元对立的原因是没有看到文化发展的不同步性,实质是割裂了人与文化的关系,核心是人本主义和理性主义的对立。反映在课程上,一元文化课程以主流文化为选择,以优势族群的文化、历史、风俗习惯、价值观念等为中心来设置,忽略其他族群的需求,是一种课程上的文化霸权。一元文化课程不仅会对非主流文化族群造成心理上的挫伤,而且对于主流文化族群也会产生一种负效应。因为,一元文化指导下的课程容易使主流文化族群错误地形成自身的优越感,这样既丧失了他们从其他文化族群的知识观念中获益的机会,又不利于自身文化的反省和发展。

随着时代的发展,一元文化课程的消极因素变得愈加明显,它不仅不利于各种文化的交流和认同,反而巩固和加深了社会对非主流文化族群的成见和偏见,成为诱发不同文化族群矛盾冲突的重要因素。它不仅影响非主流文化族群学生对其群体角色、性别角色等的认同与归属,还由于学校教科书没有真正反映他们的文化,使他们产生疏远和自卑感,产生内在的文化冲突,削弱其学习动机,从而极大地影响学生的成就动机、学业成绩和职业成就。[①]

---

① 陈时见. 多元文化视域下的课程发展[J]. 西南师范大学学报(人文社会科学版),2003 (6).

处理一元与多元的矛盾,应保持必要的张力,即把对立的两极联系起来,使之相互补充,以达到文化的普遍性与特殊性、共性与个性之间的平衡与协调,并使之互相理解。为此,第一,要增强课程的多元文化意识,以适应不同地区、不同学校、不同文化背景下学生的学习需求;第二,增强课程设置的适应性和灵活性,课程设置仍以主流文化为主,但多元文化的观点应渗透到学校的全部课程中;第三,开发好地方课程,尽量反映当地文化特征,并辅之以选修课程或增补单元;第四,适当设置综合课程和开放性课程,引导学生进行跨文化交流与对话;第五,积极推行国家、地方、学校三级课程管理政策,体现民主化的课程理念;第六,关注和吸纳多民族文化在交往与互动中所创造的"边缘文化",以不断推动课程文化的吐故纳新。

三、课程文化自觉的价值取向的生成

(一)反思性尝试

费孝通先生在论述文化自觉的方法时指出:"反思实际上是文化自觉的尝试……希望大家能致力于中国社会和文化的科学反思,用实证主义的态度,实事求是的精神来认识我们有悠久历史的中国社会和文化。"①反思从原本的一个哲学概念引申为一种思想方法,这种思想方法专指对已经发生的事物,包括思想、行为、事件、历史进行反省式的思考。反思的思维方向是指向曾有过的事物,思维对象是一种过去时的状态,它与计划、想象和幻想恰好相反。反思是一种自觉的认识活动。对课程文化的自觉应该从反思开始。

课程改革是一个渐进的过程,是一个继承和革新并存的过程。基础

---

① 费孝通. 反思·对话·文化自觉[J]. 北京大学学报,1997(3).

教育课程改革应对中外课程改革的经验、教训、事实及材料进行认真的梳理和系统的研究,并结合建构主义、多元智力、后现代主义等理论,从课程改革的动因、条件、范围、过程、模式、策略、方法等方面进行综合与整合,构建符合我国实际的课程改革理论框架和实践模式。同时,从文化哲学的角度对课程文化进行"合理性"的追求和创新。

(二) 规律性把握

所谓规律性把握,就是遵循文化发展的一般规律,在文化交往与文化选择、文化批判与文化兼容、文化积累与文化突变的相互联结和相互作用中创新课程文化。

文化交往,是个人、群体、民族之间精神文化活动、能力及其成果的相互变换。交往具有双向性或多向性特点,它推动文化的开放。文化交流是课程变革的重要力量。文化交流对课程的影响取决于不同文化之间的融合程度。我们要积极主动地进行文化交流,对其他民族先进文化成果进行消化,进而吸收为我国文化的组成部分并进行创新,最终达到课程在显性和隐性两个层次的协调一致。文化选择一般分为两种:一是对传统文化的选择,即美国文化人类学家米德提出的"后喻文化"(post-figurative culture),是以重复过去为使命的那些文化;二是对未来文化的选择,即"前喻文化"(pre-figurative culture),是指以开拓未来为使命的文化类型。自觉合理的文化选择可以促进并加快文化创新,反之,导致冲突和矛盾,甚至社会巨大震荡和民族文化的消亡。

文化选择的核心是文化批判。文化批判是站在文化发展进步的基础上,对民族文化和外来文化的理性审视,在对现存文化模式肯定的理解中包含着否定的理解,在历史和价值的交合点上,寻找文化现代化的合理道路。批判是扬弃,是兼容。多元化文化背景下的课程改革,其兼容的意义包括:增强课程设计的适应性和灵活性,为不同文化背景的学生提供平等的学习机会;突出课程设计的主体性,促进不同民族文化的认同和接纳;

增强课程设计的开放性,达成对世界文化的理解和尊重;通过创造性地实施学科课程,大力建设探究型课程;重视开发潜在课程及课程的整合,寻求新课程文化的超越和转化生成。

文化积累,即文化的保存和增加,表现为一个渐变的过程;文化突变,即文化从一个阶段到另一个阶段的飞跃。文化积累要求学校课程保持相对的稳定,课程必须有延续性,课程变革主要是修补、完善工作;文化突变则要求学校课程进行大的改革。西方课程演变经历了"三艺"→宗教科目→人文学科→自然学科→综合学科等一系列课程的转移,实际上反映了人文主义和科学主义从分离到融合的文化变迁过程。

当前,我国的基础教育课程改革,一方面要注意反映原有课程文化的优势,另一方面又要适时地变革,加速课程文化的突变,并且经由积累→突变→再积累→再突变,逐步向高一层次发展。

(三)创新性超越

所谓创新性超越,就是要坚持解放思想、实事求是、与时俱进的思想路线,在不断发展的课程实践和培育与弘扬民族精神中创新课程文化,力求课程文化的新超越。第一,在组合中创新。如这次新课改中的研究性学习,就是"课程文化"的革命。研究性学习的理论基础就是从"整体教育""多元智能""建构主义"等理论组合形成的,使学生学习方式发生了深刻变化。第二,发现新异。创造者及时发现新事物,并以科学的态度研究其生成和发展机制,促成新生事物由自然生成向人工培育,由偶然向必然,由弱势向强势转变。第三,引进创新。就是通过引进某项研究成果进行创新。例如,把"行动研究"方式引进到课程领域,使课程具有了"研究"和"行动"的两大特点,使新课程改革进行了课程理论和课程实施文化两方面的创新。第四,变通求异。就是通过对缺点的列举,改变课程的成分比例或顺序,以突出某些方面而产生变革效应。第五,转化生成。就是通过对社会文化的转换、传统文化的传承和多元文化的融合,使之内化到课程之中,并通过多种主体活动,运用心理强化、心理定势等多种心理机制,强化认同、适应、同化、融合等多种心理过程,依托课程文化资源开发的多种表现形式,将先进文化生成为学生的人文素养。

　　课程文化自觉的价值取向是一个理论上和实践上迫切需要解决的问题,随着广大文化工作者和教育工作者自觉意识的觉醒和创新精神的激发,课程文化建设的水平必将有一个新的提升。

　　　　　　　　　　　　(选自作者在 2006 年第 12 期《教育研究》发表的论文)

教育整体改革实验应该科学化

一、目前整体改革实验存在的问题

中小学教育整体改革实验在我国已日益展开,对我国教育事业的改革起了很大的推动作用。但是,十多年来,教育整体改革实验进展缓慢,突破性不大,目前还普遍存在着以下三个问题。

(一)实验目标不明确。整体改革的实验目标是由多层次、多水平的分项目标构成的目标系统。其最高目标是全面贯彻党的教育方针,培养德、智、体、美、劳等全面发展的人。其次级目标是探索子系统的育人规律,寻求高效率育人的途径。其再次级目标是各项实验中的具体目标。而目前整体改革实验,往往只讲实验的最高目标,没有实验的具体目标,各子系统中的目标都不清楚,对实验目标缺乏整体设计,给实验评价造成了困难。

(二)实验因子(因素)不具体。目前整体改革实验最突出的问题是实验因子不具体,缺乏质的规定性。例如,在教法实验中,有人把"精讲多练"作为实验因子,这就很不具体。因为"精讲多练"是一种经验型说法,缺乏明确的界定。什么是"精讲"? 如果把"精讲"理解为使学生对所讲知识达到真正的理解程度,那还没什么错误。如果把"精讲"理解为用一个例子讲一个概念或一条法则,不管学生是否听懂,则就根本违背了教学的要求。再就"多练"来说,多到什么程度也不具体。一定数量的练习是掌握知识技能的必要条件,但如果搞"题海战术",练习超过了应有的数量,非但无益,反而有害。桑代克早在20世纪30年代就否定了"频因率"的作用。由此看出,把"精讲多练"作为实验因子,是不够具体的,这就影响了实验的操作。

(三)缺乏科学的设计。目前教育上的整体改革实验百花齐放,如有人进行了以学制为中心的"普教一条龙"整体改革实验,有人则推行以管理系列化、教学最优化、思想品德教育系列化为突破口的整体改革实验,也有人要以高效教育场的建立为突破口进行整体改革实验,还有人基于对培养目标的新认识,围绕全面提高学生素质进行整体改革实验。有的实验已初见成效,但很多整体改革实验缺乏科学的设计。譬如,"系列化"是怎样规定的,实验的程序是怎样规划的,采用什么实验方法,控制什么条件,预期达到什么结果,以及如何进行数量分析与检验等,都缺乏科学的设计。这无疑会给实验工作和实验结果的推广带来困难。

总之,笔者认为,目前教育整体改革实验还不够科学化,还有必要弄清整体实验的性质和在整体改革实验设计上应注意的问题。

二、对整体改革实验应有的认识

(一)整体改革实验应是一种科学的实验。教育实验的最大特点是它的对象是正在成长中的人。对人的控制比自然科学实验中对物的控制要难得多。同时,教育实验又多是在自然状态下进行的。但是,不能因此而否定教育实验是科学的实验。

基于教育实验过程控制不严,有些自然科学研究者认为教育实验只能是准实验,而不是科学的实验(真实验、标准的实验)。这是没有认识到教育实验的特点。笔者认为,不能严格按照自然科学的实验来要求教育实验,评价教育实验是否是科学的实验,要看它是否基本上符合五项标准:1. 有明确的实验目标。2. 有确定的实验因子。3. 对变量(包括实验变量和非实验变量)有严格的控制。4. 实验的效果有量化分析。5. 实验有高度的客观性,能揭示事物的因果关系。鉴于此,不能笼统地说整体改革实验是科学的实验或不是科学的实验,要看它是否符合或基本上符合这五项标准。符合或基本上符合这五项标准的整体改革实验,可以称为科学的实验,否则就不能称为科学的实验。目前那些实验目标不明确,实验因子不具体,缺乏量化分析与检验的整体改革实验是不能称为科学的教育实验的。那些基本上不符合五项标准的整体改革实验应该往科学化方面努力,使整体改革实验符合科学实验的要求。

(二)整体改革实验是一种多因素的改革实验。对于教育整体,目前有多种看法。笔者认为,整体是相对部分(因素)而言的,整体的概念有大有小,如学校是个整体,学校中的教育者也可以称为一个整体,学生、教育过程、每一学科的教学等都可以各称为一个整体。每个整体都包括许多部分或因素。教育整体改革实验就是改革整体内部的某些因素及因素之间的结构,使整体产生较好的教育效果。整体改革实验施加的实验因子比较多,还要探求各因素的交互作用与优化组合。所以,整体改革实验实际上是一种多因素的改革实验。

三、整体改革实验设计应注意的问题

整体改革实验设计比一般的实验设计较为复杂,需要更好地设计。为使教育整体改革实验科学化,笔者认为,应注意以下几方面的问题。

（一）明确实验目标。明确实验目标是指实验目标的内涵要体现出实验因子和实验结果的因果关系，实验目标的外延要体现出实验结果的概括程度和推广范围。例如，上海师大教科所主持的为期七年（1978—1985）的中小学教育体系改革综合实验，把实验目标定为两项，一是探索中上智力水平的少年儿童学习的潜力和充分开发他们的智力的方法，二是探索普通中小学教育体系改革的途径。这个实验目标是较为明确的。从内涵上看，它包括探索儿童学习的潜力、开发智力的方法和教育体系改革的途径；从外延上看，又限于中上智力水平的儿童和普通中小学。明确实验目标是为了更好地进行实验设计，使实验的各方面工作紧紧围绕实验目标来进行。如前所述，整体改革的实验目标是由多层次多项目的目标构成的，在设计中可先从具体目标入手，分项确定，然后确定次级目标，最后确定最高目标。

（二）确定实验因子。确定实验因子，就是要把整体改革的实验因子规定下来，使之意义明确、具体，同时还要对实验因子的数目和水平数目作出规定，从而进行设计。例如，为了提高语文教学质量，采用两种教材、两种教法、两种学时进行实验，该实验即称三因素两水平的实验。这种实验的因素水平表如下：

水平 ＼ 因素	A	B	C
1	A_1	B_1	C_1
2	A_2	B_2	C_2

这种实验的方案设计，如下表：

因素\实验号	A	B	C
1	$1(A_P)$	$1(B_1)$	$1(C_1)$
2	1	1	$2(C_2)$
3	1	$2(B_2)$	1
4	1	2	2
5	$2(A_2)$	1	1
6	2	1	2
7	2	2	1
8	2	2	2

这种实验在考查、分析各因素的作用时,还要考查、分析各因素的交互作用。这需要利用正交表 $L_8(2^7)$ 来设计实验分析的表头,运用多因素方差分析和 F 检验的方法来考查。其实验结果分析表的模式如下表:

实验结果分析表 $L_8(2^7)$

因素\实验号	A（教材）	B（教法）	$A \times B$	C（学时）	$A \times C$	$B \times C$	成绩分数
1	1	1	1	1	1	1	
2	1	1	1	2	2	2	
3	1	2	2	1	1	2	
4	1	2	2	2	2	1	
5	2	1	2	1	2	1	
6	2	1	2	2	1	2	
7	2	2	1	1	2	2	
8	2	2	1	2	1	1	

续表

实验号 \ 因素		A （教材）	B （教法）	$A×B$	C （学时）	$A×C$	$B×C$	成绩 分数
每种水平的 总成绩	K_1							
	K_2							
每种水平的 平均成绩	R_1							
	R_2							
极差	R							
优水平								

注：R（极差）即每一实验因素中各种水平的平均成绩，最大的减去最小的所得之数值。

（三）选定实验类别。按实验控制的严密程度，可把实验设计分为准实验设计、真实验设计、优实验设计三种。在设计整体改革实验时，可根据具体情况来选定其中的一种。

1. 准实验设计。它是指没有充分控制的实验设计，其常用模式是：

$$\begin{array}{c|ccc} A & O_1 & X & O'_1 \\ \hline B & O_2 & & O'_2 \end{array}$$

A 为实验组，施加实验因素（X），B 为控制组，不施加实验因素。虚线表示 A、B 两组不是经过随机化方式选取的两个原组。这种设计的最大缺点就是 A、B 两组水平不等同。研究者要想更好地控制实验对象，可从实验组和控制组中各选取数量相等、条件相似的若干学生进行比较。例如，为了研究程序教学的效果，在某校三年级的两个班中进行实验。学校领导不同意将原班拆散,组合水平相等的实验组与控制组,只能原封不动地保持原来的班组。为了使实验做得更为精确,研究者在两班中各选取 20 名成绩相当的学生作为对象,实验结果只比较选取的这 20 名学生的成绩,而不是比较两个班的成绩。

2. 真实验(标准的实验)设计。这种设计是使实验组与控制组的各方面水平等同,并均进行前测与后测,其一般模式如下:

$$\begin{array}{cccc} R & O_1 & X & O'_1 \\ \hline R & O_2 & C & O'_2 \end{array}$$

R 代表随机分配,X 代表实验变量,O 代表观测值,C 表示控制变量,实线表示是经过随机化方式选取的两个等同的组。这种设计可以通过 X 增益($O'_1 - O_1$)与 C 增益($O'_2 - O_2$)的比较来判定实验因素的效益,是一种优良的设计。其缺点是对前测与实验因素的交互作用,无法评价。

3. 优实验设计。它是对真实验设计进一步改造的设计。因为真实验设计只明确了自变量和因变量,实验组和控制组,事前测验与事后测验,对实验内部因素的交互作用重视不够。为了去掉前测与实验因素的交互作用的效应,求得实验因素的真正效应,所罗门(Solomon)提出四组设计法:

$$A\left\{\begin{array}{cccc} R & O_1 & X & O'_1 \\ \hline R & O_2 & C & O'_2 \end{array}\right.$$

$$A\left\{\begin{array}{ccc} R & X & O_3 \\ \hline R & C & O_4 \end{array}\right.$$

这种设计提供了 A 和 B 两个联立实验,实际上就是等组前后测设计和等组后测设计的结合。把 A 组的成绩差异与 B 组的成绩差异作比较,可以确定前测效应及前测与实验因素交互作用的效应,从而确定实验因素的效应。

(四)选择实验对象。选择实验对象主要是选择具有代表性的被试者。被试者的代表性在很大程度上取决于总体分类的精确性、样本容量的足够性和个体的相似性。如果总体的范围是明确界定的,则能增加样本的代表性。如果样本的容量适当,则样本就具有代表性。如果总体中的个体十分相似,则较少的被试仍具有代表性。因此,在设计整体改革实验时,应当先界定总体的范围,确定被试者的单位,然后再决定取样的方法和抽取足够的样本容量。

(五)实验的控制。科学的整体改革实验,要求对实验过程进行严格的控制,否则会降低实验的效度。在整体改革实验中,可考虑从以下两方面对实验进行控制。

1. 控制实验因素(因子)。

在实验设计中,只有对实验因素作出具体的规定,能够操作,才易于控制。例如,在教学改革实验中,实行新的教学法——"启、读、练、知"综合教学法。"启、读、练、知"就是实验因素,就要对它们分别作出规定,如"启",是指学生学习困难时及时启发;"读",是指让学生动脑阅读课本;"练",就是让学生单独地练习;"知",是指让学生及时知道练习的结果。在实验时,如果实验组严格地按照了上述规定和模式教学,则就达到了对实验因素("启、读、练、知")的有效控制。

2. 控制非实验因素。

非实验因素是指那些不是实验研究所要考虑观测的,但又确实影响实验效果的因素。这类因素通常分为两种:第一种是在实验过程中恒定地影响实验指标的,叫恒性非实验因素。如整体改革实验中实验者的偏向、技能的好坏、理论界说不明确、测量手段不统一、"学习迁移"和多重处理干扰等都属恒性非实验因素。决不能忽视这些非实验因素对实验效果的影响。在实验中对此应进行有效地控制,使这些非实验因素尽可能互相一致。常用的控制方法是平衡对消法,即用综合平衡的方式使非实验因素对实验结果的影响保持平衡,从而互相抵消。例如,要比较两种学习方法的相对效果,学习的情景(如学习场所的安静与嘈杂等),学习材料的性质和难度,被试学习的积极性、知识经验、智力等都可能作为恒性非实验因素混入实验因素之中。控制这些非实验因素可采用以下平衡对消法:(1)单组轮流法,即采用 $ABBABAAB$(即 A 处理和 B 处理,简称为 AB)的轮流方式。(2)等组法,即把被试分为相等的两组:甲组用 A 处理,乙组用 B 处理。(3)双组轮流法,就是甲组先用 A 处理,后用 B 处理;乙组先用 B 处理,后用 A 处理。如果因实验的需要,分组可增至两组以上的 n 组,处理也可以增至两个以上的 n 个。这 n 组的每一组均面临有 n 个处理,但处理被给予的次序对于 n 组的每一组均不同。这就是通常所说的拉丁方设计。第二种是指在实验过程中变性地影响着实验指标的因素,叫变性非实验因素。如学习环境、学生身体状况、学生学习态度、学生情绪、教师心境等,这些非实验因素是随机发生不易控制的,一般采用"随机化"方法以互相抵消一部分它们各自发生的干扰作用,减少它们对实验指标的影响。至于控制的程度如何,是否做到了严格地控制,则一般是通过对实验结果进行统计分析,由误差分散的大小来表示。

(六)规划实验过程。实验过程一般分为三个阶段:(1)准备期。如阅读教育实验书籍,参观别人的实验,决定实验的因素和方法,选定实验人员,成立实验工作的领导机构,搜集标准化测验,编制实验教材和应用表格,确定实验的时间和场所等。(2)实验期。包括选择实验的对象,进行初试和分组,施加实验因素,控制实验的条件,分析实验的记录,举行复试等。(3)结束期。包括对实验材料的整理与统计,撰写实验报告等。规划实验过程,就是对上述各阶段的工作加以筹划和确定,以使实验工作有目的、有计划、有条不紊地进行。常见有的实验在实验结束期进行统计分析时,不是少这材料就是少那材料,致使无法作某种统计的分析,影响了实验结果的检验,这就是对实验过程未作全面考虑的结果。

(选自作者在 1990 年第 7 期《教育研究》发表的论文)

教育实验的本质、控制与科学化

教育实验的本质问题，是教育实验学的基本理论问题。近年，理论界对教育实验本质展开了热烈的讨论，取得了不少有价值的认识，但认识还远未能统一。在争论中，笔者感到存在以下两个问题：其一，争论各方对"本质"的概念不明确，不少同志把"本质""本质属性""本质特征""本质联系"四个概念混为一谈；其二，争论各方没有提出一个研究教育实验本质的统一角度，不少同志把"教育实验活动""教育实验研究方法""教育实验研究过程"混为一谈。因此，争论各方虽然"各抒己见"，却不能交锋，出现了各据一理、各执一词的局面。笔者认为，认识教育实验的本质，必须从研究本质的概念入手，确定事物本质的标准，找"共同性""规定性"和"根本性"，从三者的统一中，研究教育实验的本质。

一

事物的本质是事物的根本性质，是组成事物的各基本要素的内在联系，是该事物区别于其他事物的内部所固有的规定性质，它的存在和发展规定和影响着事物的其他性质的存在和发展。事物的本质具有下列三个特点。（1）共同性。它是该类事物最一般、最普遍、最稳定的性质，是该类事物必然具有的共同属性。（2）规定性。规定性就是指事物的界限，以此同其他事物相区别。是其他事物所没有而为该类事物所特有的属性。（3）根本性。事物的质往往表现为多种多样的属性。属性就是一物和他物在相互联系中表现出来的质。在事物的诸多属性中，其中最根本、对其他属性最具有决定作用的那种属性才是事物的本质。事物本质的三个特点，是判断事物本质的标准，也是寻找事物本质的方法。对于教育实验，也应根据这三个标准，运用这种方法探讨其本质。

1. "共同性"。考察古今中外一切教育实验发现，教育实验按照不同的标准，可以分成不同的类型。例如，按实验因子的多少，划分为单因素实验、双因素实验和多因素实验；按功能和性质划分为探索性实验和验证性实验；按实验的控制程度划分为准实验和真实验。此外，还可以按实验目的、实验对象、实验时间、实验场所和组织形式等来划分教育实验。尽管实验的类型很多，但它们之所以都称为实验，是因为它们有某种共同的属性，这种属性贯穿于一切类型的教育实验之中，是一切教育实验"必然具有的，最一般、最普遍、最稳定的属性"。这种属性是什么呢？经过分析、比较、概括和抽象，笔者认为，理论假设、条件控制、可重复验证是一切教育实验所共有的，具有共同性。因为教育实验都要以一定的理论假设为前提，都要操纵实验因子，控制无关因子，都要求可重复验证，为因果推论或相关推论提供确实的依据。但能否说明这三者就是教育实验的本质呢？还不能，因为共同具有的东西并不一定是教育实验所特有的，所以，还要考察其规定性。

2. "规定性"。通俗地说，教育实验就是用实验的方法研究教育问题，它属于方法论领域的范畴。作为一种研究方法，它是和教育研究的其他具体方法如教育调查、教育测量、教育统计等相对平行而存在的。因此，研究教育实验的规定性应从方法论的角度来考察。那么，教育实验研究方法和其他教育研究方法相比较，其规定性是什么呢？也就是说哪些属性是教育实验所特有而其他研究方法所不具有的呢？经过分析、比较、抽象和概括发现，"控制"是教育实验法所特有而其他研究方法所不具有的，控制是教育实验的规定性。因为，从严格意义上讲，真正有科学意义的教育实验则是从自然科学实验特别是受心理实验的启发而移植过来的一种教育研究方法。教育实验从其产生来看，就要求它必须带有科学实验的某些特点。我们知道，科学实验的特点就在于实验者有意地操纵实验因素，严密地控制实验条件和非实验因素的影响，来寻找自变量和因变量之间的关系。实验的生命在于控制，没有控制就没有实验。实验方法之所以比别的方法有优越之处，就在于实验的控制。控制使实验有下列作用：(1)可以简化或纯化研究对象；(2)可以强化或深化研究对象；(3)对某种现象有再现、延缓和加速的作用；(4)可以使现象重复出现。作为一种科学实验，教育实验的最大特点也是控制，若失去控制，教育实验很难得出正确的结论。例如，要通过实验探索某种教材对教学效果的影响，若实验中采用两种不同水平的教师执教，那么实验后就很难说教学效果是教材带来的还是由教师水平差异带来的。因此，在这一实验中，就要将"教师"这一因素控制起来，两种教材可由同一位教师或两位水平相当的教师执教。这样，才符合科学实验的要求。控制不仅是教育实验的最大特点，而且也是教育实验所特有的。教育调查、统计、测量都不会变革研究对象，不会施加某种实验因子去干预研究过程，而只能在现有条件下研究。另外，理论假设和可重复验证在其他研究方法中也存在，不是教育实验所特有的。例如，教育测量，也需要事前有个设想，先确定测量什么，然后才能测量，并且是可重复验证的。又如，教育调查，事前也要有个设想，在某种理论指导下调查，如果第一次调查有误，可以重复调查。可见，控制是教育实验的规定性。

3."根本性"。控制虽然具有共同性和规定性，但还不能说它是教育实验的本质，还要考查其是否有根本性。

首先,从教育实验研究过程看。教育实验的基本过程一般包括以下几个阶段:(1)明确实验目的;(2)提出理论假设;(3)选择实验对象;(4)前测;(5)施加实验因子;(6)后测;(7)统计分析;(8)判断假设。在上述每个阶段中,都包括对无关变量的控制和对实验因子的选择、操纵。譬如,明确实验目的,就要排除无关因素的影响,要把实验目的和教育目的区分开,要使实验目的明晰、具体、可行、可测。再如,在前后测时,也要排除无关因素的影响,使测验客观、标准,有较好的信度和效度。同理,统计分析时,也要考虑无关因素的影响,进行统计控制。例如,对于准实验,原始组的两组水平不等同,实验后就不能用方差分析来计算,应用协方差分析来进行,把原始水平的差异作为协变量,先消除其对实验结果的影响,然后再比较其平均数的差异显著性。这实际上就是一个统计控制的过程。总之,在实验的每个阶段都贯穿着控制问题,甚至在实验一开始就要控制。"双盲实验""半盲实验"就是从一开始对实验教师和实验对象或其中的一方进行控制。控制是实验的灵魂,对实验的科学性有决定作用。

其次,从教育实验基本结构看。教育实验的基本结构是实验三要素相互联系、相互作用的基本方式。实验三要素是指:(1)实验者,它是指实验研究者、实验主持人和实验教师的群体。(2)实验装置,它包括发生装置(实验因子)、控制装置和显示记录装置。(3)实验对象,它可以是随机抽取或配对分派的学生,也可以是"教育现象的一个过程",还可以是"教育模拟物"。既可以是小样本,也可以是较大的样本或一个班级、年级甚至学校单位。在实验中,实验过程就是实验者、实验装置和实验对象三者按一定结构方式联结起来的实验活动系统。在实验活动系统中,诸要素相互联系、相互作用的一般情况如下图所示。

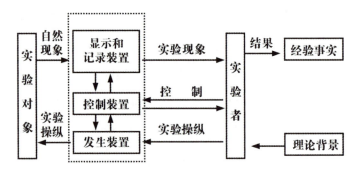

实验活动系统结构简图

从图中看出,实验过程是沿两个方向进行的:一方面,实验者通过实验装置,以控制实验对象使其显示特性;另一方面,实验对象的特性又反作用于实验装置,并通过显示装置和控制装置为实验者所接收。这两方面循环往复,使实验进行到底。但是,在这两条路线中,都时时离不开控制的作用。控制是联结各个环节的枢纽,它居于中心位置,决定着周围其他环节的运行。因此,教育实验活动机制实际上就是一个控制机制。一个实验活动系统是否科学、富有成效,完全是由其控制机制所决定的,它的存在和发展规定和影响着其他机制的存在和发展。因此,无论从实验过程还是从活动结构看,控制都是教育实验的根本性质,是其精髓所在。

综上所述,控制是教育实验最普遍、最稳定的共同属性,是教育实验所特有而其他教育研究方法所没有的属性,是教育实验中最根本、最具有决定作用的属性,因此,控制是教育实验的本质。

那么,什么是"教育实验的控制"呢? 为了深入理解教育实验的本质,有必要对其作进一步的揭示。

二

英语的 control(控制、支配)一词来源于中世纪拉丁语 contrārotulāre,

意思是通过对某种原则的运用来支配、管理某个事物。在汉语里,"控制"一词的意思是"掌握、支配、使不超出一定的范围"。控制论中,"控制"被理解为"作用于某个事物,使其改变或保持某种运动状态"。在科学实验中,"控制"被理解为"对自然状态的改变(包括分离、简化、纯化、加速、延缓等)"。可见,控制是一种有目的、有计划的活动。教育实验的控制,就是实验者在一定条件下,将实验因子和无关因子区分开,有意识地操纵实验因子,有效地抑制或排除无关因子的影响,使因变量向预期的方向发展的过程。以提高教学效果的实验为例,影响教学效果的因素是多方面的,如教学方法、教师业务水平、教学态度、学生的智力水平、已有知识等,如果我们研究的实验因子是教学方法,那就首先将教学方法孤立和突出出来,使其具体、可操作。其次,对其他有关联的变量如教师业务水平、学生的知识经验等加以控制或排除。最后还要规定出反映教学效果的指标,使其有效、可靠、敏感。通过上述三个方面的控制,便有效地看出了教学方法与教学效果之间的因果关系或相关关系。由此可见,教育实验的控制包括以下三个方面的内容。

(一)实验因素的控制。实验因素也称实验因子,是指由主试(实验者)主动操纵引起被试(实验对象)反应并作为当前实验研究的刺激变量。对其进行控制是指要对其进行有效地操纵,它包括两方面含义:第一,要使实验因子意义明晰、准确,外延明确界定;第二,具有可操作性。例如,有人认为"结构"是整体改革的实验因子,对它进行控制,就要做到如下两点。首先,要明确结构的含义,界定结构的范围,指出实验中施加的结构是什么,具体模型如何,新的结构与旧的结构区别在哪里,有什么质的规定,它对功能是怎样影响的,等等;其次,要明确"结构"的操作要领,使人能借此执行。以教学空间系统结构为例,要使其结构可操作,关键是要把组成结构的各种联系交待清楚,才具有操作性。在教学的各个阶段上,一般应交待以下几种情况。(1)有无联系,即在各个教学阶段,哪些要素有联系,哪些要素无联系,哪些是直接联系,哪些是间接联系。(2)是什么性质的联系。客观事物的联系有系统联系、结构联系、功能联系、起源联系、因果联系等。那么,要素之间的联系在不同情况下是一种什么性质的联系。(3)如何联系。是承前联系、同步联系还是超前联系。(4)联系的程度。指联系的频率、数量、深度、广度、速度等。需要说明,为了更好地控制实验因子,有时需将其模型化。如上海市青浦县"大面积提高教学质量的实验",就尝试建立了"教学目标分类结构模型"。杭州大学教育系和杭州天长小学开展的"综合整体"教育实验也尝试建立了"三自能力结构模型",这对控制实验因子都是极为有利的。

(二)非实验因素的控制。非实验因素是指那些不是实验研究所要考虑观测的,但又确实影响实验效果的因素,这类因素通常分为两种。第一种是在实验过程中恒定地影响实验指标的,叫恒性非实验因素。如整体改革实验中实验者的偏向、技能的好坏、理论界说不明确、测量手段不统一、"学习迁移"和多重处理干扰等都属恒性非实验因素。决不能忽视这些非实验因素对实验效果的影响。在实验中对此应进行有效地控制,使这些非实验因素尽可能互相一致。常用的控制方法是平衡对消法,即用综合平衡的方式使非实验因素对实验结果的影响保持平衡,从而互相抵消。例如,要比较两种学习方法的相对效果,学习的情景(如学习场所的安静与嘈杂等),学习材料的性质和难度,被试学习的积极性、知识经验、智力等都可能作为恒性非实验因素混入实验因素之中。控制这些非实验因素可采用以下平衡对消法:(1)单组轮流法,即采用 ABBABAAB(即 A 处理和 B 处理,简称为 AB)的轮流方式;(2)等组法,即把被试分为相等的两组,甲组用 A 处理,乙组用 B 处理;(3)双组轮流法,就是甲组先用 A 处理,后用 B 处理,乙组先用 B 处理,后用 A 处理。如果因实验的需要,分组可增至两组以上的 n 组,处理也可以增至两个以上的 n 个。这 n 组的每一组均面临有 n 个处理,但处理被给予的次序对于 n 组的每一组均不同。这就是通常所说的拉丁方设计。第二种是指在实验过程中变性地影响着实验指标的因素，叫变性非实验因素。如学习环境、学生身体状况、学生学习态度、学习情绪、教师心境等,这些非实验因素是随机发生不易控制的,一般采用"随机化"方法以互相抵消一部分它们各自发生的干扰作用,减少它们对实验指标的影响。至于控制的程度如何,是否做到严格地控制,则一般是通过对实验结果进行统计分析,由误差分散的大小来表示。

(三)因变量的控制。因变量是被试反应的变量,它是实验因子造成的结果,是主试观测的行为变量。使因变量向实验者预期的方向发展,就是对因变量的控制,它包括以下三种含义。(1)使因变量具有可靠性即信度。信度指一致性,同一被试在相同的实验条件下应该得到相近的结果。如果同一被试在相同的实验条件下有时(结果)得分很高,有时得分很低,我们就说这种因变量是不可靠的,它缺乏一致性。(2)使因变量具有有效性即效度。当实验因子的确造成了因变量的变化,而不是其他各种变量造成的因变量的变化,我们就说这种因变量是有效的。例如,在问题解决实验中,若规定的因变量是一定时间内被试解决问题的多少,当要解决的问题很多,而且按困难程度排列时,解决问题的数目作为因变量是有限的。但是,如果问题很多但非常容易,那么解决问题的数目作为因变量就不能说明是有效的。因为它可能是由阅读造成的。(3)使因变量具有敏感性。如果实验因子的变化不能引起因变量的变化,则这样的因变量是不敏感的。不敏感的因变量有两种情况,一类叫高限效应(Ceiling effect)。当完成任务过于容易,所有不同水平的实验因子都获得较好的结果,实验中就出现了高限效应。另一类是完成任务过于困难,所有不同水平的实验因子都获得较差的结果,实验中就出现了低限效应(floor effecl)。实验中,如果选择的因变量是不可靠的、无效的或不敏感的,那么,实验结果得出的结论就不能证明实验假设。

三

把控制理解为教育实验的本质,笔者认为至少有以下几点意义。

(一)有利于统一教育实验的概念。时至今日,教育实验的概念仍是一个有很大争议的问题,争论的最后焦点仍集中于对教育实验本质的认识。把控制理解为教育实验的本质,有利于统一多种多样的教育实验的概念。我们知道,逻辑学上要求下定义应用属加种差的方法。也即在具有从属关系的两个概念中,外延大的概念称为属概念,外延小的概念称为种概念,种与种之间的区别就是种差。因此,被定义的概念就等于种差加邻近的属概念。据此,教育实验的邻近属性是一种教育研究方法,其种差就是教育实验法和其他教育研究法区别之处,也就是控制。因此,可给教育实验下定义为:教育实验就是根据一定的研究目的,在有控制的条件下,观察教育措施和教育效果之间的关系,从而探索教育规律的一种研究方法。

(二)有利于建立教育实验评价指标体系。目前人们对教育实验评价关注的焦点集中在三个问题上:(1)选择什么指标体系才能保证评价的客观性;(2)被选定的指标体系中诸评价指标对达到总目标占据什么样地位,即权重的大小如何确定;(3)根据确定的指标体系和具体情况,对被评对象如何赋值具有合理性。为解决上述问题,目前出现了许多可以直接量化的实验评价指标体系。但由于涉及对教育实验本质的认识差异到,有的过于复杂,难以实施;有的过于简单,缺乏科学性。笔者认为,建立教育实验评价体系应把教育实验的控制视为中心位置,它直接决定着教育实验的科学性。鉴于此,单就评价教育实验的科学性来说,我们认为有五项标准:(1)有明确的实验目标;(2)有确定的实验因子;(3)对变量(包括实验变量、非实验变量、因变量)有严格的控制;(4)实验结果有量化分析;(5)实验有高度的客观性,能揭示事物的因果关系。之所以确定这五项标准,其理由如下。第一,上述五项标准都是由控制决定的,是一个实验是否科学的基本因素,在实验中起主导作用。第二,灵敏程度大。当任何一个因素变化时,对实验的科学性影响都较大。第三,比较简化。评价的因素不能选取太多,否则导致结果平均化,失去了评价的意义。第四,信度高。只要评判人员弄清了它们的确切含义与标准,不同的评价团体之间的评判结果具有一致性。

(三)有利于教育实验向科学化方向发展。毋庸讳言,目前教育实验还仅仅停留在经验水平,科学型的实验不多。相当多的实验缺乏理论基础,物质条件不具备,片面性、表面性、盲目性、重复性、"非专业性"的现象广泛存在。许多实验具有新闻性特点,但却经不住实践与科学的检验。一些实验者热情可嘉,但理论素质不够。对一些实验评价鼓励性的成分较多,而冷静的科学分析不足。总之,目前教育实验还不够科学化造成这些问题的原因是很多的,重要原因之一是没有把控制理解为教育实验的本质,把教育实验同"教育改革实践""一般的工作改进行为""教育试验"相混淆,任意降低其科学性标准,从而失去其认识、研究功能。笔者认为,应加强对教育实验控制机制的研究,把它作为规范教育实验科学性的标准,只有这样,才能大大提高我国教育实验的科学水平。

(选自作者在 1991 年第 12 期《教育研究》发表的论文)

整体改革实验亟待解决的问题

近 10 年来,我国教育整体改革实验的成果是明显的。但随着整体改革实验的深入,人们已不再满足实验取得的表面成就,而着眼于实验更深层次问题的研究,以期实验从经验水平向科学水平迈进。笔者认为,要使教育整体改革实验科学化,至少有以下几个问题亟待解决。

一、整体改革实验的概念

整体改革实验作为一种科学实验,其概念必须清楚,其内涵和外延必须明确界定。简言之,必须对整体改革实验给一质的规定。

对整体改革实验的内涵,一般有四种理解:

(一)理解为功能性改革实验。就是探索综合治理普教问题的途径和方法,从而使教育功能发生变化,满足九年制义务教育的要求。

(二)理解为系统性改革实验。认为整体改革就是要做到横向上各种教育因素的整体结合,纵向上各种教育要求的系统衔接,实验着眼于教育因素的一致性、渗透性和联系性的变化。

(三)理解为结构性改革实验。认为学校教育是一个由若干部分,若干因素相互联系、相互作用而构成的有机整体,根据系统科学的"组合质变"原理,在不改变要素质量,不附加特殊条件的前提下,通过调整学校内部结构中诸要素的关系,形成优化的教育整体结构,提高学校教育的整体功能,探索出整体育人的规律。

(四)理解为综合性改革实验。认为整体是观点,综合是方法,整体改革是一种涉及多种学科、多种门类、多种构成的多因素、多项性综合改革。因此,在一些多项性、针对共关因素予以协调的改革上颇下功夫。

对整体改革实验的外延,一般有三种理解:

(一)从大教育的高度理解。把教育作为社会系统中的一个子系统,其范围包括所有的教育影响。

(二)从学校教育的范围理解。认为整体改革仅限于学校教育。

(三)从学校教育内部理解。把学校教育处理成不同层面、不同范围的各个子系统,认为它们都可以作为整体,因此,整体改革可以在班级、年级、学校内外以及德育、智育、体育等多种层面多种范围内进行。

凡此种种,说明整体改革实验内涵不清,外延不准,给整体改革实验带来了种种方法论的问题,现在已到非弄清不可的程度了。

笔者认为,对整体改革实验的概念的界定,必须建立在对教育系统准确分析的基础之上,准确把握教育系统中的要素、联系、结构、功能、最优化等概念的含义,以弄清整体改革的实质。同时,将整体改革的实证研究或称试验研究与科学的整体改革实验区别开来,以确定系统的边界,界定整体改革实验的范围。这个问题很复杂,但又很重要,需要大家一起来讨论。

二、整体改革的实验目标

对整体改革实验目标一般有下列要求。

(一)整体改革实验目标应是一个目标系统。整体改革实验目标应依据系统方法先确定总体目标,再在总目标的指导下确定分层目标,最后像树枝一样生出层层具体目标,形成"目标树"或称目标系统。

(二)整体改革实验目标应明晰具体。所谓明晰,是使人们容易理解而不是含义模糊,所谓具体,是能说明实验的具体任务,而不是笼统的泛泛的规定。为此,在实验目标的表述上不能只是教育目标,在内容上应包括研究目标和应用目标。研究目标应规定出实验的性质和方向,应用目标应规定出实验结果的推广范围。在目标体系上要包括总目标、子系统目标和具体目标。

(三)实验目标要有具体标准。例如,大家都认为整体改革实验的最终目标是探求教育整体功能的最优化,但对功能和最优化的含义与标准不一定都清楚。什么是教育系统意义的功能? 如果功能是无法度量的,那么实验前的功能与实验后的功能有什么质的差别? 如果功能是可以度量的,那么实验后的功能比实验前的功能增加或减少多少? 同理,什么是最优化? 最优化的标准是什么? 这些都不能模糊不清、似是而非。

(四)实验目标必须是可行的。所谓可行包括这样几层意思:一是有充分的实验假设作为依据。没有充分的实验假设,就没有实验的基本逻辑和方向,就无法开展实验,因而不依据实验假设提出的实验目标就不具有可行性。二是有充分的主客观条件,具备完成实验目标的可能性。如果实验人员没有完成实验目标的基本实验技术和应有的科学知识,或者实验研究所必备的客观条件如领导支持、实验经费、工具、资料等严重不足,那么实验目标是很难达到的。三是实验目标要可以操作,也就是,或者实验目标有客观的可供间接测量的指标,或者实验目标规定有具体的研究任务,使实验人员能据此执行。如果实验目标缺乏上述质或量的标准,它就无法操作,也不具有可行性。

(五)实验目标不应混同于教育目标。整体改革的实验目标和教育目标有密切联系,这种联系就在于二者都是对人的发展和人的教育的一种设计和要求,都是为受教育者和社会服务的。但二者有本质的区别,表现在:第一,教育目标是对培养人的规格的一种规定,它控制着教育对象的发展,整体改革实验目标是对整体改革实验性质和方向的一种规定,它控制着实验对象的发展;第二,教育目标反映了教育和人的发展之间的因果联系的普遍性,是高度集中了的社会要求,整体改革实验目标指明的是实验和整体育人规律之间的关系,是实验者个人设想的,有待于修正或验证。

三、整体改革的实验因子

整体改革的实验因子是什么? 这是每个实验者必须交待的问题。如果实验因子不清楚,连施加什么影响都不知道,也就无法谈及实验。对实验因子,应注意以下问题。

(一)整体改革的实验因子应具体化。例如,有人确定教育"结构"为实验因子。但什么是结构,实验前的结构是什么,改革后即实验中施加的结构又是什么,新的结构与旧的结构质的区别在哪里,具体模型如何,它对"功能"是怎样影响的,等等,都应具体化。再如,有人把教育因素的"联系"作为实验因子,教育系统中到底有哪些主要联系;作为实验因子的联系是结构性联系,是功能性联系,还是因果性联系;施加的联系与以前的联系区别又在哪里;有什么质和量的规定;等等,也应具体化。

(二)整体改革的实验因子应能操作。意义不清、范围不定、无序无量、模棱两可的东西是不能作实验因子的,譬如,有人将"快乐性"教学作为实验因子,这就很模糊。什么是快乐? 乐到什么程度? 都不清楚。再如,有人将教育上一致性作为实验因子,也很模糊。什么是一致性? 如果仅仅是教育内容上的一致性还可以,若包括内容、方法、途径等许多因素都是一致的,显然范围太大。一致性只能作为一种教育思想,不能作为实验因子,否则,无法操作也无法归因。

四、整体改革的实验设计

实验设计是整体改革实验的关键,要提高实验设计的科学性,就要注意以下几个问题。

(一)应将教育整体作为有机整体来研究和设计。与有机整体对立的是模糊整体。模糊整体是只知其然不知其所以然,没有明确的定义和规范,没有确切的适用范围,没有纠正机制,无序无量,不能操作,其研究属经验型。有机整体正相反,知其然也知其所以然,自身有明确的定义和规范,有确切的适用范围,有纠正机制,有序有量,能操作,其研究属科学型。教育整体改革实验应将教育整体作为有机整体来研究和设计,而不是一种模糊的整体研究。这种研究应具有以下特点:1. 有整体观念的制约,不是孤立地看待一个事物,而是放在一定的整体中来考察每一事物;2. 局部的研究是基础,没有局部的有序有量的研究就没有有机整体的产生;3. 要善于认识那些对全局有战略意义的局部,以便通过对该局部的认识推动全局的发展;4. 宏观和微观相结合,既要在总体上把握,又要把宏观的理论落实到具体的教育教学计划、教学大纲、教材、教学方法、教学组织形式之中。

(二)整体改革的实验对象的设计。我们知道,一般小型的教育实验的对象是学生。但整体改革实验多数以一个学校为单位,它的实验对象是什么呢? 多数同志认为也是学生,这个观点是值得讨论的,若从学校教育系统看,学生仅仅是其中要素之一,要追求学校教育内部结构的变化,也必然涉及其他要素(例如教师),而且要素之间是相互作用的,仅仅考虑学生是实验对象,范围似乎过窄了。笔者认为,正确认识整体改革的实验对象也必须建立在对教育系统的准确分析之上。我在此提出这个问题,希望能引起有关同志的思考。

（三）关于整体改革实验过程的控制问题。一般研究者提出的控制措施是"四普通",即普通学校、普通教师、普通学生和普通教材。笔者认为,作为一种科学实验,用"普通"一词欠准确,应对普通的程度作规定。拿教师来说,他是教育系统中具有教育功能的要素之一,他至少应具备教育者条件,例如,要与受教育者有一定的信息差,要有传递信息的手段和能力,要有调节教育活动的能力。在此条件之上再规定出"普通"的特征,"普通"表现在何处,这样才符合科学实验的要求。

（四）关于实验结果的分析问题。笔者认为这是整体改革实验的落脚点问题,没有正确的分析方法,就无法归因。我们应着重考虑以下两种方法在整体改革实验结果分析中的运用。

1. 层次分析法。首先把问题分为若干层次,一般分为目标层、中间层（准则层、指标层等）和基础层,按照各因素之间的关系,逐层归并组合,形成多层次结构,最终归结为计算基础层每一结果对最高层（总目标）的相对重要性数量指标,排出其优劣顺序。

2. 定性与定量相结合的综合集成法。这种方法是最近由钱学森同志提出的,其实质,是将专家群体（各种有关专家）、数据和各种信息与计算机技术有机结合起来,把各种学科的科学理论和人的经验知识结合起来,用以解决复杂系统的结果分析问题。其特点是:（1）根据复杂系统的复杂机制和变量众多的特点,将定性分析与定量分析有机地结合起来,从多方面的定性认识上升到定量认识;（2）把科学理论和知识经验结合起来分析问题;（3）根据系统思想,将多种结果综合起来研究;（4）根据复杂系统的层次结构,把总体分析和具体分析结合起来。

笔者认为,解决上述问题并不是简单的事,首先要求我们要加强对教育系统的研究,准确把握教育系统中"要素""元素"和"因素"的区别与联系,透彻理解教育系统中"联系""结构""功能""最优化"等概念的含义,把整体改革实验建立在对教育系统的科学分析之上。其次,要加强教育实验基础理论的研究,把握教育实验的本质特征,掌握教育实验设计的基本方法,把整体改革实验建立在科学的实验方法论上。另外,注意新型的教育研究技术和方法,如多元统计、模糊数学、计算机等在实验过程与结果分析中的运用。总之,整体改革实验需要形成一套完整的方法论体系。只有这样才可望大大提高整体改革实验的科学水平,这也正是需要大家来探求的。

（选自作者在 1991 年第 3 期《教育研究》发表的论文）

试论课程文化自觉与创新

　　课程文化,是课程研究的一个重要问题。从 20 世纪 80 年代以后欧美等国课程文化研究的趋势看,课程专家的研究兴趣已经逐渐从课程文化开发转向课程文化理解,即理解课程所负荷的价值观,理解课程与课程事件的历史、现在与未来的关系,并把课程置于广泛的社会、政治、经济、文化、种族等背景上,联系个人深层的精神世界和生活体验寻求课程的意义,从对"泛科学理性"课程[①]的批判中探求课程文化的主体存在。我国学者从 1989 年在介绍外国课程理论时引进了课程的文化性分析,相继开展了一些课程文化属性的研究[②],这些研究虽然丰富了理论视野,但并没有解决课程文化理论的建构问题。另外,当前文化理论界为适应经济全球化的趋势和多元文化存在的现状,广泛深入地开展文化自觉的研究,形成了一批有价值的成果,课程文化的研究也应顺应这一趋势,为中国的文化自觉作出积极贡献,并对当前基础教育课程改革发挥导引作用。基于以上理由,本文试图在对课程文化反思的基础上,提出课程文化自觉的构想,并对课程文化创新进行探讨。

---

① 丁钢. 价值取向:课程文化的观点[J]. 北京大学教育评论,2003(1):18-76.
② 胡斌武,吴杰. 试论课程的文化学基础[J]. 西南师范大学学报,2002(3):59-61.

一、课程文化自觉的含义

何为文化自觉？"文化自觉"是中国人类学、社会学教授费孝通先生1997年提出的。费老指出：文化自觉是指生活在一定文化中的人对其文化有"自知之明"，明白它的来历、形成过程、所具有的特色和它发展的趋向，不带任何"文化回归"的意思，不是要"复归"，同时也不主张"全盘西化"或"全盘他化"。自知之明是为了加强对文化转型的自主能力，取得决定适应新环境、新时代文化选择的自主地位。文化自觉是一个艰巨的过程，首先要认识自己的文化，了解所接触到的各种文化，才有条件在这个正在形成中的多元文化的世界里确定自己的位置，经过自己的适应，和其他文化一起取长补短，共同建立一个有共同认可的基本秩序和一套能与各种文化和平共处、各抒所长、联手发展的共同守则。①

按照费老对文化自觉的说法，课程文化自觉至少应包括以下三个方面：第一，要自觉到自身课程文化的优势和弱点，懂得发扬优势，克服弱点；第二，要自觉到旧的课程文化，即传统课程文化是过去的条件下形成的，要使它有益于今天，就必须进行新的现代阐释，使其得到更新和发展；第三，要自觉到我们今天是作为全球的一员而存在，已不可能是封闭孤立的个体，因此，还要审时度势，了解世界文化语境，参与世界课程文化的重组，使自己的课程文化为世界所用，成为世界课程文化新秩序不可或缺的重要组成部分。这才是对自己课程文化的全面自觉。

笔者之所以强调课程文化自觉，是因为经济全球化的趋势并不能消灭课程文化差异。一方面，信息技术革命和资本的全球性流动，使各国课程文化自身的本质特征变得模糊甚至有所消失，呈现出课程文化同质化、

---

① 费孝通. 费孝通文集第十四卷（1996—1999）[M]. 北京：群言出版社，1999：197.

综合化的发展倾向;另一方面,带有民族性特征的课程文化又出现了冲突和异质化。在全球化进程中,课程文化同质化,课程文化整合增强的同时,课程文化的异质化、课程文化的冲突也同步增长。

从历史上看,文化对课程的影响不像科学技术影响那样直接和明显,而带有潜在的性质,这种潜在的影响,使各国课程表现出一定的差异性,主要表现在以下三方面①:

1. 文化传统影响课程价值取向。例如,我国传统文化的精神支柱是儒家学说,因而儒家思想对课程建设的影响是深刻的。首先,在课程目标上,非常重视"贤人"和"君子"的培养,把道德的完善放在首位,较为忽视理智的训练。其次,在课程内容上,由于儒家学说既不重视实际观测,又不鼓励精密分析,致使它偏重人伦和社会方面的知识内容,忽视实证的自然科学知识。再次,课程设置是以人的群性(共性)发展为出发点,忽视人的个性发展。最后,在课程实施上,重视内省以"致良知良能",忽视外求;重视整体把握,忽视逻辑分析;重视直觉、思辨,忽视实证等。

2. 文化交流推动课程发展。在中国历史上,曾经有过两次大的文化交流。第一次是西汉末年、东汉初年佛教传入,到魏晋、南北朝、隋唐时期,佛教广泛传播,对当时的文化教育产生了深刻的影响。这一时期,中国传统的儒学文化也传播到邻国,特别是朝鲜和日本,对两国的教育产生了影响,课程建设打上了中国文化的烙印,表现为儒学和儒家经典著作成为其课程的基本成分。第二次是"西学东渐",大量的西方科技传入中国,形成了"中学为体,西学为用"的课程发展模式,首次触动了历史悠久的中国封建课程体制,打破了伦理政治等人文科目一统天下的局面,自然科学开始在课程体系中占有一席之地。因此,这次文化交流大大加速了我国课程的近代化、科学化乃至现代化的进程,中国文化也开始走向世

---

① 靳玉乐,黄清. 课程研究方法论[M]. 重庆:西南师范大学出版社,2000:169 – 170.

界,其意义是深远的。古今中外大量事实表明,本民族文化与外域文化发生交流冲突之时,往往是课程动荡、改革之际,课程改革的程度取决于两种文化融会的程度。

3. 文化变革促使课程改革。在古代社会,教育的文化价值评判的一元性,决定了课程观念的一致性。在近代社会,有了"人性"与"科学"的二元价值尺度,使形式教育论与实质教育论课程观争论不休,从夸美纽斯、洛克、裴斯泰洛齐到赫尔巴特、斯宾塞等,无不卷入这两种课程文化的论争。现代社会,基于文化的变异,将形式教育论与实质教育论重组、分化、嫁接,出现了多元交互冲突为特征的多种课程观。主要有以下五种:①走向经验本位的进步主义课程观。这种课程观是从早期的主观性经验发展到杜威的客观的心理化经验之后,才具有更为系统的理论体系。②走向理智美德本位的永恒主义课程观。这种课程观以赫钦斯(Robert M. Hutchins)和阿德勒(Mortimer J. Adler)为代表,将文化理性和文化遗产视为永恒主题,设置理智美德内容。③走向学术理性本位的要素主义课程观。这种课程观历经 30 年代经济危机及 60 年代的"卫星冲击",直至今日被视为"传统"而遭批判,但并没有彻底抛弃。④走向文化修正本位的社会改造主义课程观。这种课程观赋予了学校课程更多的职责、标准及主体地位,但因其在实践上难行,一直停留在理论上"成立"阶段。⑤走向个人自我发展与完成本位的存在主义课程观。这种课程观注重个体的完善及课程内容的非理性、主观性、人文性的指导思想,无疑对传统的社会化课程观提出了强烈的挑战,对工具主义化的学校课程予以致命的一击,为学校课程研究提出了新的生长点和依据。① 综观 20 世纪以来这些令人眼花缭乱、立足于不同理论的课程观,从经验论到知识论,从理性到非理性,从社会适应论到个人本位论,从学术理性到理智美德,从文

---

① 郝德永. 课程研制方法论[M]. 北京:教育科学出版社,2000:134.

化修正到文化复归等,使课程陷入了"茧式多元化"境地。课程文化自觉,就是要超越、整合这些课程文化,以达到自主适应,使之"各美其美,美人其美,美美与共,天下大同"(费孝通语)。

二、课程文化自觉的建构

课程文化自觉就是人类对课程发展方向的理性认识和把握,并形成主体的一种文化信念和准则,人们自觉意识到这种信念和准则,主动将之付诸实践,在文化上表现为一种自觉践行和主动追求的理性态度。其目的是为了加强对课程文化转型、取舍、选择和改造的自主能力,以适应新环境、新时代。笔者认为,课程文化自觉应从以下几方面建构:

(一)从工具自觉到主体地位

课程与文化有密切的联系,它起源于文化传承的需要。课程把人类最基本的文化,包括认识成果、价值观念、审美情趣、道德规范、传统习俗等人类文化精粹经过精约、系统的编制后传递给受教育者,并实现受教育者的文化内化,而且,这种传递的文化是经过选择的。课程始终被赋予社会文化工具的角色和品质,从而导致课程文化主体性的缺失,即课程文化的锁定现象。还原课程的文化主体地位,意味着课程来源于现实文化,又超越并建构着现实文化。这主要表现在三个方面:(1)课程设计者在设计课程时,会将个人经验、知识观念、价值取向以及爱好情趣,尤其是文化和哲学思想的影响等蕴藏在课程里,从而繁衍出新的文化意义,实现文化的增值。(2)课程文化与社会其他文化现象是互动的。社会文化赋予课程的文化意义,推动课程文化的演化、发展,反过来,课程文化也影响和塑造着社会文化,促进了社会文化的繁荣与进步。(3)课程文化是教育学化了的文化。课程文化的构建,要体现教育目标的要求,而教育活动有特定的对象、目标、过程、内容,课程文化就是在教育活动过程中彰显自己的主体性存在。①

(二)从泛科学理性自觉到科学理性

课程不是"价值中立"的纯粹知识活动,必须考虑它的文化处境。当一种课程理性以纯粹理性凌驾于其运用的环境之上,它就会变为一种可称之为"泛科学理性"的东西。泰勒课程编制的原理,即"确定教育目标""选择教育经验""组织教育经验""评价教育经验",曾以"价值中立"的形式出现,被认为是一种理性化、规范化、划一性的课程开发模式,可以普遍适用,压抑了实践领域学校课程的创造性和主体性,它实际上是一种"泛科学理性"的保守理性观。科学的理性观,在坚持历史性和价值性统一的基础上,应具备以下几个方面的本质规定:

1. 主体尺度与客观尺度的统一。

主体尺度和客体尺度是价值活动的两个基本尺度,它们共同制约着课程的价值活动。当主体尺度达到与客体尺度一致形成理想的价值物,产生合主体效应即正价值,反之,即负价值。当前教育危机甚至面临的严重问题,主要是主客体冲突形成了负价值,因此,我们必须立足主客体的统一来建构和理性规范课程的价值取向。

2. 主观理性与客观理性的统一。

主观理性是以工具的主观意识来理解的理性,在课程上主要表现为追求知识课程的效率和课程方案的正确选择;客观理性是一种更为本质的、综合的理性,它是超越课程本身,追求无条件的、绝对的规则,指引着课程的发展方向。

3. 工具理性与价值理性的统一。

价值活动是一个从价值主体需要开始,经过价值意识、价值理念、价值创造,到价值物生成与价值实现的过程。在主体需要、价值意识阶段,

----

① 董守生. 校本课程开发的文化思考[J]. 课程与教学,2004(1):26-28.

价值活动的目的性十分突出;在价值理念、价值创造阶段,价值活动的工具性成为关键。① 反思历史上课程非合理的价值活动,有的是目的不合理造成的,有的是工具不合理造成的,有的是目的和工具都不合理造成的。课程价值理性本质是工具性与价值性的统一。

4. 主体需求与价值生成的统一。

主体需要的产生和价值物的生成是价值认识和创造活动的两极。从主体需要的产生到价值物的生成,作为一个完整的价值认识与创造活动过程已经结束,但是这个价值物是否真正切合主体需要,则有赖于价值实现过程来测度与验证。在课程改革中往往会产生变异,就是事先设计好的课程理想或预期目标在课程实施中发生变化,实践层面实施的课程在性质、状态上不同于改革前预先设计的那样。课程实施中存在的两种变异,即超越性变异和衰减性变异,其原因,主要来自课程自身。在课程实施中,要尽量促进超越性变异的产生,避免衰减性变异②,力图实现课程的主体需求与价值生成的统一。

总之,保持科学理性的实现,首先,当前的课程改革在搬用西方的理念和操作模式的同时,必须要考虑本国的历史文化处境;其次,立足于本国文化处境的课程改革须处理好本土文化传统与全球化的关系,寻求建构一种凸显本土文化价值,而又能够赢得其他文化尊重的课程体系。

(三)从一般属性自觉到理论建构

课程的本质在于建构文化,在理论上需要从课程的文化属性的一般分析自觉到课程文化的理论建构。当前主要应从以下三个方面建构:

1. 适应课程研究的需要,建立范式性课程文化。有的学者从现代课程的层次分析入手,认为现代课程分为三个层次:它的表层是物化的知识

---

① 陈军科. 理性思维:文化自觉的本质特征[J]. 北京师范大学学报,2003(5):71 – 76.
② 石鸥,等. 课程改革:在实施中异变的原因与对策[J]. 课程·教材·教法. 2004,24(3): 3 – 7.

形态,包括教学计划、教学大纲、教科书等,中层是操作化的活动形态,包括教学认识、道德、审美以及交往、游戏、社会实践等,深层是主体化的人格形态,即课程的知识形态的活动,以人际关系为中介内化、积淀为受教育者的身体素质和人格品质。据此,把课程文化设计为一个由符号文化课程(与学科课程对应)、行为文化课程(与活动课程对应)、媒体文化课程(与平行课程对应)、群体文化课程(与自我教育课程对应)和环境文化课程(与隐性课程对应)所组成的课程文化新模式。① 有的学者从文化学的基本范畴入手,按主流文化、亚文化与课程选择,文化部类与课程门类,文化模式与课程设计,文化变迁与课程改革等建构。② 也有学者分别从文化和课程两个角度进行分析:从文化角度,课程文化包括课程物质文化、制度文化和精神文化,其中,课程精神文化是核心,它体现在多种课程活动中;从课程角度,课程文化又包括目标文化、内容文化、实施文化和评价文化。③ 笔者认为,课程文化是动态的,是一种复杂的物质的和精神的高级复合体,是超越科学文化、道德文化和审美文化并以鉴赏、批评、反思、生成为机制的建构性文化。

2. 适应文化的动态与选择,建立以学生自我发展为核心的主体性课程文化。第一,从知识与知识、知识与经验、知识与现实、生活与发展相关联出发,把与学生生活世界相联系的知识作为课程内容,使学生学会了解、学会生存、学会发展。第二,面对信息化社会,通过课程培养学生信息收集、处理、创造和免疫能力。第三,通过师生互动,实现文化共享。教学过程,不仅是学生展示聪明才智的过程,也是教师专业成长的过程,教师和学生都分别完成自己的文化建构,实现双方的共同发展。第四,按过程

---

① 谢登斌. 跨世纪课程现代化与课程文化新思维[J]. 广西师范大学学报,1999(1):36 – 39.
② 郑信军. 课程的文化建构和文化关注[J]. 教育评论,2002(6):11 – 14.
③ 裴娣娜. 多元文化与基础教育课程文化建设的几点思考[J]. 教育发展研究,2002(4):5 – 8.

性和动态性的要求,可以选择、调整、组合多样化的课程,以满足不同学生的兴趣要求。

3. 适应生态系统的多元与交汇,建立开放、和谐的课程生态文化。文化生态是指文化适应其生存环境而产生的不同形貌,它反映着文化发育的地理背景对文化的制约和作用。文化生态反映在课程领域,首先要求课程成为一个民主开放的文化系统,课程要选择反映本地域、本民族文化特质的内容,课程编制、管理、开发与实施要选用与本地域、本民族文化表现形式、语言特色、风俗习惯相似或相近的方式,体现不同的文化差异。其次,要坚持人文化和自然化的统一,追求人、自然、社会的和谐。

(四)从二律背反自觉到必要张力

我国课程文化价值选择中存在着"二律背反"现象,通过对这些现象的分析,可以揭示我国教育从传统走向现代转型时期的多种文化冲突,分析传统文化的制约和羁绊,进行观念与行为层面的深层文化批判,从而促进现代课程文化观的自觉构建,极有必要。

当前我国课程文化价值选择的背反与矛盾主要表现在以下六个方面:(1)是以促进社会发展为根本,还是以促进人的发展为根本。(2)是以掌握科学基础知识为主,还是使学生获得直接经验为主。(3)是以群体性发展为主,还是以个体发展为主。(4)是强调对中国优秀传统文化的继承,还是强调批判与超越。(5)是强调国际化,还是强调本土化。[1](6)是以人文教育和科学教育双重任务的重建为主,还是二者的融合。如何处理这些矛盾?"和而不同"是我国传统文化处理不同事物关系的一条重要准则。西方科学哲学家库恩(T. S. Kuhn)关于"在对立的两极保持必要的张力"思想为我们提供了科学的方法论。由此,在课程文化选择中应持有的一些基本立场是:课程设置仍以主流文化为主,但多元文化

---

① 胡东芳. 论课程共有[J]. 教育研究,2002(8):78-83.

的观点应渗透到学校全部的显性与隐性文化中,课程内容应反映所有文化的贡献,教师能客观地看待文化关系的问题及有争议的重大事件等。

另外,文化哲学也从先验批判、经验反思与不受人惑的方法入手,为课程改革提供了以下新的视点:(1)培养人的个性以及理解、合作与创新意识,是新课程改革的价值追求。(2)培养全球意识,协调人、自然与文化的关系,是新课程改革的内在旨趣。(3)回归生活世界,是新课程改革向教育本质回归的必由之路。(4)强调主体存在的意义,纠正完全的科学理性主义,强调人文精神在人的发展中的作用,科学和人文走向融合,是新课程文化的核心要义。(5)合作、对话、探究是课程改革崭新的文化模式。(6)培育健康的社会运行机制,增加课程的文化含量,是新课程改革的外在诉求。

(五)从隐性表现自觉到显性管理

课程文化有显性与隐性两种形式。显性的课程文化主要表现为课程物质文化和制度文化。隐性课程文化主要表现为课程思想、课程价值等内容的意识形态。这些思想作为一种非学术性的经验,被潜移默化地传递给学生,它不仅是一种课程文化,还是具体的隐性课程。

把课程文化理解为一种隐性课程,可以使课程文化研究与课程开发有机结合起来,使之不至于成为抽象的纯理论研究,这不仅拓宽了隐性课程研究的视野,还可以使我们认识到隐性课程的操作前景和课程文化的建设性意义。这为课程文化的显性管理提供了平台。

目前,对课程文化的管理,主要通过课程标准来实现,如《语文课程标准》指出:"语文是最重要的交际工具,是人类文化的重要组成部分。""认识中华文化的丰厚博大,吸收民族文化智慧。关心当代文化生活,关注多样文化,吸收人类优秀文化的营养。"《数学课程标准》:"数学是人类的一种文化,它的内容、思想、方法和语言是现代文明的重要组成部分。"《艺术课程标准》:"艺术课程是一种人文性课程,它不再把艺术视为单纯的消遣娱乐或单纯的技艺,而是把它视为人类文化的积淀和人类想象力与创造力的结晶,具有极高的人文价值。""艺术课程用艺术的感人形式,丰富的内容和深刻的人文内涵,打动学生的心理,接近学生的生活,表达学生的情感和文化追求。""艺术课程……成为学生成长的文化养分。"《美术课程标准》:"引导学生参与文化的传承与交流。""在广泛的文化情境中认识美术。"《历史与社会课程标准》:"认同民族文化,培养人文素质。"《英语课程标准》:"跨文化交流。"

课程标准,是实施课程的指南。它是编制、审定教科书,组织教学和考试、评价的基本依据。国家通过贯彻课程标准的各个环节,力争实现对内隐其中的课程文化的显性管理。需要指出,这种管理要克服统得过死的管理办法,课程管理本身也要植根于新文化之中,并不断产生新的课程管理文化"课程共有"模式,其基本要义为:(1)课程管理走向权力分享;(2)课程管理趋向对话交流;(3)课程管理需要科学决策;(4)课程管理重在服务。[①]

(六)从价值导引自觉到质性评价

课程文化评价是课程评价的组成部分。课程文化仅仅对课程发展起到价值导引是不够的,还必须把课程文化纳入评价领域进行不断修正和检视。作为最具精神意义的课程文化,显然无法用量的办法评价。目前不断完善的质性评定办法,如回应性评价、解释性评价、教育鉴赏和批评、成长记录袋评定法、苏格拉底式研讨评定法等更能逼真地反映情意领域、精神世界的东西,以弥补量化对课程文化评价的不足。

对课程文化评价主要从以下几方面进行:(1)课程目标文化。它反映了课程选择文化或建构文化的价值取向,是课程领域最具精神意义的文化现象。目前我国基础教育课程目标主要有强调掌握基础知识、基础

---

① 叶澜. 中国基础教育改革的文化使命[Z]. 北京:教育科学出版社,2001.9.9.

技能训练、获取生活经验、创造性思考能力培养和情感陶冶等五种价值取向。课程目标价值取向的多元性,形成了教学活动的事实性。(2)课程内容文化。它是不同学科的差异中共同存在的标志性话语,它以显性和隐性两种方式渗透在各具特色的不同学科之中,既具有民族性,又具有多元性。对它的评价主要关注课程内容是否体现了对优质文化的选择,是否体现了多元文化及隐性文化教育,是否师生可以形成认识文化、评判文化的能力。(3)课程实施文化。它主要反映在课程开发与情境教学之中,它最能体现课程文化的自组织特点和建构意义。对它的评价主要体现在协商课程和互动教学。

对课程文化的评价应体现以下几个标准:(1)开放性。开放是选择和生成先进文化的前提。(2)民主性。从"社会共同课程"的观念出发,充分发扬民主,调动所有成员共同创建文化。(3)多样性。多元文化表现为传统与现代的冲突,现代与后现代化的争鸣,民族文化和世界文化的对话。课程文化要从内容和形式上进行融合、共享。(4)动态性。社会发展教育活动的动态性,决定了课程文化处在不断选择、转化和更新的动态发展之中。(5)生成性。课程文化是社会文化的一种文化,它需要根据教育的特点进行"再创造"和"创新",生成有自己特色的文化。

三、课程文化创新的基本规律及实现途径

课程文化创新是课程文化自觉的落实与实现,是课程文化建设的生命和灵魂。课程文化创新,是指通过对现有课程文化局限性的突破和新的课程文化模式的探索,促使旧文化形态向新文化形态转换的过程。它包括课程文化价值观念创新、课程文化知识体系创新、课程文化思维方式创新、课程文化管理体制创新等方面,具有时代性、实践性、整体性和前瞻性的特点。通过课程文化创新,引发旧课程观的解构和新课程观的建构,

促使传统惯性的消解和传统精华的重铸,推动课程的重大变革和一代课程新人的涌现。课程文化创新,是课程发展的客观要求,是民族创新精神的基础,也是我们的光荣使命。课程文化创新是一个长久的艰巨的任务,需要增强创新知识,提高创新能力,形成创新的氛围,为创新提供条件。具体地讲,其基本规律及实现途径主要有以下几方面:

（一）坚持解放思想、实事求是、与时俱进的思想路线,在不断发展的课程实践中创新课程文化

实践的观点,是辩证唯物主义认识论首要的基本的观点。实践是文化创新的源泉。目前我国基础教育课程改革在文化上进行了创新,初步显现出来的特征有:以人为本的人文关怀,平等对话的民主认同,开放多元的积极心态,情景生动的理性实践。这些特征最初是从1997年开始对语文课程讨论中形成的。1997年的《北京文学》刊登的三篇文章,分别从学生家长、中学语文教师、大学中文系教师的角度,谈了对当前语文教育弊端的看法,这引起了从教育界到文化界,从学生到家长到教师,从基层教育部门到中央领导的强烈反响和讨论。通过讨论,形成四点认识:①重新审视语文教育的目的,认为当前语文教育的人文价值相对削弱;②语文教育教材陈旧,与学术界新的研究成果有相当的距离,而且过分强调语言学的训练,内容过深过难,过于专业化;③语文教育在应试教育的阴影下,失去应有的生命力,达不到培养学生人文精神的目的;④从一元到多元,表达了教材实行一纲多本的强烈愿望。① 在此认识基础上,课程的理论和实践工作者着眼于人的需要进行课程文化创新,把课程文化创新看作是解放思想的过程,给人以终极关怀的过程,把重建精神家园,重构课程价值体系,作为课程文化创新不可推卸的重任。课程文化创新的主体是广大教师,课程文化创新的实践者寄希望于广大学生。在实践中要充分

---

① 丁钢. 课程改革的文化处境[J]. 全球教育展望,2004(1):16-19.

调动师生的积极性,发挥他们文化创新的主体作用,使课程文化创新具有生命力和活力,取得扎实的成效。

(二)发扬民族文化的优良传统,在培育和弘扬民族精神中创新课程文化

民族精神是一个民族在历史的文化实践中内化在一个民族主体中的,经由历史凝聚而延传着的稳定的、特殊的精神气质或总体精神风貌。它是渗透到一个民族文化的多样性之中的主色调,是一个民族赖以生存和发展的精神支撑,也称国魂。中华民族在五千年发展中形成了以爱国主义为核心的民族精神。例如,自强不息,刚健有力;厚德载物,和而不同;崇德重义,修身为本;刻苦勤劳,艰苦奋斗等。我们要在课程实践中,以民族精神的创新带动课程文化的创新,总体方向是:在民族文化精神上,培育和丰富适应从封闭的自然经济、计划经济向开放的市场经济转变的平等、竞争、创新、诚信、民主、法治等精神;在民族文化体制上,从缺乏活力的高度统一的模式向多元模式转变,从人治向法治转变。

从世界上发展中国家课程改革来看,其文化创新的一般规律是,在初期主要推行传播式的创新,移植先进国家的文化,来缩短差距。直到20世纪70年代,在经济危机打击下,发达国家碰到了严重的问题,加上搬用发达国家模式并未取得预期效果,因此,发展中国家开始反思这种创新,并对之进行适应性改革,各种教育实验应运而生。20世纪80年代后,发展中国家开始意识到自己创新的意义,力图在课程改革中反映本国的文化处境。从我国看,1922年胡适从五四新文化运动的处境出发,提出了"六三三"学制改革,但这不是抄袭美国的制度;再如,陈寅恪在设计史学课程时,就没有完全搬用西方史学课程的知识结构及教育理想,而是立足于中国传统的史学教育文化,吸收西方史学现代研究方法,用以完善自己的历史课程设计,从而为世界贡献了一种既具有现代水平又内含中国文化精神的史学课程。"而这种文化优势恰恰就是国际教育对话中借以立

足并显示自身知识价值的根本资源"。①

(三)遵循课程发展的一般规律,在现代与后现代课程范式的转换与互动中创新课程文化

课程活动古已有之,形成专门的研究领域,迄今不过 80 多年,大体经历四个阶段:第一,前学科化研究(1890—1917),主要是零星的研究;第二,学科化研究(1918—1948),主要探索课程的技术问题;第三,理论体系的建构(1949—1969),从原理到过程和结果进行系统化的研究;第四,范式转变(1970 年至今),课程研究的范式由现代向后现代转向,呈现多元化态势。

现代课程研究有两条线,一条线以博比特、泰勒(R. W. Tyler)等人为代表,他们追求科学化的方法,创建了课程研究的技术—控制取向的模式;另一条主要以布鲁纳(J. Bruner)、施瓦布(J. Schwab)等为代表,他们侧重于追求科学化的内容,创建了课程研究的概念—实证取向模式。现代课程研究范式,以自然科学和经验证实为依据,以价值的中立为研究本质,以课程开发为核心,以行为和结果的改善为目标,突出管理和控制,力图寻求一种普适性的课程原则。

后现代课程研究比较有代表性的观点有三种:一是以注重相互依存和维持生态为主题的课程观,代表人物有卡普拉、格里芬等人;二是以平等、民主等带有政治思想为主题的课程观,主要包括批判理论和女性主义理论,美国的阿普尔是早期代表人物之一;三是以混沌学和无限宇宙观为基础的课程观,其倡导者主要有多尔、格里芬等人,这代表了后现代研究的最新成果,其中,多尔针对泰勒原理提出的"4R"新课程标准影响很大。后现代课程研究范式的共同点是:寻求课程理解,反对课程中的技术理性,重视理论性、研究性,关注学习者的自我意识和创造性,弘扬整体观和

---

① 冯增俊. 论教育创新与民族创新精神[J]. 教育研究,2001(11):24–29.

69

联系观。

现代课程和后现代课程两大范式,各有长短,现代课程强调技术,便于管理和控制,但对复杂的价值问题视而不见,关注标准化,利于提高效率,但违反了教育真谛,忽视个人潜能的最大发展。后现代课程在课程的开放性、不确定性、整体联系和关怀等方面对课程改革有重要的启示,把建设性后现代主义、后结构主义、后现代女性主义、生态后现代主义、多元化主义、心理分析理论、现象学、论释学、新教育社会学等诸多理论引入课程,激活和拓展了课程视野。但它过于理想主义和理论化,缺乏操作和实践,很难推行。

进行文化创新,要求我们以现代课程范式的长项为基础,吸收后现代范式中的建设性观点,增加研究者之间的学术对话,改进课程开发,重视理论和实践的关系,运用多元性、综合性的研究方法体系,超越现代和后现代,建构 21 世纪课程的愿景。

(四)遵循文化发展的一般规律,在文化交往与文化选择、文化批判与文化兼容、文化积累与文化突变的相互联结相互作用中创新课程文化

文化交往,是个人、群体、民族之间精神文化活动、能力及其成果的相互变换。交往具有双向或多向性特点,它推动文化的开放。文化交流是课程变革的重要力量,近代中国的课程充实了科学技术的内容,就源于"中体西用"为特征的文化交流。文化交流对课程的影响取决于不同文化之间的融合程度。表层的文化交流便有表层的文化变革,深层的文化交流才能推动课程的实质性变革。我们要积极主动地进行文化交流,对其他民族先进文化成果进行消化,进而吸收成我国文化的组成部分并进行创新,最终达到课程在显性和隐性两个层次的协调一致。文化选择一般分为:一是对传统文化的选择,即美国文化人类学家米德(Mead)提出的"后喻文化"(post-figurative culture),是以重复过去为使命的那些文化;二是未来文化的选择,即"前喻文化"(pro-figurative culture),是指以开拓

未来为使命的文化类型。我国传统文化的"后喻"性赋予了课程的封闭和静态特征,美国文化的"前喻"性赋予了课程的开放和动态特征。在相应的文化选择下,所引发的教育创新对民族创新精神有重要作用。第一,教育观念创新作用,也称韦伯定律,即教育观念的转变对人类文化的进化起促进作用。德国社会学家马克斯·韦伯认为,16世纪马丁·路德宗教改革所倡导的新教伦理,赋予西方文化进化以新动力,使资本主义在欧洲产生。第二,教育制度创新作用,也称夸美纽斯定律,即教育制度的创新对激活民族精神有关键作用。夸美纽斯创立的班级授课制,为发展新文化奠定了基础。第三,教育功能创新作用,也称斯宾塞定律,指教育创新必须以服务和作用社会功效为目的。因此,自觉合理的文化选择可以促进并加快文化创新,反之,导致冲突和矛盾,甚至社会巨大震荡和民族文化的消亡。[1]

文化选择的核心是文化批判。文化批判是站在文化发展进步的基础上,对民族文化和外来文化的理性审视和反思,在对现存文化模式肯定的理解中包含着否定的理解,在历史和价值的交合点上,寻找文化现代化的合理道路。批判是扬弃,是兼容。多元化文化背景下的课程改革,其兼容的意义:一是要增强课程设计的适应性和灵活性,为不同文化背景的学生提供平等的学习机会;二是突出课程设计的主体性,促进不同民族文化的认同和接纳;三是增强课程设计的开放性,达成对世界文化的理解和尊重;四是通过创造性实施学科课程、大力建设探究型课程、重视开发潜在课程及课程的整合,寻求新课程文化的超越和转化生成。

文化积累,即文化的保存和增加,表现为一个渐变的过程;文化突变,即文化从一个阶段到另一个阶段的飞跃。文化积累要求学校课程保持相

---

① 瞿葆奎,郑金洲. 中国教育研究新进展2002[M]. 上海:华东师范大学出版社,2004:19,615.

对的稳定,课程必须有延续性,课程变革主要是修补、完善工作;文化突变则要求学校课程进行大的改革。西方课程演变经历了"三艺"—宗教科目—人文学科—自然学科—综合学科等一系列课程的转移,实际上反映了人文主义和科学主义从分离到融合的文化变迁过程。当前,我国的基础教育课程改革,一方面要注意反映原有课程文化的优势,另一方面又要适时地变革,加速课程文化的突变,并且经由积累—突变—再积累—再突变,逐步向高层次发展。

(五)遵循教育创新的一般规律,探求课程文化创新的策略

教育创新是主体(人)为了一定目的,遵循教育发展的规律,对教育的整体或其中的某些部分进行变革,从而使教育得以更新与发展的活动。教育创新的规律,不同的学者从不同的角度进行了探讨,代表性的有:①五原则说,即教育创新的五条原则:批判性原则,探索性原则,适应性原则,美感性原则,民主性原则[①];②五前提说,即教育创新的五个前提:必须深入研究中国的本土教育资源,批判地继承人类优秀的教育文化遗产,要有全球的视野,坚持正确的方法论,保持创新的标准和底线[②];③三级说,即教育创新从低到高分为三级:一级是采借传播为主的借鉴型创新,二是以改进为主的教育革新,三是有原创性发现的教育革命[③];④四段说,即从教育现象中发现问题,从学生成长需要中产生动机,从信息中产生灵感,从实践中完善发展。教育创新的流程是:发现问题—界定问题—想象最佳结果—优化最优方案—实施方案—验证结果—推广结果。从以上分析可以看出,若把上述几种观点综合起来,基本可以把握教育创新的内在规律。课程文化创新作为教育创新的组成部分,应遵循上述规律并寻求以下创新策略:

---

① 于伟,张夏青.教育理论创新的五个前提性问题[J].当代教育论坛,2004(2):13-15.

② 胡明忠,常海山.试论教育创新的规律和策略[J].素质教育大参考,2004(3):63-64.

③ 冯增俊.论教育创新与民族创新精神[J].教育研究,2001(11):24-29.

1. 在组合中创新。如这次新课改中的研究性学习,就是"课程文化"的革命。研究性学习的理论基础就是从"整体教育""多元智慧""全语言""建构主义"理论等组合形成的,使学生学习方式发生了深刻变化。

2. 新异发现。创造者能及时发现新事物,并以科学的态度研究其生成和发展机制,促成新生事物由自然生成向人工培育,由偶然向必然,由弱势向强势转变。例如,有的教师在数学课程实践中发现了数学的文化价值体现在两个方面:一是一种科学的语言,一种特有的符号语言;二是一种数字文化、量的文化和计算机文化。为此,一要培养学生"求真"的文化素质,包括科学态度和辩证思想;二要弘扬数学文化创新精神,从身边生活中运用数学;三要弘扬数学"向善"精神,培养学生道德素质;四要弘扬数学"审美"精神,从对称、和谐、完备、统一、奇异的数学现象中使学生产生美的体验。

3. 引进创新。就是通过引进某项研究成果进行创新。例如,把"行动研究"方式引进到课程领域,使课程具有了"研究"和"行动"的两大特点,使新课程改革进行了两方面的文化创新。一是课程理论的创新,主要有:课程是实践,教师是研究者,学生是知识的建构者,教室是实验室,教材是范例,家长是伙伴;二是课程实施文化的创新,即合作、对话、探究。合作,就是全社会对课程的共建共享,各人都成为合作共同体的一分子;对话,就是课程利益有关的人员、部门及师生之间的沟通;探究,就是从课程的发展史到一门课程乃至课程中每个环节,对其中的不确定性进行探索和发现。

4. 变通求异。就是通过对缺点的列举,改变课程的成分比例或顺序,以突出某些方面而产生变革效应。如,新课改中如何评价教师的教学质量问题,就是从分析原有评价的弊端入手,其弊端主要是把考试成绩作为唯一评价标准,评价方法是静态的。新课改则从多维度进行评价。一是亲和度,即师生之间的和谐关系。二是自由度,即教学中民主、平等的环境。三是参与度,即师生的参与程度。四是激活度,即课堂气氛的活跃程度。五是扩展度,即从显性课程向隐性课程的扩展程度。多向思维评价方法带动了课程文化的创新。

5. 转化生成。就是通过对社会文化的转换、传统文化的传承和多元文化的融合,使之内化到课程之中,并通过多种主体活动,运用心理强化、心理定势等心理机制,强化认同、适应、同化、融合等多种心理过程,依托课程文化资源开发的多种表现形式,将先进文化生成为学生的人文素养。

课程文化自觉与创新,利在当代,功在千秋。可以预见,随着广大教育工作者自觉意识和创新精神不断激发与觉醒,课程文化建设和大发展的时代即将到来。

（选自作者在 2004 年第 11 期《课程·教材·教法》发表的论文,该文被 2005 年第 5 期人民大学复印材料《教育学》全文转载）

课程文化自觉的基本途径

课程文化自觉的基本途径,是一个亟待解决的重要理论问题和实践问题。走出这个问题的迷宫,是课程文化走向自觉的必然选择。课程文化走向自觉的基本途径主要有三条:传统课程文化寻根,国际课程文化理解,本土课程文化生成。这三条途径既各自独立,又相互联系,都是朝着课程文化自觉的目标迈进。

一、传统课程文化寻根

文化寻根是全球化趋势下一种反叛现代性的普遍反应。[①] 在过去的20世纪,西方文化寻根发展成为最广泛的思想运动和民间文化复兴运动,在理论上也催生了一大批重要的思想成果。在西方现代课程理念的感召下,我国的基础教育课程改革如火如荼地进行,但不少实践工作者感到不适应。这实际上是西方文化无法适应中国土壤的问题。对此,许多有识之士呼吁关注传统文化,进行课程文化寻根,要通过文化寻根来找寻文化发展的脉络,达成文化认同。为此我们有必要仔细厘正和梳理我国

---

① 叶舒宪.西方文化寻根思潮的跨世纪演化[J].文史哲,2003(1):30-36.

的课程文化传统,让课程文化寻根之情激荡心底,找到课程文化的精神之根,为我国课程文化的建设提供根基性的支撑。

课程文化自觉需要进行课程传统文化的寻根,但是更需要在这种寻根中构建课程文化的精神。课程有根,课程之根应该深植于民族文化传统的土壤里;根不深,则叶难茂,仅仅从表层去找寻传统文化之根是远远不够的。换言之,我们传统课程文化寻根的目的在于精神寻根。如果不进行课程的精神寻根,则没有课程未来的走向。这比传统文化寻根更为关键、更为迫切,也是课程面向未来的一种必然。

第一,追寻民族精神之根,发扬民族文化的优秀传统。民族精神是一个民族在历史的文化实践中内化在一个民族中的,经由历史凝聚而延传着的稳定的、特殊的精神气质或总体精神风貌。它是渗透到一个民族文化的多样性之中的主色调,是一个民族赖以生存和发展的精神支撑,也称国魂。中华民族在五千年发展中形成了以爱国主义为核心的民族精神。例如,自强不息,刚健有力;厚德载物,和而不同;崇德重义,修身为本;刻苦勤劳,艰苦奋斗;等等。我们要在课程实践中,以民族精神的创新带动课程文化的创新,总体方向是:在民族文化精神上,培育和丰富适应从封闭的自然经济、计划经济向开放的市场经济转变的平等、竞争、创新、诚信、民主、法治等精神;在民族文化体制上,从缺乏活力的高度统一的模式向多元模式转变,从人治向法治转变。

从世界上发展中国家课程改革来看,其文化创新的一般做法是,在初期主要推行采借传播式的创新,移植先进国家的文化来缩短差距。直到20世纪70年代,在经济危机的打击下,发达国家碰到了严重的问题,加上搬用发达国家模式并未取得预期效果,因此,发展中国家开始反思这种创新,并对之进行适应性改革,各种教育实验应运而生。20世纪80年代后,发展中国家开始意识到自主创新的意义,力图在课程改革中反映本国的文化处境。从我国看,1922年胡适从五四新文化运动的处境出发,提出了"六三三"学制改革,但这不是抄袭美国的制度①;再如,陈寅恪在设计史学课程时,就没有完全搬用西方史学课程的知识结构及教育理想,而是立足于中国传统的史学教育文化,吸收西方史学现代研究方法,用以完善自己的历史课程设计,从而为世界贡献了一种既具有现代水平又内含中国文化精神的史学课程。"而这种文化优势恰恰就是国际教育对话中借以立足并显示自身知识价值的根本资源"。②

第二,追寻"无我之我"的"诚信"精神之根,还原课程文化的信用效度。"无我之我"说到底不是技巧,而是一种课程的态度。它意味着不造作、不欺世,不哗众取宠。不论课程工作者的理论肤浅与否,他们在课程实践中是一种诚实的声音。当越来越多的面孔变成谎言的时候,诚信是传统文化医治现代生活虚伪的一根金针。"诚实"本来是做人的一个最基本原则,对中国人来说,它历来就是一个很好的褒义词,但在当今社会,"诚实"倒成了"无用的别名",于是便导致了"假冒伪劣"的盛行。"诚信"的缺失已经给我们的社会造成了深重的灾难,这是我们在课程文化自觉中面对的一个深刻的问题。

第三,追寻生命精神之根,重建学校精神家园。课程文化的精神寻根是对生命意义的追寻。课程是与人和社会的未来密切相关的,课程的实施是课程实践者对自己的生命做执着的意义追寻。课程工作者应该通过传统课程文化寻根,选择一种课程的精神方向,一种与课程同成长的生存方式,重建学校的精神家园。

第四,追寻怀疑和批判精神之根,始终高扬理性的文化大旗。知识是智慧的产物,但如果失去了对知识的警觉和怀疑,如果失去了直接面对生活实践的独立思考和心智的创造力,知识就会成为词句的沙漠,反过来枯

---

① 丁钢.课程改革的文化处境[J].全球教育展望,2004(1):16-19.
② 叶澜.中国基础教育改革的文化使命[J].北京:教育科学出版社,2001:9.

竭智慧。有了这种怀疑和批判的态度,课程发展才可以"去蔽",才可以发现常人所不能发现的东西。课程实践者通过对于课程的怀疑和批判态度,形成一种理性的精神,进而达成课程文化自觉。

二、国际课程文化理解

(一)树立多元认同课程文化意识

正是由于多元文化主义的兴起和影响,多元文化教育也呼之欲出,英国大力倡导多元文化教育,强调在所有学校中确立多元文化课程;法国在学校中推行异质文化理解教育;美国在白人中层阶级中心的价值观所支配的学校课程中,引进了不同于支配性价值观的观点,强调以多样性为核心,推进弱势民族集团和全球社会多元文化教育;加拿大强调以双语主义为前提的多元文化主义,将多元文化主义提高到国策的地位;澳大利亚强调通过奖励多元文化的态度,促进不同种族集团文化传统的保持,推进不同文化间的理解。可以说,多元文化教育伴随着国际教育改革而不断发展,并在国民教育中发展起不同的实践模式,如西欧的"一体化与多元相结合"和北美与澳洲的"文化共存"模式①,这或许可以说明,多元文化教育是多元文化社会中教育发展的可供选择的一种路径。

多元文化对课程的具体要求是:第一,课程改革应强调认识、理解并尊重国家和国际间的文化差异,并应将全球相互依存的理念同地方行动联系起来;第二,应该强调课程开发方面的国际合作,鼓励引进别国教材,鼓励在教材编写方面展开有成效的国际合作;第三,提升对外语学科的认识,学习外语不只是为掌握一种语言工具,更主要的是为更深刻的理解奠定基础;第四,必须尊重少数民族或种族、宗教和语言上处于少数地位的

---

① 张华. 多元文化教育的理论范型和实践模式探析[J]. 比较教育研究,1998(3):35-39.

人士以及土著居民的教育权;第五,应该促使不同国家或不同文化环境中的大中小学生、教师和其他教育工作者之间的直接接触和定期交流。①

(二)理性借鉴外来课程文化

文化是人作用于自然的产物,"不同的共同体,在其周围的大自然中找到不同的生产资料和不同的生活资料,所以它们的生产方式、生活方式和生产品是不同的"②,进一步说,不同的民族在其各不相同的生存条件、生存方式基础上形成的文化有着不尽相同甚至是截然相反的特质,其中最根本的乃是不同的文化体现着不同的思维方式,蕴含着不同的价值观念,文化的差异性由此产生。从这个意义上讲,同一命题"在一种文化处境中,可能它是一个真命题,但是换一个文化处境,它就可能是个伪命题"③。

"任何一种理论的跨文化传播,不仅需要深入思考不同文化土壤的差异(空间差异),而且必须深入思考理论在不同发展阶段的差异(时间差异)。"④因而我们在积极借鉴外来课程文化时,也应充分考虑到它们各不相同的"生存环境",考虑到不同"文化个体"的"异质相斥",理性地"移植"和"嫁接"。我们不仅要做到"和",还要"不同",在保存和发展本土文化优秀因子的同时,以开放的心态吸收优秀的外来课程文化。我们应积极拓展视野,主动引进各种异域、异质课程文化,在承认它们都具有科学性和合理性的同时,既不盲从发达国家的课程文化,也不歧视落后国家的课程文化。以符合现代课程文化建设的需要为前提,对哲学基础不同、价值取向各异的课程文化,不应盲目地接受或否定,而应采取辩证批判的方法,冷静地全面分析。对于那些由"特殊的水土"里生长出来的课

---

① 谢登斌. 世纪之交世界课程改革的价值取向[J]. 广西师范大学学报(哲学社会科学版),2002(7):35-40.
② 丁钢. 课程改革的文化处境[J]. 全球教育展望,2004(1):16-19.
③ 桑新民. 建构主义的历史、哲学、文化与教育解读[J]. 全球教育展望,2005(4):53-63.
④ 王德如. 试论课程文化自觉与创新[J]. 课程·教材·教法,2004,24(11):7-16.

程文化,我们要坚决摒弃;对于适合我国国情的优秀异质课程文化,我们应根据实际情况进行"合理打磨",使外来课程文化"中国化""本土化",努力使不同课程文化达到"和"的境界,为建设有自己民族特色的课程文化服务。

(三)课程目标要体现全球精神

目标是课程的灵魂,它体现着对学生素质的基本要求。虽然世界各国应对全球化的课程策略并不一定是开设具体的、特定的全球化科目,但无一例外地都规定了全球化的课程目标。由于我国课程目标的全球化取向不清晰,所以在课程的培养目标中,应明确提出对学生的国际素质要求。学生的国际素质可包括以下五个方面:一是全球意识、环境保护意识、国际正义意识等;二是全球知识,诸如世界地理、世界历史、国际时事、国际语言、国际经贸等;三是全球技能,诸如国际理解、国际交往、批判创新、信息处理、对话合作、终身学习等;四是全球价值观,诸如关心地球、维护人权、尊重生命、公正和睦等;五是全球行为,诸如参与一切有利于全球正义事业的行动等。以上目标虽然要明确地提出,但却可以与传统的社会目标相结合,以期达到由近及远、由地方到全球的有序延伸。

当然,在重视课程目标体现全球精神的同时,要合理摆正课程的全球目标与国家目标之间的关系。这是因为:一方面,为了让学生学会对地球负责、获得全球竞争能力,课程目标中必须要有全球取向;另一方面,为了让学生具有中华传统美德、形成社会主义精神,课程目标中也少不了国家取向。中国并不只是全球课程的消费者,更为重要的是,我们还是全球课程的参与者和创造者,参与和创造的过程本身必然要体现民族和国家的意志。实际上,全球目标与国家目标之间的关系就像个人目标与社会目标之间的关系一样,既有对立的一面,也有统一的一面,我们应按照"和而不同"的原则去寻求两者之间的整合,同时也要警惕过分的商业主义倾向对全球目标的侵害。①

(四)构建全球课程文化新秩序

与国际政治经济新秩序相适应,国际文化新秩序的主要内容是:第一,世界民族无论大小、强弱、新旧,都是人类共同体的平等成员,都有自己的文化创造并对人类文化有所贡献;第二,不同民族、国家在不同的地域、历史、传统以及各种现实因素的影响下,形成各具特点的文化类型,相互联系、相互渗透、相互促进,不同文化之间应相互借鉴,共同繁荣,而不应互相排斥;第三,不同文化在交往过程中出现的矛盾和摩擦,应当通过平等协商对话,而不应当采取对抗乃至战争的方式来解决;第四,世界是丰富多彩的,存在着不同的国家、不同的社会制度、不同的文化类型,这种多样性是人类社会的基本特征和人类文化进步的动力;第五,每个民族和国家有权保持自己的文化特色和风格,建立自己的文化安全机制,制定自己的文化发展战略,但应积极参与世界文化交往和全球化进程,反对任何形式的文化垄断、文化封闭和"文化割据主义";第六,世界不同文化和社会制度应平等共处,在竞争比较中取长补短,在求同存异中共同发展。

文化自觉是建构国际文化新秩序的基础。这是由文化自觉在跨文化交际中的重要地位所决定的。在认识层面上,正视和尊重文化的多元性与差异性,自觉反思和调整民族本土文化与异域文化之间的差距,超越民族本土文化与异域文化之间的非此即彼的界限,既不是以本民族文化优越论和唯一论的心态完全固守民族本土文化,也不是以本民族文化一无是处的态度完全放弃民族本土文化,让异域文化同化自己,而是按照新的文化环境进行调适,达到多元文化之间的新的整合和新的建构。在实践层面上,提高对不同文化环境的适应和反应能力,设身处地地理解别人的行为,避免用自己的行为来解释别人的行为,主动协调跨文化交际中的文

---

① 邻志辉. 全球化背景下的中国基础教育课程改革[J]. 教育科学研究,2002(6):15-20.

化差异,尽量减少和避免由于文化差异而导致的文化错误。随着高新技术的广泛运用和经济全球化浪潮的不断推进,已在真正意义上促进跨文化交际大格局的形成,增强了跨文化交际的文化自觉。

三、本土课程文化生成

(一)在变革的课程实践中生成本土课程文化

实践的观点,是辩证唯物主义认识论首要的基本的观点。实践是文化创新的源泉。目前我国基础教育课程改革在文化上进行了创新,初步显现出来的特征有:以人为本的人文关怀,平等对话的民主认同,开放多元的积极心态,情景生动的理性实践。在此认识基础上,课程的理论和实践工作者着眼于人的需要,进行课程文化创新,把课程文化创新视为解放思想的过程和给人以终极关怀的过程,把重建精神家园,重构课程价值体系,作为课程文化创新不可推卸的重任。课程文化创新的主体是广大教师,课程文化创新的实践者寄希望于广大学生。在实践中要充分调动师生的积极性,发挥他们文化创新的主体作用,使课程文化创新具有生命力和活力,取得扎实的成效。文化自觉"是一种深刻的文化思考,是一种广阔的文化境界,是一种执着的文化追求,是一种具有高度人文关怀和社会责任感的文化理念"①。文化自觉,使改革者和建设者的文化主体意识得以张扬,文化创新精神得以呈现。这些也正是新课程文化得以生成的保证。

(二)在对自身的反思过程中生成本土课程文化

费孝通先生在论述文化自觉的方法时指出:反思实际上是文化自觉的尝试。……希望大家能致力于中国社会和文化的科学反思,用实证主

---

① 张晓东.课程文化自觉:实现课程改革的文化转向[J].当代教育科学,2004(18):16-18.

义的态度、实事求是的精神来认识我们有悠久历史的中国社会和文化。①反思从原本是一个哲学概念引申为目前作为一种思想方法。这种思想方法专指对已经发生的事物，包括思想、行为、事件、历史进行反省式的思考。这种思维方式具有纯理性、自我性、深刻性、诊断性等特点。所谓纯理性是指反思只在理性的指导下对以往的事物进行反复的思索，它排斥情感因素，处于客观冷静的状态，其目的是通过对这些事物的省察、评价来发现事物的合理性和非合理性；所谓自我性是指反思的对象只能是自己的思想、行为、事件、历史，或者是与自己有关联的一类事物，它不关照与己无关的事物，反思永远是第一人称；所谓深刻性是指这种思考比一般的总结更需要冷静的头脑，更需要在理性的指导下进行深入分析、比较，直至认识事物的本质；所谓诊断性是指反思倾向于考察、寻检事物的非合理性，在于发现问题，探索解决问题的方法和途径，为今后的思维和言行提供借鉴。由此可见，反思的思维方向是指向曾有过的事物，思维对象是一种过去时的状态，它与计划、想象和幻想恰好相对；反思是一种自觉的认识活动。因此，我们对课程文化的自觉应该从反思开始。

比如，针对目前课程改革我们进行了如下反思：一是表现在宏观上的问题，主要是：其一，这次课程改革的理论基础到底是什么？其二，课程改革的文化和制度环境是否是课改考虑的因素？其三，个体发展的确定性与不确定性如何把握？其四，课改评价要求多元化、相对性与现实社会评价要求客观性、绝对性的问题怎样处理？二是从微观上，新课程自身也存在一些问题，具体表现为：其一，新课程体系显得有些复杂，教师难以把握重点；其二，由于综合课程的出现，教师素质跟不上，出现备课难、工作量大增的情况；其三，有些学校感到综合实践活动课无法上，特别是信息技术课，很多农村学校至今没有电脑等必要的硬件条件；其四，有农村学校

---

① 费孝通. 反思·对话·文化自觉[J]. 北京大学学报(哲学社会科学版),1997(3):15－22.

反映,新教材过于城市化,语文、综合实践活动课等有些内容太深,不够贴近农村生活实际,农村学生的学习有一定困难。

从以上这些问题的反思,我们可以看出,课程改革是一个渐进的过程,是一个继承和革新并存的过程,基础教育课程改革将对中外课程改革的经验、教训、事实及材料,进行认真的梳理和系统的研究,并结合建构主义、多元智力、后现代主义等理论,从课程改革的动因、条件、范围、过程、模式、策略、方法等方面进行综合与整合,构建符合我国实际的课程改革理论框架和实践模式。同时,从文化哲学的角度对课程文化进行"合理性"的追求和创新,即:其一,培养人的个性以及理解、合作与创新意识,是新课程改革的价值追求;其二,培养全球意识,协调人、自然与文化的关系,是新课程改革内在的旨趣;其三,回归生命世界,是新课程改革向教育本质回归的必由之路;其四,培育健康的社会运行机制,增加社会的文化含量,是新课程改革的外在诉求。

(三)通过文化互补生成本土课程文化

文化的互补意识包括以下几方面的内容:首先,是在与"他者"的对比中,更清楚地了解并突出自身的特点。当两种文化相遇,也就是进入了同一个文化场,两者之间必然会产生一种潜在的关系。越来越多的文化研究学者借助于对文化他者的认识来观照自己的文化和社会。人类学家吉尔兹(C. Geertz)在《地方性知识》这本书的序言中写道:"用别人的眼光看我们自己可悟出很多令人瞠目的事实。承认他人也具有和我们一样的本性则是一种最起码的态度。但是,在别的文化中间发现我们自己,作为一种人类生活中生活形式地方化的地方性的例子,作为众多个案中的一个个案,作为众多世界中的一个世界来看待,这将会是一个十分难能可贵的成就。"①这说明,我们只有具有文化互补的意识和文化自觉,才能在

① 吉尔兹. 地方性知识[M]. 王海龙,译. 北京:中央编译出版社,2000:19.

84

面对"他者"时避免偏见和传统的想象。

其次,互补是指相互吸收,取长补短。从人类社会发展到今天看,任何文化不受外来文化的影响是不可能的。跨文化的文化传播具有双向性,而非单向性的输出或输入。各种文化自组织系统发展到一定程度,必然会发生扩张和相互接触,会有文化输出与输入的现象发生。同类型文化间的交流与传播可以维系和强化该文化系统,但不会引起它的质变和形变,而不同类型文化间的交流与传播则能做到这一点。因此,异质文化之间的交流与传播是文化发展的动力。一个群体向另一个社会借取文化要素并把它们融合进自己的文化之中的过程就叫做传播。文化互动转型论承认文化传播是文化发展的动力,但它认为文化交流与传播的途径往往是双向的,在许多情况下是一个互动的过程;交流的双方相互影响,在许多场合下很难分出谁是纯粹主动的传播者,谁是完全被动的接受者;外来文化与本土文化的区分在文化融合阶段是相对的,两种文化的关系及其自身价值要在一个互动的过程中方能得到充分的表现;更重要的是,在双向性的交流与传播过程中,双方都在不断地改变着自身。

本土课程文化,只有对其他文化开放,在与其他文化的主动接触中吸收融合别的文化的优良因素,才能得到丰富和发展。但是在文化的互动过程中,只有充分发挥原有文化的内在精神,才可以更好地吸收外来文化以滋养本土文化。在吸收外来文化的时候,必须维护我们自身文化的根基。面对中外文化互相冲突与交融的文化现状,我们既要传承民族文化的优良传统,又要大胆吸收外来文化中对我国现代化建设有益的成分。通过跨文化交流,做到海纳百川而不混浊,兼收并蓄而不失自我,维护中华民族的文化特性,并使之发扬光大,不断走向世界。

(四)在突出民族特色中整合本土课程文化

在全球化时代中,各民族文化需要通过交流、融合、互渗和互补,不断突破本民族文化的地域和模式的局限性,将本民族的文化资源转变为人类共享、共有的资源。同时,全球化更需要文化多元化的发展。通过异质文化的相互碰撞、相互吸收、相互融合的互动过程,将会不断生成新的文化,从而为本民族文化的发展注入生机和活力。

然而,借鉴和吸收不应该理解为亦步亦趋的模仿和照搬。任何文化的力量都不能由外部输入,而只能从自身生发出来。文化的发展,不在模仿而在创新。认为仅仅凭输入外来文化就能解决自己文化所面临的问题和挑战,不仅是短视的,而且也是没有出息的。一种文化有无前途,归根结底在于它能否在吸收新养料和开放的同时,不断从自身产生出新的东西。两种文化的相互影响和吸收不是一个"同化""合一"的过程,而是一个在不同环境中转化为新物的过程。正如中国古话所说的"和则生物,同则不继",也就是说,只有在"不同"中互相促进,才能创造新物。①

本土课程文化生成,在走向世界和相互交流、碰撞、整合、创新的过程中,保持自己的民族特色,显示出自己的价值和生命。各民族文化在走向世界的发展进程中,其民族性不仅不会丧失,反而会在与其他民族文化的交流和融通中得到强化和锤炼。

(选自作者在 2007 年第 10 期《课程·教材·教法》发表的论文)

---

① 乐黛云. 全球化趋势下的文化多元化[J]. 深圳大学学报(人文社会科学版),2000(1):67-72.

国家课程文化自觉的实践策略

对课程进行文化学的研究,积极进行课程文化自觉理论形态和实践策略的探索,不仅具有学术价值,而且对我国新时期基础教育课程改革也具有重要的现实意义。国家课程文化自觉的实践策略,是课程文化走向自觉的最核心、最重要的部分。课程政策的先进文化引导、课程标准的整体文化价值建构、课程管理的弹性文化约束、课程实施中的自主文化创新,是国家课程走向文化自觉的基本策略。

一、课程政策的先进文化引导

所谓先进文化主要是指科学的、健康的、符合广大人民利益并代表未来发展方向和有利于社会进步的文化。我国当代先进文化有以下5个特点:(1)这一文化渊源于中华民族五千年的文明史,植根于当代我国社会主义现代化建设的伟大实践;(2)这一文化带有鲜明的社会主义意识形态特点,是社会主义社会的重要特征和社会主义优越性的重要体现;(3)这一文化继承和发扬了中华民族优秀文化和革命文化传统,积极吸取和借鉴了外国的优秀文化成果;(4)这一文化面向现代化、面向世界、面向未来,充分体现时代精神;(5)这一文化是民族的、科学的、大众的社会主义文化。

课程政策是国家教育行政主管部门在一定社会秩序和教育范围内，为了调整课程权力的不同需要、调控课程运行的目标和方式而制定的行动纲领和准则。它的着重点在于解决“由谁来决定课程”或者说课程权力的分配问题。它有3个主要构成要素：第一，课程政策目标。它是课程政策三大要素中最重要的要素，反映着政策的方向、制订目的和所要解决的课程问题，尤其是要回答课程政策“为什么”制定与执行的问题。第二，课程政策载体（手段和工具）。这是三大要素中的主体，具有保证课程目标实现的作用。第三，课程政策主体。它是指课程政策的制定者和执行者。[①] 课程政策的本质就是课程权力及其变化而造成的利益变化，课程政策的每一次改革必然体现在课程权力的分配、再分配上。合规范性与合目的性的统一是课程政策走向文化自觉的基本要求。

国家课程文化自觉首先表现在课程政策的导引上。而课程政策的基点是用先进文化导引，具体表现在两个方面：（1）制定课程政策的人（制订者）运用先进文化的自觉性；（2）推行课程政策的群体（实施者）落实先进文化的自觉性。唯有两个层面的政策主体具有自觉意识和行动，课程政策体现先进文化才能真正落到实处，产生实效。为此，在课程政策制定中要牢固把握5项要求：（1）要把马克思主义的认识论、价值论、方法论作为课程政策制订的理论基础，以抵制各种非马克思主义思想的影响和侵蚀，保证课程沿着正确的道路发展；（2）坚持马克思列宁主义、毛泽东思想、邓小平理论和“三个代表”重要思想的指导，用科学发展观统领课程政策的全局，切实保证课程的社会主义性质；（3）全面贯彻党的教育方针，坚持教育为社会主义现代化建设服务，为人民服务，与生产劳动和社会实践相结合，培养德、智、体、美全面发展的社会主义建设者和接班人，

---

① 胡东芳．论课程政策的定义、本质与载体[J]．教育理论与实践，2001(11)：49－53.

切实保证课程的社会主义方向;(4)具有代表历史发展潮流的时代特征;
(5)具有体现中华民族精神、气派和品格的民族特征。

二、课程标准的整体文化价值建构

课程标准是国家课程的纲领性文件,是国家对基础教育课程的基本
规范和质量要求。"课程标准是为对课程要素加以规范、衡量或评价而
形成的准则、规定或要求。它可能表现为观念形态或文本形态,也可能通
过制度或物化的形式存在和发挥作用。"①

(一)体现文化的时代性

课程标准应反映社会的要求和文化的时代特征。这是课程文化合理
性的体现,也是课程文化自觉的具体体现。课程标准的研制首先要解决
课程与社会的关系问题,以及其社会取向问题,最后才是具体的设计等技
术性问题。

(二)体现文化的整体性

课程标准要用一种文化整体的观点来全面把握学生的个性发展并将
其视为课程的根本目标,这就是课程标准整体性的体现。第一,从课程标
准的内部结构上分析,课程标准各要素之间应相互联系,与学校教育紧密
结合而成为一个有机整体。第二,从横向分析,学校各门课程都是为实现
育人目标而设置的,设置的诸课程所形成的课程结构应能够发挥课程的
整体功能。例如:中学数学课程标准,必须考虑数学与物理、化学、生物等
课程的横向衔接性,充分发挥数学与其他课程教学的整体配合性。第三,
从纵向分析,应该注意各个学段(如小学、初中、高中、大学)的纵向衔接
点,使之成为一个连续统一的整体。

---

① 柯森.基础教育课程标准及其实施研究[D].上海:华东师范大学,2004.

（三）体现文化的价值性

作为一种形式与手段，课程标准要通过负载改革和发展的理念为改革和发展服务，并在一定程度上获得现实性、合理性或先进性，也为自身的发展和完善注入新的动力和内涵。因此，我们可以对负载改革和发展的理念提出相对较高的目标和期望，作为基于文化自觉的课程标准的一个特征，并以此作为评价在特定的改革与发展背景中某种课程标准文本或体系的一个指标。

（四）体现文化的明确指示性

课程标准对目标或要求所作的陈述应是清晰、具体和明确的。以《艺术课程标准》为例："艺术课程是一种人文性课程，它不再把艺术视为单纯的消遣娱乐或单纯的技艺，而是把它视为人类文化的积淀和人类想像力与创造力的结晶，具有极高的人文价值。""艺术课程用艺术的感人形式，丰富的内容和深刻的人文内涵，打动学生的心灵，接近学生的生活，表达学生的情感和文化追求。""艺术课程……成为学生成长的文化养分。"

（五）体现文化的统一性与差异性

课程标准尤其是国家标准，是面向全国的，是为全国的课程开发、设计、实施和评价提供指导或参考的，因而必须反映各地区、各学校的共性，同时能适应各种不同的情况和条件，否则，就会引发争议或消极的应付。以《全日制义务教育数学课程标准（实验稿）》为例："数学为大众"已成为当代国际基础教育阶段数学教育的一项重要原则，这就要求在建构课程标准时考虑它在总体上是否具有"面向全体学生"的思想，是否体现了对当代社会公民数学素质的基本要求，数学课程的适用性、基础性和教学的可行性怎样。课程标准还应针对学生学习能力、兴趣特长等的差异，设置具有差异性、层次性的课程和要求，使课程能真正有利于"因材施教"和"个性发展"。根据"实现不同的人学习不同的数学"这一目标，把高中阶段分为 3 个不同的水平要求,这些都体现了"差异性"的特点。[①]

(六)体现文化的继承和发展性

课程的发展是个渐变的过程,脱离国家传统和原有教育基础的突变式发展往往会遭受挫折。国际上的"数学教育现代化"运动曾彻底推翻了传统的数学课程模式,按照"新数学"方法处理数学课程,导致中学数学教材在内容选择、课程编排、结构处理及教学指导思想上都发生质的突变,结果学生不仅在掌握抽象问题方面失败,而且在掌握基本技能方面也失败了。新中国的每一个课程标准几乎都是在继承前一个课程标准或前几个课程标准的基础上发展而成为一个逐渐完善的体系,这在我国课程标准演变的轨迹中得到充分反映。[②] 社会在不断进步,课程标准作为社会时代的产物无疑会随之而变化。目前我国正在实验的新课程标准,它把培养学生的情感提高到新中国成立以来前所未有的高度。这些都属于课程改革中的新发展。

三、课程管理的弹性文化约束

课程管理是一个多层次、多结构、多因素的复杂活动,要实现课程管理的科学有效,不仅要有一套灵活多变、行之有效的课程管理体制,更需要有一种课程管理的文化内涵。

(一)课程管理弹性化

课程管理的弹性化主要表现在对不同层次、不同年龄段学生的课程要求上。例如:在我国《基础教育课程改革纲要(试行)》中明确提出了课

---

① 数学课程标准研制小组. 关于我国数学课程标准研制的初步设想[J]. 数学通报,1999
 (4):5-8.
② 杨骞. 我国古代、近代、现代数学教育目的的回顾与分析[M]. 北京:北京师范大学出版社,
 1993:42.

程改革在课程管理方面的基本目标是："改变课程管理过于集中的状况，实行国家、地方、学校三级课程管理政策，增强课程对地方、学校及学生的适应性。"针对不同年龄段学生身心发展特征的差异，许多国家在各级教育中的课程设置也具有差异性。各国在小学、初中基本实行强调统一（以必修为主）的管理办法，而在高中大力推行选修制、学分制的管理措施。这样做，有利于为低年级学生打下扎实的基础，同时充分提高高中阶段学生的学习兴趣及能力。笔者认为：课程管理有必要从刚性走向弹性，建设一种课程管理的弹性文化。

（二）课程管理民主化

教育民主化是当前世界教育发展的潮流和趋势。课程管理民主化是教育民主化的一个重要组成部分。当前，世界各国的课程管理表现出的一个鲜明特点就是趋向民主。笔者认为：课程管理有必要从集权走向民主，扩大地方、教师和学生参与课程管理的权限，实现课程管理的民主化。

（三）课程管理规范化

课程管理规范化主要表现在两个方面：课程管理法制化和机构专门化。课程管理法制化是指各国采用法规、制度、文件等形式对课程的管理予以规范。各国大都通过法律形式确立国家课程方案。课程管理规范化的另一个主要表现就是建立专门的课程管理机构。例如：我国有单项的课程管理机构——"全国中小学教材审定委员会"。课程管理专门机构的出现，反映了各国对课程管理的重视。笔者认为：课程管理规范化标志着课程管理走上发展的正轨，是课程管理的必由之路，是课程管理得以顺利实施的保证。

（四）课程管理社会化

随着社会的不断进步，人们参与管理事物的种类范围越来越广泛。对课程的管理也是如此，原来只限于政府、教育行政部门或学校的课程管理现在已扩展到每位学生家长以及一些社会、民间机构。例如：法国教科书"实际的"审定者之一就是学生家长;英国《1993 年教育法案》则强调推行、加速中小学教育市场化,强化学生家长对学校课程的影响。如果学生家长认为学校开设的某些课程(如性教育课等)不利于其子女成长,可以向学校提出免修要求,且不会影响其子女的学业成绩。① 笔者认为:课程社会化是课程民主化的一部分,这是我国课程管理变革亟待加强的一个重要方面。

四、课程实施中的自主文化创新

(一)倡导合作、对话、生成的课程文化理念

充满合作精神的组织或团体注重调动其成员的情绪和热望,因为他们特别珍视工作成员对工作的投入状态和实现更高目标所需要的能动性。合作文化的真正价值在于激发教师改革的热情并为他们充分发挥智慧提供支持。合作型的教学文化有利于督促检查教师的实践,增强他们的专业自信,提高他们的操作能力。

所谓"对话文化",就是强调课程的民主性。课程本身就是一种对话,是所有与课程利益有关的人员或部门之间的对话。对话是持续的交流、反复的协商,是求同存异。课程文化并不是一种静态的存在,课程的本质不是传递知识和经验,而是在传递文化中建构文化。从隐性课程的角度看课程文化,上述内隐于课程研究和开发过程中的课程思想,作为一种非学术性的经验,不仅是一种客观存在的课程文化,而且还潜移默化地传递给学生,持久深刻地影响着学生。

---

① 程风春,洪成文. 英国中小学教改新动向[J]. 外国中小学教育,1995(6):19-21.

(二)构建培育教师创新能力的教师专业发展机制

1. 建立新的教师教育体制,提高教师的专业素养。

教师职前培养是教师专业发展的起点,教师教育一体化的观念对我国的教师培养和培训工作提出了严峻挑战。后现代主义教师观对现代知识型的批判有助于我们对教师教育课程体系进行重新解读和改造。为此,要重新厘定教师教育的课程目标,这不仅是掌握学科知识和教育技能的要求,而且还是对教师发展给予指导的需要。

2. 实现教师的专业自主,确保教师的课程参与。

专业自主意味着教师有权决定,至少有权参与决定自己教授的内容。要赋予教师课程开发与决策的权利,就必须将教师参与课程"合法化",这意味着为教师课程参与提供一系列制度和管理上的保障。为了确保教师的课程参与,教育行政部门和学校都需要进行多方面的改革,以维护教师课程参与的权利。

3. 形成发展性的教师评价体系,提升教师的主体意识。

实施课程的过程,也是教师研究、开发课程和进行教学创造的过程。因此,对教师的评价必须从课堂教学和教师素质两个方面着手,建立发展性的教师评价体系,以促进教学,提高教学效率,并促进教师专业素质的提高,保证教师素养和业务水平的可持续发展。发展性教师评价特别重视培养教师的主体意识和创造精神。首先,强调评价者全面了解教师的过去、现在,并根据教师的过去基础和现实表现来规划其未来的发展目标;评价者和教师共同协商制定发展目标,同时创设条件,促进教师努力达到发展目标。其次,强调评价主体多元化,多渠道地为教师提供反馈信息。

(三)传统教学文化的批判性继承

传统文化是一个相对稳定的综合体,是历史发展的积淀物。从传统文化心理状态向现代心理状态的过渡,是一场复杂、艰巨而深刻的现代化革命。不论是多么优秀的传统思想、传统道德和传统文化都要用历史唯物主义的方法进行分析和批判。批判的目的是继承。只有把批判与继承统一起来,才能真正做到剔除糟粕、吸取精华,真正做到把珍贵的历史遗产继承下来,在此基础上才能创造出适应时代要求的新文化。

(四)营造以学习为中心的校园文化

以学习为中心就是在校园文化建设中把学习放在首位,让学习成为广大教师的一种自觉行为。随着对新课程认识的不断加深,"教师即研究者"这一观念得到越来越多人的认可和推崇。教师成为研究者,这是社会对教师专业化的要求。形成学习共同体,营造以学习为中心的校园文化,是提高教师参与课程开发和决策质量的有效策略。

(选自作者在 2007 年第 8 期《中国教育学刊》发表的论文)

关于课程文化自觉的思考

课程与文化有天然的关系。一部世界课程发展的历史,正是一部新旧文化的矛盾冲突、交织融合的历史,是旧文化的衰亡、新文化不断被创造的历史。对课程进行文化学的研究,积极进行课程文化自觉理论形态的尝试,不仅具有重要的学术价值,而且对新时期我国基础教育课程改革具有重要的现实意义。

课程文化自觉命题的提出,是基于课程改革历史经验的总结,是国际国内课程改革的时代要求,也是当今课程研究发展之必然。考察我国和世界课程变革的历史,我们会发现,文化对于课程的影响至关重要。文化的冲突是导致课程改革的重要原因。文化的反思、批判和整合是课程改革的内在动力。忽视文化的影响是课程改革失败的重要因素之一。

一、文化的脉动与课程文化研究的历程

对课程文化自觉的研究,首先要弄清楚在不同的文化背景下国内外不同历史时期文化变革对课程的影响,以及这些影响促使学者对哪些问题作了回答,还有哪些方面有待进一步深入研究。

从历史上看,课程一般是文化经验经过文字加工并被社会认定的产

物。它是文化发展到必须借助一定的媒体予以整理、保存、复制阶段后而出现的,是作为文化的一种手段或工具的角色产生的。受制于各种特定文化形态的"约定",学校课程的发展则始终沿袭着文化形态变迁的路径而运作,致使人类发展史上的全部学校课程都深深地铭刻着人类文化勃兴与衰落的印记。

古希腊哲学家苏格拉底、柏拉图和亚里士多德在"心灵论"和"知识论"上可说是一脉相承,在批判中发展,使理性主义的文化思想成为古希腊文化的基脉,标志着古希腊文化的本质特征。受制于当时特定文化氛围的影响,古希腊的学校课程以著名的"七种自由艺术"为基本内容。"七艺"是指文法、修辞、辩证法、算术、几何、天文、音乐。这种课程知识本身被赋予了浓厚的价值属性,从苏格拉底、柏拉图到亚里士多德,他们都是把"美德""善德""正义""理性"的培养作为知识传授的出发点,主张通过教育发展人的心灵,培养高尚的人。总之,古希腊的学校课程从本质到形式都充分地反映着古希腊时期文化的要求,它从一开始就为课程设定了文化传承的角色。

公元 476 年,罗马最后一个皇帝被废黜,西罗马帝国灭亡了。从这一时期开始一直到 14 世纪下半期文艺复兴运动,史称欧洲的"中世纪"时期。在这一时期,人类文化的发展进入了宗教神道文化时期。受制于宗教神道文化,中世纪学校课程已无从谈起古希腊学校课程的"智慧""美德",更难觅一丝理性的光芒,实实在在地充当着灌输宗教文化教条、领会上帝旨意、维护教阶制度的愚民工具。

文艺复兴时期是"一段人们关心人超过关心神的时期"①。抑神、扬人成为统帅一切的指导思想,人性、自由、幸福、平等、快乐成为冲破禁欲

---

① 佛罗斯特.S.E. 西方教育的历史和哲学基础[M]. 吴元训,张俊洪,等,译. 北京:华夏出版社,1987:79.

主义来世观念禁区、摧毁宗教神道文化堡垒的光辉旗帜。人文主义作为这一历史时期的文化基调，其核心则是个人主义，是一种以人的自主性为中心的哲学观。在与中世纪神道主义文化的斗争中，学校课程不仅作为文化转型的重要手段，而且也是文艺复兴运动中文化革命的重要对象与内容。在学校课程中的文艺复兴首先表现为对古代文学的复兴，在对古典学术研究热潮中形成的包括拉丁文、希腊文、语法、修辞、逻辑、历史、伦理等在内的人文学科构成了当时学校教育中的主干课程。事实上，文艺复兴时期学校课程目标基本上体现出了智力、体力、审美、道德发展的平衡，"再现一个传统的理想——平衡的和完好比例的课程理想"①。此外，优美的举止、骑士的风度、健康的体魄及人品等方面的训练则成为体育、美育、道德教育方面的课程目标。文艺复兴运动所孕育出的人文主义文化赋予了人文主义课程破除宗教迷信、禁欲主义，发展人的智慧、审美能力及伦理道德观念的崇高使命，在人类文化及学校课程发展史上写下了光辉的一页。

17、18世纪是资本主义生产关系开始确立并迅速发展的时代，科学发展为启蒙运动奠定了思想基础和条件，而启蒙运动则正式拉开了科学理性时代的序幕。在启蒙运动早期，从蒙田（Montaigne M.）的理性主义怀疑论到笛卡儿（Descartes R.）的"普遍怀疑"的方法论原则，都首先启蒙了一种理性怀疑的思维方式。培根（Bacon F.）发出了"知识就是力量"的呐喊，哥白尼（Copernicus N.）的"日心说"宣告了科学的独立，开普勒（Kepler J.）的行星运动三定律体现出了经验观察与理性分析相结合的科学文化思想，被称为"近代科学之父"的伽利略（Galilei G.）开创了对物体运动问题的系统研究，而17世纪最伟大的科学家牛顿（Newton I.）更以其力学理论矗立起了科学文化的历史丰碑，而所有这些科学成就及其

---

① 布鲁柏克.教育问题史［M］.吴元训，译.合肥：安徽教育出版社，1991：249.

影响都标志着科学时代的来临及科学理性文化时代的来临。进入 18 世纪后,在对牛顿思想予以哲学化解释之后,伏尔泰(Voltaire)提出了自由、平等观念和自然法权思想;孟德斯鸠(Montesquieu)提出了高于一切的"法的精神",认为人类的法就是人类的理性。这样,科学理性精神便被融进了社会政治思想领域,形成一种政治理性主义的文化观念。而到了 18 世纪中叶以后,伴随着法国百科全书的编纂与出版,不仅启蒙运动进入了高潮,科学理性文化的发展也达到了巅峰。从理性启蒙、理性独立到理性崇拜,近现代文化的发展始终是在科学这面鲜明旗帜指引下从完善、成熟而走向绝对、扭曲的。而近现代学校课程的发展则无不是在对这种理性文化的弘扬、辩护与传播中紧紧围绕科学这个时代文化的主旋律而运转的。因而,唯科学主义、功利主义、实用主义、实证主义、工具主义是近现代学校课程发展的基本特征和根本属性。于是,走进科学,传授有实用价值的知识成为学校课程至高无上的原则、标准与使命。于是,在近代末期,英国开始了反对古典主义教育的科学教育运动。生物学家赫胥黎(Hnxly)强烈呼吁将自然科学列入学校课程中,并亲自领导了科学教育运动。他认为:"对于拥有许多殖民地、作为先进工业国的英国国民来说,如果不授予产业的基础——物理、化学的教育,从政策上看就是一个重大的失败。"[1]20 世纪以后,伴随着社会文化各个领域科学化运动的兴起,科学教育浪潮则迅速改变着学校教育的性质、面貌及课程结构,自然科学课程的地位连连攀升,科学课程被高高地置于哲学、社会科学、人文科学课程之上,获得了独尊的地位。唯科学主义成为课程现代化转型的根本方向与基准,实证化、实用化、精确化、控制化的思维方式与原则成为现代课程发展尤其是"二战"后风起云涌的课程改革运动的基本指导思想。19 世纪末,斯宾塞发表了《什么知识最有价值》一书,主张以是否对

---

① 钟启泉.现代课程论[M].上海:上海教育出版社,1989:13.

实际生活和社会生活有用来确定各门学科知识的价值,这种思想对 20 世纪美国的实用主义思潮产生了深刻影响,它对世界课程改革运动和课程研究也有一定影响。在美国的课程改革运动中,美国学者博比特(Bobbitt)于 1918 年出版《课程》一书,这是课程成为独立研究对象的标志。随后美国课程理论专家泰勒(Tyler)又形成了"泰勒原理"。这就为科学化课程的开发奠定了理论基础。然而,他们的课程思想均受"泰罗主义"影响,致使课程"见物不见人"。杜威(Dewey)也从提高受教育者在现实生活中的实际活动能力来考虑"泰勒原理":其一,学校应该试图达到什么教育目标? 其二,要提供什么教育经验以便达到这些目标? 其三,如何有效地组织这些教育经验? 其四,我们如何确定这些目标是否达到?[1] 课程的编制,所不同的是,他把儿童的要求与兴趣加入了课程编制的因素,形成了经验课程。

20 世纪五六十年代,受文化研究的影响,西方学者开始了课程文化的研究。在对 20 世纪 60 年代的课程现代化改革运动的反思中,一些学者开始反思课程在造成教育不公平过程中的社会文化原因。受英国的威廉斯(Williams)所开创的文化研究的影响,以英国的伯恩斯坦(Bernstein)、迈克·扬(Young)、法国的布尔迪厄(Bourdieu)和美国的阿普尔(Apple)为代表的新教育社会学或课程社会学派开始探讨课程作为知识的社会建构或文化再生产与资本主义的意识形态、社会结构之间的关系,揭示课程文化内容的选择实施在对不合理和不平等的资本主义生产关系的复制中的作用,以便促进课程政策的调整和师生的社会道德觉悟,实现师生的自我解放和自由与全面的发展。

20 世纪 80 年代后,课程改革中的阶级文化的矛盾不再是关注的焦点。相反,不同学校之间的差异成为对教育质量起决定作用的因素。一

①　泰勒.《课程与教学的基本原理》. 施良方,译 . 人民教育出版社,1994:157—232.

些研究者开始转向关注学校的文化特征对课程质量和效率的影响,研究作为潜在课程的学校价值观、行为准则和学校组织文化因素对课程改革的实施与学生发展的关系,致力于在课程改革中促进学校文化的变革。

20世纪90年代以来,信息化和全球化使得社会的分化进一步加剧,种族文化、性别文化间的冲突得以突出,青年一代的成长面临着文化认同和文化身份的危机。课程改革的文化研究开始从阶级文化对课程民主化之影响的关注转向性别、种族文化对课程改革影响的关注。不少学者主张立足课程现代化和后现代主义之争,在后现代主义文化理论指导下,探讨在全球化社会中的多元文化与课程改革的关系。当今美国著名课程理论家派纳(Pinar W. F.)在新近出版的著作《理解课程》中指出,美国课程研究领域自20世纪70年代中期以来发生了重要的"范式转换":由"课程开发"范式转向"课程理解"范式。① 这种范式大致分成两种理论倾向。第一种倾向以现象学、存在主义、精神分析理论为理论基础,着眼于个体自我意识的提升与存在经验的发展。我们可以粗略地将这种倾向称为"存在现象学"课程论。以派纳、格鲁梅特(Grumet)、格林(Greene)、休伯纳(Heubner)、威利斯(Willis)、范梅南(Mannen)等为主要代表。第二种倾向以法兰克福学派、哲学解释学、知识社会学为理论基础,着眼于对社会意识形态的批判与社会公正的建立。我们可以粗略地将这种倾向称为批判课程论。以阿普尔、麦克唐纳(Macdonald)、吉鲁(Giroux)、韦克斯勒(Wexler)、曼恩(Mann)等为主要代表。这两种理论倾向具有内在的一致性:追求"解放兴趣"。"解放兴趣"(emancipatory in terest)亦称"解放理性",是"人类对解放(emancipation)和权力赋予(empowerment)的基本兴趣,这类兴趣使人们通过对人类社会之社会结构的可靠的、批判性洞察

---

① Pinar W F,Reynolds W M,Slattery P,etal. *Understanding Curriculum*［M］. New York:Peter Lang Publishing,1995.

而从事自主的行动"①。"解放兴趣"是人类最基本的、"纯粹"的兴趣。课程研究的价值取向由对"技术兴趣"的追求逐渐转向"实践兴趣",最终指向"解放兴趣";课程研究的基本课题由"课程开发"——探讨课程开发的规律、规则与程序,逐渐转向"课程理解"——把课程作为一种"文本"来解读其蕴涵的意义。

我国学者开展课程文化研究是近 20 年的事情。顾明远教授从宏观上提出了要"正确对待教育现代化与中国传统文化的关系"②和"正确对待外国的教育思想和经验"③。靳玉乐教授从文化哲学的角度分析了课程建设的文化基础,提出在新课程改革的历史条件下应致力于"营建一种合作、对话与探究的课程文化,实现课程文化模式的转型"④。裴娣娜教授肯定了课程文化研究的积极意义,认为"学校课程文化是指按照一定社会对下一代获得社会生存能力的要求,对人类文化的选择、整理和提炼而形成的一种课程观念和课程活动形态"。她认为对课程的文化学研究,既能拓展课程理论研究的视野,又能引导我国基础教育课程开发与建设。她主张在我国多元一体的文化背景下进行基础教育课程改革要积极倡导科学与人文相结合的课程理念和课程新文化。⑤ 钟启泉教授发表了《"学校知识"与课程标准》《研究性学习:"课程文化"的革命》等论文,倡导适应我国的基础教育课程改革需要,建设新的课程文化。他认为,学校知识是从一定的历史背景的文化体系中,根据某种价值判断作出选择并赋予教育价值的,"课程可以界定为教育价值的组织",包括价值观、态度、技能、知识等的教育价值在社会中占一定的地位,维持着一定的社会

---

① Grundy S. *Curriculum*:*Productor Praxis*[M]. London:The Falmer Press,1987. 9.

② 顾明远. 民族文化传统与教育现代化[M]. 北京:北京师范大学出版社,2004.

③ 顾明远. 中国教育的文化基础[M]. 太原:山西教育出版社,2004:310.

④ 靳玉乐,陈妙娥. 新课程改革的文化哲学探讨[J]. 教育研究,2003(3):67 - 71.

⑤ 裴娣娜. 多元文化与基础教育课程文化建设的几点思考[J]. 教育发展研究,2002(4):5 - 8.

关系。在"应试教育"背景下,学校知识被商品化,学生"掌握知识的过程与作业始终处于以他人为敌的竞争之中"。素质教育区别于"应试教育"的一个标尺就是关注"方法论知识"和"价值性知识"。① 素质教育改革必须转变学生的学习方式,因此他努力倡导一场以研究性学习实施为主题的课程文化革命。② 郑金洲教授在《教育文化学》中明确提出了课程文化的概念,认为课程文化有两个方面的含义:一是课程体现一定社会群体的文化;二是课程本身的文化特征。他揭示了课程作为一种文化载体和文化形式的两个方面的文化特质。这是课程文化研究的一种突破,指出了课程作为文化本体的意义。但他认为狭义的课程文化主要指教材文化,并只对教材进行了文化分析,未涉及课程文化本体和课程亚文化。在归纳了国内外的教材文化研究的基础上,他认为课程是主流文化的体现者,通过教材的编制、出版、发行、审查和教师对教材内容的选择,"课程的主流文化特征就从根本上得到了保证"③。主流文化为中心的课程受到了批评,因为它有伤非主流文化族群学生的自尊,不利于他们从其他族群文化中获益,也因为它造成了主流族群学生的优越感,加深了各民族和文化之间的误解。

另外,还有一些学者从不同角度相继开展了课程文化的研究。郝德永博士把课程与文化作为他的博士后研究课题,主要研究的还是课程与文化的关系,而且是从后现代的视角来观照课程与文化的互动。他认为,现代课程作为传承文化的工具品性致使"课程发展呈现出了清一色的文化驱控与锁定机制"④。胡定荣博士从价值文化、制度文化和行为文化三个方面对课程文化进行了比较深入的研究,提出了现实社会历史文化对

---

① 钟启泉."学校知识"与课程标准[J].教育研究,2000(11):50-54,68.
② 钟启泉.研究性学习:"课程文化"的革命[J].教育研究,2003(5):71-76.
③ 郑金洲.教育文化学[M].北京:人民教育出版社,2000:288-314.
④ 郝德永.课程与文化:一个后现代的检视[M].北京:教育科学出版社,2002:6.

国家课程改革、课程决策的影响,指出了文化对课程改革影响的特点、原因、途径和条件,课程改革应如何进行文化的变革等。[1] 黄忠敬博士对课程文化具有"两个方面含义"的现象,进行了更为深入的分析。这种分析框架也体现在他的博士学位论文《知识·权力·控制——基础教育课程文化研究》中。[2] 吴永军博士从课程文化选择入手,主张在一个社会中课程"既要考虑共同文化,又要考虑亚文化",要坚持"双元文化观念"。[3] 黄甫全教授也从文化哲学的视角切入,深刻地揭示道,"特定的伦理意识结构是每一时代和民族赖以做出具体的课程价值判断的基础",他认为现代课程文化中的伦理意识应包括"热爱学习,崇尚学习生命和形成学习自律"。[4] 范兆雄博士对课程文化发展的标准问题进行了比较深入的研究。[5] 郑家福博士还对新中国基础教育课程改革进行了文化的检讨。[6]

纵观以上国际国内文化和课程关系研究的历程,可以发现,国际上在20世纪60年代以前没有开展系统的课程文化研究。从20世纪70年代以后国际上开展这方面的研究大体上分为三个阶段:第一阶段,20世纪70年代,关于阶级、种族关系与课程改革关系的研究。关注的问题主要是把文化作为特定群体的价值观和思维方式,探讨课程标准、教材、课程实施中的种族、性别、阶级文化偏见和文化霸权与学生成绩、自我概念与身份形成的关系。研究的目的在于揭示教育不平等的课程文化选择原因,为学生的发展创造公平的社会条件。第二阶段,20世纪80年代中期,关注学校文化对课程改革质量的效率的影响。受西方自由主义思潮的影响,在英美国家课程改革关注教育质量的优异与卓越的背景下,对与

---

① 胡定荣. 课程改革的文化研究[M]. 北京:教育科学出版社,2005:34.

② 黄忠敬. 知识·权力·控制——基础教育课程文化研究[D]. 上海:华东师范大学,2002.

③ 吴永军. 课程社会学[M]. 南京:南京师范大学出版社,1999:133.

④ 黄甫全. 当代课程评价的价值准则:文化哲学的观点[M]//西北师范大学. 第五届两岸三地课程理论研讨会论文集. 兰州:西北师范大学,2003.

⑤ 范兆雄. 课程文化发展研究[D]. 兰州:西北师范大学,2004.

⑥ 郑家福. 新中国基础教育课程改革的文化检讨[D]. 重庆:西南师范大学,2003.

市场经济发展相适应的课程质量和效率的关注超过了对课程民主和公平的关注。第三阶段,20世纪90年代以来,关注多元文化对课程改革影响的研究。不少学者主张立足课程现代化和后现代主义之争,在后现代主义文化理论指导下,探讨在全球化社会中的多元文化与课程改革的关系。

近20年,我国关于课程文化的研究也大体上分为三个阶段:第一阶段,20世纪80年代,关于传统文化与课程现代化发展的研究。研究的问题主要集中在传统文化和传统教育是否有利于课程的现代化发展。具体涉及传统教育的价值观、思维方式和教育制度等民族文化传统要素对课程目标、课程内容的设置和课程实施方式及学科教学的影响。对这些问题的认识主要是运用文化人类学中语言人类学和认知人类学中的理论成果,进行跨文化的比较研究和历史研究。第二阶段,20世纪90年代中期,关注市场经济带来的文化变革与课程改革的关系。科学文化与人文文化、精英文化与大众文化的矛盾成为这一时期的课程改革面临的主要的文化矛盾。研究的目的在于解决课程中如何进行人文教育和人文精神的培养,如何面向学生生活和社会生活。对这些问题的认识主要是运用文化解释学和文化批判理论的研究成果来揭示课程的精神文化内涵和对课程的文化价值取向进行反思与批判。第三阶段,20世纪90年代末以来,关注市场经济体制初步确立带来的文化分化和经济全球化带来的多元化对课程改革的影响。受西方后殖民主义的文化霸权论、后现代主义多元文化论和国内的文化保守主义思潮的影响,一些学者开始把文化作为特定群体的价值观和行为准则,关注全球化带来的多元文化对课程设计的价值取向和课程内容的变革的影响,文化霸权和文化侵略对课程的文化安全的影响,以及西方文化霸权对课程改革中的民族文化认同与民族文化发展的影响。

课程改革的历史分析表明,不同时期的文化会影响不同时期的课程改革,这种影响虽然是潜在的,但力量是巨大的,有时甚至还是主导性的力量。

一个国家文化觉醒的过程也往往是课程文化自觉形成的过程。因此,历史的经验告诉我们,从文化自觉出发研究课程文化问题十分必要。

二、多元文化的时代挑战与和谐文化的现实诉求

(一) 多元文化的时代挑战

全球化正在成为当今世界发展的主导趋势,这是课程研究和课程实践正面临的主要社会背景。而在全球化时代,文化发展在社会发展、人的发展和教育发展中的地位日渐突出。在全球化时代,国际上产生了多种课程文化思潮,有的学者认为在国外主要有四种代表性的课程文化观,即新全球主义、新自由主义、后现代主义和反全球主义课程文化观。新全球主义相信课程价值的同一性、唯一性和整体性,认为某种知识和价值体系具有全球普适性并且多半采用对话的方式将其课程推广到全球。新自由主义认为决定知识价值的不再是科学,而是市场,凡是对市场有用的便是有价值的,应该在课程中大加提倡;对市场没有用的,即使科学和人文精神的含量再高也是不能进入课程的,课程政策应由诸如世界银行一类的单位,以及由私人企业资助的国际智囊团和组织制定。后现代主义课程文化观存在着多种形式,总的来说都是对课程领域中存在的现代主义的批判。他们消解中心,质疑神圣,攻击"二元哲学",反对"宏大叙事",倡导边缘对于创新价值的贡献,强调认可和尊重"他者的他者性"和"多元对话"对世界共存文明的意义,强调事物"不确定性"的流动和转变特征,国际理解课程、和平课程、世界文明史课程和国际问题分析课程等都在一定程度上体现了后现代主义者的追求。反全球主义反对课程的全球化,认为发达国家所提供的课程援助项目实质上是另外一种形式的强权和暴力,它使第三世界国家的人民相信发达国家的语言、知识和价值观是先进的、科学的,从而丧失对西方文化的批判能力和对民族文化的认同能力。

因此,第三世界国家的课程发展应与第一世界脱钩,摆脱依赖,保护与加强本土文化和地方知识的建设,开发一种与全球化课程不同的内源化课程。① 也有的学者认为,课程改革面临的文化思潮主要表现为西方中心论、后殖民主义和多元文化主义之间的冲突和斗争。② 西方中心论认为,课程改革是西方的理性化和民主化等文化现代性在世界范围传播的结果;后殖民主义认为,课程改革应考虑地方文化利益之间的差异和冲突,考虑到文化传统对课程改革的影响。如罗斯(Ross)通过对英国课程改革历史的研究指出,尽管世界课程改革出现了趋同现象,但地方文化、意识形态对课程目的和内容仍有普遍的影响。③ 多元文化主义则从文化相对论和后现代主义的立场出发,强调课程改革要尊重文化多样性的事实,尊重各民族、种族和性别群体的政治、经济、文化、社会发展的平等权,在课程改革中避免出现文化偏见。

透视这些思潮,我们得到三点重要启示:第一,21世纪中国的课程改革必须考虑到全球化带来的国际课程改革的趋势,立足全球化带来的中国社会变化来审视课程改革的社会基础。第二,全球化时代国际国内多种文化思潮的存在说明课程改革面临着分裂的势力,需要加以整合。忽视全球化带来的多种文化思潮对课程改革的影响,片面强调课程改革的国际化趋势和共性特征,就有可能压抑课程改革中的不同声音和掩盖改革者的真实意图,进而会忽视矛盾和真实的问题。第三,21世纪中国的课程改革,不能仅仅从全球化的经济和技术的变化角度来探讨课程改革的必要性和可能性,而必须加强课程改革的文化自觉意识,从文化的角度审视课程改革对不同文化群体的影响,保证不同文化群体生存发展的权

---

① 邬志辉. 课程全球化的四种哲学观评析[J]. 东北师大学报(哲学社会科学版),2003(6):115－121.

② 胡定荣. 课程改革的文化研究[M]. 北京:教育科学出版社,2005:4－15.

③ Ross A. *Curriculum—Construction and Critique*[M]. London:Falmer Press,2000:14-17.

利。

(二)和谐文化的现实诉求

构建社会主义和谐社会,是我国目前社会发展的总体战略目标。实现这一战略目标,其中具有基础性、普遍性且可持续的社会和谐,就是文化和谐。和谐的文化精神和文化境界是构建和谐社会的本质和灵魂。只有造就深层的文化和谐,才能造就"民主法治、公平正义、诚信友爱、充满活力、安定有序、人与自然和谐相处的社会"。

文化和谐以人的全面发展为旨归。文化以价值理性和工具理性的方式给人类社会的发展提供目的意义和发展动力,是人类安身立命之要所。人类社会的历史就是通过文化的发展与创新不断提升人的生存价值和文明程度,从而使人成为一种具有崇高境界的真正全面自由发展的主体的历史。然而,工业文明在给人类社会带来巨大的物质文明的同时,由于工具理性的过分张扬,其负面效应日益凸显,造成价值理性的缺失。正因如此,马克思在描述未来理想社会状态时提出,共产主义是"以每个人的全面而自由的发展为基本原则的社会形式"[①]。可以说,实现无产阶级和全人类的解放以及每个人全面而自由的发展,是马克思主义的精神实质。人的自由而全面的发展是共产主义的主要特征,也是社会主义文化所追求的目标。这是发展先进生产力的必然要求,也是发展社会经济和文化的最终目的。因为先进文化的先进性,缘于它能够促进人的全面发展的合理性。社会主义文化建设的目的就是促进人的全面发展,培养有理想、有道德、有文化、有纪律的社会主义公民。人的全面发展是一个逐步提高、永无止境的历史发展过程,也是人类永恒的历史追求。因此,必须以人的全面发展作为一切文化发展的归宿。

构建社会主义和谐文化,需要全民族的文化自觉。这种文化自觉体

---

① 中央编译局. 马克思恩格斯选集:第 23 卷[M]. 北京:人民出版社,1995:649.

现为社会主体对社会发展的文化建构、文化选择、文化发展的理性思考和实践,是人类理性在探求自身生存发展和自由过程中的最高体现。自近代以来,在对中国现代化的曲折探索中,从洋务运动、辛亥革命到新文化运动,从器物、制度到文化,人们的文化自觉不断提升。特别是中国共产党发展面向现代化、面向世界、面向未来的,民族的科学的大众的社会主义文化,以及代表先进文化前进方向价值取向的确立,体现了我们党对中国特色社会主义文化的高度自觉,不仅进一步深化了对社会主义文化发展规律的认识,为文化建设增添了更加深刻的内涵,也使我国文化的发展获得了前所未有的巨大空间,为文化的发展营造了健康的生态环境。而作为教育的核心部分——课程而言,要为构建和谐文化作出贡献,就需要加强课程文化建设,增强课程文化自觉意识,这是时代、社会和人的全面发展提出的必须解决的重大命题。

三、走出课程文化研究的困境与课程文化的发展方向

(一)走出课程文化研究的困境

1. 学术研究的严重缺陷。

国际上课程文化研究是运用文化人类学的方法研究课程问题,开始是以现代原始部落社会的教育问题作为主要研究领域,后来逐步扩展到社会阶级、阶层、种族、民族的教育问题和学生亚文化、教材亚文化等领域。在研究方法上主要运用文化人类学方法,大量的研究工作是实地调查、描述小型社会群体的教育文化状况。一些研究人员开展对小型社会、有色人群、原教旨主义者、特殊职业群体、学生同辈群体等人群的教育问题的研究。研究者大都倾向于以这些人群的代言人身份出现。不可否认,这些研究固然有利于在主流文化控制的社会中加深对非主流文化教育的认识,获得对人类教育文化发展更为全面精细的把握。但是,这些研

究都是一种课程自在文化的研究。这种研究存在着四个方面的严重缺陷:第一,主体性缺失。在对待课程与文化的关系上,无论是"文化代码""文化资本",还是"文化霸权",都是把课程作为文化传承的工具,而课程本身作为一种文化的主体性存在被忽略了,从而造成课程文化本质上的主体性的缺失。第二,包容性阻滞。西方的学者在研究课程文化时都是从本地区、本民族的文化语境出发,研究文化变迁对课程改革的影响,没有及时地吸收其他民族和其他国家文化的精华,是一种封闭自守消极的课程文化战略,使课程文化缺少生命的活力,这是一种包容性的阻滞,极大地阻碍了课程文化的健康发展。第三,整体性割裂。在对学生亚文化、课程知识亚文化和教科书亚文化的研究中,没有把课程文化作为一个整体来看待,只见树木,不见森林,从而使课程文化发挥不了对课程改革的宏观引领作用。第四,理性的泛化。课程不是"价值中立"的纯粹知识活动,必须考虑它的文化处境。当一种课程理性以纯粹理性凌驾于其运用的环境之上,它就会变为一种可称之为"泛科学理性"的东西。泰勒课程编制的原理,即"确定教育目标""选择教育经验""组织教育经验""评价教育经验",曾以"价值中立"的形式出现,被认为是一种理性化、规范化、划一性的课程开发模式,可以普遍适用,压抑了实践领域学校课程的创造性和主体性,它实际上是一种"泛科学理性"的保守理性观。①

2. 课程改革的文化缺憾。

课程改革是一项复杂艰巨的系统工程,涉及众多的领域,范畴较广,内容丰富。回顾我国课程研究的历史和课程改革的发展,我们会发现我国课程改革中文化建构的不足和理性思维的缺失。

第一,舶来式的困惑。我国的课程理论研究起步较晚,20世纪80年代以来,为了更好地进行课程改革,我国一方面总结以往课程改革的经验

———————

① 王德如. 试论课程文化自觉与创新[J]. 课程·教材·教法,2004(11):7-16.

教训,另一方面大量引进、移植国外的课程理论。对于国外课程理论的引进和移植是非常必要的,因为我国的课程改革是在世界课程改革的背景下展开的,世界各国的课程理论和实践探索为我国的课程实践提供了宝贵的经验。但是"任何由外移植进来的知识,尤其是移自原本具有高度异质的文化要素来源的知识,都无法充分地被吸收、理解,甚至应用。因为人们势必运用已有的身心状态来理解、吸收、应用,甚至创造来自不同身心状态来源的知识,其结果必然产生误解、误用或所谓消化不良的情形"。所以,应该"努力转化移植来的知识,使之本土化"①。我国对舶来的课程理论既缺乏系统的深入研究和整体把握,又缺少本土化的探索,缺乏对其吸收、修正和创造性的应用。②

第二,实践中的理性缺失。前几次课程改革基本上以教材文本的变换为主,仅仅是课程的局部调整与修正,可以说没有真正从课程文化建设的角度对课程改革进行反思,这就导致在旧有课程文化的掌控下,课程改革多是革而不新,只能是修修补补,在原地打转,努力向前却又步履蹒跚,这实际上显现出了课程文化的失语与无奈。过去的课程文化被社会文化冲刷得太厉害了,由此造成了课程文化的扭曲变态,甚至是课程文化的缺失,其严重性与危害性许多人还没有真正认识到。本应承担起先进文化导引者的课程文化,被遮蔽在工具主义的逻辑与思维之下,课程作为一种超越性文化,其前瞻性和批判性丧失了。课程文化需要与社会发展合拍,但合拍绝不是丧失了自我的屈从,决不意味着被社会文化所奴役。过分地依赖于社会文化,委身于占据社会主流的强势文化,将导致工具价值的极度膨胀,迫使课程的文化价值退隐到后台,这将导致课程文化不再是社会先进文化的倡导者,仅仅成为社会文化的工具性载体。必要的文化乌

---

① 杜祖贻. 西方社会科学理论的移植与应用[M]. 香港:香港中文大学,1993:19-20.
② 李定仁,徐继存. 课程论研究二十年[M]. 北京:人民教育出版社,2004:246-249.

托邦是需要的,我们必须保持课程文化的纯洁和本真,保证课程文化不被易质,使其成为共生的理想。

要走出上述课程文化研究的困境,必须把课程文化作为一种自觉的文化来研究,这是因为:第一,从自在的文化到自觉的文化,是文化发展的一条规律,课程文化也必须遵循这一规律。所谓自在的文化是指以传统、习俗、经验、常识、天然情感等自在的因素构成的人的自在的存在方式或活动图式。所谓自觉的文化则是指以自觉的知识或自觉的思维方式为背景的人的自觉的存在方式或活动图式。从历时态的角度来看,人类的文化经历了逐步从自在自发向自为自觉的演进过程。虽然,同自然和本能相比,文化从整体上具有超越性和创造性,具有自由自觉的特征,但是,文化的这种本质规定性不是一种给定的、现成的东西,而是一个开放的生成过程。一般来说,越是往远古追溯,人类的生存越是仰仗着传统习俗、经验、风俗等自在的文化模式,而越是走向近现代,人类的自觉的文化精神对于社会发展和历史运动的影响就越大。从共时态的角度看,正是自在的文化和自觉的文化之间的相互关系和张力构成了文化演进或进步的内在动力机制。在不同的文化模式中,由于自在的文化因素与自觉的文化因素之间的关系各不相同,所以文化的演进或进步速度也各不相同。第二,把课程文化作为自觉的文化来研究可以克服自在文化的弊端。自觉的课程文化是自在的课程文化的高级形式,自觉的课程文化是把课程作为文化的主体性存在,是一种有开放胸襟的文化,是一种整体协调发展的文化,是科学理性的文化,从工具到主体,从封闭到开放,从局部到整体,从非理性到理性,这正是课程文化自觉的研究所在。第三,无论是舶来式的困惑,还是实践中的理性缺失,这些都是课程文化的缺憾。弥补这种缺憾,只能靠加强对课程文化自觉的研究来实现。第四,开展课程文化自觉的研究有利于课程的理性整合。我国当前的课程理论大多数是描述性的,只有较低的预见性。在课程实践中,主要表现为课程系统的各个部分或要素之间存在许许多多不严格的联结,给学科建设带来了种种问题。成熟的课程理论对于课程改革的指导作用应该具体体现在:提出课程改革和课程实践的正确理论构想和模式,论证课程改革方案的可行性,解释课程实践中的各种复杂现象,预见课程实践过程中可能出现的问题和可能的后果,并提出相应的预案。为此,我们必须对中外课程改革的经验、教训、事实、材料,进行认真的梳理和系统的研究,从课程改革的动因、条件、范围、内容、过程、模式、方法、策略等方面进行更为理性的整合,构建课程改革和课程实践的理论框架和模式。

(二)课程文化的发展方向

"文化自觉"是时下一个比较热门的学术话题。所谓文化自觉是指人们对自身文化有一种自知之明,清楚地知道文化的来源和发展,也是一种历史自觉与主动的历史精神之唤起。文化自觉还是一种深刻的文化思考,一种广阔的文化境界,一种执著的文化追求,一种具有高度人文关怀和社会责任感的文化理念。文化自觉肯定不是简单的文化回归,也不是文化他化,而是适应新的历史发展来调整自身的文化,是在文化反省、文化创造和文化实践中所体现出来的一种文化主体意识和心态,从而在社会转型中达成文化超越。"文化自觉"是费孝通先生学术反思的思想结晶,是继"文明冲突论"后又一重大社会理论突破,是马克思主义文化观的必然要求,也是当今世界文化转型的时代需要。费先生对"文化自觉"的界定和概括,包含了什么是文化自觉,文化自觉涉及的范围和内容,进行文化自觉的目的和意义,实现文化自觉的途径步骤,以及文化自觉所追求的人类社会理想的目标等。费先生对"文化自觉"的分析和论述,已形成了一套系统的"文化自觉论"。

课程文化自觉是人类对课程发展方向的理性认识和把握,并形成主体的一种文化信念和准则,人们自觉意识到这种信念和准则,主动将之付诸实践,在文化上表现为一种自觉践行和主动追求的理性态度。坚持课程文化自觉,对和谐课程文化建设和科学课程发展观的建立有重大的理论价值和现实意义。

课程文化自觉的学术研究如何与当前的课程改革相结合?如何通过课程文化自觉的研究为课程改革提供坚实的理论基础和方向性的把握?如何解决钟摆问题?对此,笔者认为,要真正走向课程文化自觉,必须坚持科学发展观,处理好继承与创新、借鉴与批判的关系,走基于本土化的自主创新之路。

科学发展观是马克思主义中国化的最新理论成果,是当代中国的马克思主义哲学观,是全面建设小康社会和推进社会主义现代化建设始终要坚持的重要指导思想。人本、全面、协调、持续发展是科学发展观的基本内涵。课程的科学发展观就是按照人本、全面、协调、持续发展的思想来研究课程现象、探讨课程发展规律的一种理念。课程的科学发展观不是空洞的,它深深地嵌入课程的体制、机制和课程发展的全过程,也不是主观臆想的,是根据历史和时代所提出的主题。课程改革越深化,实践中出现的矛盾和问题就越需要科学的回答。由于课程的复杂性和周期性长的特点,只有在科学发展观指导下,才能促进课程的健康发展。

笔者认为,课程的科学发展观至少应包括以下几个基本观念:第一,开放性的课程观。我们已进入知识经济时代,知识的更新速度非常快,呈几何级数增长,并且知识还有信息化的趋势。知识的不断更新,决定了我们的课程必须是开放的。同时,各门课程之间也应该是开放的、相通的、综合的。单一的、封闭的课程远离时代要求,脱离学生生活。这是一种落后的课程观。第二,以人为本的课程观。以人为本标志着人的主体地位的确立和提升,是尊重人的地位、人的尊严、人的权利、人的需要,一切为了现实的、社会的、具体的人。教育是人的教育,是对人的价值意义的肯定。关注人的价值、人的素质和人的意义的存在,实现人的个性发展,主要通过教育也就是主要通过课程来实现。以人为本的课程科学发展观,超越了片面、单一发展观的局限,突破了课程"工具论"的桎梏,关注人的本质力量,提升人的自觉自为全面发展的主体地位,这与社会经济协调发展、全面建设小康社会的目标是完全一致的。第三,整体协调性课程观。即把整个课程看成一个大的课程系统,各种课程相互联系而构成一个整体,相互协调,共同发展。一是核心课程、边缘课程和外围课程的整体协调,也就是课程空间上的协调;二是课程逻辑序、历史序和认知序的整体协调,也就是课程时间上的协调;三是知识习得、思维训练和人格健全的整体协调,也就是课程在促进人的全面发展目标上的协调;四是归纳的、演绎的和非逻辑的整体协调,也就是课程编制方法上的协调;五是多层性、多样性和多变性的整体协调,也就是课程差异中的协调。第四,有序调控性课程观。整个课程系统的发展是一个有序的规律性运动过程。在这个过程中,作为主体的人通过对自身活动关系认识的不断深化与自觉调控,使课程的结构不断优化,课程发展的方向不断得到校正,从而促进课程的健康发展。第五,否定之否定的课程观。在课程的实施过程中,肯定会遇到各种各样的矛盾,我们要正确认识这些矛盾,把课程的内部矛盾看成是课程发展的动力。通过否定之否定,使课程内部各因素越来越优化,课程发展的整体水平呈螺旋式不断上升。

课程科学发展观的建立必须以课程文化自觉为基础。中国人在现代化过程中形成的科学发展观应当以中国文化精神的当代更新为基础。西方的文化精神不可能成为中国人的基本生活方式和生活态度,作为国民性格的中国人还"在",不可能彻底西化。不加质疑地追随西方现代化取向,对西方课程理论不加反思地接受,把本土资源作为论证西方理论、实现西方课程思想的工具,"中国的"就等于是"落后的",以为一切关于社会深层的制度设计、文化考量和灵魂守护的问题,统统可以交给西方思想。"全盘西化"的问题必须引起我们的高度重视,这是我们进行课程文化自觉时要首先解决的问题。同时,在课程领域盲目地恢复儒教课程,不假思索地排斥外来的课程理念,甚至认为当前课程研究和课程实践都是"文化歧出""以夷变夏",这显然不是课程文化自觉的体现,是复古遗风。对这个问题也要引起高度重视。这是我们进行课程文化自觉中要解决的另一个重要问题。

事实上,费孝通先生给文化自觉提出了一个坐标:纵轴是从传统和创造的结合中去看待未来,结合过去同现在的条件和要求,向未来的文化展开一个新的起点,这是一个时间轴;横轴是在当前的语境下找到民族文化的自我定位,确定其存在的意义和对世界可能作出的贡献,这是一个空间轴。任何民族文化、任何类型的文化都可以在这个坐标上找到自己的定位。如果用这个坐标来衡量,我们的课程文化自觉需要考虑很多问题。

课程研究者的文化自觉应着重体现在用他的睿智和气度去批判课程文献、反思现实,从而将自己民族的文化传统的精华部分创造性地转换为课程资源,使其进入到教育层面,让广大学生通过自己的努力进入到时代精神的网络中,与全球的文化进行交融,汲取文明,传播文明;课程实践者的文化自觉应体现在日常生活中从自己做起,发扬课程的主体性精神,努力影响自己周围的环境,在课程的实施中体现课程的创新和发展,建设良好的课程文化,进而在课程实践中叩问生命的价值和意义,关心人类的命运与前途。

课程文化自觉的走向究竟是什么? 这不仅是一个学理问题,也是一个如何落实课程科学发展观的问题,更是一个关系到中华民族伟大复兴的重大问题。学术界从建立和谐社会的要求出发,提出了建立和谐文化的问题。笔者认为,课程文化正在从自在文化向自觉文化乃至和谐文化的方向发展:

课程文化内涵上的和谐:从课程文化的工具性到把课程本身作为一种文化,还原了课程文化的主体地位,这只是丰富了课程文化的社会属性和人文属性,没有看到课程本身的自然属性。关注自然,人文、自然和社会三者的和谐是文化自觉的基调。课程文化的内涵也必然向这个方向走势。

　　课程文化价值上的和谐：人的发展、经济的发展和社会的发展并重是人类的崇高价值追求。人的发展是一切发展的基础。人的全面发展既是一个古老的问题，又是一个没有解决好的问题。马克思主义认为，人的全面发展的实质是个性发展，这包括三层意思：第一，就发展的基本内容来讲是个性发展；第二，经由个性的充分发展实现全面发展；第三，离开个性发展的全面发展是不可能的。马克思主义在中国的崇高地位，使得进入21世纪的中国教育在注重促进经济发展、社会发展的同时，有可能更加关注促进人的发展这一基点。课程文化的价值是多方面的，固然社会价值、经济价值是基本的方面，而更基础的是课程在人的发展上所体现的价值。多种价值的融合，特别是人的发展、经济发展和社会发展的和谐，将是今后课程文化研究的基本趋势。

　　课程文化地域上的和谐：文化是一个民族真正的灵魂，民族精神顽强地存在于课程之中。民族性越强的东西国际性也越强，民族性文化与国际性文化正相关。课程文化也不例外。本土的课程文化、民族的课程文化和国际的课程文化从低水平的融合到高水平的和谐，这也是一个趋势。

　　课程权力文化上的和谐：国家课程、地方课程和学校课程，并不是简单的权力划分，而是课程地位进一步上升的实质性表现。三级课程的协同与融合，不仅使教育的潜能得到充分的开发，使教育活动更为有效，而且也促进国家课程向更高水平发展，并使之在课程体系中发挥更大作用。今后，这三级课程的协同、配置、和谐有加强的趋势。

　　课程文化结构上的和谐：与理论课程、应用课程和技术课程相对应，也必然使课程文化分为理论层面的、应用层面的和技术层面的。泰勒的课程编制所显示的文化实际上是一种技术文化，受到了批评；杜威的课程编制所显示的文化实际上是一种应用文化，也受到了质疑；后现代主义课程观学术庞杂,理论性太强使人难以琢磨,它实际上所显示的是一种所谓的理论文化。以上所举例子可能有些偏颇,但却反映出课程的文化在结构上不够和谐。笔者认为,对这三种层次上的课程文化进行融合性和关联性的研究,这既是一个实践问题,又是理论研究上应该关注的趋势。

费孝通先生晚年曾这样说过:"中国正在走一条现代化的道路,不是学国外,而要自己找出来。我为找这条路子所做的最后一件事,就是做'文化自觉'这篇文章。"1997年,有人问他,"费孝通"这篇文章将如何结尾? 他说:"我这一生过得很不容易,到现在已经是'两岸猿声啼不住,轻舟已过万重山'了。'啼不住'是指别人的议论纷纷,'啼不住'就让他去啼好了,两岸猿声可以不问,国家的前途可不能不想。从小农经济走向跨国经济,我们不是一叶轻舟,而是一个沉重的大船! 一个知识分子应该怎样去履行时代赋予的责任确实值得认真想一想。"他认为:"五四这一代知识分子生命快过完了,句号划在什么地方确实是个问题。我想通过我个人划的句号,就是要把这一代知识分子带进'文化自觉'这个大题目里去,这就是我要过的最后一重山。"①

文化自觉不仅仅是一个口号,也是一种思想;不仅仅是一种思想,还是一种实践。课程文化自觉是我们教育工作者的一种心理现象,是一种崇高的道德追求,是时代赋予我们的历史使命,也是一种丰富多彩的实践活动。为此,让我们披荆斩棘,奋力跨越这座高山,虽然那需要很长的时间。

(选自作者在 2007 年第 5 期《河南教育学院学报》发表的论文)

---

① 张冠生. 费孝通传[M]. 北京:群言出版社,2000:646.

地方课程文化自觉的实践策略

就地方课程的理论研究和现实状况而言,理论界对地方课程价值及其文化内涵研究的不足及其方法论和思维方式的局限与单一,启发着我们穿越纷繁的地方课程实践和我国当前课程改革的具体现实背景,从课程文化哲学的视角考察地方课程文化自觉的实践策略。

一、地方文化体的存在及其价值

地方文化体是文化存在的现实形态。在实际的文化形成过程中,文化总是一定人群在特定时空范围内与其自然环境相互作用,求取生存和发展的结果及其过程。从地方文化体的视角而言,制约地方课程的文化因素主要包括:地方文化、政策制度、区域资源和社会参与。

地方文化体中,存在着物质的系统、行为的系统和知识或观念的系统。物质系统指人们活动和行为的结果,具体表现为以新的形态出现的人工环境和用自然质料所制造出的人工产品。行为系统指人们活动及其交往的方式或样式。知识系统指人们逐步积累起来的对物(自然环境和物质环境)和对人的认识,经过系统化、条理化而形成一种知识体系。前两者属于行为的模式,包括行为模式本身和行为的物质结果,是"一个社群内的生活模式——有规则地一再发生的活动以及物质布局和社会布局"。知识系统指涉"观念的领域",属于"指导行为的模式"。它提供了"用来决定是什么,……决定可以是什么,……决定感觉怎么样,……决定应该做什么,……决定怎么做的标准"。因此,知识系统既是一定人群在特定文化境域中与其环境相互作用的产物,同时,它一旦产生又起着"建构他们的经验和知觉,规约他们的行为,决定他们的选择"的作用①,这种"地方性知识"是当地文化与其环境结晶的核心。

从历时性上来讲,多种地方文化体的存在是一定共同文化体得以形成的前提和基础,一定共同文化体的形成正是多种地方文化体存在、发展、交流和融汇的结果,是地方文化体自我发展的必然。从共时性上来讲,在现实的国家一级的共同文化体中,共同文化体与地方文化体是一种"共在"关系。在共同文化体内部,各个地方文化体通过分工合作,承担着不同的文化功能,并有机结合共同维持和发展着共同文化体,从而实现其内部所有人生命存在的保持与优化。地方文化体作为一定地域空间中,人与其环境相互作用以求生存的结晶,它本身代表着人适应周围环境的一种可能的样式,是一种生存的经验和智慧。这种经验和智慧无论对于其他地方文化体,还是对于共同文化体乃至整个人类文化的存在和发展而言,都有着重要的意义。

二、地方课程的文化特征

地方课程不仅仅是一种课程的形式,也是一种课程的文化。具体分析,地方课程呈现出以下几个方面的文化特征:

---

① [美]基辛. R. M. 文化·社会·个人[M]. 沈阳:辽宁人民出版社,1988:31-32.

(一)地域性特征

地方课程是不同地方根据特定地域或社区社会发展及其对学生发展的特殊要求,以及特定的课程资源设计的课程,因而在适用范围上具有鲜明的地方性或地域性,特定的地方课程只适用于特定的地方和社区中小学。地域的差异性,给课程实施者提供了丰富多彩的课程资源和教育资源。为满足地方发展对教育的要求,鲜活、生动地教育学生,地方课程要求充分体现浓郁的地方特色,创造性地开发和利用本地最具特色的教育资源和课程资源,开发具有各自特色的地方课程。这就要求各地方教育主管部门要研究地方实际,开发适合本地区的地方课程,以便优化中小学宏观课程结构。

(二)民族性特征

我国是一个由 56 个民族组成的中华民族大家庭,每个民族都有其在历史中形成的独特文化背景,包括不同的语言、文字、风俗习惯、宗教、建筑艺术、服饰、音乐、舞蹈、戏剧、绘画、医学、生活方式、体育、节庆等。一个民族文化的形成和发展,不是短期内完成的。它是在漫长的历史进程中,通过无数人的实践和摸索一点一滴地积累起来的。如果没有文化的积淀和传承,一个民族就会止步不前。地方课程针对各地方民族的差异,能有效进行各民族传统文化的保存、发展与创新,形成一个多元、多姿、多彩的局面,这正是整个中华民族的凝聚力和吸引力之所在。

(三)人文性特征

地方课程可以融会传统文化中优秀的人文精神及德育内容,如优秀的民族艺术、民俗礼节、饮食和服饰文化等内容。通过这些人文性知识的学习,可以培养学生学会如何做人,如何做一个有理想、有抱负、有道德文化涵养的高素质的人。联合国教科文组织提交的 21 世纪报告强调,新世纪的教育不仅要使学生有知识、会做事,更重要的是会做人。地方课程鲜明的人文性特征恰恰符合了这一要求,起到了提高学生人文素养的作用。

(四)针对性特征

从课程目标上看,地方课程是针对地方实际设计的,它的基本目的是满足地方或社区发展的实际需要,加强学生与社会现实和社区发展的联系,使学生关注社会,接触社会,学会对社会负责,增强学生的社会责任感。地方课程的设计与实施,有利于克服课程脱离社会生活的弊端。地方课程设计应充分反映地方或社区发展的现实和要求。早在一百年前,杜威为儿童设计的课程中就包括乡土历史探讨、社区经济研究等。

(五)现实性特征

地方课程在内容上,必须充分利用地方课程资源,以专题等多种形式设计反映社会生活和社区发展现实的课程内容,体现地方特色,促进学生认识社会,了解社会,关心社会发展,参与社会生活。要向学生传授参与社会生活应具有的思想意识、价值观念以及关于地方的基本知识,如地方历史、地理、经济、文化、民风民俗等等。此外,还要向学生传授参与社会生活的基本能力,如地方研究、地区发展规划、社区服务等各种公益劳动方面的基本能力。总之,地方课程在课程内容上一定要体现现实性。

三、地方课程开发的原则

要实现地方课程的文化直觉,在地方课程开发中,要坚持以下几个基本原则:

(一)区域性原则

我国疆域辽阔,东部与西部、沿海与内地、平原与山区、农村与城市、少数民族地区与非少数民族地区相比,政治、经济、教育、科技等发展不平衡,历史、文化、习俗、地理、自然等也有显著差异。因此,在地方课程开发资源的选择上,应立足于地方的资源特色和实际,因地制宜,就地取材,使之与本地的社会实际、生产实际与生活实际紧密结合起来。基于相似资源和发展实际的区域可以建立课程开发合作伙伴关系,拓宽地方课程的开发空间和适用范围,实现资源共享,以降低地方课程开发的成本。

值得注意的是,地方课程开发一方面既要立足于区域实际,重点放在本地可利用的各种自然资源和社会资源上,使之具有一定的情境性、针对性和本土性,呈现"百花齐放"的局面,焕发出浓郁的地方生机;另一方面又不能为区域所困,以为地方课程就是局限于本地的资源。事实上,只要是以地方为主体开发的课程都是地方课程。因此,地方课程开发要打破课程目标和课程资源的唯地方化倾向,即超越现实性与地域性特征,要站在整个社会发展的高度以及时代的前沿来指导、规划地方课程开发,"不仅从现状出发,更重要的是从未来的需要出发。地方课程不仅用来回眸历史,更要展望未来,着眼于全面小康社会建设和现代化建设。地方课程不仅要关注本地,更要瞭望整个世界,着眼于全球化背景下地方的发展及课程资源的广泛利用"①。只有用这样的指导思想才能筛选、提炼、整合、升华地方各种有教育意义的资源,使其具有前瞻性、开放性和时代性,所谓的"唯地方化"和"去地方化"倾向都是有悖于地方课程开发宗旨的。

(二)实用性原则

就地方课程开发的价值取向而言,不在于构建庞大的理论体系或检验某种理论的正确与否,而是要解决地方社会发展中面临的种种实际问题,它的最大价值在于促进地方社会发展,为地方建设服务。所以地方课程开发追求的终极目标是适应地方发展的具体条件,满足地方发展的需要,推动地方的发展,因而它在课程目标的确定、课程内容的选择、课程资源的开发利用以及课程的学习与组织形式、课程的评价方式等方面有别于国家课程。由于地方课程开发涉及的知识主要是本土性知识,具有特殊性和差异性,而这些具有"家族相似性"的知识,"由于不符合客观性、

---

① 成尚荣. 地方课程管理和地方课程开发[J]. 教育研究,2004(3):67-71.

中立性、普遍性的现代知识标准"①,无法"嵌入"过分强调"同一性"与"同质性"的国家课程体系中,所以地方课程必然成为"安置本土知识的理想家园"。因此,地方课程开发不刻意强调学术性知识以及知识严密的逻辑性、系统性、连贯性和完整性,而是比较注重知识自身的自在性和实用性,它在很大的程度上带有实用主义色彩,寄希望于通过地方课程的实施能够增强学生对本土文化、历史以及价值观的认同,唤起他们的地方意识,激发他们对家乡的热爱,积极投身于家乡的建设。

(三)多元化原则

地方课程与国家课程相比,具有较大的灵活性和自主性。因此,地方课程开发必须遵循多元化的原则,在课程开发主体、课程资源类型、课程开设方式、课程实施途径等方面呈现多元化特征。从课程开发主体来看,在省级教育行政部门组织下,不仅有课程专家、教学专家、教研人员的积极参与,还有社区成员、教师、家长、学生的广泛参与,使地方课程真正反映地方的意志,符合地方的实际,体现地方的特色,满足地方的需求,更加充满活力和创造力。从课程资源形态而言,地方课程资源是以当地的自然资源、社会资源和人文资源为课程的直接素材,不同资源的差异性、多样性决定了不能用同一种标准或方式来规范或保存、使用课程资源,因此地方课程资源应该是多种形态并存,如动态的与静态的、生命的与非生命的资源交相辉映,相辅相成,这样更能体现课程资源的"原生态"。从课程开设方式而言,地方课程打破了单一的分科设置模式,多种课程形态并重,可以是必修课、选修课、专题讲座,也可以是综合课、分科课,还可以是实践活动课、理论课等。从课程实施的途径而言,地方课程既可以通过课堂教学来进行,也可以通过生产劳动、社会实践、自学等来实施,构建立体的、多渠道的课程实施网络。

---

① 余进利. 关于校本课程开发的新思考[J]. 教育发展研究,2004(1):34-37.

（四）开放性原则

地方课程开发的根本目的是加强课程与社会、课程与生活、学校与社会、学校与生活以及学生与社会、学生与生活的有机联系，即打通"科学世界"与"生活世界"、"书本世界"与"现实世界"之间的壁垒。因此，无论是课程所依赖的教育资源，还是课程学习的内容、方式，实施的途径、场所、结果、评价等都应超越传统的"教师、教材、课堂"的封闭模式，呈现"海纳百川"的开放思维态势，向着社会生产、生活领域和自然领域无限延伸。这就要求把课程置于更广阔、更现实、更富有时代气息的平台上，同时也将学生的视野置于一个更开阔、更复杂、更生动的背景下，把学习置于更具体、更真实、更富有创造性的环境下生动活泼、灵活自如地展开，使教学更加贴近生活、贴近现实，在一定程度上体现"教育即生活""教育即生长""教育即经验的持续不断地加工或改造"的基本精神。

（五）综合性原则

构成地方发展基本内容的政治、经济、人文、历史、科技等社会要素与地理、生物等自然要素是内在地、有机地统于一体的，它们相辅相成、不可分割，共同组成地方社会生产、生活的全部内涵。因此，地方课程开发必须要依据这种内在统一性，结合地方的实际，在课程科目的设置上、资源的开发上尽可能统筹、整合，注重课程内容的整体性、综合性，加强不同科目之间、不同领域之间知识、技能的内在联系。比如可以将环境教育、人口教育、生态教育、科技教育、安全教育、普法教育等内容有效地统整起来，开设为一门综合课，避免分科课程造成的知识条块分割，也有利于减轻学习负担，同时也降低了课程开发成本。

（六）探究性原则

地方课程开发指向地方现实生产与生活，内容上突出它的时代性与现实性，目标指向于培养学生的社会责任感、使命感以及参与社会生活的能力，发展学生适应地方或社区发展需要的基本素质。地方课程的内容来源于周围现实、来源于实际生活,因而地方课程开发实施中不应是接受式、灌输式,而应是发现式、探究式。帮助学生在探究中了解和掌握有关地方和社区的各方面知识;指导学生在探究中去关注社会现象及其变迁;启发学生在探究中发现并研究地方或社区的现实问题;引导学生在探究中去感受生活,体察人间百态;在探究中培养学生的创新精神和实践能力;在探究中去锻炼他们的社会适应和社会参与的能力,使之具备当地社会发展所需的基本素质。

(选自作者在 2007 年第 19 期《当代教育科学》发表的论文)

开展课程文化自觉研究
推进和谐课程文化建设

　　课程与文化有天然的关系。一部世界课程发展的历史,正是一部新旧文化矛盾冲突、交织融会的历史,是旧文化不断衰亡新文化不断被创造的历史,对课程进行文化学的研究,积极进行课程文化自觉理论形态的尝试,不仅具有重要的学术价值,而且对新时期我国基础教育课程改革具有重要的现实意义。

　　"文化自觉"是费孝通先生学术反思的思想结晶,是继"文明冲突论"后又一种大社会理论突破,是马克思主义文化观的必然要求,也是当今世界文化转型的时代需要。课程文化自觉是人类对课程发展方向的理性认识和把握,并形成主体的一种文化信念和准则,人们自觉意识到这种信念和准则,主动将之付诸实践,在文化上表现为一种自觉践行和主动追求的理性态度。

　　价值取向是课程文化自觉的核心问题。价值特性、价值选择和价值实现,是研究课程文化自觉价值取向的重点,三者基本构成了课程文化自觉价值论的分析框架。方法论的抉择,是课程文化走向自觉亟待解决的重要理论问题和实践问题。走出方法论的迷宫是课程文化走向自觉的前提。方法论是一个复合概念,中外学者对此众说纷纭。尽管方法论比较复杂,总体上看主要包括指导思想、实施途径和具体方法三个层面的内容。据此,课程文化走向自觉的方法论也主要包括上述三个层面的内容。指导思想主要解决课程文化走向自觉的方向和理念问题,实施途径主要解决课程文化走向自觉的程序和路径问题;具体方法主要解决课程文化走向自觉的手段和方式问题。

基于课程文化自觉思想的由来和本体论、价值论、方法论的分析,可以从国家课程文化自觉、地方课程文化自觉、校本课程文化自觉三方面进行课程文化自觉的实践论分析。国家课程文化自觉的实践策略,是课程文化走向自觉的最核心、最重要的部分。课程政策的先进文化引导、课程标准的整体文化价值建构、教科书的丰富文化承载、课程管理的弹性文化约束、课程实施中的自主文化创新,是国家课程走向文化自觉的基本策略。

1999 年 6 月颁布的《中共中央国务院关于深化教育改革全面推进素质教育的决定》指出:"调整和改革课程体系、结构、内容,建立新的基础教育课程体系,试行国家课程、地方课程和学校课程。"这表明我国基础教育由单一国家课程研制模式向国家—地方—学校三级分权的课程研制模式转变,也标志着地方课程在我国基础教育课程体系中地位的正式确立。"地方课程"这一术语早见于吕达的《我国普通高中课程改革向何处去?——"国家教委普通高中课程问题研讨会"述评》一文。就地方课程的理论研究和现实状况而言,理论界对地方课程价值及其文化内涵研究的不足及其方法论和思维方式的局限与单一,启发着我们穿越纷繁的地方课程实践和我国当前课程改革的具体现实背景,从课程文化哲学的视角考察地方课程文化自觉的实践策略。

校本课程是一种重要的课程形态。校本课程开发是课程理论和课程实践不断丰富、完美的过程,是教育制度内权力与资源重新分配的过程,也是民主开放的课程决策过程。校本课程的开发本质上是一种文化的开发。加强校本课程文化自觉实践策略的研究,对于开发优质校本课程、提升学校教育品质、完善课程体系具有重要的现实意义。

　　(选自作者在 2007 年第 11 期《中国教育技术装备》发表的论文)

课程文化自觉应走本土化的自主创新之路

"课程文化自觉"这一概念的提出,是课程历史经验的总结,是课程改革的时代要求,也是当今课程研究之必然。坚持课程文化自觉,对和谐课程文化建设和科学课程发展观的建立有重大的理论价值和现实意义。

课程文化自觉的学术研究如何与当前的课程改革相结合? 如何通过课程文化自觉的研究为课程改革提供坚实的理论基础和方向性的把握? 如何解决钟摆问题? 对此,笔者认为,要真正走向课程文化自觉,就必须坚持科学发展观,处理好继承与创新、借鉴与批判的关系,走基于本土化的自主创新之路。

课程的科学发展观就是按照人本、全面、协调、持续发展的思想来研究课程现象,探讨课程发展规律的一种理念。课程的科学发展观应至少包括以下几个基本观念:

第一,开放性的课程观。我们已进入知识经济时代,知识的更新速度非常快,呈几何级数增长,并且还有信息化的趋势。知识的不断更新,决定了我们的课程必须是开放的。同时,各门课程之间也应该是开放的、相通的、综合的。

第二,以人为本的课程观。以人为本标志着人的主体地位的确立和提升,是尊重人的地位、尊严、权利、需要,一切为了现实的、社会的、具体的人。教育是人的教育,是对人的价值意义的界定。关注人的价值、人的素质和人的意义的存在,实现人的个性发展,主要通过教育尤其是课程来实现。以人为本的课程科学发展观超越了片面、单一发展观的局限,突破了课程"工具论"的桎梏,关注人的本质力量,与社会经济协调发展、全面建设小康社会的目标完全一致。

第三,整体协调性课程观。即把所有课程看成一个大的课程系统,各种课程相互联系而构成一个整体,相互协调,共同发展。一是核心课程、边缘课程和外围课程的整体协调,也就是课程空间上的协调;二是课程逻辑序、历史序和认知序的整体协调,也就是课程时间上的协调;三是知识习得、思维训练和人格健全的整体协调,也就是课程在促进人的全面发展目标上的协调;四是归纳、演绎和非逻辑的整体协调,也就是课程编制方法上的协调;五是多层性、多样性和多变性的整体协调,也就是课程差异中的协调。

第四,有序调控性课程观。整个课程系统的发展是一个有序的规律性运动过程。在这个过程中,作为主体的人通过对自身活动关系认识的不断深化与自觉调控,使课程的结构不断优化,课程发展的方向不断得到校正,从而促进课程的健康发展。

第五,否定之否定课程观。在课程的实施过程中,肯定会遇到各种各样的矛盾,我们要正确认识这些矛盾,把课程的内部矛盾看成是课程发展的动力。通过否定之否定,使课程内部各因素越来越优化,课程发展的整体水平呈螺旋式不断上升。

课程科学发展观的建立必须以课程文化自觉为基础。中国人在现代化过程中形成的科学发展观,应当以中国文化精神的当代更新为基础。"全盘西化"的倾向必须引起我们的高度重视,这是我们进行课程文化自觉时首先要解决的问题。同时,对于那种在课程领域盲目地恢复儒教课程,不假思索地排斥外来的课程理念,甚至认为当前的课程研究和课程实践都是"文化歧出""以夷变夏"的倾向,也应予以关注。

课程文化自觉的走向究竟是什么?这不仅是一个学理问题,也是一个如何落实课程科学发展观的问题,更是一个关系到中华民族伟大复兴的重大问题。

学术界从建立和谐社会的要求出发,提出了建立和谐文化的问题。笔者认为,课程文化正在从自在文化向自觉文化乃至和谐文化的方向发展:

课程文化内涵上的和谐:从课程文化的工具性到把课程本身作为一种文化,还原了课程文化的主体地位,这只是丰富了课程文化的社会属性和人文属性,还没有看到课程本身的自然属性。关注自然、人文和社会三者的和谐才是文化自觉的基调。

课程文化价值上的和谐:人的发展、经济的发展和社会的发展并重是人类的崇高价值追求。人的发展是一切发展的基础。人的全面发展既是一个古老的问题,又是一个没有解决好的问题。马克思主义认为,人的全面发展的实质是个性发展。课程文化的价值是多方面的,固然社会价值、经济价值是基本的方面,而更基础的是课程在人的发展中所体现的价值。多种价值的融合,特别是人的发展、经济发展和社会发展的和谐,将是今后课程文化研究的基本趋势。

课程文化地域上的和谐:文化是一个民族真正的灵魂,民族精神顽强地存在于课程文化之中。民族性越强的东西国际性也越强,课程文化也不例外。本土的课程文化、民族的课程文化和国际的课程文化从低水平的融合到高水平的和谐,这也是一个趋势。

课程权力文化上的和谐:国家课程、地方课程和学校课程,并不是简单的权力划分,而是课程地位进一步上升的实质性表现。三级课程的协同与融合,不仅使教育的潜能得到充分的开发,使教育活动更为有效,而且也促进国家课程向更高水平发展,并使之在课程体系中发挥更大的作用。

课程文化结构上的和谐:与理论课程、应用课程和技术课程相对应,课程文化必然分为理论层面、应用层面和技术层面。泰勒的课程编制所显示的文化实际上是一种技术文化,受到了批评;杜威的课程编制所显示的文化实际上是一种应用文化,也受到了质疑;后现代主义课程观学术庞杂,理论性太强,使人难以捉摸。以上所举例子可能有些偏颇,但却反映出课程文化在结构上的不够和谐。笔者认为,对这三种层次上的课程文化进行融合性和关联性的研究,这既是一个实践问题,又是理论研究上应该关注的趋势。

文化自觉不仅仅是一个口号,也是一种思想;不仅仅是一种思想,还是一种实践。课程文化自觉是我们教育工作者的一种心理现象,是一种崇高的道德追求,是时代赋予我们的历史使命,也是一种丰富多彩的实践活动。为此,让我们披荆斩棘,奋力跨越这座高山,虽然它需要很长的时间。

（选自作者在 2007 年第 10 期《河南教育》发表的文章）

教育整体改革实验实质的再认识

教育整体改革实验的实质是什么,它有哪些特点,究竟在多大范围上进行,这是整体改革实验理论研究中需要解决的问题。对这些问题,虽然一些实验研究者有所涉及,提出了不少有价值的认识,但是至今没有一个确定的说法和进行系统的研究和论述,没有一个令各家信服的定论。因此,很有必要对这些问题进行重新探讨。

对整体改革实验的实质,目前主要有四种不同的理解:

第一种看法,把整体改革实验的实质理解为功能性改革实验。① 这种观点认为,新时期的学校教育具有新的功能,要实现这个新的功能必须从解决普教面临的各种问题入手进行整体改革。他们把普教面临的问题概括为"五观(教育观、教学观、质量观、学生观、教师观)不正""四方(教学过程中的教师、学生、教材、教法)失调""三路(学校、社会、家庭)阻塞""二论(把普教看作是纯消费事业的消费论、把学生看作是贮存知识的仓库论)卡脖""一个片面(片面追求升学率)"②,认为搞整体改革就是对教育弊端的全面"出击",就是探索综

---

① 王德如. 整体改革实验亟待解决的问题[J]. 教育研究,1991(3).
② 旷习模. 普通教育必须进行整体改革[J]. 教育研究与实验,1987(1).

合治理普教问题的途径和方法，从而使教育功能发生变化，满足九年制义务教育的要求。为此，有的同志提出实验的最大特点是"综合治理"①，其范围是"从大教育观的角度提出来的，立足于整个社会系统来探索如何有效地发挥教育的功能"②。

这种看法，有它的合理性。整体改革实验中确实包括有功能性改革的因素，因为整体改革实验从产生的时代背景和实验的目的上看，都要求新时期的学校教育产生新的功能，即解决片面追求升学率，全面提高教育质量问题，因此，从目的性上看，学校整体改革实验是一种功能性改革实验。但是仅把这一点理解为整体改革实验的实质，显得过于表面。功能性改革是整体改革实验实质的一种外在表现，而不是整体改革实验的本身。另外，这种观点把科学的整体改革实验与"一般性的整体改革工作改进行为"混为一谈，把"综合治理"作为它的最大特点是不科学的，实验从大教育观的角度提出来，范围太大，无法控制，在实际中也是根本行不通的。

第二种看法，把整体改革实验的实质理解为系统性改革实验。③ 这种观点认为，教育是一个由多因素多层次构成的复杂的有机整体，是一个处于动态之中的系统。整体改革实验就是以构建最优化的整体系统为目的④，要以横向上各种因素的整体结合，纵向上各种教育因素的系统衔接⑤为主轴，把教育因素的一致性、渗透性、教育内容的系列化和教育过程的一贯性⑥作为实验的关结点。

这种看法，也有其合理性。整体改革确实应坚持系统论观点进行系

①　旷习模．普通教育改革的新探索［M］．华中师范大学出版社，1987：4.
②　旷习模．普通教育改革的新探索［M］．华中师范大学出版社，1987：4.
③　吴慧珠．对小学教育整体改革实验的再认识[J]．湖北教育，1985(4).
④　朱永祥．整体综合实验的系统论思考[J]．教育理论与实践，1990(3).
⑤　吴慧珠．对小学教育整体改革实验的再认识[J]．湖北教育，1985(4).
⑥　吴慧珠．对小学教育整体改革实验的再认识[J]．湖北教育，1985(4).

统性改革,没有单科的、单项性的、某一系列的改革与优化,解决不了学校内要素的优化问题,从而也不可能解决整体优化问题。但是,系统性改革只是整体改革的一部分,它并不是整体改革的实质。因为系统的优化不仅取决于要素的优化,而且取决于要素形成的结构的优化。不从整体结构改革着眼,单项改革的效益总是有限的,而且会引起学科之间或各项之间的新矛盾,使各要素间的关系失调,影响整体功能的效益。因此,忽视结构性改革仅考虑各要素改革的系统性改革实验只是整体改革实验的一个特征,决不是整体改革实验的实质。

第三种看法,把整体改革实验的实质理解为综合性改革实验。[①] 这种观点认为,整体是观点,综合是方法。[②] 整体改革实验就是要用整体性观点考察教育教学过程,用综合性的方法联合教育系统中各种教育影响。实验着眼于多个学科、多种门类、多种构成的改革,以学科的渗透性、育人的全程性、学生的主体性和教育力量的统一性[③]为实验的关键点。

这种看法,也有其合理性。整体改革实验的实验因子是复合自变量,具有很大的综合性,需要坚持整体的观点用综合性的方法来解决实验中的技术问题。但是,整体改革实验决不是一种简单的多因素的综合实验,试图考虑各种教育因素,把它们置于平等的地位来看待,无法解决实验因子的分离与无关变量的控制问题,也就无法归因。正确的系统分析方法应把"要素""元素""因素"区别开,把一级要素、二级要素、三级要素区别开,坚持要素层次分析的方法,才能抓住重点与关键。因此,综合性改革的实验也绝不是整体改革实验的实质。

第四种看法,把整体改革实验的实质理解为结构性改革实验。[④] 这

① 张定璋. 教育实验若干理论问题的思考[J]. 教育研究,1990(7).
② 郑继伟. 整体性的观点与综合性的方法[J]. 教育研究与实验. 1984(3).
③ 中国教育学会秘书处. 新时期教育改革的探索(三分册)[M]. 中国教育出版社,1986:159 –177.
④ 旷习模,杨小微. 小学整体结构改革实验的三个特色[J]. 课程·教材·教法. 1987(2).

种观点认为,学校教育是一个由若干部分、若干因素相互联系、相互作用而构成的有机整体,根据系统科学的"组合质变"原理,在不改变要素质量、不附加特殊条件的前提下,通过调整学校内部结构中诸要素的关系,形成优化的教育整体结构①,可望提高学校教育的整体功能,探索出一条整体育人的规律。

这种看法,也有其合理性。因为结构作为一种非实体的存在(即以"关系""联系"的形式存在),其功能意义是通过系统各构成因素而体现出来的,具体讲就是刺激或组织各构成因素产生积极的活动并使这些活动相互调适。不良结构下各因素活动所作的"功"常常相互抵消(或部分地抵消),从而降低系统的整体功能,而一个良好的结构,却能通过发挥或提高各因素的功能来提高整体功能。因此,在要素已经确定的情况下,系统的功能是由系统结构如何所决定的。这一观点要求人们在整体改革过程中,必须注重系统内部各要素排列组合的顺序和层次,即坚持结构性改革。但是,这种观点是有条件的。即必须在要素已经优化的情况下才调整其结构,如果系统内要素非常低劣,仅仅靠调整它们之间的关系来提高整体功能,现实中是不可能达到的,也是违背系统论原理的。因此,整体改革不仅要坚持结构性改革,还要坚持要素的改革。结构性改革实验仅是整体改革实验的一个特征,而不是整体改革实验的实质。

据此,笔者认为,所谓学校教育整体改革实验是根据系统理论中关于整体最优化的思想,研究学校内部各要素及其组成结构的改革,以促进学校教育发挥最优化功能的教改实验。这个表述具体来说,揭示和处理了以下几个问题:

第一,说明了整体改革实验的理论基础,即在系统理论中关于整体最优化的思想指导下进行的。整体最优化,就是指学校教育系统的诸种构

---

① 旷习模,杨小微. 小学整体结构改革实验的三个特色[J]. 课程·教材·教法. 1987(2).

成要素保持最佳状态和最佳结构,以保证教育系统的最佳运行,实现教育系统的最佳功能。整体最优化指导下的学校整体改革实验必须坚持以下几个基本观点:

(1)学校教育的整体性。学校教育的整体性的含义是:学校教育系统是诸要素的有机集合而不是简单相加,学校教育系统的性质、功能与运动规律不同于它的各组成要素在独立状态时的性质、功能与运动规律,即系统具有新的属性、新的功能与整体运动规律,这种效应,叫系统的整体效应。

(2)局部效应服从整体效应。系统的局部效应和整体效应往往不一致,有时局部效应较优,整体效应也较优;有时局部效应较优,整体效应并不优;有时局部效应并不优,但整体效应却较优。因此,在整体改革实验中,必须处理好单项改革与整体改革的关系。一方面,单项改革是整体改革的基础,没有某些要素的、单项改革的优化,就没有整体优化的产生;另一方面,整体改革又规划和制约着单项改革,不受整体指导下的单项改革,其效益总是十分有限的。坚持局部效应服从整体效应是整体改革实验的一个基本原则。

(3)多级优化。学校教育系统是一个复杂的多层次系统,它一般包括几个子系统,子系统又包括孙系统。多级优化,就是对系统的每一层次由低到高、由分散到综合逐级优化,最后达到整体优化。譬如,先对孙系统优化,再对子系统优化,最后对系统优化。

第二,说明了整体改革实验的实质,是系统内要素及其结构的改革实验。对系统内要素及其结构的改革,构成了整体改革实验最本质的特征,它决定着整体改革实验的性质和发展方向,并决定着整体改革实验中的功能性改革、系统性改革、综合性改革及结构性改革等特征。整体改革实验始终贯穿着对要素及其结构的改革,离开二者或二者中一方,整体改革实验便不会存在。

第三,说明了学校教育整体改革实验的范围,是以一所学校的整体改革为基本单位。在研究整体改革实验的实质时,之所以要单独提出来界定整体改革实验的范围,是由于人们对此看法不尽一致。

笔者认为,学校教育整体改革实验的范围是以一所学校为基本单位。理由是:首先,学校教育整体改革实验研究的对象是一所学校及其内部优化问题,而不是其他。虽然学校教育与社会、家庭有着不可分割的联系,是社会系统中的一个子系统,但是,至少在研究整体改革实验的前期,应该把范围规定在学校及其内部各种教育因素的优化上,而在中后期,则可以考虑自身以外的因素。因为学校是有目的、有计划、有组织的场所,如果学校内的一切属于"可控型"的话,那么家庭环境是"半控型"的,社会环境是"失控型"的。在目前实验条件尚不完善的情况下,试图从大教育观的高度去搞学校整体实验,致使范围无法确定或范围无限扩大,这在学校是无能为力的,也是与对科学的整体改革实验的要求不相称的。其次,学校教育这个复杂的系统是多结构、多层次、多方面的。它有众多的子系统,每个子系统就本身来说,确也构成了一个整体,但它们相对学校整体来说,各个子系统的改革分别只是一个或一组变量,它们各自的改革可以从一些方面影响学校教育的整体功能,但不能从根本上解决整体优化问题。因此,学校中的单项性、单科性改革是学校整体改革的一部分,包括在学校整体改革范围之中。若把学校内各要素的改革的范围视为学校整体改革的范围,显然过于狭窄。再次,以一所学校是可搞整体改革实验的,通过设计,能把实验条件控制到近似的程度。综上所述,学校教育整体改革实验的基点应定在校内,既考虑校内各教育要素的改革,又考虑整个学校的改革,同时在分析实验结果时,持慎重态度,把学校外的因素估计进去,这样就符合科学实验的要求。

第四,说明了整体改革实验可能达到的目的,即教育整体功能的最优化。最优化理论指出,实现最优化的途径有两条:一是以较小的代价换取同等的结果;二是以同等代价换取尽可能大的效果。整体改革实验主要取前者。

（选自作者在 1992 年第 1 期《教育理论与实践》发表的论文）

再论教育整体改革实验的科学化

要使教育整体改革实验科学化,需要研究的问题很多。笔者在《教育研究》1989 年第 7 期上曾就与此有关的三个问题即日前整体改革实验存在的问题、对整体改革实验应有的认识和整体改革实验设计应注意的几个问题等进行了初步的探讨。本文再就与此有关的三个重要问题即整体改革实验的概念的界定、整体改革实验的实质和整体改革的实验目标进行讨论,以求教于专家学者。

一、整体改革实验的概念的界定

科学实验最适用于概念明确、定义准的研究课题。整体改革实验作为一种科学实验,其概念也必须清楚而不含糊,其内涵和外延必须明确界定。简言之,必须对"学校教育整体改革"给一个质的规定。

不少研究者把"学校教育整体改革"处理成对学校教育弊端的全面"出击",他们把普教面临的问题概括为"五观(教育观、教学观、质量观、学生观、教师观)不正","四方(教学过程中的教师、学生、教材、教法)失调","三路(学校、社会、家庭)阻塞","二论(把普教看作纯消费事业的消费论、把学生看作贮存知识的仓库论)卡脖","一个片面(片面追求升

141

学率)",认为搞整体改革就是试图探索综合治理普教问题的途径和方法。不少研究者把"学校教育整体改革"处理成不同范围、不同层面的改革,以为教育这个复杂的系统是多层面、多范畴的,它的每个层面、每个系统,都可以成为一个"整体",所以整体改革可以在班级、年级、学校内外以及德育、智育、体育等多层面或范围内进行。① 不少研究者还把教育整体改革视为多因素、多项性综合改革,以为涉及多个学科、多种门类、多种构成的改革,都可以算作"整体"改革,因此,在一些多项性、针对共关因素予以协调的改革上颇下功夫。② 凡此种种,说明学校教育整体改革的内涵不清、外延泛化,给整体改革研究带来了方法论上的问题,给实验的名称上带来了很大的差异,有的叫"综合实验"③,有的叫"整体实验",有的叫"整体结构改革"实验④,有的叫"综合整体"实验⑤,现在已到非弄清不可的时候了。

笔者认为,所谓学校整体改革实验是根据系统理论中关于整体化的思想,整体研究学校教育内部各要素和教育过程中各种因素之间在整体构成上的相互联系、相互作用以及组合方式,并以优化了的整体性结构和功能,促进学校教育系统发挥最佳功能的教改实验。因此,教育整体改革实验具有如下几个特点:

第一,教育整体改革实验是在系统论指导下进行的。学校教育是一个由若干部分、若干因素相互联系、相互作用而构成的有机整体,根据系统科学的"组合质变"原理,在不改变要素质量、不附加特殊条件的前提下,通过调整学校内部结构中诸要素的关系,形成优化的教育整体结构,可望提高学校教育的整体功能,探索出一条整体育人的规律。

① 李新石. 中小学整体改革研究[M]. 河北教育出版社,1989:187,203.
② 徐子煜. 中小学教育整体改革的方法论问题[J]. 教育评论,1990(2).
③ 张定璋. 教育实验若干理论问题的思考[J]. 教育研究,1990(7).
④ 旷习模,杨小微. 小学整体结构改革实验的三个特色[J]. 课程·教材·教法.1987(7).
⑤ 吴慧珠. 对小学教育综合接体实验的再认识[J]. 湖北教育,1988(4).

第二，整体改革实验以教育内部结构改革为中心，以构建最优化的教育整体系统为目的，从纵向各种教育要求的系统衔接、横向各种教育因素的整体结合交错的结合点上探求整体优化，提高教育过程的效率。

第三，整体改革实验的基点应该定在校内，以一个学校教育整体改革为基本单位。虽然学校教育与社会、家庭有着不可分割的联系，是社会系统中的一个子系统，但是，至少在研究学校教育整体改革的前期，应该把外延规定在学校内部各种教育因素的整体优化上，而在中后期，则可以考虑自身以外的因素。因为学校是有目的、有计划、有组织地对学生发生影响的场所，如果说学校内的一切属于"可控型"的话，那么家庭环境将是"半控型"的，社会环境将是"失控型"的。试图从大教育的高度去搞学校的整体改革，致使外延无限扩大，这在学校是无能为力的，也是与对科学的教育实验的要求不相称的。不仅如此，学校教育这个复杂的系统是多结构、多层面、多方面的，它有众多的子系统，每个子系统就本身来说，确也构成了一个整体，但它们相对学校整体来说，各个子系统的改革分别只是一个或一组变量，它们各自的改革可以从一些方面影响学校教育的整体功能，但不能从根本上解决整体优化问题。因此，学校的单项性、单科性、单因素性的改革也应排除在整体改革的范围之外，否则，学校教育整体改革实验外延缩小。

二、整体改革实验的实质

对整体改革实验概念的界定，必然涉及整体改革实验的实质。前文虽有涉及，但限于篇幅，未作详细说明。以下从学校教育的整体性分析入手，对此问题作一浅探。

(一)学校教育的整体性

学校教育的整体性可以从学校教育活动的纵横交错的立体结构上分

析。

从横向上看,学校教育的整体性表现为各种教育因素的整体结合。依据系统论观点,任何学校教育系统都是由教育者、受教育者、教育的内容和手段等各个有关系因素,按照一定的顺序相互联系着构成的统一体。在这统一体中,教育者、受教育者、教育的内容和手段各自自身的质及其相互联系相互作用的整体结合,决定着学校教育整体状态的性质。首先,教师个体包含着思想品质、文化素质、专业知识、教学能力、教学风格等相互联系的因素,而构成一个具有教育功能的整体影响学生。教师个体与其他教师构成教师集体,对学生个体或集体发生相互影响。其次,学生个体一方面是自身发展的整体,另一方面又与其他学生构成学生集体,彼此之间也相互影响。再次,教育内容和手段作用于学生,也不是孤立的、平行的,而是相互依存相互作用而构成的一个整体。尽管学校的各科教育教学活动是采取分科或分项进行的,都有其各方面的要求和侧重点,如语文、数学、自然等学科教学侧重于学生的知识、智能的发展,思想品德课、班队活动侧重于学生思想品德的教育,但它们之间又有不同性质的交叉渗透,影响学生个体的发展。如语文、数学对学生就有思想和审美的教育意义,而思想品德教育、班队会又含有智育的因素。因此,教育内容和手段也是一个相对独立的整体。总之,从横向上看,各种教育因素的整体结合就构成了学校教育的横向整体性。其整体性表现为任何一个系统都不能脱离整个教育系统而孤立存在,否则,学生不成为学生,教师不成为教师,教育的内容和手段也将失去意义。同时,整体性还表现为任何一个子系统都是不可缺少的,无教师教谈不上学生学,无学生学也谈不上教师教,无教育内容和手段更谈不上教和学。①

从纵向上看,学校教育的整体性是指各个学段教育要求的系统衔接。

---

① 旷习模,杨小微. 小学整体结构改革实验的三个特色[J]. 课程·教材·教法. 1987(7).

就小学教育阶段的宏观而言,学生从入学到毕业,可划分为低、中、高三个学段。这些学段作为一个个顺序出现的阶段有相对的独立性,学生在其发展上有不同的质,因此也有相应不同质的教育内容和手段,但各学段之间又是前后一贯的,前一学段是后一学段的准备,后一学段又是前一学段的发展,两段之间还存在一定的过渡阶段,表现出连续性和阶段性的统一。就小学教育阶段的微观而言,学生知识的获得和品德的形成,也具有连续性和阶段性,甚至还有反复性,但仍然体现出教育活动过程的整体性。[①]

学校教育系统的纵横之间是相互依存、紧密联系的。没有教师、学生、教育内容和手段的交错组合,教育活动过程便无法展开;反之,没有教育活动的展开,教师、学生、教育内容和手段的组合的功能无以实现。教育系统这种纵横之间联结、组合的性质、水平以及发展变化,体现了教育系统在三维空间上的动态整体性。[②]

(二)学校教育整体改革实验的实质

学校教育具有整体性,整体结构的优化是其整体功能优化的关键。因此,探求学校教育系统整体结构的优化就是学校教育整体改革实验的实质。

结构是指系统内部各组成要素之间在空间或时间上的有机联系与相互作用的方式或顺序,它是在系统的活动中才得以产生的。结构作为一种非实体的存在即以"关系""联系"的形式存在,其功能意义是通过系统各构成因素而体现出来的,具体讲就是刺激或组织各构成因素产生积极的活动或运动并使这些活动相互调适。不良结构下各因素活动所作的"功"常常相互抵消或部分地抵消,从而降低系统的整体功能,而一个良好的结构,却能通过发挥或提高各因素的功能来提高整体功能。系统论

---

① 旷习模,杨小微. 小学整体结构改革实验的三个特色[J]. 课程·教材·教法. 1987(7).
② 旷习模,杨小微. 小学整体结构改革实验的三个特色[J]. 课程·教材·教法. 1987(7).

创始人贝塔朗菲(Bertallanfy)重申亚里士多德关于"整体大于部分之和"的观点,并进一步提出这样一个公式:E(整) = E(部) + E(联)。也就是说,整体的功能等于各部分的功能之和加上各部分联结的功能之和(E(部))加上各个部分联结的功能(E(联))。这个公式有三种可能:一是当E(联)为正值时,E(整) > E(部);二是当E(联)为零时,E(整) = E(部);三是当E(联)为负值时,E(整) < E(部)。可见,无论出现哪种可能,都与各部分联结的功能有关,因此,系统的结构影响,规定着系统功能的性质和水平,限制它的范围和大小。有什么样的结构,就有什么样的功能,要想获得整体功能的总效应,就必须着眼于系统结构的优化,这就是系统论的"组合质变"原理。①

根据这一原理,学校教育系统的整体功能也是由学校系统内部诸因素之间的内在有机联系即结构决定的。这个结构组合也有三种类型。其一是各要素的功能相互抵消、排斥乃至根本对立,如各任课教师为了本学科的成绩而相互争夺教学时间,布置大量作业,乱赶进度。各科教师对学生行为要求各不一致,既试图培养自由和个性充分发展的人,又在教学管理、课程安排、教学过程中严格划一而缺乏弹性,等等。它的结果是导致教育整体功能的衰退而低于各要素的功能之和。再如片面追求升学率是以牺牲学生的全面发展为代价的。其二是各要素的功能互不发生交换与传递,如学校教育教学工作都是"各司其职",自搞一套,各要素既互不干扰,也互不协调组合,结果是教育"整体"功能仅仅等于各要素功能之和。其三是各要素能相互密切合作,统盘考虑,长短互补,其结果当然是整体效应的极大显示。② 所谓教育整体改革,其核心就是要探索教育内部诸要素如何才能构建起如此密切合作的结构。那么,什么是教育系统的最

---

① 旷习模,杨小微. 小学整体结构改革实验的三个特色[J]. 课程·教材·教法. 1987(7).

② 朱永祥. 整体综合教育实验的系统论思考[J]. 教育理论与实践. 1990(3).

佳结构呢？现实中找不到现成的答案,这就要通过实验来探索。

如何通过实验探索教育系统的最佳结构？它需要借助教育工程学的有关技术,把分析与综合、分解与协调、定性与定量研究结合起来,融合模型化方法、系统分析方法、系统预测法和系统评价法等高级技术,寻找系统优化的各种参数、临界值、关系等等。其中模型数学分析技术将是至关重要的。

模型数学分析技术包括以下几个步骤:

(1)模型的建立。把业已分离出来的教育各个要素或子系统加以筛选,用一定的表现规则变换成简明的映像,继而用一定的数学函数方程、图像甚至物理形式表示教育系统的模型。这一模型实际上体现了教育系统各要素所构成的相互关系及结构。① (2)模型参数的估计。教育系统模型可能有很多模型参数。这些参数可以通过实验测定,也可以通过模型计算的总结果和实验结果相比较反推而得到。模型参数估计是指寻求一组参数使得模型的计算值和实验值最接近,从而在一定程度上消除模型设计中的主观臆想成分。(2)模型的鉴别。有时根据实际情况会设计出众多的教育系统模型,哪种最合理,就要考虑下面几条原则:一是简化而不失真;二是能满足应用的需要;三是能适应当前的实验条件;四是能适应现有的计算能力。

尽管上述技术还是一种理想化方法,但在实际中已有人采用,巴班斯基就是以他所运用的活动的结构模型,完整地建立了教学方法体系。杭州大学教育系和杭州天长小学开展的"综合整体"实验已经尝试建立了学校教育整体模型。② 不难设想,随着整体改革实验的深入发展,人们会建立更多的教育系统模型,最终探索出最优化的教育整体系统。

---

① 朱永祥. 整体综合教育实验的系统论思考[J]. 教育理论与实践. 1990(3)。
② 张定璋. 教育实验若干理论问题的思考[J]. 教育研究. (7).

三、整体改革的实验目标

整体改革实验总是在实验目标的指导下进行的。实验目标是否明确，可行性如何，是影响实验结果的关键因素。

毋庸讳言，目前整体改革实验存在的突出问题之一是实验目标不明确。不少研究者把教育目标作为整体改革的实验目标。华东师大教科院根据两轮实验，制订了分年教育教学目标。北京市教科所、北京宏庙小学按德、智、体和个性四个方面提出总目标，同时分低、中、高三段提出年段目标。湖北荆州地区实验小学按教学、活动、环境、管理四个方面制订目标。杭州天长小学按教育、教养、发展三个方面分低、中、高三段提出目标。[①]。在实验目标的表述上也极不科学。有的提"出人才、出经验"[②]，有的提"培养思想好、基础牢、智能高、素质优的合格毕业生"[③]，有的提"贯彻党的教育方针，全面提高教育质量"[④]。凡此种种，说明目前整体改革实验的目标很不明确，制订的整体改革实验目标还不够科学化，还有必要弄清整体改革实验目标的性质和在制订实验目标上应注意的问题。

(一)对整体改革实验目标应有的认识

整体改革的实验目标是由多层次、多水平的分项目标构成的目标系统。其最高目标是全面贯彻党的教育方针，培养德、智、体、美、劳等全面发展的人。其次级目标是探索子系统的育人规律，寻求高效率育人的途径。其再次级目标是各项实验中的具体目标。[⑤] 它和教育目标是有区别的，表现在：第一，教育目标是对培养人的规格的一种规定，它控制着教育

---

① 沪京汉杭四地区小学整体改革协作组第四次研究会纪要[J]. 教育研究与实验. 1989(1).
② 吴恒山. 中小学教育整体改革实验的探索[J]. 教育研究. 1987(4).
③ 开展整体改革促进学生全面发展[J]. 广东教育. 1988(1).
④ 旷习模，杨小微. 小学整体结构改革实验的三个特色[J]. 课程·教材·教法. 1987(7).
⑤ 王汉澜，王德如. 教育整体改革实验应该科学化[J]. 教育研究. 1990(7).

对象的发展。整体改革实验目标是对整体改革实验性质和方向的一种规定,它控制着实验对象的发展。第二,教育目标反映了教育和人的发展之间的因果联系的普遍性,是高度集中了的社会要求。整体改革实验目标指明的是实验和整体育人规律之间的关系,是实验者个人设想的目标,有待于修正或验证。当然,整体改革实验作为教育活动的一种特殊形式,它所提出的目标和教育目标也是有联系的。这种联系就在于无论是实验目标还是教育目标都是对人的发展和人的教育的一种设计和要求,都是为受教育者和社会服务的。

(二)确定整体改革的实验目标应注意的几个问题

1. 实验目标要明晰具体。所谓明晰是使人们很容易理解而不是含义模糊。所谓具体,是能说明实验的具体任务,而不是笼统的泛泛的规定。为此,在实验目标的表述上不能是教育目标,在内容上应包括研究目标和应用目标。研究目标应规定出实验的性质和方向,应用目标应规定出实验结果的推广范畴,在目标体系上要包括总目标、子系统目标和具体目标。

2. 实验目标要有可测量的客观标准。实验目标往往是一些抽象的表述,它本身是无法直接测量的。但是,在教育实验中,又必须使之能测量。因为教育实验法区别于其他研究法的重要特点之一是必须有量化分析。如果对实验目标无法量化分析,实验就无法取得令人信服的量化结果,仅限于经验性、思辩性、体会性的介绍,这样的实验结果是没有说服力的,其实验应排除在科学的实验范围之外。为了解决实验目标必须测量又无法直接测量的矛盾,人们常用间接测量的方法测量之。所谓间接测量,就是寻求一个中介物,通过测量中介物达到间接测量实验目标的目的。例如,华东师大教科院进行的"小学教育综合整体实验",其实验目标是探索一条从当前教育实际和儿童自身的实际出发,促使儿童在德、智、体以及知、情、意、行诸方面比较全面地、比较充分地发展的有效途径。

但在小学阶段怎样才算较全面、较充分地发展了呢？这是无法直接测量的。为此，实验者考虑从学生的道德、知识技能、能力和体育四个方面来间接测量。[①] 这样，就使实验目标变成可测量的了。

3. 实验目标必须是可行的。所谓可行包括这样几个意思：一是有充分的实验假设作为依据。没有充分的实验假设，就没有实验的基本逻辑和方向，就无法开展实验，因而不依据实验假设提出的实验目标就不具有可行性，如有些人为追求整体改革实验的新颖性，未经过必要的课题论证和实验假设，盲目提出"五年完成七年的教学任务""探求最优教学法""取消分科课程、实行综合课""探求优化模糊教育整体"[②]等等，显然不具有可行性。二是有充分的主客观条件，具备完成实验目标的可能性。如果实验人员没有完成实验目标的基本实验技术和应有的科学知识，或者实验研究所必备的客观条件，如领导支持、实验经费、工具、资料等严重不足，那么实验目标是很难达到的。三是实验目标要可以操作，也就是，或者实验目标有客观的可供间接测量的指标，或者实验目标规定有具体的研究任务，使实验人员能借此执行。如果实验目标缺乏上述质或量的标准，那就无法操作，也不具有可行性。

（选自作者在 1990 年第 6 期《教育科学研究》发表的论文）

---

① 中国教育学会秘书处. 新时期教育改革的探索[M]. 中国盲文出版社,1987,67－68.
② 李新石. 中小学整体改革研究[M]. 河北教育出版社,第 187 页、第 203 页。

整体改革实验的误差及其控制

任何科学实验不论是自然科学实验,还是社会科学实验,也不论是定性实验,还是定量实验抑或其他实验,都存在实验误差。作为科学实验之一教育整体改革实验也不例外,其实验误差也是客观存在的。而且,由于其实验的复杂性,使影响其实验误差的因素增多。这是因为:第一,实验因子多。教育整体改革实验是以"三论"为指导的全方位的、多层次的探索性教育实验。横向上要做到各种教育因素的整体结合,纵向上要实现各种教育要求的系统衔接。因此,它涉及德、智、体、美、劳、校内、校外、家庭、社会等多种教育教学因素和环境因素。要从管理、学制、课程、教法等很多方面实验,其实验因子之多是难以计算的,这给提高实验的信度和效度带来了一定的困难。第二,实验难以控制。科学实验的本质是高度的控制。实验方法最适用于概念和命题相对有限、定义明确的研究项目以及假设实验。而教育整体改革实验的内涵和外延尚无统一的规定,对"整体"概念的理解也千差万别。因此,实验有明显的个性化色彩,如有人崇尚以学制为中心的"普教一条龙整体改革实验",有人则推行以管理系统化、教学最优化、思想品德教育系列化、"三自"能力的培养和高效教育场的建立等为突破口的整体改革实验,也有人基于对培养目标的新认识,围绕全面提高学生素质进行整体改革实验。凡此种种,说明整体改革实验没有统一的模式,科学的规范性不强。再加上实验的周期性长,实验对象和实验人员容易流动,各种偶然因素不断地影响着实验,使实验难以控制。第三,有些实验因子不能量化。教育整体改革实验的宗旨是探索学生全面发展的途径。其实验因子不是单一的,有些如智力、学业成就、身体素质等实验因子是可以量化的,这无疑对提高实验的科学水平大有裨益。但有些实验因子如学生的个性、意志、情感、思想品德等是难以量化的,有时即使量化也没有多大实际意义;不仅如此,对整体改革实验的评价目前主要是采用专家评价,总结性评价和形成性评价还很差。有时评价能依据一定的数学模型进行量的分析,有时则只能依据一定的理论进行定性研究。因此,实验因子和研究成果难免有时出现"似是而非""模棱两可"的现象,这无疑会影响实验的精确性。

所以,教育整体改革实验误差是不容忽视的。根据误差理论,其误差包括系统误差、抽样误差、随机误差三种。系统误差是指实验中的恒性无关因子的影响所造成的误差。其来源有四种:(1)由于实验者的偏向、技能的好坏产生的个人误差;(2)由于理论界说不明确产生的理论误差;(3)由于测量手段不统一产生的测量误差;(4)由于"学习迁移"和多重处理干扰产生的后遗效应而引起误差。随机误差是指实验中的变性无关因子的影响所造成的误差,如天气的冷暖、阴晴、被试的心情状态、偶然减员等一些偶然因素对实验的影响。抽样误差是由于被试者之间的差异引起的误差。系统误差、随机误差、抽样误差对实验影响是不同的,由于系统误差和抽样误差不影响测验结果的一致性,因而不影响实验的信度,只影响实验的效度。随机误差可以改变测验结果的一致性,因而它影响实验的信度,而不影响实验的效度,实验误差也是不好避免的。但是,要进行科学实验,务必要求我们选择最佳实验设计将误差控制在实验要求的限度以内,以期获得较可靠的实验成果。下面就是针对教育整体改革实验的特点,就实验误差的控制作些探讨。

一、系统误差的控制

系统误差控制总的思想是采用对照组的方法,将影响误差的恒性无关因子均衡地分配到实验组和控制组中,在比较实验组和控制组的结果时抵消无关因子的影响,其标准实验设计为:

实验组　　　　　　　　　　　　控制组

选择实验对象　　　　　　　　　选择实验对象

选择实验环境　　　　　　　　　选择实验环境

前测　　　　　　　　　　　　　前测

给予实验刺激　　　　　　　　　后测

后测

后测$_{控制组}$ 　—前测$_{控制组}$ 　=差分$_{控制组}$

后测$_{实验组}$ 　—前测$_{实验组}$ 　=差分$_{实验组}$

原因的影响 = 差分$_{实验组}$ 　—差分$_{控制组}$

在无关因子的影响下,控制组中前测和后测的记分可能在有效数字上不等于零。实验组差分不能完全归因于实验刺激。因为实验组差分包括实验因子与恒性无关因子的共同影响。因此,用实验组差分减去控制组差分的剩余部分就是实验因子的影响。这就是用对照组方法抵消系统误差的基本原理。当然,有时根据实际需要,实验组和控制组可能不限于一个,有时有两个或多个。下面分述几个重要的系统误差控制的实验设计。

(一)罗森塔尔效应与"双盲实验设计"

罗森塔尔效应是一种实验者的期待效应。它在教育整体改革实验中极为明显地表现在两个方面:(1)由于实验者对被试给予期待性的暗示,使他们为参加实验而兴奋,并努力朝着实验者期待的方向发展,产生"霍桑效应";(2)由于实验者对实验成果期待过高,一方面自身更加努力,投入比正常更多的时间和精力去完成工作,另一方面在对实验班的实验过程和结果评价上往往较高,而对控制班的实验过程和结果评价往往较低。

抵消期待效应的方法是"双盲实验设计",在此设计中,由实验人员以外的某个人把被实验者分配到实验组和控制组,从而甚至连实验人员和实验者都不知道哪个组受实验处理,哪个组不受实验处理。一个研究人员,不能确定哪个组是实验组,在他解释结果时,就不会有倾向性了。教育整体改革实验中运用双盲实验设计有一定的难度,但绝不是不可以利用,不仅大到学校之间可以利用,而且小到一个班甚至一个小组实验也可以利用。

(二)测验效应与索洛门四组设计

为避免上表所列的前后测验效应与测验和实验处理的互相作用效应,可用索洛门四组设计加以控制。其图示如下:

$$RG_1 \qquad O_1 \qquad X \qquad O_2$$
$$RG_2 \qquad O_3 \qquad — \qquad O_4$$
$$RG_3 \qquad — \qquad X \qquad O_5$$
$$RG_4 \qquad — \qquad — \qquad O_6$$

式中 R 代表随机分配(Random),G 代表小组(Group),X 代表实验变量(Experimental variable),O 代表观测值(Obsevation),"—"分别代表未接受实验处理与未进行测验。这种设计共有四个组,包括两个控制组和两个实验组,它们中各有一组接受事前测验,而所有四个组在实验结束后都接受了测验。由于有些组经过了事前测验,有些组没有,这可以检查出事前测验对事后测验产生的影响。又因为有些组有事前测验和实验处理,而有的没有,它又可以检查出事前测验与实验处理产生的相互作用效应。

(三)顺序效应与拉丁方设计

顺序效应是指自变量的出现顺序会导致对因变量的因果效应,为避免因此产生的实验误差,可用拉丁方设计。所谓拉丁方阵就是一种 K×K 的排列方式。在这种排列方式里,每一个字母或数字在每一行每一列当中必然出现一次,而且只能出现一次,具体方法参见左任侠《教育与心理统计》教材。

(四)互相作用效应与析因设计

相互作用效应就是两个或两个以上自变量相互作用所产生的效应。

在教育整体改革实验中,相互作用效应是很多的。取得相互作用正效应也正是我们实验所要求的。但在实际实验中,人们常常忽略这一点。检查并测出相互作用效应,要依靠析因实验设计来解决。

析因设计总的思想是要求至少有两个自变量,每个自变量至少有两个等级。每个自变量的所有的等级,都与其他自变量的等级互相结合。如一个($2 \times 3 \times 5$)析因设计就表示有三个自变量,它们分别有 2、3、5 个等级。例如两种教法,在三种能力水平和五个不同的班级中实验。如图,变量 A 有两个等级,B 有三个等级,C 有五个等级,1、2、3 表示等级。

变量 A

		1			2		
		变量 B			变量 B		
	1	$A_1B_1C_1$	$A_1B_2C_1$	$A_1B_3C_1$	$A_2B_1C_1$	$A_2B_2C_1$	$A_2B_3C_1$
	2	$A_1B_1C_2$	$A_1B_2C_2$	$A_1B_3C_2$	$A_2B_1C_2$	$A_2B_2C_2$	$A_2B_3C_2$
变量 C	3	$A_1B_1C_3$	$A_1B_2C_3$	$A_1B_3C_3$	$A_2B_1C_3$	$A_2B_2C_3$	$A_2B_3C_3$
	4	$A_1B_1C_4$	$A_1B_2C_4$	$A_1B_3C_4$	$A_2B_1C_4$	$A_2B_2C_4$	$A_2B_3C_4$
	5	$A_1B_1C_5$	$A_1B_2C_5$	$A_1B_3C_5$	$A_2B_1C_5$	$A_2B_2C_5$	$A_2B_3C_5$

(五)结构效度与因素分析法

教育整体改革主要是通过优化教育结构来实现的。但是,实验所得值是否真正反映了教育结构的优化,即测验分数的结构效度如何,常常是不清楚的。为此,常用因素分析法来确定结构效度。因素分析法就是从相关的许多因素中,找出潜藏在其中的对某种现象起决定作用的基本因素。例如,为了测定学生的认知结构设计了形象思维和抽象思维模式的量表。从理论上讲,用这两种量表是能测定出认知结构的。但是,实际上是否真正测出了认知结构? 如果测出,这种认知结构有什么特点? 每个量表对测量认知结构的贡献如何? 这些性况都不得而知,只有通过因素分析和计算机处理(具体算法见教育统计学教材),得知每个量表对测量认知结构的相对重要性,也就获得了测验的结构效度的信息。据此能推断出整体实验的内在效度。

二、抽样误差的控制

控制抽样误差的主要方法是使实验组和控制组中除实验因子外,其他能影响实验的因子特别是实验对象的原有水平,基本相等。怎样使各组均等? 一般有以下方法:

(一)随机取样法

若是按自然呈现的机会来分组,常用的方法有:

1. 抽签法:把参加实验的学生的名字或号数写在纸片上,混匀以后,按需要抽取各组人数。

2. 排列法:先把参加实验的学生的名字按笔画或汉语拼音字母等方法,排成固定的顺序,然后再按这个顺序每隔几个抽取一人,抽足各组实验所需要的人数。

(二)测量选择法

在人数较少的情况下,可按照实验因子的要求编制测验,把实验对象统统测一下,然后根据测量的结果,予以合理的选择和分配,这就是测量选择法。

例如,如果打算用等组法来实验两种教学方法的效果,那么所要测量的就是学生原有的数学水平。测量的结果出来后,就按分数多少的顺序排列好,然后再按排列顺序上的位置,把他们均等地分在各组里面。为了使各组真正均等,在实行分组的时候往往采取下列两种方式:

A 式　甲组　1 4 5 8 9 12……

　　　　　　　2 3 6 7 10 11……

(数字代表按分数排列的顺序位置)

B 式　甲组　1 6 7 12 13……

　　　　乙组　2 5 8 11 14……

　　　　丙组　3 4 9 10 15……

以上 A 式是分两个等组的方法,B 式是分三个等组的方法。组数再多时,仍可依此类推。这样的分组法就不会使任何一组常占优势。

三、随机误差的控制

一般说来,实验者经过优选实验设计可以克服系统误差和抽样误差。然而,对于随机误差是无法避免的。但它可以用概率方法加以处理。例如,对于实验过程中实验对象偶然减员,就可以在剩下的人员中随机抽取一部分计算,以此估计总体的水平。如 50 名实验者,中间走了 2 名,就可以在剩下的 48 名中随机抽取 40 名来估计总体 50 名的水平。

(选自作者在 1989 年第 3 期《教育研究与实验》发表的论文)

苏霍姆林斯基论发展学生的智力

　　苏霍姆林斯基是杰出的教育理论家和实践家。在他整个教育实践中，始终都把发展学生智力置于很重要的地位，积累了极其丰富的经验。

　　什么叫发展智力？苏霍姆林斯基说得好："发展思想和智力，就是发展思维的形象和逻辑分析的成分，影响思维过程的活跃程度和消除思维的迟缓现象。"

　　苏霍姆林斯基认为"智育的主要目的是发展智力"。在智育过程中，掌握知识能促进智力最佳水平的一般发展，而智力的一般发展又反过来促进更顺利地掌握知识。因此，必须防止教学过程与发展智力脱节，"我们认为这几乎是最重要的教育任务"。不仅如此，苏霍姆林斯基还认为，人就是智力的、道德的、情感的、审美的、创造的不可分割的统一整体，没有智力的发展，就没有知识的运用，就没有才能和世界观，也没有精神丰富的个人生活，就没有个性，因此人的全面发展是不可想象的。他强调，理想的人也即真正的人必须具有"发达的智力、富于创造的头脑、生活在思维王国的意向，以及不断充实和发展自己的智慧的恒久愿望"。他认为苏联的一些学校教育出现片面性，使学生不能形成正确的信念，重要原因之一就是低估和忽视了智力的发展对道德的发展特别是对形成年轻一代的共产主义信念所具有的无限可能性，导致了学生智力发展与道德经验不相适应。所以"理想的学校绝不让任何一个未受过智力训练的人进入生活"。

苏霍姆林斯基认为发展学生智力应从以下几个方面着手：

(一)学生的智力发展依靠于周围环境

儿童大脑是在对周围世界多方面的联系过程中得到发育和增强的，教师要有意识地引导儿童注意周围世界各种事物的因果关系，使之成为学生智力发展的发源地。

(二)发展学生智力要有丰富的"智力生活"

学生除平常的学校活动、观察和兴趣范围之外，还应当有自己心爱的书、心爱的作家、心爱做的事等。教师要针对学生特点对各种智力活动作精细的安排，使学生智力发展卓有成效。

(三)感觉、知觉、记忆、想象是学生智力发展的基础，发展学生智力要首先发展学生的感知、想象、幻想等认识活动

(四)教师要使学生的形象思维和抽象思维都能得到发展，并能促使二者有机地转化

"智慧要由智慧来培育。"教师要带着自己的思考、个人的见解去把真理转化为学生的精神财富，并且不断指出尚未研究的领域和有待学生去探索的领域的各种奥秘，激发学生求知欲，从而把教育活动变成智力活动。

苏霍姆林斯基是怎样发展学生智力的呢？

(一)培养"智力兴趣"是发展儿童智力潜力的首要途径

苏霍姆林斯基认为，只有学生为丰富多彩的智力兴趣所包围时，才能推动他多种智力品质的发展，智力活动也才会给儿童带来愉快感、激奋感、满足感、情绪高昂感。"智力上的情感——这是知识的种子撒落其上并由以长出智慧来的一种肥沃土壤。"

苏霍姆林斯基坚信：思维始于疑问和惊异。而疑问和惊异的引起是由于平常的事物中潜藏着重要的真理的源泉。教师要引导儿童从似乎差

不多的事物中分析出它们的因果关系,使他们惊奇、疑问,从而激发儿童求知欲。

苏霍姆林斯基认为,在教学中揭示已有的东西跟新的东西之间的内部联系,也是激发学生智力兴趣的奥秘之一。

但是,苏霍姆林斯基认为,脑力劳动并不一定都很有趣,往往会面临很大的困难。因此教师要使学生能在克服困难中主宰自己,使思考成为一种吸引人的劳动。同时还要想方设法让学生在活动中表现自己,使他们感到自己是知识的探索者、研究者和发现者,体验到知识是一种使人变得崇高起来的力量,即"权力感"。"思想家的自豪感将会产生、形成和确立新的智力兴趣。"

(二)用"思维课"对儿童进行智力训练

"思维课就是生动地、直接地感知周围世界的事物,进行逻辑分析,找出因果关系。获得初步的知识,进行思维训练。"从形式上看也就是观察大自然。主要目的是为了提高儿童大脑的间断率,发展其形象思维能力。

苏霍姆林斯基警告说,如果把孩子与大自然隔离开来,迫使他们脱离具体形象去感知抽象词语,则他们的脑细胞就会迅速疲劳,"这就是为什么要在大自然中发展儿童的思维和增强孩子的思考力,这都是儿童机体自然发展规律的要求。所以说,到大自然的每一次游览就是一堂思维课、一堂发展智力的课"。

但是,苏霍姆林斯基强调,"又不能盲目崇拜儿童思维的特点,特别是形象思维的特点",必须逐步发展儿童抽象思维能力。多年经验使他确信:学生掌握抽象概念对抽象思维作用很大。但是儿童如果不去研究活生生的事实,不去理解自己所看见的东西,不去逐步地由具体事物向抽象事物过渡,那么要掌握抽象概念也是不可能的。

(三)在掌握知识过程中发展学生智力

苏霍姆林斯基认为,任何一门学科对发展学生智力都具有自己的教育潜力。教师要想方设法使学生在掌握知识过程中使智力得到卓有成效的发展。为此：

首先，要使学生理解知识。他认为，理解知识就在于认识到各种事实和现象之间的"接合点"、事物之间的因果关系。多年经验使他确信，成绩不良的学生知识不牢固的根源在于，他们没有看出或不懂得事实、现象、真理、法则的连接处，即事物关系的"发源点"。因而教师备课时就要努力揭示事物的真理和规律性，想方设法把学生注意力集中在这些"接合点"上。

其次，要使学生会运用知识。苏霍姆林斯基认为，学生学习知识要"流通""运转"，得到"运用"。要把知识运用于学生脑力劳动中、集体的精神生活中和学生的相互关系中，运用于精神财富的交换过程中，使知识在运用中得到发展和巩固。没有这一过程，智力发展是不可想象的。

最后，要使学生懂得把一种知识作为获得另一种知识的工具。苏霍姆林斯基认为，有时要使学生"面临问题"，进而"运用知识"解决问题。这样才能使学生智力的积极性得到提高。

（四）让学生在研究性学习中发展智力

研究性学习，就是对学习对象采取研究的态度。学生不是死记现成的结论，而是通过分析和研究没有明确阐述的、似乎是隐藏着的因果关系和规律性去证明一个解释或推翻另一个解释。

"研究性学习法在人文科学和自然科学中都可运用。儿童在分析某种现象时在多大程度上积极地表现了智慧的努力，不仅决定着知识的深度，而且决定着学生在实践中运用知识的能力。"课堂教学要取得良好效果，就要把研究性学习法运用于课堂教学始终。只要学生对自然和社会现象、文化科学知识和生产劳动采取研究的态度，就能从大量的事实中归纳出规律性的知识。

(五)借助阅读发展学生智力

苏霍姆林斯基总结30年经验指出,阅读是发展学生智力的重要手段。没有阅读,学生就会智力迟钝、思维混乱和肤浅。

他认为教师"应该教会儿童这样阅读:在阅读的同时能够思考,在思考的同时能够阅读。必须使阅读达到这样的程度:用视觉和意识来感知所读材料的能力要大大地超出出声地读的能力。前一种能力超过后一种能力的程度越大,学生在阅读时进行思考的能力就越强,而这一点正是学生顺利学习和整个智力发展的极其重要的条件"。他认为真正的阅读,就是要深入思考读物的含义,使阅读成为一种智力游戏。

苏霍姆林斯基提出,要为学生创造有"智力背景的阅读"。因为在课外阅读的材料里,有千万个接触点是跟课堂所学材料相通的。对于阅读多的学生来说,课堂上所学的任何一个概念,都能纳入他从各种书籍里汲取来的知识体系里,这时候,课堂上所学的科学知识就有了特殊的吸引力,学生会感到这些知识是帮他把"头脑已有的东西"弄得更明白所必不可少的。因此,必须识记的材料越复杂,必须保持在记忆里的概括、结论、规则越多,学习过程的智力背景就应当越广阔。教师的任务就是选择那些既适合学生智力发展水平,同时又能促进学生智力进一步发展的书,来为学生创造广阔的智力背景。

苏霍姆林斯基指出学习的辩证法就是:学生出于对科学的兴趣而阅读的东西越多,他的思考就越清晰,智慧力量就越活跃,学习就越容易。相反,如果阅读的书少,智力背景贫乏、狭窄,则他的思维就迟钝,知识理解就肤浅,就会感到负担过重,造成"恶性循环"。苏霍姆林斯基警告说,学习负担过重的解除,不能靠补课,没完没了地督促,只能靠"阅读、阅读、再阅读","借助阅读发展学生智力。"

(六)利用"思考之角""难事之角""幻想之角"发展学生智力

在苏霍姆林斯基所在的学校物理专业教室里有一个角落,称为"思考之角"。它引导学生超越教学大纲的范围,向着未知的远方探索知识火花。"难事之角"放着几个模型的图纸,要利用这种图纸制成各种金属和塑料制品,须克服很多困难,要进行创造性的思维活动。"幻想之角"能从科学知识的大堆篝火里点起志向的火花。学生在这里认识到:"思考——这是一种艰巨的、不轻松的、异常复杂的,有时完全是一种痛苦的劳动,但是它向你预示着一种无可比拟的欢乐——认识的欢乐,以及意识到自己能够驾驭知识的智力的自豪感。"

(七)"劳动出智慧"

苏霍姆林斯基认为,劳动在智力发展上起特别重要的作用。这里指的是复杂的、创造性的劳动,其中体现出思想和精深的能力、技巧。

首先,苏霍姆林斯基指出,如果一个学生兴趣淡薄、智力发展落后,那就必须让他在劳动中产生自尊感和自信心,使这种自尊感和自信心转移到学习上来,从而促进智力的发展。儿童在掌握知识上越感困难,在通往良好学习道路上障碍越多,就越应该设法让他在别的创造领域,即劳动中突出自己。因为如果一个人能在某种劳动中显示自己,他就不会变成对什么都不关心的人,他就会在学习领域中找到克服困难的力量和志向。

其次,"儿童的智慧反映在手指尖上"。苏霍姆林斯基认为,学生通过对直观性的关系和联系的思考,能促使他们对抽象性的关系和联系进行思考,即能够通过劳动训练抽象思维能力,能促进形象向抽象思维过渡。他强调只有手脑并用的劳动,才能促进诸如思维的批判性、机敏性、广泛性、积极性以及实际检验意图和结论的能力等类智力品质的发展。有鉴于此,他在组织学生劳动时,抓住两个环节不放:一是尽量使劳动变成"研究性"的、"思想家"的劳动。二是尽量给学生安排那种"复杂的""创造性的""体现思维和精湛技能技巧的"劳动。

(选自作者在 1986 年第 6 期《教育评论》发表的论文)

中小学实验教学的逻辑思考

随着基础教育课程改革的推进,实验教学尤其是数学实验正成为教育理论界和广大中小学校关注的热点。实验教学的发展离不开教育装备的支撑,信息时代下教育装备正源源不断地为其提供着强劲的动力。当前实验教学的主要目标和主要方式是什么?中学数学实验到底遵循着什么主要策略?实验教学装备发展的主要方向又是什么?这些问题既是具体实践问题,又是重要理论问题。本文试做几点逻辑思考,以求教同行。

一、把学生发展核心素养培育作为实验教学的主要目标

2016年9月13日,受教育部委托,由北师大领衔攻关的《中国学生发展核心素养》研究成果发布。该成果提出中国学生核心素养是以培养"全面发展的人"为核心,分为文化基础、自主发展、社会参与3个方面,综合表现为人文底蕴、科学精神、学会学习、健康生活、责任担当、实践创新六大素养,具体细化为国家认同、社会责任等18个基本要点。实验教学是中小学学科教学的重要组成部分,是学校教育教学的重要内容和主要方法,开展有观察、有体验、有探索的实验教学,学思结合,知行统一,不仅对学生理解和掌握知识,而且对提高科学素养,培养社会责任感、实践

能力和创新精神,促进全面发展,具有特殊而不可替代的作用。实验教学必须从原来的巩固课堂知识、验证科学原理、掌握操作技能的传统定位中脱离出来,定位于学生"六大素养"培养,帮助学生准确地把握知识,培养理性思维、批判质疑、勇于探究的科学精神,培养劳动意识、问题解决、技术应用的实践创新能力。今后,应当把学生发展核心素养培育作为实验教学的主要目标,并围绕这一目标,完善政策,修正规范,充实设备,提升水平。

二、把探索和创新作为实验教学的主要方式

中小学实验教学的方式是逐步发展的,从当初的验证性实验逐步迈向探究性实验,从低级到高级,交互融合,不断发展。验证性实验侧重于对已得出的科学理论进行检验。这种实验是基于对研究对象有了一定的了解和认识,形成了一定的理念和假设,实验目的是为了验证真伪。在验证过程中,学生可以学习掌握一般的实验技能和方法。探究性实验则侧重于发现新的规律,获得新的科学知识。这种实验通常需要在教师的指导下,让学生通过有目地观察、操作,然后结合已有的知识和经验,运用逻辑思维能力和抽象分析能力对观察操作结果进行整合,最终发现原理,得出结论,形成对某一事物的理性认识。与验证性实验的区别在于知识获得的方式上,一个在先,一个在后。前者仅仅培养了学生的动手能力和观察能力,而后者融入了学生的自主探索过程,进一步发展了学生的综合能力。

目前"STEAM"一词被广泛提及。它是美国政府倡导的一种教育理念。五个字母分别代表:科学(Science)、技术(Technology)、工程(Engineering)、艺术(Art)、数学(Mathematics),本义是加强五大学科的学习,受后建构主义的影响引申为一种新的教学方式:让学生们自己动手完成他

们感兴趣的、和他们生活相关的项目,在过程中学习各种学科以及跨学科的知识。STEAM教育重实践、重动手、重过程,着重培养的是综合性人才。随着信息技术的迅猛发展,教育装备不断优化,品种不断丰富。从传统实验室、探究实验室、数字实验室,再到创客实验室、未来教室,异彩纷呈。STEAM理念正不断融汇到实验教学中,探索和创新作为实验教学的主要方式正越发呈现。

近年,河南省实验教学工作进行了一系列的探索和创新。实验教学快速发展,教学水平显著提升。一是考试带动。2006年以来,河南省中招理化生实验操作考试全面实施,全省统一命题、统一分值、统一考务管理,采用"三固定一调整"的方法,规范考试程序,公开、公平、公正,效果显著。不仅如此,分值由初期的15分提高到了30分。每年全省有110多万名考生参加实验操作考试,社会反响正面积极。二是政策激励。实验教学优质课评选列入省教育厅表彰计划,可以作为中小学教师评定职称的条件之一,进一步调动了广大教师积极探索高效实验课堂的积极性。三是活动引领。自制教具评选、实验操作技能竞赛、实验创新大赛、实验教学公开课等多种形式活动的开展,有效促进了实验教学水平的全面提升。

三、把无形和有形作为数学实验的主要策略

2014年3月15日,教育部教育装备研究与发展中心"数学实验室建设的研究"课题开题会在北京召开,正式拉开了国家层面数学实验室建设的帷幕。而数学实验也终于跻身为继传统理化生实验教学之后的时代新宠。数学家欧拉说:"数学这门科学需要观察,也需要实验。"数学实验是指为研究与获得某种数学理论、验证某种数学猜想、解决某种数学问题,实验者运用一定的物质手段,在典型的实验环境中或特定的实验条件

下所进行的一种数学探索活动,通常包括实物操作型、思想型和计算机模拟型三种模式。

(一)数学实验装备的无形与有形

实验教学往往是学生在教师的指导下,使用一定的设备和材料,通过控制条件的操作过程,引起实验对象的某些变化,从观察这些现象的变化中获取新知识或验证知识。其实验装备是器物化的,可见的,多应用于物理、化学、生物等学科。然而数学实验比较特殊,很多概念和原理我们根本无法用实物去演示,只能借助信息技术,利用现代化教育装备载体,采用建模的方式来实现。媒介是有形的,而信息技术却是无形的,我们看不到摸不着,但它确确实实在实验中发挥了巨大作用,让我们切切实实感受到了它所带来的巨大便利。

(二)数学实验过程的无形与有形

数学概念并不仅仅表现为一种逻辑关系,它同时还有一个语境和情境问题。数学概念语境——情境化这一特点的凸显,能够使数学概念的学习不再受制于狭隘的、单纯的逻辑架构之内,而是延伸到了具有更广阔意义的深度和广度①,这恰恰为我们借助外在手段,创设合适的教学情境,将抽象知识具象化,化"无形"为"有形"提供了可能性。尤其是在信息化时代背景下,我们完全可以利用教育装备使数学教育数据化、可视化,使学生主动化。依靠数学实验室中配备的计算机、数学软件、立体模型、手持图形计算器等设备,将抽象的数据引入实验,从而使数学实验变得更直观,计算变得更简单。无形(概念)——有形(情境)——无形(概念)是整个实验过程的完美演绎,即抽象的概念经过直观具体的实验阶段最终转化为被认可的抽象理论。

---

① 黄秦安. 论数学概念的逻辑—语境—情境及其教学的思维—认知—社会场[J]. 教育研究, 2016(9).

(三)数学实验效果的无形与有形

传统实验重在培养学生的观察能力和动手操作能力,数学实验的目的也不仅仅是让学生明白某一个知识点,知道如何去操作实物达到怎样一种效果。实验的最终目的还是要追溯到教育的本质,做到在有形中挖掘无形,通过有形的器物,去追求、实现进而创造出无形的价值。数学实验教学作为中小学学科教学的重要组成部分,如果说实物操作型实验模式更多如传统实验一样培养的是学生观察能力和动手能力的话,那么思想型实验模式还有计算机模拟型实验模式,其在培养学生理科思维、逻辑思维、空间思维、创造思维、数据分析能力等方面显然是更胜一筹的,而这些能力的捕捉和获取都是无形的。

四、把固在和泛在作为实验教学装备发展的主要方向

传统意义上的实验教学装备是固定的教室、固定的设备、固定的陈列方式、固定的实验模式、固定的老师、固定的时间,是一种相对"固在化"的存在。近年,政策环境、理论创新和形势发展,日新月异,构建以信息技术为依托的泛在化的实验教学装备成为共识,成为追求,成为趋势和主要发展方向。

(一)新的发展理念为泛在化实验教学装备指明了方向

创新、协调、绿色、开放、共享是我们党新时期治国理政的发展理念。一是坚持创新,推动实验教学装备取得重大突破。二是坚持协调,提高实验教学装备整体水平。三是坚持绿色,促进实验教学装备可持续发展。四是坚持开放,激发实验教学装备发展活力。五是坚持共享,创建泛在化学习环境。

(二)政策支撑为泛在化实验教学装备升级带来了新机遇

"双创""工业4.0""中国制造2025"等一系列国家层面行动计划的

实施在促进服务业、制造业等发展的同时也给实验教学装备转型升级带来了新机遇：一是从单纯的器物配备为主转变为支撑课程技术环境为主。二是从验证性实验为主转变为探究性学习为主。三是从标准化装备为主转变为以核心素养作为逻辑起点的特色化装备为主，注重技术延伸和拓展教学内容、创新教学方式、变革教学评价。①

（三）技术融合支持泛在化教育教学新变革

信息技术具有数字化、网络化、智能化、虚拟化和多媒体化等特征，互联网＋模式下，将大数据、云计算等现代信息技术手段运用于教育教学，培植、创设和维护新型的学习生态环境已成必然。"三通两平台"（宽带网络校校通、优质资源班班通、网络学习空间人人通，教育资源公共服务平台和教育管理公共服务平台）建设使教育教学与现代信息技术相融合成为可能。实验教学要充分利用 MOOC、微课、翻转课堂等新型资源和模式，转变教学方式，创新学习形式，丰富学习体验，加强互动交流，真正把培育学生发展核心素养作为重点，真正满足学生个性化学习需求。

（四）研训结合提升泛在化实验教学队伍高素养

一是要持续不断地进行装备理论新探索，秉着与时俱进的原则开展各级各类研讨会，充分交流、借鉴和吸取国内外实验教学新理念、新模式、新方法，构建现代化教育技术装备环境，提升泛在化装备队伍理论水平；二是要加强实验教学应用研究，借助实验教学优质课评比、优秀自制教具评选、实验创新大赛等多种形式的活动，表彰先进，树立典型，广泛宣传，加强引导，从而扩大实验教学影响面，逐步提高实验教师的教学水平和实践能力；三是要加大对相关专业教师、实验教学人员、管理人员的装备应用与管理培训，推动实验管理、实验教学与课程教学融为一体，进而有效

---

① 施建国.选择性教育与教育装备——浙江省教育技术装备工作探索与实践[J].教育与装备研究,2016(3).

保障实验教学质量,提升装备队伍整体素养。

实验教学任重道远,实验教师大有作为。发展学生核心素养,是每一位教育工作者的神圣使命,也是当前教育理论和实践亟待研究解决的重大课题。实验教学一定要克服某些学校管理者所存在的"做实验不如讲实验,讲实验不如背实验"的错误理念,树立以人为主、装备为辅的意识,充分认识到教育装备与实验教学对培养学生创新精神和实践能力的重要性,认识到装备对教育教学的保障、支撑和促进作用,紧紧围绕发展学生核心素养这一主要目标,推动教学改革,促进学生全面健康发展!

（选自作者在 2017 年第 5 期《教育与装备研究》上发表的论文）

中招实验操作考试研究

　　中招实验操作考试,是在高中阶段学校招生考试中将物理、化学、生物实验操作作为考试科目,对初中毕业生基本实验操作技能进行的现场考核评测,是初中生综合素质评价的一个重要部分。本文通过回顾我国中招实验操作考试的历史脉络、有关省的实践样态、河南省的逻辑路径,提出对策建议,期望为加强和改进中小学实验教学提供借鉴和思考。

一、中招实验操作考试的历史演进

(一)萌芽探索阶段

　　此阶段特点:"应试教育"向"素质教育"转变,提出改革考试办法。

　　20 世纪 90 年代初期,教育部组织专家调研结果显示,中考乃至高考考试评价制度严重制约了素质教育实施。1994 年,国家教委下发《关于全面贯彻教育方针,减轻中小学生过重课业负担的意见》,指出要积极推动招生考试制度的改革。1997 年,国家教委印发《关于当前积极推进中小学实施素质教育的若干意见》,明确提出要改革对中小学生的考试和评价方法。1998 年,国家教委下发《关于推进素质教育调整中小学教育教学内容、加强教学过程管理的意见》,指出要逐步建立学生全面发展的多元评价指标体系。12月,教育部制定《面向21世纪教育振兴行动计划》,提出到2020年基本普及九年义务教育,基本扫除青壮年文盲,大力推进素质教育的"两基"目标。上述系列文件为中招实验操作考试奠定了基础。

(二)规范确立阶段

此阶段特点:将实验操作考核纳入学生综合素质评价体系。

1999年,为实施"跨世纪素质教育工程",教育部下发《关于初中毕业、升学考试改革的指导意见》,要求各地加强对初中毕业、升学考试改革工作的领导。6月,中共中央办公厅下发《关于深化教育改革全面推进素质教育的决定》,明确提出要建立旨在促进学生素质全面发展的评价体系,提出要加快改革招生考试和评价制度,重视实验课教学,培养学生实际操作能力。这是国家文件中首次提到"实验操作"。

2000年,教育部下发《关于2000年初中毕业、升学考试改革的指导意见》,指出理科考试要结合具体问题考查学生对基本概念和原理的理解,以及运用这些概念和原理分析和解决简单实际问题的能力,切实加强与实验有关内容的考查,有条件的地方可以进行实验操作能力的考核。2001年,国务院下发《关于基础教育改革与发展的决定》,指出要改革考试内容和方法,中学部分学科实行开卷考试,重视实验操作能力考查。6月,教育部颁布"以提高科学素养为目的"的《基础教育课程改革纲要(试行)》,指出要倡导学生主动参与、乐于探究、勤于动手,培养学生搜集和处理信息的潜质、获取新知识的潜质、分析和解决问题的潜质以及交流与合作的潜质,并提出观察、实验、操作、调查、讨论的建议。在教材中,学生探究性实验大量增加,要求学生具备更强的实验动手操作能力。

2002年,经国务院批准,教育部下发《关于积极推进中小学评价与考试制度改革的通知》,提出课程改革实验区要积极推进评价与考试制度改革。2004、2005年教育部连续两年发布《基础教育课程改革实验区初中毕业考试与普通高中招生制度改革的指导意见》。意见均指出学业考试的方式要多样化,可根据考试的具体内容采用纸笔测验、听力测试以及口试、实验操作等多种形式。2008年,教育部《关于深入推进和进一步完善中考改革的意见》进一步明确了各地应积极创造条件,逐步增加对学生动手操作能力、实践探究能力、创新思维能力的考查和评估,逐步建立并完善相应的管理规范及制度。2009年,教育部印发《中小学实验室规程》,要求开齐开好实验课。建立、健全实验操作考核、评价制度,将实验操作考核纳入学生综合素质评价体系。

(三) 完善发展阶段

此阶段特点:中考评价方式更加综合化、多元化。

2010年,国务院印发《国家中长期教育改革和发展规划纲要(2010—2020年)》,要求着力提高学生的学习能力、实践能力、创新能力。2012年党的十八大报告围绕努力办好人民满意的教育,把考试招生制度改革作为教育领域综合改革重点。2013年党的十八届三中全会通过了《关于全面深化改革若干重大问题的决定》,又重申要推进考试招生制度改革。2014年,国务院印发《关于深化考试招生制度改革的实施意见》,要求进一步完善中小学招生办法、破解择校难题,改进高中阶段学校考试招生方式。至此,中央完成了对考试招生制度改革的顶层设计和系统部署。

2015年,教育部等部委颁发《关于加强中小学劳动教育的意见》,要求在物理、化学、生物等学科教学中加大动手操作和劳动技能、职业技能的培养。2016年,教育部《关于进一步推进高中阶段学校考试招生制度改革的指导意见》指出,要重视对有关学科教学实验操作的考查。同年发布的《关于新形势下进一步做好普通中小学装备工作意见》提出,要强化实验教学,推动装备在教育教学中的深度应用,推动教学和育人方式改革。推行实验室、专用教室全天向学生开放,建立有利于学生自主探究与合作学习的管理制度。

二、中招实验操作考试的实践样态

(一)安徽省

2002 年,安徽省教育厅出台《关于进一步加强中小学实验教学工作的意见》,提出:已经开展了初中升高中理科实验操作考试的市、县应继续做好这项工作;已经开展试点的市、县应总结本地和吸收其他地方的经验,争取在 2003 年全面开展此项工作;尚未开展这项工作的市、县,2003 年首先在省级示范高中考生中进行理、化、生实验操作考试,2004 年扩大到市级示范高中,2005 年中考全面开展理、化、生操作考试工作。初中升高中理科实验操作考试要求所有毕业生必须掌握初中阶段的每个必做实验。为减轻考试的工作量,在具体操作过程中,每个考生实际只抽考一门课中的一个实验。试行理、化、生实验操作考试的市、县在中考总成绩中所加分数应控制在 15 分以内。2007 年《关于 2007 年初中毕业学业考试和高中阶段招生工作有关问题的通知》指出,要全面推进初中毕业体育考试和理、化、生实验操作考试,物理、化学、生物实验操作的考试可由学生随机选择一项内容进行,最高分值 15 分。体育、理科实验操作以及其他学校考查科目的考试、考查结果应体现在初中毕业综合素质评价中,其中物理、化学、生物实验操作以及综合实践活动的考查成绩可作为综合素质评价"学习态度与能力"维度的实证材料;2011 年《关于 2011 年初中毕业升学理科实验操作考试工作的通知》中又进一步强调理科实验操作考试结果可作为学生综合素质评价的实证材料运用,同时考试成绩以分数呈现并用于高中录取的地区,要计入中考录取总分。

(二)湖南省

2007 年,湖南省教育厅《关于进一步加强中小学实验教学和实验室建设工作的意见》指出,要建立和完善学生实验操作考核、评价制度。各地应制订适合当地实际的学生实验操作能力考核办法及相应的评价标准,将学生实验操作能力考核纳入毕业生学业考试(考核、考查)范围,促使实验教学有效落实。

(三)广西壮族自治区

2012 年,广西教育厅印发《初中毕业生升学考试与普通高中招生制度改革的指导意见》,指出物理实验、化学实验和信息技术科的技能考试,各市教育局应规范办法,加强指导,做好评定和记录,将考试成绩作为普通高中学校录取的依据,具体日程安排及考试办法由各市自行确定。

(四)海南省

2013 年,海南省教育厅关于印发《2013 年海南省初中毕业生学业考试物理和化学实验操作技能考查实施方案》指出,实验操作考查由市县(单位)教育行政部门组织实施,实验操作考查试题由省中招办统一提供。各校可根据现有的实验条件每科选择至少 3 题作为实验考查试题,每个学生只选做一题。考查结果以等级制呈现,分 A、B、C、D 四个等级。实验操作考查结果记入《海南省初中学生综合素质评价报告单》。

(五)山西省

2013 年,山西省教育厅印发《关于初中毕业升学考试加试理化生实验操作和信息技术的意见》,决定从 2012 年秋季入学的初一新生起在初中毕业升学考试中加试理化生实验操作和信息技术。2014 年印发《关于做好中考加试理化实验操作和信息技术有关工作的通知》,明确了山西省初中毕业升学考试加试理化实验操作实施细则,初中毕业升学实验操作考试分值 10 分计入中考成绩。考试在各级教育行政部门的统一领导下,由基础教育管理部门和教育技术装备部门负责组织实施。省实验考试办提前公布物理实验操作试题 24 个,化学实验操作试题 24 个,考试时每个考生从 48 道题目中由计算机抽签选做 1 个实验,采取现场实际操作考试方式进行。

(六)河北省

2014 年 7 月,河北省教育厅印发《河北省 2014 年初中毕业与升学考试和普通高中招生制度改革的意见》,指出初中毕业生学业考试由毕业考试、升学考试两部分组成,且毕业考试和升学考试"两考"分开举行。物理、化学、生物的实验操作包含在毕业考试科目当中,成绩应占到总分的 30% 左右。

(七)福建省

2016 年,福建省教育厅印发《关于全省统一组织实施中考工作的通知》,提出在总体保持现行中考制度连续性和稳定性的基础上,确定初中语文、数学、英语(含听力,下同)、思想品德、历史、地理、物理、化学、生物、体育与健康等 10 个科目全部列入中考范围。物理、化学、生物另设实验操作考查。

以上资料为通过访问各省教育门户网站所得。通过查阅文献资料也有体现其他地方的探索实践。比如,太原市率先采用了"互联网 + 实验操作考试评价系统",系统由实验操作云数据管理中心、考场设备(包括网络摄像头、考生终端、考点管理主机等)组成。实现参考学生、学校、考题、考场等所有数据信息化管理,视频监考、实验过程记录、后期追溯。四川、陕西两省还将实验操作考试纳入了高中阶段考察范畴。四川省教育厅 2005 年发布《关于普通高中毕业会考物理、化学、生物实验操作考查的通知》,指出高中毕业会考物理、化学、生物三科实验考查于每年的 4 月 20 日后进行,5 月 20 日以前完成。每年的物理、化学各命制三套高中毕业会考实验考查试题,生物命制两套试题。要求每个学校应考查当年命制的全部实验,每个学生采取抽签的办法考查其中理、化、生试题各一套。考查时,考生应有 60% 及以上的考核点达到考查水平时,成绩方可合格。陕西省教育厅 2008 年印发的《陕西省普通高中理化生实验操作考核实施细则(试行)》指出,物理、化学和生物学科的实验操作每学年组织 1 次考核,时间在高二年级上学期第 17 周至第 18 周内进行,特殊情况另行通知。每学科各命制 6 道试题供学生抽签选择。实验操作考核成绩在卷面上采用百分制,以分数形式呈现。考核成绩分为合格与不合格,记入考生的纸质和电子学籍档案。成绩划分标准:60 分(含 60 分)以上为合格,60 分以下为不合格。

三、中招实验操作考试的逻辑路径

河南省是人口大省,也是教育大省。河南省注重发挥考试的正确导向作用,注重学生实践能力的培养,力求在平稳中找突破,在实践中出创新,有效地促进了中小学实验教学工作。

(一)政策引领,分级负责

1. 制订考试政策。2006 年,省教育厅下发《关于 2006 年普通高中招生工作的意见》,指出:"初中物理、化学、生物实验操作考试是学生学业考试的一种方式。根据省辖市和重点扩权县(市)自愿,从今年开始,可以进行实验操作考试。考试按每科 5 分、三科共 15 分计入总成绩,具体办法由省辖市和重点扩权县(市)确定。这项工作要纳入中招统一管理,由基础教育管理部门和教育技术装备部门具体实施。"2008 年,省教育厅发布《河南省中招理、化、生实验操作考试实施细则》,指出初中毕业生实验操作考试纳入全省中招统一管理,省教育厅成立中招实验操作考试办公室,设在省教育技术装备管理中心。考试内容为教育部颁布的九年义务教育物理、化学、生物三科,共 15 分计入中招总成绩。全省施行统一命题、统一考试时间、统一考务管理。2015 年,省教育厅发布《关于进一步做好全省中招理化生实验操作考试工作的通知》,明确全省中招理化生实验操作考试成绩由原来的 15 分提到 30 分计入中招考试成绩总分。除了这两个指导性文件以外,河南每年年初都会下发考试管理文件,对科目时间、试题结构、试题抽取、考试安全及考务管理等提出要求。

2. 细化工作责任。河南省中招理化生实验操作考试工作在各级教育行政部门的统一领导下,由基础教育管理部门和教育技术装备部门负责组织实施。省中招实验操作考试办公室负责考试的业务管理,组织命题与制定评分标准,检查指导全省的实验操作考试工作。省辖市、省直管县(市)教育局成立中招理化生实验操作考试领导小组,负责统筹协调考试工作,包括考点设置、制卷、考务培训、考务管理等;县(市、区)教育局负责具体实施。在考试期间,全省上下加强目标管理,分片包干,采取不定期巡视、随机抽检等方式加强巡视督查。

3. 强化宣传督导。通过多种方式、借助多重场合对考试全过程实施全方位宣传督导,明确考试政策,通报实时工作,提醒注意事项,营造良好氛围。考前通过装备中心年度工作会,总结成绩,提出期望;巡视期间利用全省装备系统微信群,图文并茂实时传递巡视现场动态,营造积极工作氛围;考试结束及时进行宣传总结,通过装备中心网站,发布考试简报,梳理考务工作重点难点和创新点,广泛接受各方监督。

(二)创新理念,科学命题

1. 命题理念。命题以课程标准为基本依据,兼顾各种版本教材的实验内容,注重在实验环境中考查学生对理科基本概念和基本原理掌握的情况,注重试题素材的时代性,考查学生分析解决实际问题的能力、实验操作技能和科学探究的精神。

2. 命题原则。一是命题要考虑实验操作考试的特殊性,确保学生只有在通过实验操作后,才能得出数据和结果。二是试卷中涉及的实验项目应具有安全性。除要考虑到实验操作中学生的操作安全外,对于某些在较短时间内大量重复实验可能会产生气体、液体聚集的情况也应予以重视。三是实验应具有可重复性。保证多次重复性实验的结论、效果一致,便于监考评分。四是实验项目所涉及的实验器材应在装备产品目录中,实验中所涉及的耗材应便于准备,规格相对一致。五是试题所规定的操作要明显,结果要直观,给分点、扣分点明显,评分标准明确,便于监考教师把握,也可把不同层次的学生区分开来。六是要统筹考虑试题的难度、信度、效度和区分度等多重因素,确保单元与单元之间,题目与题目之间的相对公平。

3. 试卷构成。近年,河南省每年命制 24 道实验操作考试题,分为 4 个试题单元,每个单元包含 6 道实验操作试题,每道试题包含物理、化学、生物实验各一个。试题中的实验,按照难度、完成时间分为两类:较难的实验为 A 类(主实验),一般的实验为 B 类(副实验),每个试题单元中主实验的学科分布为:物理 3 个,化学 2 个,生物 1 个。每道试题包含 1 个主实验和 2 个副实验,总分为 30 分,分值比例为 16∶6∶6∶2,即主实验 1 个,占 16 分;副实验 2 个,各占 6 分;考试结束后整理实验器材,占 2 分。各省辖市、省直管县所用试卷需在命制的 4 个试题单元中进行抽取,抽取数量不少于 2 个单元,即至少 12 道题作为当地的实验操作考试试题。

(三)统一要求,规范管理

1. 考试时间。每位考生考试时间为 15 分钟。全省在每年 4 月份统一组织考试,各地的具体考试日期由省辖市和直管县教育局根据实际确定。

2. 考务管理。河南省考试组织模式有两种:一是相对集中的考试模式,即在市区或县城设立考点,考生到考点集中参加考试;二是组织施考小组采取送考下乡、送考到校的方式进行考试。考点设置上,各地按照中招考试的要求布置考场,考点学校实施封闭管理,设置相应的标志和警戒线,张贴考试要求和考试须知。考点学校的实验室建设和教学仪器配备必须达到《河南省初级中学教育技术装备标准(试行)》或《河南省普通高中教育技术装备标准(试行)》规定的基本要求。考点学校实验室台凳、水、电、通风、安全等设施齐全、规范,考试所用的教学仪器、器材和药品必须符合相关标准,质量合格,数量充足。与此同时,河南省各地积极探索信息化手段在考试中的应用,积累了一定的经验。

3. 坚持抽签和"三固定一调整"。为了确保考试的公平公正,我们严格施行考前抽签,考中"三固定一调整"的方案。考前,考生通过抽签确定考题,然后持台签号、准考证到指定的考场实验台完成理、化、生三科实验操作考试。考中,按照"三固定一调整"的思路对考场环境进行重组。"三固定一调整"指考场内每个考试实验台实验题目固定、实验器材固定、监考教师固定,每场考试后由监考人员随机调整实验台台签号。这样做保证了考生抽取考题的随机性,也保证了监考人员监考考生的随机性,是维护考试公平的重要手段。

4. 监考和评分。监考和评分是维护考试公平的重要环节,各地选聘主监考人员、必要的考务人员和后勤管理人员,并在考试之前对考务人员进行培训。监考人员的培训、教育时间不少于 16 个学时。每位监考人员监考人数为 1—2 人。监考人员严格按照评分标准规定的内容进行评分,做到得分合理,扣分有据,准确无误,客观公正,确保监考评分客观公正。

5. 考试成绩管理。各考点学校按要求设置保密室,有不少于 3 名的考分登统人员负责考分登统工作,做到相互监督、制约。各地教育行政部门均制定了严密的考生成绩管理办法,指定专门人员负责考生考试成绩的保管工作,切实做到程序严密,确保成绩安全。各地制定了考生分数复核、发布的程序和办法,明确了因病、因残不能参加考试的学生成绩认定办法和规定。

河南省中招理化生实验操作考试纳入全省统一管理以来,不断取得新的成效,考试工作运行平稳,社会反映良好,有力地促进了初中实验室建设和实验教学工作。2017 年,河南省教育厅印发《关于加强和改进中小学实验教学工作的意见》,强调要创新中招理化生实验操作考试方式。探索信息化手段在考试中的应用,不断提高考试质量,促进考试安全和公平公正。2018年,河南省教育厅印发《关于推进中招实验操作考试信息技术应用工作的通知》,全面部署河南省推进中招实验操作考试信息技术应用工作。

四、中招实验操作考试的问题分析

(一)"照方抓药"现象普遍

有些学校采用临考集训的方法针对性地开展实验,极个别学校将评分标准公布,学生在练习中背诵实验步骤、现象以及结论,最后"照方抓药"在考试实验报告上填写现象和结论。这种按部就班、机械模仿、投机取巧式的集中突击复习尽管能取得好成绩,但违背考试宗旨,必须坚决纠正。

(二)考试内容形式单一

目前中招实验操作考试项目都是课程标准中规定的学生必做实验,试题已经明确了操作内容、评分标准等各项事宜,学生在实际操作过程中只需要按照规范独立操作并在相应的答卷纸上填写实验报告,监考老师在考生旁边观察其操作,并结合学生答卷纸上填写内容来评分。这种考试形式,对于考生本人来说比较公平,但是形式过于单一,缺乏多样性。短短15分钟不能考查太过于复杂的内容,也不可能让学生进行合作探究,即使条件允许,不同的实验分工,学生的成绩也无法按照相同的标准进行量化,导致实验考试距离素质教育目标还存在一定差距。

(三)监考评分问题凸显

首先,从监考教师专业素养来讲,各地监考教师一般抽取有经验的相关学科教师,有些地方会抽取大中专院校学生,进行集中培训后再分配到各个考点。然而监考人员层次参差不齐,短时间的集中培训难免会有失偏颇。其次,监考人员数量多。每位老师监考1—2名学生,形成了极大的人力消耗。再次,实验操作考试基本做法是"单师监考、一次定分",在打分上可能存在误判风险。

（四）经费来源缺乏稳定渠道

初中理化生实验操作考试项目费用包括命题、考评及考务人员的劳务费,考评员交通、食宿费,实验材料费,试卷资料印刷费等。当前,考试经费的来源主要有财政拨款、收取学生考试费等方式。然而有些地方财政吃紧,并未设立考试专项经费,有些地方即便是向学生进行收取,也因为费用太低不能满足考试所需。

长期以来形成的实验操作考试弊端,不仅影响实验操作考试本身,还会导致实验教学不受重视,表现为实验开出率低、实验设备不完善、师生实验能力低下等问题。

五、中招实验操作考试的策略建议

针对当前实验操作考试面临问题,建议从以下几个方面改进:

（一）完善机制措施

出台中招实验操作考试实施意见,实现规范化管理。建立实验教学师资准入制度,通过培训、按专业建立专家库等措施建立一支稳定、高素质的考试专业人员队伍,聘请省、市、县三级考评专家,负责考试的专业技术指导和监考评分督查。完善教学用实验室和仪器设备的基本规范,解决中小学特别是初中实验室装备标准较低、教学仪器设备紧缺、实验课开出率不高、教学理念落后等问题,促进中小学实验室"建、配、管、用、研"持续协调发展。建立日常实验操作考核机制,逐步改变过度、集中、突击应付实验操作考试的现象。

（二）科学编制试题

在编制实验操作考试试题时,要选择能够形成重要概念或重要规律的实验,还要贯彻以实验探究为获得知识的主渠道精神,选择在培养创新思维和科学态度方面有启迪作用和指导意义的实验,贯彻实验理论指导操作实践的精神,选择贴近生活和生产实际的实验,贯彻以图片、表格和文字并重的实验设置精神,不要让学生过多地书写文字、进行过于繁琐的计算。可适时探索建立省级实验操作考试题库,实现考试范围、难度、评分方式及评分标准的统一,且题库的试题数量要大(覆盖课标要求的分组和演示必做实验),实验题目录(或实验题)可对外公开,各地考试题可在考前从省级题库中抽取。

（三）创新考试方法

探索"互联网＋实验操作考试平台",将信息技术手段应用于考场分配、座次安排、考场监控、网上评判、成绩登统、大数据分析等实验操作考试全过程,能够有效克服监考人员客观疏漏,避免主观人为因素,降低资源消耗,提高考试效率。"互联网＋实验操作考试平台"还能对接"三通两平台"数字校园建设,在日常实验教学中进行过程性考核和教师的实验技能评价。

（四）规范考试收费

建议设立财政专项资金账户,用于实验操作考试的全额拨付。省级教育部门也可联合物价主管部门认真研究,将初中理化生实验操作考试纳入中考收费项目,既可以把实验操作考试单独列为一项收费,也可以并入各科收费项目之中,以提高各科考试收费标准。

六、总 结

综上所述,中招实验操作考试的阶段演进,反映了不同时期的历史发展性。7省市等部分地区的实践样态,有宝贵的成功经验,更有有待进一步思考的困惑和问题。河南的逻辑路径虽然深化了对中招实验操作考试

183

的规律性认识,但还需要与时俱进。以教育部颁布的《关于加强和改进中小学实验教学的意见》为契机,进一步创新中招实验操作考试的机制研究和方式探索,必将有力推动实验教学科学化水平的提升。

注:本文为河南省教育科学"十三五"规划 2018 年度教育装备和实践教育专项课题"中小学教育装备信息化支撑新课程改革的研究"(课题号:〔2018〕– JKGHZBSYZX – 009)项目研究成果。

(选自作者在 2020 年第 1 期《教育与装备研究》发表的论文)

基于教育新样态视阈下
中小学图书馆创新发展的逻辑路径

新时代第一次全国教育大会的隆重召开,凸显了教育在党和国家事业中的基础性、先导性、全局性地位,指明了新时代教育改革发展特别是教育新样态的发展方向。本文立足于全国教育大会的宏观背景,基于教育新样态视阈,重新解读中小学图书馆面临的新环境和新趋势,应当确立的新理念和新目标,为采取新行动,争取新作为提供一个新的思考框架。

一、认识新环境,把握新趋势

(一)认识新环境

图书馆是中小学校的文献信息中心,是学校教育教学和教育科学研究的重要场所,是基础教育现代化的重要体现。当前,中小学图书馆工作面临一些新的环境。

1. 对教育批判反思,新样态学校成为追寻。

教育新样态是教育的本真回归,其实践体现为新样态学校,强调以人性为理由,以温度求共情,以故事来化通,让美感贯始终。即创设"有人性、有温度、有故事、有美感"的教育情景,用以培育和提升人的灵性,使之得以充分生成、达到至善。它是人性基础、教育关系、教育过程和教育效果四个维度的统一,兼具多样性特色。

2. 政府高度重视,政策指向明确。

2003 年,教育部印发《中小学图书馆(室)规程(修订)》;2015 年,教育部、文化部、国家新闻出版广电总局印发《关于加强新时期中小学图书馆建设与应用工作的意见》(教基一〔2015〕2 号);2018 年,教育部对《规程》进行修订并出台《关于印发〈中小学图书馆(室)规程〉的通知》(教基〔2018〕5 号);河南省教育厅也先后出台《关于转发教育部关于印发〈中小学图书馆(室)规程〉》的通知(教基一〔2018〕571 号)和《河南省教育厅关于加强和改进中小学图书馆装备工作的通知》(教技装〔2018〕609 号)。多重政策围绕中小学图书馆的建设、配备、管理、应用、培训、评估,指明了新时期中小学图书馆的发展方向,对中小学图书馆的发展具有引领作用。

3. 信息时代来临,压力机遇并存。

一方面,随着互联网以及信息技术的不断发展,中小学图书馆的利用率逐渐下降,对中小学图书馆的发展带来很大压力。另一方面,网络信息技术的高速发展以及数字阅读等新兴技术的应用和普及,数字阅读时代来临,为中小学图书馆事业的发展也带来了新的机遇。

(二)把握新趋势

面对以上新环境,中小学图书馆工作呈现一些新趋势。

1. 图书馆装备"泛校园化"。

紧密结合开展教育教学工作的实际,以学校文化建设为目标,坚持图书馆工作的开展与课程的实施紧密结合,积极探索学校图书馆的教育功能,加强学校文化的积淀与传承,做到图书开架,馆室开放,环境典雅,并将图书馆延伸到班级、教室、楼道及学校其他空间,配置与班级相协调的有特色的图书柜,使整个校园都变成图书馆,成为人在书中、书在手旁的学习乐园。

2. 图书馆管理信息化。

随着教育现代化步伐的加快,随着信息化水平的不断提升,中小学数字图书馆和图书资源中心建设成为各学校教育信息化建设的重要组成部分,逐步实行计算机自动化管理,使学校图书馆的藏书管理、读者借阅和书刊资料利用达到信息化的要求。

3. 图书馆工作规范化。

规范化是各个行业获得健康发展的一项重要保证。除制定和执行各种图书馆标准以外,制定图书馆工作规范也是未来图书馆的一个趋势。中小学图书馆标准化、规范化的趋势已势不可当。

二、确立新理念,明确新目标

全国教育大会要求构建具有中国表达、中国实践、中国经验、中国文化和中国气派的教育话语体系。将"主体性""生活世界""自由""生命"等西方哲学话语以及复杂理论、解释学、现象学等嫁接到教育理论的后遗症日益凸显,已引起越来越多学者的"反感"与"不适"。坚持问题导向,用自己的话语解读当代中国教育实践变革,以批判反思的方式准确揭示教育实践变革的内在逻辑,学习借鉴人类文明成果。坚持"本土情怀"与"跨文化视野"的统一。"政治"与"学术"的话语和谐,"逐利"与"育人"的话语平衡。为此,中小学图书馆工作应确立以下新理念、新目标:

(一)确立以人为本、服务至上的新理念,落实"新"要求

以读者为中心是中小学图书馆生存与发展的基础,也是未来中小学图书馆发展的核心战略。改变传统的以"书"为中心的管理模式,以人为本,工作重心从"书本位"向"人本位"转移,根据读者的阅读需求、阅读习惯,开展各项文化活动。以服务为导向,在新时代教育改革发展的新形势

187

下,开展服务创新的实践与探索,以发展学生核心素养和培养关键能力为重点,拓展服务内容、服务对象、服务空间、服务模式、服务手段、服务主体,提升中小学图书馆服务水平。

(二)确立拓展功能、整合资源的新理念,落实"高"要求

利用图书馆举办学术讲座,展示师生作品,开展教研、学习交流活动。积极组织开展书香校园创建活动,结合校园文化,开展经常性主题读书活动,培养学生阅读兴趣,提升学生有效阅读能力,发挥好引领、辐射和带动作用。创新各类资源使用方式,将中小学图书馆建设与教育信息化结合起来,推动信息技术在中小学图书馆的发展和应用,将资源有效整合,重视和加强乡镇中心学校图书馆建设,辐射周边小规模学校。鼓励开展馆际互借和资源共享。

(三)确立延伸课堂、深度融合的新理念,落实"实"要求

加强中小学图书馆与教育教学的融合,围绕深化课程改革目标任务,推进图书馆与学科教学深度融合,将图书馆作为课程资源进行整合形成教学资源。提升学科教师对图书馆的认识,倡导学科教师自觉利用图书馆改善教育教学,开展教育科研活动。引导学生课前准备资料,课后进行研究,培养学生搜集、整理、分析和选择信息资源的能力,养成利用图书馆进行学习、研究的习惯,提高学生信息素养。

(四)明确"书香校园、全民阅读"的新目标,落实"深"要求

政府工作报告提出要建设书香社会,把全民阅读提升为国家战略。优质的中小学图书馆建设和中小学生的阅读,是全民阅读与书香社会建设的基石。因此,建设书香校园,助力全民阅读是做好中小学图书馆工作的终极目标,我们要努力实现校园处处有图书,校园处处可读书,学校年年有新书,学生天天好读书。

三、采取新行动,争取新作为

深刻学习领会、坚决贯彻落实习近平总书记重要讲话精神,是当前和今后一个时期教育系统的首要任务。我们要牢牢抓住全国教育大会的历史性机遇,履职尽责,迅速行动,主动作为,推动中小学图书馆工作再上新的台阶。

(一)精心规划,指导中小学图书馆建设

(1)统筹图书馆建设。图书馆建设配备不再是单纯的清单采购,要提前设计方案,贴合学生和教师心理特点,满足使用需求,设施安全,设计科学,体验舒适,使中小学图书馆成为集阅读、学习、研讨于一体的文化空间。(2)适时启动示范性中小学图书馆建设活动。不再"等、靠、要",充分发挥教育装备部门的主导作用,建设示范性中小学图书馆,积累成功经验,组织交流活动,通过树立典型带动区域内中小学图书馆的发展。(3)重点推进数字图书馆和图书资源中心的建设。确立数字化建设在整个基础教育发展中的优先战略地位,坚持优先发展原则;从实际情况出发,坚持"实际、实用、实效"原则;注重具有多方面技能的综合性人才培养,坚持强化队伍建设原则;加速实现中小学图书馆的计算机管理,充分发挥和延伸中小学数字化图书馆的教育职能,坚持拓展智能原则;打破部门局限,协调各部门通力合作,坚持领导重视原则。

(二)严格把控,建立质量管理机制

(1)各级教育部门要会同有关部门建立协作机制,完善中小学图书馆馆藏资源招标采购办法及实施细则,严格按照规则实施。(2)加强监管,严格审查参与中小学图书馆馆藏招标采购单位资质,加大第三方验收和质检力度,严禁盗版图书等非法出版物及不适合中小学生阅读、价格虚高的图书、音像制品和电子出版物进入中小学图书馆。(3)探索建立学

生、教师读书反馈和评议推荐制度，积极组织举办中小学优秀图书评选活动，在评选基础上编制《图书配置推荐目录》，遴选学生和教师心目中的好书。

(三)引进系统，提高自动化管理水平

(1)根据各学校的校情，因地制宜，分层次地进行指导和促进。已经实现自动化管理的中小学图书馆，要继续促使其进一步开发利用管理系统的功能，加快发展，摸索经验，寻找突破口，以实际效果来指导和带动其他图书馆的建设。对自动化管理尚欠缺的中小学图书馆，要加强组织与指导，借鉴成功图书馆的经验，结合实际，建立以实用为主的自动化建设思路，做好图书馆自动化建设规划，合理使用资金，以求得到更大的收效。(2)在教育装备部门的统一指导下，加强交流与合作，集中力量，共同探讨中小学图书馆自动化管理。(3)中小学图书馆的管理系统要尽量符合标准化、网络化、兼容性、适应性等要求，能够实现网络互联，实现编目、借阅、查询及管理自动化、网络化、信息资源数字化，为各校馆际互借、资源共享打下基础。

(四)探索服务，推进中小学图书馆应用

在教育改革等新形势下，中小学图书馆应该继续开展服务创新的实践与探索，以发展学生核心素养和培养关键能力为重点，拓展图书馆的服务功能和服务内容，提升中小学图书馆应用水平。(1)确保有效开放时间，要求中小学图书馆每周开放时间原则上不少于 40 小时，确保每天课余时间、周末和寒暑假期间对师生有效开放，鼓励适当延长并向社会开放。(2)加强与教育教学融合，要求围绕深化课程改革目标任务，推进图书馆与学科教学有效结合、深度融合，将图书馆作为课程资源进行整合形成教学资源。提升学科教师对图书馆的认识，倡导学科教师自觉利用图书馆改善教育教学，开展教育科研活动。(3)创新图书借阅方式，简化图书借阅管理，将馆藏资源推送到楼层、课堂，促进师生便捷、有效阅读。

（4）培养学生信息素养,要求利用一定课时,培养学生搜集、整理、分析和选择信息资源的能力。（5）拓展图书馆使用功能,利用图书馆举办学术讲座,展示师生作品,开展教研、学习交流活动。（6）积极组织开展书香校园创建活动,结合校园文化,开展经常性主题读书活动,传播社会主义核心价值观,培养学生阅读兴趣、阅读习惯等有效阅读能力,发挥好引领、辐射和带动作用。（7）加强科研引领,组织力量积极开展针对中小学图书馆的理论与实践研究。

（五）强化队伍,组织专业培训

（1）逐步引进专业人才,改变图书馆员队伍的人员结构。（2）对中小学图书馆原有的馆员开展专业化培训。（3）建立和完善提升图书馆员综合素养的培训制度。（4）充分发挥学科教师和转岗教师原有的学科特长。（5）加速培养既懂专业,又精通计算机知识的复合型人才。

（六）督导考核,全力推进评估

（1）把图书馆工作纳入依法治校,作为中小学校综合督导评估和义务教育优质均衡发展评估认定的重要内容。（2）定期开展应用管理评估工作,并将评估结果纳入学校管理考核,督促和指导做好相关工作。（3）加强中小学图书馆行业标准和业务规范的研制和执行工作,不断推进图书馆建设管理的制度化、规范化和专业化。

四、结束语

联合国发布的《中小学校图书馆宣言》中说:中小学图书馆是保证学校对青少年和儿童进行卓有成效的教育的一项必不可少的事业,是保证学校取得教育成就的基本条件,也是整个图书馆事业不可缺少的组成部分。我们将以贯彻《中小学图书馆（室）规程》为契机,适应新常态,抓住新机遇,迎难而上,奋发有为,以党建的高质量推动中小学图书馆高质量发展,力争为书写好教育的"奋进之笔"做出新的贡献!

（选自作者在 2019 年第 1 期《教育与装备研究》发表的文章）

危难面前显担当　硬核突击勇向前

——河南省教育装备系统防控新冠肺炎疫情工作综述

面对新冠肺炎疫情,作为紧邻疫情中心区域的河南,教育人口2853万,各级各类学校5.34万所,战"疫"关头,责任重大。河南省教育装备系统坚决贯彻落实习近平总书记"紧紧依靠人民群众坚决打赢疫情防控阻击战"的重要指示,把疫情防控作为当前头等重大政治任务,在省教育系统新冠肺炎疫情防控工作专班的统一领导下,众志成城,上下联动,按照突发公共卫生事件Ⅰ级应急响应的要求,高标准落实疫情防控各项工作,切实维护师生健康安全,维护校园稳定。

一、立足装备,服务教育防控大局

在厅党组的正确领导特别是主管厅领导的关心指导下,河南省教育技术装备管理中心勇于担当,行动迅速。装备中心主任从大年三十开始每天到单位值班值守,"5+2""白加黑"是工作常态。接到省教育厅疫情防控Ⅰ级应急响应工作预案后,立即研究贯彻落实办法,成立了领导小组和三个工作组。明确了"及时发出教育装备声音,贡献教育装备力量"的工作思路,开展了"战疫情党旗飘扬,出重彩党徽闪光"主题实践活动,制定了装备中心《加强新型冠状病毒感染肺炎防控工作指南》《疫情防控工作规范》等具体措施，责任到人，严防死守。每天对会议室、大厅、走廊、卫生间、楼梯、办公院等公共区域进行反复多次彻底清洁消毒。充分运用信息化手段，大力推进网上办公、网上服务等各项工作，最大限度减少人员聚集。全面落实值班值守和报告制度，严肃查处疫情防控落实不力、拖延扯皮、违规违纪等行为。目前，省装备中心 215 名人员居住场所、行程流动信息、身体健康状况全部日查日报，无人员密切接触者和感染者。还梳理 2020 年教育装备重点工作 26 项，目标管理，跟踪问效，实现疫情防控和业务工作两不误。在守好"责任田"的基础上，省装备中心派出人员参加全省教育系统疫情防控工作小组，参与编订《河南省学校新型冠状病毒感染的肺炎疫情防控工作指南及流程图》，下发全省，每天与全省各地教育装备部门联系，了解动态，指导全省各级各类学校疫情防控工作。

全省各地教育装备部门作为当地教育系统工作专班或工作机构成员，以更严更细更实的作风全力做好防控工作。开封市装备中心是市教体局疫情防控第三督导组成员。平顶山市装备站担任防疫物资保障和交通保障组成员。濮阳市装备中心作为保障组工作专班，负责对各县区、各学校开学前物资准备情况的统计汇总，形成日报告，负责车辆协调调度和防控物资采购。漯河市电教仪器馆是市教育系统疫情防控专班后勤保障与宣传组成员。信阳市勤工俭学教学设备管理站是市教育系统防控领导工作专班成员。新乡市装备中心是工作专班保障组成员。济源市教育仪器管理站作为教育局防疫指挥部领导小组成员单位，多次参加防疫会议。

二、发挥优势，积极筹措防控物资

(一)积极筹备物资

疫情就是命令。省装备中心立即成立由 1 名副主任和 3 名科长组成的党员突击队,突击队队长走在前列,加班加点,千方百计,汇集资源,多方联系。2 月 3 日连夜下发《关于紧急征集疫情防控校用物品的通知》,面向全国教育装备企业紧急征集用于学校防控物品。省教育装备行业协会也同时发力,向全体会员单位发起《勇担社会责任 助力打赢疫情防控阻击战的倡议书》,倡导会员单位认真落实责任、全面防控疫情,做好正面宣传、加强舆情管理,践行社会责任、热心公益事业。目前已征集第二批防护类、消毒类、人体测温类等物资物品 40 多种,装备中心向全省各地教育部门发布了《新冠肺炎疫情防控校用物品供应信息》,为基层教育部门特别是学校开学后疫情防控物品购置提供参考。行业协会会员企业捐赠 90 万元第一批防控物资已送达郑州和三门峡市部分中小学校。还有 100 多万元物资正送往省直学校、郑州、洛阳、开封、许昌、漯河、南阳等地。

开封市装备中心协调教育装备企业河南光大教学仪器设备有限公司捐赠防疫物资 1 吨洗手液。河南是达教学仪器设备有限公司捐赠红外线体温枪和一次性口罩一批。平顶山市装备站为市教体系统 48 个学校和单位发放医用消毒酒精 50 桶;将 2 吨 84 消毒液在开学前发给学校,其他防疫设备正在积极联系中。南阳市装备中心筹措资金 300 余万元,为市直学校购置手持红外线测温仪及扫描式红外线测温仪等设备;指导各县区学校尽快购置扫描式红外线测温仪等设备。周口市装备中心协调解决部分学校消毒液、防护服、口罩等疫情防控物品急缺问题,受到了广大学生和家长的一致好评。鹿邑县装备中心统一组织各单位按照省装备中心

《新冠肺炎疫情防控校用物品供应信息》，采购1000套防疫设备，3月1日前全部安装到位，其余正在筹备统计中。固始县教育体育发展服务中心发动企业献爱心，捐献防控物资，河南东之泽有限公司为固始教体系统捐献5000个口罩，捐赠一套疫情大数据决策和防疫管理平台。郑州利生科教设备有限公司在疫情发生后积极与慈善部门联系，第一时间捐赠了现金10万元；多方筹措数十吨价值20余万元的84消毒液，统一按每桶25千克灌装，向三门峡市、新密市教育局捐赠500桶，另外价值20万元的物资正在运往部分市县教育局。

(二)做好防疫物资信息发布

安阳市装备中心、焦作市装备中心及时发布疫情防控校用物资供应信息，为中小学校疫情防控提供信息支持，供当地教育系统疫情防控工作专班参考，为基层教育部门和学校开学后疫情防控物品的购置提供便利。濮阳市装备中心对学校开学前需要准备的16类防护、消毒用品落实情况进行统计，了解各县区学校已准备到位的防护物资情况和缺口情况，督促学校尽快准备齐全所需物资。新乡市装备中心认真做好防控物资协调、检测、消毒、防疫知识宣传及数据搜集工作。滑县装备中心联合县教体局体卫艺科，统计各学校测温仪等防护物资需求情况，筹措资金进行配备，为开学做好后勤保障工作。邓州市教学设备电化教育管理站要求各学校按照省装备中心统一部署，积极购买消毒液、口罩、测温枪等防疫物资，为开学做准备。

(三)做好防疫物资使用技术指导

在疫情严峻情况下，各地教体局及学校都存放了不同数量的酒精、84等易燃消毒液，对校园安全带来一定隐患。为了解决这一问题，全省教育装备系统也做了大量的工作。鹤壁市实验教学与教育装备办公室、平顶山市装备站及时下发了酒精(乙醇)、84消毒液储存保管与使用指南，指导学校的安全、储存使用，做好疫情防控关键时期的校园消杀工作。

三、技术服务，保障停课不停学

河南省教育厅印发了《关于做好新型冠状病毒肺炎疫情防控期间网上教学工作的指导意见》，引导全省各地充分发挥"互联网＋教育"优势，统筹利用各级教育资源公共服务平台和各类开放性、公益性网络直播平台，整合调集适配的教育教学资源，通过互联网、电视、家庭电脑和智能终端等，启动实施在线授课（听课）、资源点播和线上辅导、讨论、答疑等活动。从 2 月 10 日起，全省各地中小学、中职学校开始开展网上教学，消减疫情对教学活动的影响，有效实现各级各类教育"延迟开学不停教、不停学"。

省装备中心主任、研究员、教育学博士王德如作为全省教育系统新冠肺炎防控工作专班教学组成员，指导全省教育疫情防控延迟开学期间的教学工作。省教育厅官方微信平台推送了王德如主任作为专家提出的"一定要学生敬畏自然，尊重生命"的指导意见。

郑州市印发了《关于做好延期开学期间学生学习指导和保障工作的通知》，采取"三四一一"模式，即：构建市、县两级教育行政部门和学校教学领导小组三级延期开学服务体系；拓展"学在郑州学生学习平台""郑州基础教育资源公共服务平台"、钉钉空中课堂平台，以及各学校为学生提供的个性化学习指导服务平台等四个线上学习路径；制定一套网络学习指南；明确一系列线上学习内容。要求各县区、学校充分做好延期开学准备，做好防控期间中小学生学习生活指导工作，特别是高三、初三两个毕业年级的学习指导，确保防疫、教学两不误。

开封市整合系统骨干教师力量，组织教研团队，精心备课，2 月 10 日，全学段课堂教学直播活动首日，课程观看人数204.9 万，点赞量972.1 万。各学校班主任和任课教师线上为学生学习情况、身体健康情况进行检测,确保学生在家有序进入学习状态。开封市教育技术装备管理中心协调希沃、鸿合等公司免费提供线上教学助力活动,为中小学生在家学习提供服务。

驻马店市充分利用"驻马店教育云"服务平台,面向全市中小学生搭建在线课堂,为师生建立教学和辅导的虚拟课堂。"驻马店教育云"服务平台不仅能确保中小学生在线学习,还为广大师生提供了免费数字图书、河南历史文化博览、全国获奖"一师一优课"展播、同步课堂、德育活动、家校沟通等服务。

平顶山市提前要求各学校结合自身实际情况,制订切实可行的教学计划,组织网上教研活动,并集中开展网络教学平台的学习培训。各中小学校2月10日起开展线上教学活动,各学校利用网络平台,开展在线授课、答疑、解惑等教学工作。在网络课程之后,老师们还利用班级"微信群""QQ群"等平台与学生进行交流,根据反馈及时调整教学内容。

漯河市在推荐使用省教育厅公布的两批网上教学工具的同时,整合国家网络云课堂、"优教"智慧教育云平台、电信"云课堂"线上教学平台、移动名师直播课堂、武汉天喻在线资源、腾讯在线课堂、"一师一优课"等。积极与移动、联通、电信协商,迅速为学校开通免费教育信道提升宽带速率架设光纤线路。截至2月16日共有导入学校407所,实际使用学校339所,导入用户数103.5万人(其中教师2.5万人,学生42万人,家长59万人);激活用户数92.3万人(其中教师2.3万人,学生37万人,家长53万人);活跃用户数83万人(其中教师2万人,学生34万人,家长47万人)。漯河市为广大中小学生特别是不具备网络学习条件的中小学生提供电视学习渠道。漯河市电教仪器馆基于疫情防控期间网络教学的重要性,提出相关技术要求:一是直播用电脑卸载无关的程序,进行杀毒,检查是否有广告弹出;二是直播中如果出现安全播出事故,应该在第一时间内断开直播用电脑的网络;三是直播结束后应及时关闭直播软件,避免出现与教学无关的内容;四是严格按照网络教学操作流程组织教学,严禁出现不健康的音频、视频、图文及链接等。

鹤壁市推荐 9 个免费线上教学平台,"一校一策"开展免费线上教学。2 月 10 日上午,全市 380 余所中小学正式开启线上教学活动,约 21 万中小学生走进线上课堂。鹤壁市湘江小学首先向全校学生推送了题为《病毒不可怕 一起打败它》的疫情期心理防护课,帮助学生调节紧张情绪;鹤壁市淇滨小学举行网络开学典礼及升旗仪式,开展网络升国旗、唱国歌活动,用这样的方式为祖国祝福。

济源市教育仪器管理站会同有关部门起草出台了《济源产城融合示范区教育体育局关于做好延期开学期间教育教学工作的通知》,召开了移动、联通、电信和广电四家公司参加的有关会议,针对网上教学带宽问题进行了协商,要求各单位采取有力措施,增加带宽,服务好每个家庭,对困难家庭采取补、免等措施。

巩义市各学校通过信息化手段为广大教师、学生提供网络在线教学。2 月 10 日上午,全市中小学校网上教学课程开课。各科老师积极做好线上答疑等工作,为学生营造了良好的学习氛围。

长垣市成立网络教学工作领导小组,印发《关于在延期开学期间做好在线教学工作的通知》,建立统筹推进工作体系和机制,指导学校组织实施在线教育工作。全市各中心学校、局属中小学幼儿园均成立专门团队,制定本学校停课不停学工作方案。2 月 10 日,启动网上教学,除收看"名校课堂"外,各学校根据实际工作需要,安排教师适时为学生开展直播授课。

鹿邑县装备中心根据教学规模、条件,全面统筹各方力量,整合调集教育资源,通过网络、移动终端等方式开展网上教学、自主学习、在线课堂直播、网络点播、电视视频教学和在线辅导答疑等工作。配合教研室、基础教育股等股室引导各单位根据教体局统一部署,从 2 月 4 日全面开始实施,并特别关注家庭贫困学生、留守儿童、残疾儿童等特殊群体,对不具备网上学习条件的学生,建立关爱机制,落实"一生一案",不让一名学生掉队。引导各校统一教学进度,分步推进,按照先高三和初三毕业年级、后其他年级的次序组织实施。引导监督各幼儿园通过360家长平台、掌通家园、微信、QQ等方式,指导家长科学开展亲子活动、进行室内游戏、提供科学育儿知识,同时还可以通过国家教育资源公共服务平台幼教频道和河南省学前教育资源公共服务平台获取资源。

邓州市教学设备电化教育管理站组织教师线上培训工作,实验学科教师和管理员要求掌握虚拟实验室软件,把平时存在危险和环境苛刻的实验通过线上教学展示给学生,加强人工智能教育和STEM课程知识教育,利用微信群直播,组织教师谈论疫情期间信息化与实验课程的深度融合。把近视防控工作再次给广大师生传达,加强网上教学期间学生用眼卫生宣传。

固始县通过组织各学科网络教研室选拔各级名师、骨干教师和网络教研员积极加入网络教学团队。小学低年级以微课、小视频学习和互动答疑、学习辅导为主,中高年级在开展网络直播、点播教学活动的前提下,严格控制网络在线学习单元时长,通过丰富教学内容和形式,加强室内体育锻炼指导,重视指导学生保护视力。2月10日,全县初高中毕业班网络课堂正式开播,内容包括在线授课、寒假作业辅导答疑、网络点播教学、学习资源推送等。

河南省实验中学制定《河南省实验中学延时开学录课工作实施方案》。自2月6日起,以年级和教研组为单位,组织全校各学科、各学段教师提前录制网上课程。学校打破年级和校区界限,整合优质资源,以教研组长、备课组长为骨干力量,充分发挥网上集体备课的作用,统一组织、统筹安排、积极协调,确保网上授课质量。河南省实验中学累计组织初、高中100多名一线教师参与课程录制,实现了所有学科学段全覆盖,学校还通过网络平台向全省学生免费开放网络课程。

河南省第二实验中学全校上下集思广益，不断提高网络直播技术、线上课堂效率和网络德育实效。学校的王涛中原名师工作室联合校医、心理咨询师、学生及家长的力量，举行了一场别开生面的网上"元宵节综合课程"，把防疫知识创作成灯谜，让学生在欢乐的氛围中学会如何科学防范新冠肺炎疫情，并形成阳光健康的战"疫"心理。截至2月11日，学校已正式直播课程119节，另有体育课间操10节，综合辅导（含心理辅导）5次，初步形成家校互联、协同作战的新局面。问卷调查显示：家长普遍认为该校网络课程，设计科学，资源齐全；实用安全，特色明显；自成体系，技术领先；寓教于乐，理念超前。

河南省实验小学精心研究、科学制定《停课不停学方案》，坚持"防控第一、五育并举、社会生活、全员参与、优质高效"的原则，采用录播、直播、线上答疑、"线上学习＋欣赏"、"线下实践＋创作"等方式，科学安排教学内容、检测反馈学习情况。该校通过线上线下"双机制"，教研、技术、教师"三到位"，学校、年级、班级、家庭"四联动"，推进网上教学，确保教学质量和效果。

河南省实验幼儿园编写"疫情防控"儿歌普及预防知识。张秋萍园长带领幼儿园保健医生，根据幼儿年龄特点，集合园本食育课程，编写了"疫情防控"系列儿歌，从预防、自检、食疗、食育等方面对疫情做出了讲解，内容通俗易懂、朗朗上口，将疫情生活化地普及给广大幼儿，受到广泛转发和一致好评。

四、帮扶社区，勇于担负社会责任

开封市装备中心积极帮扶社区工作，向开封市延寿寺社区捐款2000元；助力疫情一线防控工作；加强对当地援助疫区医护人员子女关心爱护,积极统计有关情况,并实施"一对一"关注,解援助医护人员后顾之忧。

安阳市装备中心积极协调社区做好办公场所中其他单位家属楼的疫情防控工作。排查15户居民,协调社区做工作,要求无特殊事不得出大门,办公区域拉警戒线,外来人员不得入内。严格出入人员登记和测体温制度,及时掌握院内人员的动态信息。

开封市装备中心、洛阳市装备中心、新乡市装备中心、南阳市装备中心、驻马店市装备中心、兰考县教体局、新蔡县勤工俭学教学设备管理站扎实开展志愿者服务。配合所属社区,营造抗疫宣传氛围,组织人员加入抗疫志愿者队伍,选派党员志愿者配合基层疫情防控工作。信阳市勤工俭学教学设备管理站所有在职党员全部在所居住社区报到并成为志愿者,在完成本职工作之余参加社区服务,得到市教育系统防控专班和社区表扬。固始县教育体育发展服务中心要求党员同志积极参加所在社区的防控工作,让党旗在防控一线飘扬。

五、心无旁骛,坚决打赢防控阻击战

省装备中心经党总支研究,决定开展"战疫情党旗飘扬,出重彩党徽闪光"主题实践活动。号召广大党员干部以实际行动践行初心、勇担使命,坚决打赢这场疫情防控阻击战。活动的主要内容:提升站位,增强自觉;严格落实,温暖守护;硬核担当,冲锋在前;坚守岗位,扎实工作;选树典型,表彰奖励。通过活动,打造党员责任担当之勇,构建责任机制;形成科学防控之智,构建创新机制;统筹业务工作之谋,构建争先机制;形成狠抓落实之快,构建绩效机制;排查人员信息之准,构建申报机制。

全省教育装备战线的同志将扛牢政治责任、落实任务,守好"责任田"、护好"一校人",保持战时状态,做好硬仗准备。开学在即,要把科学指导各级各类学校做好学生开学前、返程中、开学时、接触中、发现后各种情况的疫情防控和物资准备工作作为重中之重,从思想上、组织上、措施上堵住各个环节的漏洞,严防死守,坚决把疫情阻止在校园之外,确保师生健康、校园安全。同时,按照省教育厅的统一安排,在全力做好疫情防控工作的同时,认真谋划好全年工作。注重危中求机,抓住疫情倒逼机遇,推动教育装备信息化建设等实现突破,补齐短板,夯实基础,加快教育装备现代化步伐,为办好人民满意的教育提供有力的保障和支撑。

(选自作者在 2020 年第 3 期《教育与装备研究》发表的论文)

点亮主业

提高党建"分贝"　刷新装备"颜值"

　　这次全省教育装备工作会议的主要任务是,贯彻落实全省教育工作会议和全国装备中心主任会议精神,回顾总结 2016 年工作,冷静分析当前形势,研究部署 2017 年教育装备工作。

一、讲好装备故事,守好舆论阵地

　　过去的一年,十分重要,很不平凡。全省教育装备系统紧紧围绕工作大局,突出重点,攻克难点,化解热点,各项工作稳中有进,工作的力度、成效的显现度和各方面的满意度进一步提升。

　　装备工作呈现新气象。首先是政策支持力度加大。去年,教育部印发了《关于新形势下进一步做好普通中小学装备工作的意见》,先后召开全国基础教育装备工作会议、中小学实验教学交流会、全国装备中心主任会议,明确了新时期教育装备工作的主要政策措施。其次是省教育厅党组高度重视教育装备工作。厅党组书记、厅长朱清孟多次听取汇报,对装备中心工作非常关心,非常支持,帮助解决问题,经常给予指导和鼓励。主管厅领导刘昭阳委员更是关爱有加,鼎力支持。厅领导的要求、关心和厚望既是我们做好工作的前提,也是我们开展工作的遵循。再次是教育装备的支撑作用更加凸显。装备投入优化增长，建配基准显著提高，信息化水平快速提升，应用模式不断革新，服务教学逐步深化。教育装备的长足进步，为教育事业特别是基础教育实现跨越式发展做出了不可替代的重要贡献。

质量管控跨上新台阶。省教育厅印发了《关于持续做好教育装备质量管控工作的通知》，大部分省辖市、直管县(市)能够按照要求积极开展第三方检测验收工作，严把设备入口关。据统计，全年报检 659 批次，合同金额近 10 亿元，一次合格率 76%，复检合格率 80%，防止了 3000 多万元的不合格产品流入学校。刁玉华副厅长对省质检中心工作专门批示：工作认真，成效显著，持续做好。

实验操作考试又有新亮点。去年，全省中招理、化、生实验操作考试以 30 分计入中招总成绩，继续实行全省统一命题、统一考试、统一考务管理。精心组织专家，在命题和试题抽取等环节不断创新，广大基层学校和考生普遍反映去年的试题难度适中，信度、效度科学，更符合素质教育的精髓，也更符合各地的实际。省装备中心领导在考点接受多家媒体采访，就热点难点问题释疑解惑，回答记者提问，回应社会关切。全省共有 110 多万名学生参加实验操作考试，10 多家媒体予以报道，产生了积极的社会反响。各地严格落实教育厅有关考务规定，精心组织，周密部署，亮点纷呈。漯河市引入"实验操作考试采集登统系统"，周口市将学生基本信息做成条形码来替代准考证，焦作市逐步探索"互联网＋中招实验考试"新方式。

优质课评选做出新安排。我们继续按照逐级评选、逐级申报的办法，对中学物理、通用技术、小学科学进行全省实验教学优质课评选。评选贯彻新理念，严肃认真、公开公正，共评出一等奖 55 节，二等奖 102 节，三等奖 144 节。同时，实践教育优质课评选也正式启动，评出一等奖 20 节，二等奖 53 节，三等奖 78 节，有力地调动了全省校外辅导教师的工作积极性。

校外教育迈出新步伐。"十二五"期间,国家批准河南省 9 个扶持性综合实践基地项目。为加快建设步伐,开展了三次检查督导。济源、鹤壁两个基地已建成并投入使用。濮阳、驻马店、三门峡、漯河、信阳、南阳、焦作 7 个项目也扎实推进。青少年活动中心已建成 129 个。按照教育厅、财政厅要求,开展了示范性活动中心创建活动。各地以此为契机,从场所建设、组织管理、活动开展等加大工作力度,提升管理水平。目前已有偃师市、开封市金明区等 37 个单位创建成功。

队伍建设取得新突破。一是职称评定取得重大突破。去年,装备中心积极争取,厅领导高度重视,厅人事处大力支持,彻底解决了这一基层反映多年要求强烈的问题。今后,有关人员可以按照省人事厅文件规定,申报中小学教师系列职称。二是智库建设取得重大突破。省教育厅印发文件,要求组建省教育技术装备和实践教育专家库。经过层层推荐和严格评审,14 个门类 1532 名专家入库。这是一个涵盖大中小幼、文理兼备、专业领先、享有盛誉的人才库、思想库和资源库,对推动教育装备的研究、咨询、指导和创新具有重要作用。三是各地对实验教师的培训也有所突破。洛阳市采取全市统一组织、突出实验技能、现场进行测试、颁发合格证书的做法,很有特色,值得推广。济源市和长垣县也进行了符合本地实际的培训活动,也有自己的特色。

创新平台打造新动能。经厅领导同意,决定成立河南省教育装备创新中心,旨在通过载体创新,展示各类教育装备新产品、新技术、新材料;通过联盟创新,打造教育装备精品聚集地;通过推介创新,为全省学校搞好使用咨询、经验交流、技术培训和优质服务。

校服管理形成新规范。省教育厅印发《关于进一步完善中小学生校服管理工作的通知》,鼓励并提倡中小学生穿着校服,依法依规采购,落实质量监管,建立奖惩机制。要求进一步扩大着装范围,形成贴近地域文化特点、符合时代精神特征适度扣合传承民族文化要求的校服特色。同时,还邀请省质检局专家对《学生校服标准》进行了培训。驻马店、平顶山等市按要求开展了学生统一着装试点工作。

协会管理建立新机制。去年,召开了教育装备行业协会第六届会员大会,通过换届,实现了省装备中心与行业协会脱钩。一是人员脱钩。装备中心的所有工作人员,不在协会中任职或兼职。二是财务脱钩。省装备行业协会实行自收自支、独立核算、独立账号、独立会计、独自负责的财务体制。三是管理脱钩。协会的基本管理按社会团体的有关规定进行,业务在全国装备行业协会和有关部门指导下进行,日常运行按章程等行规行约进行。

党建工作取得新成效。去年,全省教育装备系统学重要讲话,向核心看齐;围绕中心,服务大局;改革创新,求真务实,将反腐倡廉建设纳入到整体工作格局中,抓责任,抓担当,抓教育,抓作风,抓纪律,抓监督,抓治理,上下团结和谐,系统风清气正,党建水平显著提升。

除以上重点工作外,常规工作也取得了显著成效。教育技术装备和实践教育课题研究工作全面展开;实验教学说课等各类活动丰富多彩,80多名老师参加了省级说课比赛,8名教师参加了全国实验教学说课比赛;自制教具暨中小学生小制作、小发明活动广泛开展,1000多件教具和学生作品参加了省级展评,20件作品荣获"优秀自制教具奖",5名教师获得"全国自制教具能手"称号;校方责任保险工作正在朝持续推进、规范健康的方向发展,为全省1000多万中小学生和教师提供了安全风险保障,维护了学校正常的教育教学秩序。由于各项工作突出,教育部致函教育厅,对省装备中心和主要负责人的工作给予了充分肯定并表示感谢,这是历史上没有的。

总体来看,2016年是全省广大教育装备和勤工俭学工作者团结奋进开拓创新的一年,是事业发展成效显著的一年。虽然还有不少困难和问题,甚至因极个别人的严重问题产生了不良影响,但全省装备系统的主流是好的,能量是正向的,总体发展趋势是上升的。我们一定要讲好装备故事,守好舆论阵地。成绩来之不易,这是各级领导重视和支持的结果,也凝聚着同志们的心血和汗水。在此,我代表省装备中心向同志们表示衷心的感谢和崇高的敬意!

二、审好大势趋势,掌握加减乘除

(一)牢牢把握当前教育面临的大形势

根据 2017 年全国教育工作会议的精神,当前教育面临的大形势可以概括如下:一是教育服务经济社会全面化。教育国计民生的双重角色、今天明天的双重地位、引领支撑的双重作用、内政外交的双重功能正日益凸显。培养适应民族复兴、大国崛起的一代新人,正是当下教育所要面临的一个重要课题。二是教育对象群体多元化。流动性带来的随迁子女、留守儿童,互联网产生的"网络原住民",家庭教育中的家长角色,教育对象群体更加复杂多样,对教育内容、教育方式、管理模式等产生了深层次影响。三是社会需求的多样化。"上好学"成为全社会普遍心态。个性化学习成为主流。多元化教育评价成为趋势。每人心中都有一个教育梦。多样化需求越来越强。四是全民学习终身化。从少年、成年到老年,学习是第一需求。活到老,学到老。学校教育和社会教育、正规教育和非正规教育、普通教育和职业教育,纵向衔接、横向贯通,教育覆盖着人的整个生命周期。五是教育发展环境国际化。我们的舞台是全球舞台、坐标是国际坐标、竞争是国际竞争。既要在全球发展的大浪潮中坚持中国特色、中国标准,又要尊重国际规则,对接国际标准。开放发展已经成为教育改革发展的大势。

（二）冷静研判教育装备形成的新趋势

经过分析研判，我们认为教育装备正形成如下新趋势：一是装备资源配置趋向均等化。《国务院关于统筹推进县域内城乡义务教育一体化改革发展的若干意见》（国发〔2016〕40 号）明确指出：要加快推进县域内城乡义务教育学校建设标准统一、教师编制标准统一、生均公用经费基准定额统一、基本装备配置标准统一。装备作为义务教育均衡发展的重要内容，按标准均衡配置已成趋势。二是教育装备手段趋向现代化。加强教育信息资源建设，提高教师信息技术能力，推动信息技术与教育教学深度融合。这不仅为教育教学指明了方向，更为教育装备工作指明了方向。今后无论是在装备管理还是在服务教育教学上，都不能忽视现代化这一趋势。三是教育装备理念趋向人文化。教育装备作为提升学校质量和教育公平的物质基础，科学合理地运用并将其渗透到学校建设的各个层面，是学校文化建设的有效途径之一。结合教育教学实践，将办学理念、学校文化、课程建设与装备相融合，通过打造走廊文化、墙体文化、楼层文化、教室文化，实现环境育人、装备育人，进而实现教育目标与理想。四是教育装备环境趋向泛在化。新的发展理念、需求侧增长、供给侧改革以及教育教学的不断变革，构建一个泛在化的装备环境正在成为趋势。五是教育装备工作趋向市场化。教育装备工作与市场的关系日趋紧密，具体体现在"需要、培育、引导、规范、监管、治理"12 个字上。一方面市场满足我们需求为我们提供了品类丰富、质量优良的装备产品，另一方面，政府要用教育发展的需求来主动引导市场、培育市场。要处理好两者的关系，做好规范、监管、治理工作，以保障装备市场的良性运营。

（三）综合运用问题导向的加减乘除

"管不好""配不齐""用不足""质量差""效率低"仍是当前教育装备存在的主要问题。一是装备管理上，一些地方存在多头管理、机制不清、条块脱节，越位、错位、缺位现象。二是装备配备上，重建设、轻保障，重信息技术、轻常规装备,重理科实验教室、轻政史地等文科情境教室配备。三是装备应用上,课程建设和学校文化深度融合不够,教师水平不达标等多重因素导致实验室、功能教室的利用率普遍偏低,有些装备处于闲置状态,不能满足多样化、个性化的教学需求。四是装备质量上,科学完善的质量标准体系和强有力的监督管理机制尚不健全,产品质量亟待提高,管控措施有待加强。五是工作效率上,个别省辖市和县(市)装备机构亟待健全,人员亟待充实,队伍整体素质亟待提高,人员待遇偏低的问题亟待解决。解决上述问题不能平均用力,要善于运用加减乘除。在工作方法上,常规工作做加法,繁冗工作做减法,创新工作做乘法,摒弃工作做除法;在装备管理上,存量要稳,增量要扩,质量要保,该加则加,该减则减,宜乘则乘,宜除则除,具体问题具体分析。坚持稳中求进的工作方针,创新引领的基本策略,达到五个到位的总体目标:增强服务大局的意识要到位、立德树人的任务要到位、深化理论政策的研究要到位、加强工作的主动性要到位、廉政建设的要求要到位。

三、突出工作重点,用好创新引擎

(一)国家教育装备的政策要贯彻落实好

教育部出台的《关于新形势下进一步做好普通中小学装备工作的意见》是继 1999 年之后历时 17 年又一次颁发的规范性文件,明确了"十三五"期间基础教育装备工作的重要意义、总体要求、工作原则、主要任务和保障措施。我省及时提出实施意见,要求提高认识、加强领导,明确目标、完善措施,健全机制、提供保障。今年,要把宣传贯彻落实教育部文件和我省实施意见作为首要的重点工作来抓。一是要把精神向当地党委政府和教育部门主要负责同志汇报好,开发好领导层;二是要组织好本地区的学习研讨,开发好贯彻层;三是没有制定贯彻落实文件的要尽快制定,同时还要制定系列子文件和操作细则,确保各项政策落到实处;四是教育部今年启动"十百千"培训计划,我省也将组织系列培训活动,希望上下协调一致把培训工作抓好。

(二)服务教育厅工作大局的装备要优先配置好

一是要遵循"全面改薄"计划,确保所有规划范围内学校装备配齐、配足、配好。二是要配合省厅做好均衡发展评估验收工作,主动查漏补缺,及时完善装备配备。三是要补齐装备配备短板,要更加注重特殊教育、学前教育等装备配置。四是要围绕学生发展核心素养,有针对性地开展装备配备。树立中华民族传统文化是战略资源的理念,围绕立德树人,注重地理、历史、政治、心理健康等人文情境教室的配备。

(三)坚决打好质量保障攻坚战

虽然全省各级教育部门非常重视质量管控工作,但不合格产品流入学校的事情时有发生。这是一种资源浪费。厅领导对此高度重视,多次要求严把质量关。去年,教育厅专门发文提出要求,省装备中心更是在大会小会上多次强调。目前各地工作很不平衡。希望工作好的地方要保持连续性,开拓新局面;工作不力的地方要查找原因,迎头赶上。河南省教学仪器产品质量监督检验中心作为我省质量技术监督局授权的具有第三方公证性的检验机构,承担着全省各级各类学校教学仪器设备的质量检测工作。今年要进一步拓展检测广度,做到各省辖市全覆盖、各级各类学校全覆盖、中小学全部学科全覆盖、品种全覆盖。同时还要积极探索检测深度,加强检测队伍建设,有针对性地组织各类培训,不断提升检测水平。

(四)持续做好校外教育工作

关于实践教育基地主要有三项工作:一是河南省将对郑州、焦作、鹤壁、许昌、平顶山、南阳、新乡等11个省辖市的基地进行复查验收。这些地方要进一步加强领导,加大力度,加快建设步伐。二是要继续组织基地管理人员和任课教师培训,不断提高业务水平。三是要鼓励广大教师探索开展中小学实践教育活动的新方法、新途径,总结交流各地的新经验、新成果。关于青少年活动中心,也有三项工作:一是省里要开展评估,各地要认真准备。二是要对17个正在建设的活动中心加强指导,争取早日建成使用。三是督促投入使用的活动中心,组织学生开展丰富多彩的教育活动,严禁将场地挪做他用。

研学旅行是通过集体旅行、集中食宿方式开展的研究学习和旅行体验相结合的校外教育活动。它是加强和改进未成年人思想道德建设的重要举措,是推动学校教育与社会实践相结合、全面推进素质教育的重要途径,也是基础教育课程体系中综合实践课程的重要组成部分。通过研学旅行,可以帮助学生拓展视野、增长见识、陶冶情操,加深与自然和文化的亲近感,增加对集体生活方式和社会公共道德的体验,培养自理能力、创新精神和实践能力。2014年,教育部印发了《关于进一步做好中小学生研学旅行试点工作的通知》。去年,济源市、许昌市鄢陵县等部分地市开展试点工作,积累了有益经验。要强化对研学旅行重要性和必要性的认识,把实践基地作为开展研学旅行的一个平台,积极探索多种形式,推动我省中小学生研学旅行工作更加广泛、深入地开展。

(五)教育信息化建设要强力推进

具体工作思路是:加快建设,强化运用,深度融合,不断创新,提升基础支撑能力、服务教学能力、资源开发供给能力,努力从服务课堂学习拓展到支撑网络化泛在学习,从服务一般性教育管理拓展到服务全面提升教育治理能力。工作中,一是要大力推进网络空间人人通,这是中国提出的独有的概念,带动了教育理念变革和教学模式创新,代表了未来教育信息化发展的方向。二是要在应用上下功夫。做到主战场用、普通用和经常用。调动广大教师应用的积极性。不仅要在应用广度上,更要在应用深度上大力推进。三是推动数字校园和智慧校园建设,组织培训和典型示范,组织交流、研讨和展示。四是要继续创新机制,更加有力地调动政府、行业、社会等各方面参与教育信息化的积极性。五是加强网络技术保障和管理,守好自己的一段渠,确保网络安全。

教育装备管理平台是教育信息化建设的重要组成部分。目前教育部正按两级建设五级应用的思路,积极筹备,搭建教育装备工作全网运行体系,统一规划、统一业务平台、统一数据中心,形成学校装备、资产等相关业务的信息化、流程化管理;实现多级联动、协同工作、实时数据的动态管理;流程化、规范化的采购管理;全面科学的实验管理;完善的业务报表统计上报五位一体的装备管理新格局。我省也正在筹建,既要和教育部平台对接,还要和教育厅总平台对接。省辖市未建的要提前谋划,已建的进一步完善。

(六)实验教学的三项重点工作要抓好

一是继续做好实验操作考试。要严密组织、平稳运行,以考促建、以考促教、以考促学。要加强组织领导,规范考务管理,严肃考试纪律,强化责任追究,确保考试安全。二是优质课评比要全面铺开。实验教学和实践教育两项优质课评比来之不易,既对工作有利,又对教师评职称管用,一定要好事办好。各地要做好宣传员,加大组织力度,以此提升业务、培训人员、凝聚人气、推动工作。今年,省教育厅将对工作好的地方提出表扬。三是完成教育技术装备和实践教育研究课题中期评估和课题结项工作。要进一步加强对课题尤其是重点课题研究的督促指导。如有重大变更事项,课题主持人要及时报告。

(七)中小学校服管理要统筹兼顾

中小学生统一着装是学校德育工作的重要内容,也是校园文化建设的重要载体。工作中,一是一定要坚持学生自愿,先城镇后农村,逐步展开。二是要加强监控管理,严禁不合格产品进入学校。三是今年拟举办我省首届新款校服评选,对优秀作品进行全省推荐。四是经厅领导同意成立河南省中小学校服研发展示中心,负责推广学生统一穿着校服,宣传展示校服样式,联合开展校服面料、功能、式样等研发,贯彻执行国家校服质量行业标准。五是讨论制定《河南省校服采购验收办法》,为基层提供操作指导。六是指导各地使用"阳光智园平台",探索运用科技手段解决校服管理工作的弊端,做好廉政风险防控。

(八)教育风险防范要规范管理

经厅领导同意,成立河南省校园风险防范培训中心,组织全省校园风险防范管理人员培训,协调承保机构为学校提供优质服务,保障学校及学生的合法权益。各地要加强管理,健全制度,规范行为,廉洁自律,依法开展校方责任保险工作。一是加强与保险机构进行沟通、协调,积极开展专项培训,有效解决疑难案件的理赔问题,提高理赔服务效果。二是对校方责任保险承保的保险机构进行走访调研,互通情况,研讨分析,解决问题,提升能力,搞好服务。三是召开全省校园风险化解和防控研讨交流会议,提高认识,强化管理,化解风险。四是我省将对现有承保机构和经纪公司综合测评,好的进差的出。

(九)探索中小学办学条件评估监测

经厅领导同意,成立河南省办学条件检测评估中心,研究制定办学条件评估监测办法,开展学校办学条件评估,进行区域内学校办学条件发展状况监测,发布监测报告。这是一项全新的工作,我们就此积极探索。

(十)研究中小学校后勤装备生态化路子

各级勤工俭学管理部门要适应新形势,争创绿色、环保、节能、安全的校园环境,持续发展优美的人文环境。要把勤工俭学与学校后勤改革结合起来,推进学校后勤服务体系建设。2016年12月,教育部在黑龙江举办了全国中小学后勤装备成果案例展示研讨会。教育部有关领导明确学校后勤装备工作要以"建立健全标准,合理科学规划,开展试验试点,探索服务模式"为主线逐步开展。为贯彻落实会议精神,装备中心成立中小学校后勤装备管理科。各省辖市也要加强组织领导,理顺管理体制,制定工作规划,落实工作职责,深入开展新形势下学校后勤装备的研究工作,以推进学校新风系统、食堂、宿舍、饮食等建设为重点,推举评选一批具有现代化后勤装备和绿色文明的生态学校,为广大师生生活服务,为教育教学服务,促进学生健康成长。

四、提高党建"分贝",刷新装备"颜值"

全国和全省教育工作会议都对党建工作提出明确要求。教育部和省教育厅还专门召开教育系统党风廉政建设专题会议。从严治党已经成为普遍共识。加强党的建设更是教育装备事业发展的根本保证。一定要提高政治站位,增强政治定力,把握政治方向。把核心意识贯穿一切工作始终,把道德作为做人做事的底线,把法纪作为不可触碰的高压线,把各级纪检部门的监督作为保护自己的红线。要真正把"两学一做"常态化,践行"四个合格"的目标要求,真正做到思想高度重视,制度基本完善,体系基本完备,机制基本健全,把党建工作抓好抓实抓出成效。

要强化责任意识。主体责任要扛稳,监督责任要抓牢,传导责任要压实。坚持党政同责,一岗双责,分管负责,归口担责,人人有责。个人责任厘清,组织责任说清,边界责任划清。责任目标签实,责任内容充实,责任人压实。把责任作为一种约束、一种爱护、一种境界、一种担当,使管党治党真正严起来、实起来、硬起来。

总体上全省教育装备和勤工俭学系统党建工作抓得不错。省装备中心党建工作更是多次得到上级肯定。但由于众所周知的原因,还要把党建强度加大,还要把党建"分贝"提高。要以案释法,举一反三;吸取教训,树好形象。坚决打好廉政建设这个硬仗,坚决守好装备系统这块净土,坚决把正确的权力观和价值观融入全省装备系统每个干部职工心灵之中,做到心存敬畏,行有所止。决不能让一块石头绊倒两次,决不能让沉痛教训再次发生。以敢于担当的意志,打造官商"亲""清"关系、规范的工作关系和纯洁的同志关系,以实际行动营造教育装备事业发展的好环境,风清气正的工作形态,绿色环保的政治生态,健康有趣的生活状态。

同志们,方向已经明确,任务已经确定。始不垂翅,终能奋翼。2017年工作唯有努力才能成真,唯有奋斗才能落实。要在具体上狠下功夫。一具体就深入,一深入就落实,一落实就突破。让我们撸起袖子、甩开膀子、迈开步子,在不忘初心中真抓实干,为决胜全面小康,让中原更加出彩做出更大的贡献,以优异成绩喜迎党的十九大胜利召开!

（节选自作者2017年3月3日在全省教育装备工作会议上的讲话）

以新发展理念引领教育装备新跨越

实现装备工作新发展新跨越,必须落实,落实,再落实。一是用务实的作风抓落实。围绕落实全省教育大会涉及的教育装备工作,制订问题清单、课题清单、政策清单、任务清单和责任清单,建立台账,挂号推进。二是用奋进的状态抓落实。在质量管控等"深""难"问题上改革攻坚,在教育装备重点工作的薄弱环节上查漏补缺,在创新成果和技术服务上打出系列"组合拳"。三是用学习的自觉抓落实。坚持学用结合、吐故纳新、积久成习,解决老办法不管用、新办法不会用的问题。四是用研判的习惯抓落实,一事当前,先研判。"研"主要在"周密"上下功夫,研大势、研方向,"研"出质量。"判"主要在"精准"上做文章,判出形势变化、力量对比、矛盾转换、阶段特征、性质程度、趋势方向,"判"出水平。五是用法治的精神抓落实。装备工作机制障碍的清理,单位顽瘴痼疾的破除,公平正义关系的理顺,必须划定边界、法治思维、争取主动。

一、凝聚党史宣教磅礴伟力

按照厅党组的安排,装备中心成立了领导小组,制订了实施方案,组织了学习动员,召开了学习教育报告会。基本思路是:以上党课讲故事搞活动为主要载体,围绕"明理、增信、崇德、力行"主题,引导全体党员干部学党史、悟思想、办实事、开新局,做好规定动作,选好自选动作,创新特色动作,守好"主阵地",种好"责任田",打好"持久战",高标准高质量把党史学习教育组织好、推进好。我们开展的系列活动主要有:开展党史天天学、红歌比赛、党史竞赛、实践教学、专家授课,观看"红色电影",阅读"红色书籍"等,干实事,解难事,谋大事,创新事,长本事,用推动全省教育装备高质量发展检验学习成效,以优异成绩迎接建党 100 周年。

二、义务教育装备标准化实验学校建设加快推进

2018 年,省教育厅决定开展义务教育装备标准化实验学校建设,每年创建 100 所。根据《河南省义务教育装备标准化实验学校建设方案》,装备标准化实验学校实验室、功能教室配置、体育场地、教育装备以及教育信息化设施等要达到《河南省义务教育学校办学条件基本标准(试行)》。2018、2019、2020 年的建设任务已圆满完成。2020 年,按照建设标准,对 2018、2019 年建设的装备标准化实验学校进行了绩效评价,并提炼成果,总结经验,充分发挥示范引领作用,推动义务教育优质均衡发展。

2021 年,一是要继续建设 100 所义务教育装备标准化实验学校。二是在全省开展装备标准化实验学校优秀案例遴选活动,对历年来工作成效突出的县(区)、学校进行经验总结,遴选出 50 个省级优秀案例。三是加强宣传推广。组织召开三次标准化实验学校创建经验交流会。每次会议 100 所义务教育阶段学校代表参加,选出 10 个标准化实验学校优秀案例作大会经验介绍。四是把装备标准化学校建设的范围扩大到普通高中,2022 年年底,全省完成 50 所普通高中装备标准化实验学校建设。

三、持续做好中招理化生实验操作考试

河南省中招理化生实验操作考试自2008年纳入全省统一管理以来,考试工作运行平稳,社会反映良好,有力地推动了中小学实验室建设和实验教学工作。2021年1月、3月,河南省教育厅分别印发了《关于做好2021年全省中招理化生实验操作考试工作的通知》(教技装〔2021〕37号)、《关于2021年中招理化生实验操作考试巡考工作的通知》(教办技装〔2021〕44号),对2021年全省中招实验操作考试及巡考工作进行了安排部署。同时,按照省教育厅《关于推进中招实验操作考试信息技术应用工作的通知》(教技装〔2018〕811号)要求,积极探索推进实验操作考试信息化,将信息化手段应用于考务管理、巡考监考、后期追溯等各个环节,并在实践中不断创新,取得了显著成效。2021年,全省举办了三期信息技术应用推进会,要求各地以实际需求为导向,为实验操作考试工作提供信息技术支持。我们还发布了一批中招实验操作考试信息技术创新成果,供各地自主选用。

四、出台了加强和改进中小学实验教学实施意见

教育部《关于加强和改进中小学实验教学的意见》印发后,省教育厅高度重视,印发了《关于加强和改进中小学实验教学的实施意见》(教基〔2021〕92号),对今后一个时期河南省中小学实验教学工作进行了安排部署:提出基础实验开出率达到100%,拓展性实验开出率不低于45%,实验教学质量明显提升;到2023年年底,全省中小学实验条件、实验开设、实验创新、实验教学水平、实验评价体系、经费投入保障等方面达到国家规定的要求;通过四个"500"(创建500所标准化实验学校、建设500个创新实验

室、开发 500 节实验优质示范课、评选 500 名实验教学优秀教师)激励活动,初步形成具有河南特色的现代实验教学体系。省教育厅决定:从 2024 年起将普通高中实验操作考试纳入全省统一学业水平考试。

今年,我们还将举办以下实验教学活动:一是开展全省实验教学优质课案例编撰及优质课评选活动,在全省评选出 200 节实验教学优秀案例编撰出版,评选出 500 节实验教学优质课予以表彰。二是开展高中理、化、生实验教学公开课活动。三是举办小学科学、初中理、化、生教师实验教学技能大赛。四是开展自制教具评选活动。对历届获得省级评选一等奖的自制教具优中选优,推荐精品,参加"张謇杯"全国中小学优秀自制教具展评。

五、创新引领中小学图书馆赋能提升

一是出台规范性政策文件。2018 年,河南省教育厅印发《关于加强和改进中小学图书馆装备工作的通知》(教技装〔2018〕609 号),全面贯彻落实《中小学图书馆(室)规程》,从建设、配备、管理、应用、培训、评估六个方面提出明确要求。二是启动省级示范性中小学图书馆创建。2019年 10 月,河南省教育厅下发《关于开展河南省中小学示范性图书馆创建工作的通知》(教技装〔2019〕734 号),决定从 2020 年开始,全省每年创建200 所中小学示范性图书馆,分三年完成。2020 年创建工作克服疫情带来的不利影响,上报和基本建设已经按时完成,省厅评估认定工作正在进行。2021 年的申报和创建工作也正式启动。三是在全省开展图书审查清理专项行动,建立适宜性评价和审查清理长效机制。充分运用河南省中小学教育装备信息管理系统图书清查子模块信息平台,全面排查,不留盲区,真正做到了自查到位、审查全面、标准统一、清理规范。专项行动覆盖全省 35276 所中小学(包括民办学校),图书馆(室)14796 个。审查图书总册数达 29982.81 万册,清理下架图书 437.04 万册,其中非法类图书

3.53 万册,不适宜类图书 91.23 万册,外观差、无保存价值类图书 342.28 万册。四是科学推进使能创新。开发搭建全省图书信息化管理平台,规划专项重大研究课题,积极发挥省教育装备行业协会平台作用,成立专家咨询委员会和专家委员会。五是大力抓好能力培训。先后组织图书管理信息化、馆藏优化、审查清理、主题阅读活动、图书信息化管理平台应用等多次业务培训。特别是在示范性图书馆创建中,把提升图书馆管理人员待遇作为重要指标进行评估,把图书馆管理人员连续参加各级培训作为基本要求进行督促检查,以此建立有效激励机制,推动图书馆管理人员培训又好又快进行。

六、推动校方责任保险规范健康发展

继续认真贯彻落实省教育厅《关于进一步做好校园风险防范工作的通知》精神,坚持"政府推动、多方参与、市场运作、规范管理"的原则,严格落实"统一省级管理,统一承保机构,统一组织实施"要求,落实好功能职责,在提高投保面上下功夫;落实好系统管理,在提高服务质量上见行动;落实好廉政管控,在践行初心使命上见成效。一是召开全省校方责任保险工作推进会。强调要立足风险防范,服务全省教育系统安全稳定;要加强协同攻关,接通高校校方责任保险短板;要用好服务平台,提升校园风险防范治理水平;要定期座谈交流,建立三方协同工作机制;要继续争取政策,力争动态调整保费标准。二是利用教育保险管理系统对保险机构服务质量进行评价。2020 年,全省 2.6 万多所学校参与对保险机构服务质量评价,累计评价 2.7 万多次,教育部门评价 375 次。通过测评,教育部门和参保学校一致认为,3 家保险经纪公司和 8 家保险公司合作诚信,规范运行,竞争有序,廉洁自律,服务能力和服务质量显著提升。截至目前,已有 2.5 万多所学校注册,投保校方责任保险累计 5 万多所学校,学生投保累计 2226 万人次,教职员工投保累计 109 万人次。三是组织开展校方责任保险管理人员培训,熟练运用教育保险管理系统,掌握疫情防控措施方案,及时合理处理案件,全省共有 5000 多所学校、1.1 万多人参加专业培训,管理人员工作水平大大提升。四是按照稳中求进的原则,今年继续保持原 8 家保险公司和 3 家经纪公司服务不变,并适当延长服务年限。

七、提升劳动教育和实践活动层次

2020 年 12 月,河南省教育厅印发《关于成立河南省大中小学劳动教育工作领导小组的通知》(教体卫艺函〔2020〕718 号),成立由郑邦山厅长为组长,有关分管厅长为副组长的协调领导小组,并对领导小组成员单位的职责进行了划分。作为成员单位,河南省教育装备中心的职责是:负责推进劳动教育实践基地和课程资源建设,负责劳动教育设施设备技术标准拟定,指导劳动教育设施设备装备工作。领导小组成立后,我们迅速组织有关部门召开座谈会,研究、学习文件精神,加强对劳动教育的政策研究、科研培训、实践指导、活动组织和平台建设,为劳动教育工作提供智力支持。

同时,组织召开了全省劳动教育装备研讨会;参与开展首批河南省中小学劳动教育试点学校创建活动,经组织评审,有 254 所中小学成为首批河南省中小学劳动教育特色学校;举办了第七届全省中小学实践教育优质课评选活动,评出优质课 165 节;组织开展实践教育活动优秀案例征集活动,15 个案例入选教育部装备中心课程资源库。今年计划面向全省中小学校和校外活动场所开展优秀案例征集活动,专家评选后,组织出版发行,在全省推广交流;录制一批实践教育优质课视频,供实践活动课教师观看、交流,提高教学科研水平;继续开展中小学实践教育基地建设、评估和命名工作。截至目前,我省共命名综合性学生实践教育基地 16 个,专项实践教育基地 117 个,国家级研学实践教育基地 10 个,研学营地 1 个,为劳动教育和实践活动的开展提供了重要的实施平台。

八、深入开展课题研究

2018 年以来,我省把教育装备和实践教育专项课题纳入全省教育科学研究"十三五"规划,针对教育装备和中小学实验教学的发展规划、推进策略、应用效果、考试评价等各个层面开展理论与实践研究。共立项课题 114 项,省装备中心拨出专项资金支持广大教师开展课题研究。2020 年,省教育厅印发文件,对 2018 年立项的课题通过匿名通信评审和会议集中评审相结合的方式进行了鉴定结项,共结项课题 42 个,其中 6 项被鉴定为优秀等级。以上课题,得到了基层教师的大力支持,既有理论创新,又有工作突破,科学性强,应用价值广,为教育装备和实践教育工作又好又快发展提供了重要理论指导。

2021 年,课题研究重点抓好三项工作,一是对 2019 年的立项课题进行中期检查,加快研究进度,提高研究质量;二是继续把课题研究纳入全省教育科学研究"十四五"规划,对教育装备和实践教育中存在的亟待解决问题集中攻关,取得突破;三是对 2019 年立项的课题结项评审。

九、多措并举推动教育装备高质量发展

第一,认真做好教育装备技术服务。省装备中心免费为省辖市、县(市、区)和学校提供配备方案设计、技术咨询和参数论证等技术服务,解决基层困难,减轻基层负担。2020 年 3 月,为新蔡县 2 亿元义务教育均衡发展教学装备采购项目进行了技术论证,出具详细设备招标参数、参考

单价及招标相关要求,并提供相关业务咨询指导。今年,已先后为长垣、新蔡、平舆3个县提供了技术服务。

第二,加强标准宣贯力度,提高标准实施效果。为贯彻落实教育部《关于发布初中物理教学装备配置标准等6个学科配置标准的通知》精神,经省教育厅同意,分期举办教育装备标准宣贯培训班。目前,共举办了五期。来自全省18个省辖市、158个县(市、区)教育局分管局长、教育装备部门负责同志、有关学校校长共700余人参加了培训。培训期间,邀请了教育部装备中心等单位的专家进行了授课。培训人员普遍反映,这次培训十分必要,非常及时,开阔了眼界,学到了新知,掌握了方法,提升了能力,进一步增强了我省教育装备配备水平。

第三,强化标准修订能力,有力支撑教育装备标准化。一是编制印发《河南省中小学心理辅导室装备指南》,编制中遵循科学性、生本性、实用性、普适性原则,使心理辅导室的配备更加遵循心理学的原理和方法,受到了大家一致好评。下一步我们结合创新实验室建设,还要编制创新实验装备指南。二是起草地方标准。为防控儿童青少年近视,保护视力健康,我们将《河南省中小学及幼儿园教室照明技术规范》列入2020年我省地方标准修订计划,目前标准已进入征求意见阶段,按照计划在今年10月前发布。三是制订团体标准。帮助我省教育装备行业协会申请团体标准发布资质,指导行业企业起草团体标准10余项。

第四,持续加强教育装备质量管控。为保证教学仪器设备的采购质量,从2012年以来,我省全面实行教育装备采购第三方验收机制,按照省教育厅文件要求,凡公开招标采购的项目都要引入第三方参与验收,未经第三方质量验收合格的项目,不得支付货款。去年我省教学仪器设备产品质量监督检验中心接受委托的项目有616批次,合同金额约11.57亿元;其中一次通过验收的金额约10.41亿元,合格率达90%,推动了我省教学仪器设备质量的不断提升。

第三届河南教育装备博览会

十、开好第三届河南教育装备博览会

第三届河南教育装备博览会定于 2021 年 5 月 14 日—16 日在郑州国际会展中心隆重举办。本届博览会以"新技术·新装备·新机遇·新发展"为主题,集"新品展示＋精准对接＋论坛研讨＋场景体验"四位一体,参展企业 200 多家,规模达 3.3 万平方米,将全面展示学前教育、基础教育、职业教育、特殊教育和高等教育相关教育装备产品和服务。博览会还同期举办智慧教育装备高峰论坛,发布教育装备团体标准。聚八方人气,汇四海嘉宾。河南省教育厅对这次博览会非常重视,专门印发文件,部署安排教育局局长,高等院校、职业院校、中小学校长和幼儿园园长,装备中心主任,骨干教师,劳动教育和实践活动机构人员,后勤、校服、图书等采购人员学习观摩。同期论坛更是知名专家云集,教育精英荟萃,共谋智慧教育装备大计,共筑合作共赢美好梦想。装备改变教育,创新引领未来。

今日长缨在手,明日必缚苍龙！我在这里也盛情邀请各个兄弟省市代表特别是各位主任届时莅临指导、观摩。

以上是我们的工作开展情况及下步打算。虽然取得了一些成绩,但与教育部装备中心的要求还有差距;与兄弟省市相比,还有提升空间。我们将继续努力,不断进取,在教育部装备中心的关心指导和兄弟省市的支持帮助下,为打造高质量教育装备体系,赋能教育现代化贡献力量！

（节选自作者 2021 年 4 月份在全国教育装备重点工作推进会上的发言）

教育改革出题目　装备创新做文章

一、我们的态度

全省教育综合改革会议召开以后,省装备中心高度重视,迅速开展大学习、大讨论,积极谋划大变革、大提升。进入新时代,改革只能加强,不能削弱。装备中心的态度是:第一速度入戏,大刀阔斧落地。基本原则是:稳中求进。为什么要稳中求进?因为教育事业到了爬坡过坎、攻坚闯关的紧要关口。行稳既是致远的前提,又是前进的动力。没有稳定一切归零。只稳不进最终不稳。怎么稳中求进?要运用辩证思维,扭住稳的关键点,找准进的切入点,在稳的大局中寻求局部进取和突破。对好的政策、制度和做法要保持稳定,一以贯之;要统筹好改革发展的力度和速度,防控风险,消除隐患,以此夯实稳定的根基。稳中有进贵在进。一是抓发展,加速进;二是抓改革,加快进;三是抓定力,增自信,小步跑,大迈进;四是抓常态,出实招,在攻坚克难上寻求进的突破、进的深入、进的落实。

二、我们的思路

思路决定出路。深刻认识新时代教育的重要使命,把高质量发展和立德树人作为装备工作的出发点、落脚点和着力点。教育装备的价值由其承载的育人理念、教育功能和应用形态决定,已经成为推进教育现代化的物质基础和关键要素。面向信息智能时代,技术装备将成为教育理念更新、教学方式变革的思想基础、理念先导和赋能系统,让理想化的教育形态成为现实。我们的思路是:在新的起点上,让教育装备创新课程化育人、服务高效化育人、突出实践化育人、支撑公平化育人。具体路径:一是高位推进,服务保障教育大局。二是统筹实施,提升综合承载能力。三是系统集成,引聚高端资源要素。四是优化环境,引导树立美丽新风。

三、我们的举措

"十四五"时期,破解教育发展不平衡不充分问题,技术装备就要向课程化理念创新、强应用育人导向、深融合提质增效、重科研优化实施转变,推进转型创新发展。具体举措是:实施"三大建设工程"强基、组织"三大主题活动"提质和搞好"三大协调服务"保障。

(一)实施"三大建设工程"强基

一是义务教育装备标准化实验学校建设工程。决定在全省开展义务教育装备标准化实验学校建设工程,每年创建100所,分5年完成,并将其作为推动学校装备建设的抓手,建立长效机制,实行动态管理,发挥引领作用,促进高质量发展。

二是中招理化生实验操作考试信息化提升工程。决定推进中招实验操作考试信息应用。从2019年开始试点,2020年确保一半以上县(市、区)实施;2021年,基本实现全省覆盖。目前,各地正克服疫情不利影响强力推进。

三是中小学示范性图书馆创建工程。决定开展河南省中小学示范性图书馆创建工作,从2020年开始,每年创建200所,分三年完成。首批200所已经完成。

(二)组织"三大主题活动"提质

一是实验教学优质课评审活动。评审学科为中学物理、化学、生物、小学科学、其他涉实验教学学科,如高中通用技术、创客、STEAM教育等课程。

二是实践教育优质课评审活动。以发展学生的核心素养为导向,强化学生综合素质的培养。参赛对象为全省中小学实践教育基地、青少年活动中心教师,中小学校实践活动课教师。

三是教育装备和实践教育课题研究活动。这两项课题全部为省级课题。自2018年起,连续两年把教育装备和实践教育专项课题纳入全省教育科学研究"十三五"规划,在标准建设、推进策略、应用效果、考试评价等方面开展研究。这项工作教育部给予充分肯定,广大教师更是好评如潮。近两年立项课题114项,省装备中心拨出专项资金近100万元支持课题研究。

(三)运用"三项协调服务"保障

一是教育装备创新成果推介服务。习近平总书记提出"抓创新就是抓发展,谋创新就是谋未来"。2016年,省教育厅批准成立了河南省教育装备创新中心,通过方案征集、专家评定、宣传展示,甄选推介了200多项教育装备创新成果,为全省中小学校提供使用咨询、经验交流、技术培训和优质服务。

二是教育装备质量管控技术服务。省教育厅成立了12个学科门类1284名专家组成的教育装备智库,免费为各级教育部门和学校提供方案设计、技术咨询和参数论证,解决了基层技术力量不足、专家资源较少的困难。同时做好第三方质量验收。每年堵塞几千万元的不合格产品进入学校。

三是校方责任保险保障平安校园服务。按照"政府推动、多方参与、市场运作、规范管理"的原则,实行"统一省级管理,统一承保机构,统一组织实施",目前,累计5万多所学校投保校方责任保险,累计2226万人次学生投保,累计109万人次教职工投保。校方责任保险对智慧校园、生态校园、书香校园和平安校园起到了坚强的保障作用。

同志们,实践不仅是一种力量和积淀,更是一种唤醒和生发。未来,我们将以一直在路上的姿态,在教育厅的关心指导和兄弟处室的支持帮助下,力争行动更加有板有眼,活动更加有模有样,内容更加有声有色,分享更加有滋有味!

（节选自作者2021年4月30日在省教育厅教育综合改革交流研讨会上的发言）

披荆斩棘抓新机　乘风破浪开新局

在这个惠风和畅、阳光明媚的春日里,河南省教育装备行业协会校服专业委员会正式成立,我代表河南省教育技术装备管理中心向大会致以最热烈的祝贺!下面,我讲三点意见,供同志们参考。

一、充分认识中小学生校服工作的重大意义

中小学生校服是指中小学校学生在校期间或其他规定时间和场所的统一着装,是一种具有特定文化艺术内涵,蕴含文化教育理念,具有中小学生身份标识性的制服。校服被形象地称为中小学生的"第二层皮肤",其质量关系学生的健康成长,式样影响学生的形象和气质养成。优质、合体、美观、舒适的校服是培育校园文化的重要载体,是培养团队意识、传播平等精神的有益方式,是传承中华优秀传统文化的积极探索。近年,随着物质生活水平提高,参考国际普遍做法,统一着装上学成为普遍共识。学生统一穿着校服,有利于学校常规管理和学生良好行为习惯的形成,有利于遏制学生穿着上的攀比之风。能够培养学生集体主义观念和朴素节俭、文明向上的品行,树立我省中小学生的良好形象,对青少年学生的健康成长和加强社会主义精神文明建设等具有重要的意义。

近年,特别是 2016 年以来,我省校服管理取得了很大成绩。

(一)规范管理,依法采购校服

在省教育厅的领导下,省装备中心具体负责全省中小学生校服工作的规范指导、组织协调及监督管理。我们要求各地教育局高度重视、加强领导、分工合作、抓好落实,制定由学校到学区直至县(市、区)为单位统一着装的具体计划,形成贴近地域文化特点、符合时代精神特征,并适度体现民族文化要求的校服特色。不断提升校服管理工作水平和校服总体品质,努力构建家长、学生放心的校服选用秩序,服务广大学生,确保学生健康成长。

校服质量关系学生的安全和身心健康。在采购工作中,我们要求教育部门要把采购各环节相应材料全部存档备查。以省辖市、省直管县(市)为单位统一组织采购的,方案和采购结果须报河南省教育技术装备管理中心备案。以各县(市)为单位统一组织采购的,方案和结果须报省辖市校服管理部门备案。以各学校为单位统一组织采购的,方案和结果须报所属地校服管理部门备案。

(二)质量监管,安全使用校服

校服工作涉及面广,我们必须加强对校服的规范管理,对质量安全和价格进行全面监控,建立从招标采购到生产发放全过程的质量监督检验制度和规范操作制度。一是严格执行国家标准。要求采购单位在进行校服招标采购时,要注重产品质量,在合同中标明校服执行标准。二是把好出口关。校服供应和验收实行"明标识"制度,校服要具备成衣合格标识,并有法定检验机构出具的本批次产品成衣质量检验合格报告。采购单位在接收校服时进行检查验收,查看产品质量检验报告和质量标识。三是把好入口关。防止个别企业将送检之外的校服以次充好,鼓励实行"双送检",在供货企业送检的基础上,采购单位可结合实际,将一定数量校服送法定检验机构检验。四是建立内部"黑名单"制度,明确采购单位不得向列入"黑名单"的企业采购校服。五是加强人员监管。依法处理学校、相关部门和机构工作人员在校服采购过程中的违法违纪行为。六是树立正面典型。通过举办校服设计大赛、评选优秀校服企业进入创新成果名录等形式推荐企业,鼓励优质企业进入学校。七是健全多部门联动机制。我们联合质检等相关部门开展校服质量检查,加强对校服生产企业的监督和管理。

(三)加强保障,人人能穿校服

我们加大校服发展保障力度,逐步使更多学生能够穿着校服。根据各地实际情况,选择政府免费提供,或者部分免费,或者家长自愿购买校服等不同方式,加快推进校服统一。建立特殊群体保障机制,对家庭贫困学生、革命烈士子女、孤儿、残疾儿童等,要采取多种措施无偿提供校服,减轻其家庭经济负担。同时,提倡有条件的地区,可由地方政府向中小学生无偿配发校服,并优先配发给农村地区中小学生。鼓励中标的校服生产企业按一定比例向学校的贫困学生无偿提供校服,鼓励企事业单位、社会团体和个人等社会力量,公益捐助学生校服。

(四)研发创新,推进特色校服

我们鼓励各级校服主管部门要统筹力量注重校服面料、功能、款式的研发,逐步健全校服款式推荐评议制度,引导专业设计人员或学生参与校服款式设计,激发专业机构和专业人员的创造力,不断开发出具有中国特色、时代特征、民族特点、款式多样的校服。学校要广泛听取学生家长的意见,满足学生家长对校服穿着的要求,提高校服品质。同时搭建中小学生校服展示交流平台,营造一个专业引领、多方参与、活跃思想、鼓励创新的良好氛围,让质量优、款式新、功能强的校服不断涌现。

在我们取得成绩的同时,也要清醒地看到我省校服工作存在的短板。有一部分校长认为,校服问题牵涉面广、社会关注度高,有的不愿管、不敢管,把校服的式样、选购等重要工作推给家长,妨碍了校服质量的提高与管理的规范,导致部分地方中小学生校服在低层次水平上徘徊。同时,一部分校服生产企业规模较小、产能较差、管理水平偏低,没有自己的品牌价值和核心用户,产品推广和市场营销等亟待规范。

校服工作责任重大,德育载体作用显著。舒适校服、美丽校服、安全校服,既是广大中小学生的幸福体验,也是我们追求的工作目标。

二、充分发挥校服专业委员会在新发展格局中的重要作用

"明者因时而变,知者随事而制。"党的十九届五中全会明确提出要"加快构建以国内大循环为主体、国内国际双循环相互促进的新发展格局"。新发展格局是与时俱进提升我国经济发展水平的战略抉择,是塑造我国国际经济合作和竞争新优势的战略抉择,也是为全面建设社会主义现代化国家开好局、起好步的"先棋手"。

准确识变、科学应变、主动求变,才能在变局中开新局。专委会必须紧紧围绕企业在经营和创新中遇到的各种堵点和痛点等,参与循环疏堵:一是营商环境便利化、平等化;二是资金循环;三是在产业链、供应链中的衔接等。针对问题,主要通过如下途径解决:一是发挥桥梁纽带作用,即通过向政府递交相关政策建议化解堵点。二是发挥协调功能作用。由于利益矛盾,行业间、地区间以及产业链、供应链各环节之间经常会产生循环堵点,许多堵点可以通过协会内部的协调加以疏解。三是发挥专业服务作用。通过相应的专业能力直接消除堵点。

专委会要着重促进高标准市场体系建设。一是加强拓展市场的政策建议。为贯彻中央关于扩大内需战略,专委会必须加强市场调研,听取企业诉求,积极向政府提出改善市场监管、建设等政策建议。二是加强商品和服务的促销活动。搭建展销会、博览会、交易会等平台,开展行业内商品和服务的品牌推广等活动。三是在商场流通和竞争中维护行业利益。

在市场激烈竞争中,侵权事件时有发生,发生在行业内部可通过行业自律程序疏解,如发生在外部市场交易中,可牵头召集争议双方平等协商解决,或通过聘用律师为相关企业提供法律诉讼帮助。四是帮助行业获得投资支持。构建新发展格局不仅要求全面促进消费,也要求拓展投资空间,寻求外部投资支持。对今后我们专委会的工作,我提几点希望:

(一)提高政治站位,强化政治担当,切实增强责任感和使命感

当前要把深入学习宣传贯彻习近平新时代中国特色社会主义思想作为首要政治任务,树牢"四个意识",做到"四个看齐",增强"四个自信",始终在思想、政治、行动上同以习近平同志为核心的党中央保持高度一致,坚持不懈地用习近平新时代中国特色社会主义思想武装头脑,推动专委会各项工作。

(二)激发活力,把握机遇,推动专委会跨越发展和由高数量增长向高质量增长转变

党的十九大报告明确指出:"要优先发展教育事业。建设教育强国是中华民族伟大复兴的基础工程,必须把教育事业放在优先位置。"优先发展教育事业已经成为习近平新时代中国特色社会主义思想和基本方略的重要内容,我们要牢牢把握住这一时代机遇。近年,我省教育装备力量日益壮大,会员队伍呈逐年快速增长态势,行业总体正处于高速增长阶段,但我们也清醒地认识到,教育装备行业仍存在着发展不平衡不充分等突出问题,如各区域行业发展不平衡、行业的产业发展结构不平衡、行业自主创新能力还有待提升、行业产业结构高端化水平不够,这些形成当前省级教育装备行业高质量发展的主要障碍。推进教育装备行业从高速增长向高质量发展阶段转换,需要我们用新思维、新理念、新方法,从行业发展的动力、机制、目标、要素、结构、环境等方面全方位地改造现有一切不合理的经济体系,要从教育装备的产品、企业和产业三方面入手,围绕提高行业供给体系质量,来深化行业供给侧结构性改革。

（三）用更规范的科学管理、更健全的体制机制来加强专委会自身建设，强化服务意识，提高业务素质

党的十八大报告提出"加快形成政社分开、权责明确、依法自治的现代社会组织体制"，党的十九大报告也突出强调要发挥好社会组织、慈善事业、志愿服务在决胜全面建成小康社会、开启全面建设社会主义现代化国家新征程中的作用。按照新的协会章程以及发改委等十部门《行业协会商会综合监管办法（试行）》的要求，协会脱钩后开展各项业务工作，既要接受民政部门的登记管理、国家机关工作委员会的党建领导，也要接受教育主管部门的业务指导和监督管理。也就是说与政府管理部门要做到"脱钩不脱管、脱钩不脱家、脱钩不脱扶持、脱钩不脱职能、脱钩不脱服务"。

（四）着力提升专委会服务能力，增强凝聚力和向心力

第一，要坚持"四个服务"，即为政府、教育、企业、社会服务。

第二，要充当"四种角色"，即争做政府调控的协助者、教育装备行业发展的推动者、行业企业进步的促进者、教育装备市场秩序的维护者。

第三，要发挥"五个作用"，即提供政策咨询、加强行业自律、推动行业发展、维护企业合法权益、开拓国际市场。

第四，要具备"六个特点"，即体制健全、机制灵活、资源丰富、人才众多、潜力巨大、前景广阔。

在全球化、信息化、数字化时代，行业协会及专委会的体制、功能、治理和运作机制都已经发生很大变化。多年来，无论是英美模式、大陆模式还是混合模式制度都已经历多次改革，我国对行业协会及专委会的职能定位、治理结构、运作机制和监管原则也应该与时俱进。研究和借鉴当代国内外发展的新格局、新趋势、新经验，对我们协会及专委会的功能定位和作用作出新的判断，对有关政策进行新的调整。

总之，我们一定要充分调动专委会全部力量，密切依靠会员攻坚克

难,完成好各项工作任务,树立专委会良好的精神风貌和社会形象。要积极为落实立德树人根本任务、深化教育改革、推进教育公平、发展素质教育、加快教育现代化,为实现"两个一百年"奋斗目标、决胜全面建成小康社会、实现中华民族伟大复兴的中国梦奋发有为,作出我们应有的贡献。

三、充分融入第三届河南教育装备博览会的重要平台

第三届河南教育装备博览会定于2021年5月14日—16日在郑州国际会展中心举办。本届博览会以"新技术·新装备·新机遇·新发展"为主题,集"新品展示＋精准对接＋论坛研讨＋场景体验"四位一体,参展企业300多家,规模达3.3万平方米,将全面展示学前教育、基础教育、职业教育、特殊教育和高等教育相关教育装备产品和服务。博览会还同期举办智慧教育装备高峰论坛,发布教育装备团体标准。聚八方人气,汇四海嘉宾。河南省教育厅对这次博览会非常重视,专门印发文件,部署安排教育局局长,高等院校、职业院校、中小学校长和幼儿园园长,装备中心主任,骨干教师,劳动教育和实践活动机构人员,后勤、校服、图书等采购人员学习观摩。同期论坛更是知名专家云集,教育精英荟萃,共谋智慧教育装备大计,共筑合作共赢美好梦想。装备改变教育,创新引领未来。今日长缨在手,明日必缚苍龙!

我在此也盛情邀请各校服企业积极参加展览。通过展览,一是展示企业实力,二是宣传企业品牌,三是寻求合作机遇。具体讲有以下好处:

(一)展示企业实力,提升竞争优势

展览会为参展商在竞争对手面前展示自身实力提供了机会,通过训练有素的展台职员、积极的展前和展中促销、引人入胜的展台设计,参展企业的竞争力可以变得光芒四射,而且参观者还会利用这个机会对各个参展商进行比较。

（二）低成本接触合作对象，结识大量新潜在客户

公司要接触到合格的客户，参加展览会是最有效的方式。根据调查显示，利用展览会接触客户的平均成本仅为其他方式接触客户成本的10％。研究显示，以一家参展商摊位上的平均访问量为基数，12％的人为前期访问客户，88％的人为新潜在客户。

（三）产品现场客户体验，具身认知优势明显

企业销售人员携带产品上门进行演示的机会恐怕不多，展览会是参展商为客户集中演示产品或感受服务的最好时机和最佳场所，通过具身认知，充分体验产品愉悦，有利达成品牌认可。

（四）大幅节省时间，达到事半功倍效果

在3天的展会时间里，参展商接触到的潜在的意向客户比其6个月甚至1年内能接触到的客户还要多。从以往参展企业看，有的企业发放几十盒名片，可谓时间短，效果好，宣传广，影响远。

（五）多家媒体聚焦，提升企业影响

展会通过新闻、电台、公众号等众多媒体推广，引流量巨大。依托媒体宣传的全新融媒体格局，延展新闻传播链条，拓宽企业宣传视角，强化品牌宣传策划，扩大形象展示效果，持续推动品牌传播力和影响力的提升。

（六）行业交流平台，产品登台唱戏

展会集结了行业生产、流通、用户等全产业链条精英，通过论坛、产品发布，是新品和信息的交流平台，更是我们校服企业登台表演好戏连台的最佳场合。

（七）大数据精准分析，新机遇市场调查

展览会现场提供了研究竞争形势的机会，这个机会的作用是无法估量的。在这里，利用竞争对手提供的产品、价格以及市场营销战略等方面的信息，有助于您制定企业近期和长期规划。如果参展商正在考虑推出一款新产品或一种新服务,可以在展览会上向参观者进行调查,了解他们对价格、功能、质量和服务上的要求。同时,展会还进行大数据分析,帮助企业激发新动能,寻求新机遇。

希望校服专委会把企业组织好,力求尽可能多的企业参展;希望展览公司把企业服务好,尽最大可能把企业的形象宣传好;希望校服企业把展台设计搭建好,尽可能把自身品牌推介好。省装备中心有关科室也会尽最大努力组织各地教育管理部门和学校届时参观、考察、交流,尽最大可能发挥好桥梁纽带作用,真心为我们的校服企业服务,真情为我们的校服企业站台,真诚为我们的校服企业奉献。

同志们,"关山万千重,山高人为峰"。面对发展环境的新变化新挑战,只要我们深刻认识和把握发展规律,增强机遇意识,发扬斗争精神,就能够在困境中育先机,在变局中开新局。就能够乘风破浪,行稳致远!就能够迈着自信刚健的步伐,全面擘画新时代的春色满园!

（节选自作者2021年4月17日在河南省教育装备行业协会校服专业委员会成立大会上的讲话）

狠抓落实 实现教育装备工作出重彩

刚刚召开的党的十九届五中全会明确提出要建设高质量教育体系，充分体现了以习近平同志为核心的党中央对"十四五"乃至未来一个更长时期完善中国特色社会主义教育体系的最新要求。当前，正是全省教育系统深入学习贯彻党的十九届五中全会精神的重要时期，也是教育"十四五"规划开局谋划的关键阶段，在这个时间节点上，我们借着全省实践教育优质课评审这个契机，相聚在古城开封，共同总结回顾今年的全省教育装备工作，对下一步工作进行安排部署，这是推动全省教育装备工作高质量发展的客观需要，也是建设高质量教育体系的重要举措。

一、充分肯定 2020 年全省教育装备工作成绩

（一）全省教育装备系统疫情防控取得阶段性成果

今年年初面对突发疫情，全省教育装备系统在省教育厅党组的正确领导下，迅速反应，严格落实疫情防控责任，始终靠前指挥，冲锋在前，深入研究各地教育装备系统疫情防控工作，切实把防控工作的每个问题落细落小落实，以严谨务实的作风全力做好疫情防控工作和教育系统教学、防控物资的配备工作，以实际行动践行了河南省教育装备人的初心使命，

整体疫情防控有力有序有效,取得了阶段性成果。

(二)义务教育装备标准化实验学校建设加快推进

自 2018 年起,省教育厅决定在全省开展义务教育装备标准化实验学校建设工作,每年创建 100 所,并将其作为推动学校装备建设的抓手,建立长效机制,实行动态管理,发挥引领作用,促进高质量发展。在 2018 年、2019 年各 100 所建设任务圆满完成的基础上,今年又创建了 100 所,目前各地创建任务基本完成,待省教育厅评估后公布。同时,还对前 200 所实验学校开展了绩效评价,客观、全面、真实地总结标准化实验学校创建以来在教育装备、实验教学、实验室管理方面取得的成效。通过绩效评价,巩固创建成果,充分发挥示范引领作用。

(三)中招理化生实验操作考试信息化水平明显提升

中招理化生实验操作考试自 2008 年纳入全省统一管理以来,考试工作运行平稳,社会反映良好,有力地促进了中小学实验室建设和实验教学工作。在此基础上,我省相继发布了一批中招实验操作考试信息技术创新成果,供各地选用。目前,全省正按照统一规划,不断探索实验操作考试新举措,在实践中创新,强力推动信息技术手段在中招实验操作考试中的全面应用。

(四)创新引领中小学图书馆赋能提升

一是加强规范化建设。全面贯彻落实《中小学图书馆(室)规程》,出台专门文件,从建设、配备、管理、应用、培训、评估六个方面对图书馆规范化建设提出明确要求。并于今年启动了河南省中小学示范性图书馆创建工作,分三年每年创建 200 所中小学示范性图书馆。今年虽然受到疫情不利影响,但各地充分发挥主观能动性,千方百计筹措资金,已经完成基本建设,省厅评估即将开始。二是开展图书审查清理专项行动,专项行动覆盖全省 35276 所中小学(包括民办学校)的 14796 个图书馆(室),审查图书总册数达 29982.81 万册,清理下架图书 437.04 万册,实现图书馆课程资源育人常态化、规范化、科学化。三是科学推进使能创新。开发搭建全省图书信息化子模块管理平台,规划专项重大研究课题,积极发挥省教育装备行业协会作用,成立专家咨询委员会和专家委员会,先后组织了主题阅读活动等多次业务培训。特别是在示范性图书馆创建中,把图书馆管理人员待遇提升和素养培训作为重要指标进行督促检查和评估,不断提升图书馆建设科学化水平。

(五)扎实做好校方责任保险管理工作

坚持"政府推动、多方参与、市场运作、规范管理"的原则,严格落实"统一省级管理,统一承保机构,统一组织实施"的工作要求。一是落实好功能职责,在提高投保面上下功夫。截至目前,已有 2.5 万多所学校注册,投保校方责任保险累计 5 万多所学校,学生投保累计 2226 万人次,教职员工投保累计 109 万人次。二是落实好系统管理,在提高服务质量上见行动。利用教育保险管理系统对保险机构服务质量进行评价。2020年,全省 2.6 万多所学校参与对保险机构服务质量评价,累计评价 2.7 万多次,教育部门评价 375 次。三是落实好廉政管控,在践行初心使命上见成效,服务全省教育系统安全稳定。

(六)大力推动劳动教育落地生根

今年 3 月,中共中央、国务院印发《关于全面加强新时代大中小学劳动教育的意见》(以下简称《意见》),强调劳动教育是中国特色社会主义教育制度的重要内容,要把劳动教育纳入人才培养全过程。7 月,教育部印发《大中小学劳动教育指导纲要》(以下简称《纲要》),对推进劳动教育进行了全面完善的顶层设计和具体部署。省委、省政府非常重视,省教育厅迅速组织有关部门,学习研究《意见》和《纲要》精神,成立领导小组,加强对劳动教育的领导;按照部门职责,对劳动教育工作任务进行分工,列出任务清单;设立劳动教育专项经费,保障劳动教育实施;开展劳动教育师资培训,确保教学活动开展;加强劳动教育实践基地建设,搭建开展劳动教育平台,推动了劳动教育工作的顺利开展。同时,组织召开了全省劳动教育装备研讨会。与会代表听取了专家报告,参观了综合实践教育基地,进行了现场教学观摩,为我省进一步开展劳动教育装备建设奠定了基础。

(七)教育装备和实践教育课题研究深入开展

自 2018 年起,我省连续两年把教育装备和实践教育专项课题纳入了全省教育科学研究"十三五"规划,在标准建设、推进策略、应用效果、考试评价等方面开展研究,加强推广应用,改变重实际轻理论的局面。这项工作教育部给予充分肯定,广大教师更是好评如潮。近两年立项课题114 项,省装备中心拨出专项资金近 100 万元支持课题研究。前不久,对2018 年的课题进行了鉴定结项,共结项 42 个,其中 6 项为优秀等级。专家普遍反映,这批课题既有理论创新,又有工作突破,科学性强,应用价值广泛,对推动教育装备和实践教育又好又快发展具有重要作用。今年,我们还要继续开展教育装备和实践教育专项课题申报立项工作。

(八)多措并举大力提高教育装备质量

一是做好教育装备技术服务。省装备中心免费为省辖市、县(市、区)和学校提供方案设计、技术咨询和参数论证等技术服务。今年为新蔡县、郑州市金水区、漯河市郾城区、镇平县、沈丘县等提供了技术服务,解决了基层技术力量不足、专家资源较少的困难。二是做好教育装备第三方质量验收。今年为全省 78 个县区进行了 470 批次验收,合同金额约7.46 亿元;其中一次通过验收合格率 89.9%,堵塞近 7000 万元的不合格产品进入学校。三是打造一批教育装备创新成果。省教育装备创新中心运行良好,创新成果已经呈现,治理水平显著提升。今年的创新成果评审工作受疫情影响比往年滞后,产品征集、自主申报、资格审查等工作已基本完成,专家评审将择期进行。

(九)持续推动自制教具评选

连续开展了 17 届中小学优秀自制教具及小制作小发明展评活动。随着 STEAM 教育模式逐步深入和推广,我们把中小学 STEAM 教育成果、作品和自制教具评选活动结合起来,以 STEAM 教育成果和作品作为主要的评选方向,为中小学自制教具活动注入新的内涵。我省还创新展评方式,把布展和评审相结合,活动现场气氛热烈,组织有序,近千名师生到现场观摩。今年即将举办第十八届全省中小学幼儿园优秀自制教(玩)具暨学生科技创新小制作小发明评选活动,各地参赛踊跃,省级筹备基本完成,省级评选将择期举办。

(十)扎实做好全省实验教学说课案例及优质课评选活动

省教育厅印发《关于开展 2020 年度全省中小学实验教学优质课评选活动的通知》(教技装〔2020〕192 号)和《关于组织全省中小学实验教学说课活动的通知》(教办技装〔2020〕127 号)。省教育装备中心精心指导各地做好遴选工作,充分运用信息化技术,构建实验教学平台。今年共有 300 余名教师参加了现场授课评选,共评出一等奖 80 节,二等奖 188 节,三等奖 188 节。

全省教育装备工作取得的丰硕成绩,让我们深切感受到:只有坚持党对教育事业的全面领导,才能确保教育装备事业发展的正确方向;只有坚持把立德树人作为根本任务,才能让教育装备更好地服务教育事业发展;只有坚持以人民为中心发展教育装备事业,才能保障教育发展成果惠及全体人民;只有坚持深化改革创新,才能促进教育装备事业充满生机和活力;只有坚持加强教师队伍建设,才能打牢教育事业发展的基石。这些经验和体会来之不易,是厅党组正确领导的结果,更是全省教育装备战线同志们无私奉献、努力奋斗的结果。借此机会,我向大家表示诚挚的感谢和由衷的敬意!

二、扎实推动全省教育装备工作高质量发展

当前正值"十四五"开局谋划的关键时期,党的十九届五中全会作出了"建设高质量教育体系"的总体部署,明确了"十四五"期间教育改革发展的政策导向、任务目标和重点要求,为我们谋划和推进工作提供了根本遵循。各地教育装备部门和各级各类学校要切实把学习贯彻党的十九届五中全会精神与学习贯彻全国全省教育大会精神结合起来,进一步统一思想、凝聚共识,不断提高政治站位,坚持以习近平新时代中国特色社会主义思想为指导,围绕立德树人根本任务,统筹好当前和长远、机遇与挑战、局部与整体的关系,科学编制好教育装备"十四五"规划,谋划好新时代教育装备发展蓝图,加快建设高质量教育装备体系,持续提升教育装备服务创新水平。

(一)狠抓教育装备质量管控

一要抓好教育部新装备标准宣贯。去年教育部印发了初中物理、化学、生物等 6 个学科教学装备配置标准。这些新标准的发布和实施,对于贯彻课程改革精神,加强学校标准化建设具有重要的意义。为推动新标准实施,省教育厅高度重视,拿出专项经费组织培训,省装备中心已经制订了培训方案,计划 12 月份分 5 期,培训 600 人。各地要组织好参训人员,原则上分管局长、装备中心主任都要参加。各地要结合新标准,认真落实经费投入,逐步配齐仪器设备,逐步淘汰不符合新标准以及与教育教学不相匹配的器材设备,为我省实现县域义务教育优质均衡发展奠定基础。二要抓好我省新装备标准修订。我省现行装备标准是 2006 年印发的,已经实行 14 年了,已与国家要求、技术进步和教学改革不相适应,急需进行修订完善。省里计划今年组织人员着手修订,各地要积极献计、献策、献力,深入调查,认真研究,科学制定,让装备真正服务于教育教学。

三是持续做好质量管控工作。严格规范开展履约验收是加强政府采购结果管理的重要举措,是保证采购质量、开展绩效评价、形成闭环管理的重要环节。近年,省教育厅高度重视此项工作,连续四年发文强调,各地也按照省教育厅要求,不断加强对教育装备招标采购和履约验收管理,教育装备质量水平稳步提升,一次合格率从2012年不到45%,提高到2019年的90%。但是,这项工作开展很不平衡,据调查,今年只有74个县(市、区)在政府采购时邀请第三方参与质量验收,不到全省县(市、区)数的一半。希望各省辖市要摸一摸情况,查一查原因,进一步重视这项工作,确保教育装备质量合格、安全可靠。对于重视不够、工作不力、问题严重,师生反映强烈的,要追究有关人员责任,确保质量管控工作落到实处。

(二)全面加强和改进实验教学

实验教学是推进育人方式改革的重要手段之一,前不久教育部印发了《关于加强和改进中小学实验教学的意见》,对实验教学作出全面部署。下一步省教育厅还要出台具体实施意见,同志们一定要认真学习,深入抓好贯彻落实。一要抓好实验教学普及。各地各校要按照教育部中小学实验教学基本目录,制订实验教学计划,按计划开展实验教学,确保基本实验应做尽做。坚决杜绝教师用黑板讲实验,学生为考试背实验的情况。二要创新实验教学路径。要不断更新观念,探索多层次、多元化实验教学新路径,利用新技术新方法开发多形式的探究、创新、综合性实验。有条件的地方可以结合实际开发特色实验课程。三要变革实验教学方式。积极推动学生开展研究型、任务型、项目化、问题式、合作式学习,通过多学科融合、编程教育、创客教育、人工智能教育、社会实践等实现学生学习革命,逐步做到"做中学""研中学""创中学",不断提升学生的观察能力、动手实践能力、创造性思维能力和团队合作能力。四要重视实验教学评价。科学运用考试评价方式,在综合学生日常实验教学活动参与情况评价的基础上,持续做好初中毕业生中招理化生实验操作考试工作,积极推动信息技术手段在中招实验操作考试中的全面应用,积极探索小学实验能力考核评价机制方法。五要强化教学能力培训。各地要继续开展好义务教育装备标准化实验学校建设、中小学优秀自制教具暨学生科技创新小制作小发明展评、实验教学优质课评选、实验教学公开课、实验教学技能竞赛等活动,实现以活动促建设、促教学。要建立实验教师及实验室管理人员培训制度,定期开展培训活动,普及新技术新方法应用,保证实验教学质量。争取做到全省中小学实验仪器装备、实验教师配备、经费投入保障等达到国家要求,基础实验开出率达到100%,拓展性实验开出率不低于45%。

(三)加快示范性图书馆建设步伐

各地各学校要加强领导,高度重视,加大投入,合理规划,推进基础建设,提高信息化水平。要以这项工作为抓手,以评促建,以评促改,评建结合,充分发挥示范引领作用,不断提升全省中小学图书馆的建设、配备、管理、应用、培训和评估水平。

(四)大力推动教育装备成果创新

习近平总书记提出"创新是引领发展的第一动力",强调"抓创新就是抓发展,谋创新就是谋未来"。要继续发挥省教育装备创新中心的作用,通过方案征集、专家评定、宣传展示,甄选推介一批教育装备创新成果,开展创新成果全省巡展试点工作,搞好使用咨询、经验交流、技术培训和优质服务。

(五)扎扎实实搞好校方责任保险

做好校方责任保险是国家政策的硬性要求,事关师生切身权益。各级教育部门、学校、保险机构和保险经纪机构要各司其职,通力合作,制订协调联动工作长效机制,巩固好现有成果,不断提高投保面,实现全面承保,应保尽保。按照我省"统一省级管理,统一承保机构,统一组织实施"要求,尚未实施校方责任保险的高校、中等职业学校要尽快制定工作方案,明确实施机构。进一步拓展责任险范围,逐步完善责任保险品类,依法依规适当提高保费标准,为学校正常教育活动和课外实践活动提供更有力支持和保障。特别是要增强风险防控意识和廉洁意识,严守廉洁纪律,坚决杜绝商业贿赂行为的发生,坚决抵制不廉洁之风,对违规违纪的行为,要严肃查处。

(六)高质量开展第七届实践教育优质课评选活动

实践教育优质课评选是今年教育装备的一项重点工作。通过评选可以为老师提供展示优秀教学成果的机会,促进教学经验交流,进而推动实践教育高质量开展。大家一定要高度重视,着力把握好四个原则:一是定位要高。坚持把推进实践教育作为贯彻落实党的教育方针、落实立德树人任务和办好人民满意教育的重要举措,让学生在山水中领略文化,在实践教育中增长本领,切实提升育人水平。二是方向要准。严格落实实践教育的有关政策要求,始终把实践教育作为学生学习的重要组成部分,积极推动课堂教学与社会实践的有机结合,确保实践教育方向不偏离。三是课程要精。依托我省红色教育、历史文化、自然风光、风土人情等教育资源,打造一批具有河南特色的精品课程。四是评审要公。要坚持原则,严格标准,对参赛教师的基本素质、教学方法、教学能力、教学效果、教学特色等综合考查,将设计合理、内容完备、类型多样、实践性强的优质课遴选出来,切实推动我省实践教育水平提升。也希望参赛老师赛出效果,赛出水平,以此不断提升自己的专业成长。

在这里,我要特别强调一下劳动教育问题。实践活动和劳动教育既有区别又有联系,二者互相融合。要加强劳动教育宣传引导,营造全社会关心支持劳动教育的良好氛围。要建立健全开放共享机制,组织青少年学生开展丰富多彩的劳动实践教育活动;做好劳动教育课程资源开发,开发具有地方特色的劳动教育实践活动项目;组织开展课题研究,引领劳动教育科学发展;打造一批劳动教育装备特色学校,以点带面,推动全省劳动教育装备工作的开展;组织省内外和国际劳动教育装备创新成果展览,开展国际国内劳动教育装备交流与合作,共同推动劳动教育装备工作的科学规范和健康发展。

(七)精心举办好第三届河南教育装备博览会

为推进教育装备现代化,实现新产品、新技术、新装备与教育教学创新融合,加强各类教育机构与教育装备企业的交流合作,在中国教育装备行业协会的大力支持下,河南省教育装备行业协会定于2021年5月14—16日在郑州举办第三届"河南省教育装备博览会"。将展示国内外优秀的教育装备产品及其技术,同期还要举办第三届"服务教育共筑梦想"论坛,"技术装备重构教育生态"教育新产品、新技术、新成果发布会,优秀校服学生秀等多个丰富多彩的主题活动。这是一个很好的交流展示平台,希望各省辖市、省直管县(市)组织有关方面的负责人届时参加会议,参观、考察。

(八)全面加强教育装备系统党风廉政建设

坚持党的领导是办好教育装备事业的根本保证。我们要始终坚持以习近平新时代中国特色社会主义思想为指导,以政治建设为统领,持续加强全省教育装备系统党的思想建设、组织建设、队伍建设、作风建设,引导党员干部坚定理想信念,牢固树立"四个意识",切实增强"四个自信",自觉做到"两个维护"。加强领导班子和干部队伍建设,落实"两个责任",严格遵守党的政治纪律、组织纪律和廉政纪律。要对标对表《关于在教育系统集中开展以案促改的工作方案》要求,针对教育装备工作的薄弱环节,制订问题清单、课题清单、政策清单、任务清单和责任清单,建立台账,挂号推进。要强化党的宗旨意识,始终把基层、学校的愿望与要求作为我们工作的出发点和落脚点,深入基层,强化服务,服务好学校、服务好学生、服务好教师,以优良的作风保障发展、促进发展,全面提升教育装备系统党建工作质量,以党建高质量发展推动教育装备事业高质量发展。

同志们,蓝图绘就,正当扬帆破浪;重任在肩,更须策马加鞭。希望大家始终坚持以习近平新时代中国特色社会主义思想为指导,进一步提高站位,振奋精神,以开拓进取、争先创优的锐气,攻坚克难、奋勇争先的豪气,蓬勃向上、奋发有为的朝气,披荆斩棘、勇往直前的士气,真抓实干,狠抓落实,全力推进新时代河南教育装备事业高质量发展,为建设高质量教育体系、助力中原更加出彩做出新的更大贡献!

(节选自作者 2020 年 11 月 27 日在全省教育装备工作会议上的讲话)

创新引领中小学图书馆赋能提升

河南历史悠久,是华夏文明之源;文化灿烂,是中国姓氏的重要发源地;资源丰富,是全国重要的农业和矿产资源大省;人口众多,消费市场巨大;区位优越,是全国综合交通枢纽和人流物流信息流中心;潜力很大,发展后劲不断增强。

河南省教育厅高度重视中小学图书馆工作。以政策指引为先导,以示范创建为抓手,以内涵提升为基础,按照多维度、零突破、有逻辑的基本思路,让学习可见,让思维发生,让文化浸润,让范式转换,在持续推进的深度实践中,力求贡献创新引领中小学图书馆赋能提升的河南智慧和方案。现汇报如下:

一、出台规范性政策文件

2018 年,河南省教育厅印发《关于加强和改进中小学图书馆装备工作的通知》(教技装〔2018〕609 号),全面贯彻落实《中小学图书馆(室)规程》,从建设、配备、管理、应用、培训、评估六个方面提出明确要求:一是提高认识,加快推进中小学图书馆建设;二是满足需求,统筹推进中小学图书馆配备;三是优化方式,科学推进中小学图书馆管理;四是提升服务,创新推进中小学图书馆应用；五是提升能力，加强推进中小学图书馆培训；六是督导考核，全力推进中小学图书馆评估。同时，还从政策层面明确：按照上下对口、信息共享、便于工作的原则，全省中小学图书馆工作统一归口教育装备管理部门。这就从省级层面理顺了管理职能，解决了交叉错位，为全省中小学图书馆工作的进一步开展提供了坚定的政策支持。

二、启动省级示范性创建

2019年10月，河南省教育厅下发《关于开展河南省中小学示范性图书馆创建工作的通知》（教技装〔2019〕734号），决定从2020年开始，全省每年创建200所中小学示范性图书馆，分三年完成。各地遴选装备基础较好、管理规范、应用创新、资金有保障的中小学图书馆（室）申报创建。基本路径是：学校申报、市县初评、省厅评估、动态管理。为了搞好创建工作，一是加大投入，落实经费保障；二是合理规划，推进基础建设；三是不断创新，提高信息化水平。我们以这项工作为抓手，以评促建，以评促改，评建结合，充分发挥示范引领作用，不断提升全省中小学图书馆的建设、配备、管理、应用、培训和评估水平。目前，2020年创建工作正克服疫情带来的不利影响，基本建设已经完成，各地上报基本结束，省厅评估即将开始。

三、建立适宜性评价和审查清理长效机制

教育部部署在全国开展图书适宜性评价和审查清理专项行动。我省反应迅速，部署有力，制发文件，召开推进会，成立工作组，充分运用河南省中小学教育装备信息管理系统图书清查子模块信息平台，全面排查，不留盲区，真正做到了自查到位、审查全面、标准统一、清理规范。优化了馆

藏资源,改善了馆藏图书质量,引导学生"好读书",保障学生"读好书"。

审查清理专项行动覆盖全省 35276 所中小学(包括民办学校),图书馆(室)14796 个。其中小学 30216 所,图书馆(室)12033 个;初中 3486 所,图书馆(室)1975 个;高中 511 所,图书馆(室)276 个;完全中学 136 所,图书馆(室)49 个;九年一贯制学校 847 所,图书馆(室)414 个;十二年一贯制学校 80 所,图书馆(室)49 个;审查图书总册数达 29982.81 万册,清理下架图书 437.0433 万册,清理下架图书占比达 1.458%,其中非法类图书 3.5264 万册,不适宜类图书 91.2332 万册,外观差、无保存价值类图书 342.2837 万册。审查清理专项行动之后,我省把建立审查清理长效机制作为重中之重来抓,健全选用机制,完善配备机制,强化队伍建设机制,全力构建评估机制,巩固审查清理成果,实现图书馆课程资源育人常态化、规范化、科学化。

四、科学推进使能创新

一是开发搭建全省图书信息化管理平台。为把工作做细做实,提高工作效率,省教育装备中心专门在河南省中小学教育装备信息管理系统中开发了图书信息化子模块。该模块可根据学校实际上报情况进行逐级汇总分析,摸清图书家底,实时动态掌握学校图书馆生均图书册数及递增量、图书流通分类统计、图书利用率统计等图书管理各项指标,针对藏书总量、图书总量、藏书金额等多个数据指标进行精准到校的数据分析,结合中国图书馆分类法对藏书分类进行标准测算,结合图书配备标准比例进行达标测算,实时分析学生读者活跃度及图书流通趋势,为宏观决策、资源配置提供参考依据,有助于统一规范中小学图书馆馆配书目标准,提高学校图书馆藏质量,优化馆藏结构,促进校园图书馆建设标准化、管理标准化、著录格式标准化、服务标准化。我们通过省级数据平台可详细查看各地市及县区到学校学生图书借阅流通情况，加强督促学校图书馆藏书的流通借阅，让孩子们可以看到更多的好书。

二是规划专项重大研究课题。将《中小学图书馆图书适宜性评价研究》列为河南省教育科学"十三五"规划专项重大课题，拿出专项经费面向全省征集立项研究单位，并配合研究单位利用全省教育装备图书资料信息平台基础数据和调查结果，组织专家、学者深入研究，科学分析，建立模型，提出建议，以更好地促进河南省中小学图书馆的发展。

三是积极发挥省教育装备行业协会平台作用。成立中小学图书馆专业委员会，为我省中小学图书馆行业搭建一个高水平的交流与合作平台，加强行业自律，推动行业发展，探索创新应用，提升行业水平。通过协会加强与出版、馆配企业的协调与沟通，深化买方与卖方之间的合作，克服信息不对称、服务不对称、市场不规范等瓶颈，构建良性的馆配生态环境，出好书，配好书，买好书，改善中小学图书馆藏书结构与质量。

四是成立专家咨询委员会和专家委员会。组成人员为：教育行政部门领导、教育装备相关专业技术人员及管理者，各级各类院校管理者及专业技术人员，企业专业技术人员及管理者，其他致力于教育装备事业有突出贡献的人员。主要任务是：对中小学图书馆亟待解决的重要理论和实践命题开展研究、咨询、指导、评估和服务。预期目标是：围绕"选配什么书""怎样选配书""为谁选配书"这一根本问题，把立德树人成效作为根本标准，追求中小学图书馆高质量发展。

五、大力抓好能力培训

要真正发挥中小学图书馆的教育职能，关键还得加强图书馆员的队伍建设。为进一步提升全省中小学图书馆管理人员的理论素养和实践能力，我省先后组织了图书管理信息化、馆藏优化、审查清理、主题阅读活动、图书信息化管理平台应用等多次业务培训。特别是在示范性图书馆创建中,把提升图书馆管理人员待遇作为重要指标进行评估,把图书馆管理人员连续参加各级培训作为基本要求进行督促检查,以此建立有效激励机制,推动图书馆管理人员培训又好又快进行。

(节选自作者 2020 年 9 月 22 日在中小学阅读素养教育研讨会上的发言)

提升中小学阅读素养的行为逻辑

河南是中华民族和华夏文明重要发源地之一。中国最早的王朝、最早的文字皆发端于此。尊师重教,薪火相传,一部河南史,半部中国史。在这块古老的土地上,勤劳的河南人民创造了令人惊叹的教育文化奇迹,为中华文明繁荣昌盛做出了巨大贡献。党的十八大以来,在习近平新时代中国特色社会主义思想指引下,河南经济社会发展日新月异,教育事业应变局、开新局,阔步前进在建设教育强省的大路上。

河南是一个教育大省。全省共有各级各类学校 5.42 万所,占全国总校数的 3.12%;教育人口 2873.39 万人,占全省人口的 26.20%,占全国教育人口的 8.93%。教育人口中,在校生 2689.67 万人,占全国 8.16%;教职工 183.72 万人,占全国 8.99%。学前教育毛入园率 90.30%;小学净入学率 100.00%;初中阶段毛入学率 107.17%;高中阶段毛入学率 92.01%;高等教育毛入学率 51.86%,全省中小学图书达到 4.16 亿册。其中,小学 20186.29 万册,初中 13774.85 万册,普通高中 3829.15 万册。

习近平总书记曾说过,"人民群众多读书,我们的民族精神就会厚重起来、深邃起来。要提倡多读书,建设书香社会"。河南省教育厅高度重视中小学阅读素养。以示范引领为先导,以专项行动为保障,以强化应用为基础,按照多维度、有逻辑的基本思路,让学习可见,让思维发生,让文化浸润,让范式转换,在持续推进的深度实践中,力求贡献创新引领中小学阅读素养提升的河南智慧和方案。

一、示范引领,构建阅读服务新格局

2018 年,河南省教育厅印发《关于加强和改进中小学图书馆装备工作的通知》(教技装〔2018〕609 号),全面贯彻落实《中小学图书馆(室)规程》,从建设、配备、管理、应用、培训、评估六个方面提出明确要求。同时,还从政策层面明确:按照上下对口、信息共享、便于工作的原则,全省中小学图书馆工作统一归口教育装备管理部门。这就从省级层面理顺了管理职能,解决了交叉错位,为全省中小学图书馆工作的进一步开展提供了坚定的政策支持。

2019 年 10 月,河南省教育厅下发《关于开展河南省中小学示范性图书馆创建工作的通知》(教技装〔2019〕734 号),决定从 2020 年开始,全省每年创建 200 所中小学示范性图书馆,分三年完成。各地遴选装备基础较好、管理规范、应用创新、资金有保障的中小学图书馆(室)申报创建。基本路径是:学校申报、市县初评、省厅评估、动态管理。为了搞好创建工作,一是加大投入,落实经费保障;二是合理规划,推进基础建设;三是不断创新,提高信息化水平。我们以这项工作为抓手,以评促建,以评促改,评建结合,充分发挥示范引领作用,不断提升全省中小学图书馆的建设、配备、管理、应用、培训和评估水平。截至目前,已对 13 个省辖市 7 个直管县的 160 多所学校进行了评估认定。

在示范性图书馆创建中,主要从以下三个方面构建阅读服务新格局:

1. 基本服务。一是阅读时间:实行全周开放,每周≥40 小时,对学生有效开放时间每天≥2.5 小时,寒暑假期间应安排时间开馆,保证师生借阅。二是借阅模式:向师生实行借、阅合一的全开架借阅服务,发证率

100%。三是借阅册数:每学年书刊生均借阅册数≥10册。四是读者到馆率统计及分析:定期(每学期至少两次)对读者借阅倾向、需求进行分析,并及时发布图书利用率、读者到馆率、读者借阅倾向及需求分析,为学校的教育教学提供第一手资料。

2. 教育教学服务。一是读书活动:组织各种形式的读书活动,如开设讲座,开展书评,征文、演讲、辩论,组织读书兴趣小组活动等;二是配合课改:配合学生活动或教师教研、课件制作等,在教育教学、开发智力等方面取得成绩;三是图情教育:每学年对新生进行入馆教育、图书馆知识教育;四是阅读指导:开设阅读指导课,培养学生读书兴趣,指导学生利用图书馆,提高学生获取知识的技能和终身学习的能力;五是书目宣传:利用各种形式宣传、推荐优秀读物,如编制新书目录和简介、推荐书目、专题导读书目及进行书刊展览等;六是文献工作:充分利用网络搜集国内外最新教育动态和教科研前沿信息,为学校教科研服务;七是检索咨询服务:能指导读者查找所需资料、提供检索途径,为读者解答咨询,并有咨询记录,主动服务;八是信息交流:能与外校进行文献信息交流。

3. 特色创新服务。一是特色服务:由学校图书馆自行开创的服务内容,被上级部门肯定或被本校师生认可并在日常教学活动中已经使用的,且具有示范作用和推广价值。二是公共服务:通过外借、图书漂流等多种形式向社会开放,充分发挥图书馆作用,实现效益最大化。图书馆在本地区具有一定影响力。三是工作创新:图书馆工作在科学、规范、有序、高效的基础上工作有创新、有特色。

4. 论坛服务。在2021年河南省教育装备博览会上,还举办了"服务教育 共筑梦想"暨中小学书香香园高峰论坛,赵宪志副主任出席并宣布开幕,张瑜处长作专家报告,进一步促进了我省中小学阅读素养的科学化水平。

二、专项行动,落实阅读审查新机制

青少年是价值观形成和塑造的关键时期。优秀的图书进课堂进头脑,是落实立德树人的根本任务,也是全面贯彻党的教育方针的迫切需要。

2019 年教育部《关于开展全国中小学图书馆图书审查清理专项行动的通知》(教基司函〔2019〕55 号)下发后,我省行动迅速。一是立刻将教育部的通知转发各地,并提出了具体落实的意见。二是召开了全省中小学图书馆图书审查清理专项行动启动会,教育厅副厅长毛杰亲自到会讲话,要求各地严格以教育部标准为依据,提升政治站位,统一思想,高度重视,加强领导,多策并举,制定出具体的贯彻落实意见,扎扎实实做好中小学图书馆图书审查清理工作。三是开展具体专项行动,专项行动覆盖全省 35276 所中小学(包括民办学校)的 14796 个图书馆(室),审查过程全面,标准统一,清理规范,责任明晰。审查图书总册数达 33961.2 万册,清理下架图书 437.04 万册,完善图书配备机制,建立定期审查清理机制,实现图书馆课程资源育人常态化、规范化、科学化。

三、强化应用,打造阅读生态新空间

中小学图书馆应该以发展学生核心素养和培养关键能力为重点,拓展图书馆的服务功能和服务内容,提升中小学图书馆应用水平。

1. 创建优雅环境。图书馆环境优雅,照明设施齐全,整洁卫生,校园书香气息浓厚,确保每周开放时间原则上不少于 40 小时,确保每天课余时间、周末和寒暑假期间对师生有效开放,鼓励适当延长并向社会开放。

2. 打造兴趣环境。分析中小学空间现状、趋势和特点,研究存在的问题和空间需求,提出空间功能拓展和适应学生心理发展规律的设计策略,打造趣味性阅读空间场域。

3. 创设融合环境。加强与教育教学融合,要求围绕深化课程改革目标任务,推进图书馆与学科教学有效结合、深度融合,将图书馆作为课程资源进行整合形成教学资源。提升学科教师对图书馆的认识,倡导学科教师自觉利用图书馆改善教育教学,开展教育科研活动。

4. 营造便捷环境。创新图书借阅方式,简化图书借阅管理,将馆藏资源推送到楼层、课堂,促进师生便捷、有效阅读。

5. 滋养信息环境。要求利用一定课时,培养学生搜集、整理、分析和选择信息资源的能力。利用图书馆举办学术讲座,展示师生作品,开展教研、学习交流活动。

四、书香标准,提升阅读普及新动能

为了扩大阅读素养普及面,近年省教育厅连续发文部署在全省中小学开展"书香校园、书香班级"评选活动。

1. 高度重视。结合全省教育系统开展的"把灾难当教材 与祖国共成长"主题教育活动、"学习新思想,做好接班人"主题阅读活动和中小学生系列阅读活动,引导全省中小学持续加强校园文化建设,倡导读书学习的文明风尚,推动广大师生养成爱读书、读好书的良好习惯。

2. 严格把关。确保各项阅读活动能够体现中华优秀传统文化、爱国主义精神和社会主义核心价值观等内容,做到思想观点正确、内容健康向上,确保原创性、真实性,避免弄虚作假现象发生。

3. 注重实践。省教育厅把书香校园、书香班级建设作为一项长期工作来抓,不断创新形式、丰富内涵,确保阅读活动开展序列化、主体化、系统化和常态化。要求各地要坚持阅读书籍与实践活动相结合,把系列阅读活动与校园文化、班级文化建设结合起来,积极探索开展阅读活动的有效途径和长效机制,切实做到全员参与,确保阅读活动有时间、有数量、有质量。要积极创建良好的阅读氛围,将阅读活动科学地融入广播操、游戏、节目表演、书法绘画等活动中,让阅读成为习惯,让书香溢满校园,让阅读伴随学生快乐成长。

五、强化科研,推进课题研究新安排

1. 列入专项重大课题。将《中小学图书馆图书适宜性评价研究》列为河南省教育科学"十三五"规划专项重大课题,拿出专项经费面向全省征集立项研究单位,并配合研究单位利用全省教育装备图书资料信息平台基础数据和调查结果,组织专家、学者深入研究,科学分析,建立模型,提出建议,以更好地促进河南省中小学图书馆的发展。

2. 建立课题项目交流群。200所中小学校积极参与教育部阅读与影视戏剧课题项目子课题。积极配合教育部装备中心调研《提升中小学生阅读素养的路径与策略研究》课题,认真组织《中小学生阅读素养、人文素养及影视戏剧教育》子课题项目申报。

3. 组织红色阅读活动。根据教育部装备中心要求,我省积极组织各地中小学校参与"传承红色基因,讲好中国故事"教育活动,我省此次活动中上传作品近百件。

4. 扎实做好人员培训。为进一步提升图书馆管理人员的理论素养,根据教育部装备中心《关于开展"书香校园建设与教师阅读素养项目"第一期中小学图书馆馆员、学科教师双基培训》精神,我省多次组织了图书管理信息化、馆藏优化、审查清理、主题阅读活动、图书信息化管理平台应用等业务培训。特别是在示范性图书馆创建中,把提升图书馆管理人员待遇作为重要指标进行评估,把图书馆管理人员连续参加各级培训作为基本要求进行督促检查,以此建立有效激励机制,推动图书馆管理人员培训又好又快进行。

我省在提升中小学阅读素养方面做了一些工作,主要得益于教育部装备中心的关心和支持。我们将以这次会议为契机,认真贯彻落实曹志祥主任在会议上的讲话精神,向兄弟省市学习,不断把中小学阅读素养工作做得更实更好更出彩!

(节选自作者 2021 年 7 月 30 日在全国中小学阅读素养研究工作推进会暨新时代中小学图书馆创新建设学术交流会上的发言)

立足新时代　追求新目标　探索新方法

一、立足新时代,把握基础教育改革发展新要求

习近平总书记指出,当今世界正经历百年未有之大变局,我国发展的内部条件和外部环境正在发生深刻复杂变化。2018年9月,党中央召开了进入新时代以来第一次全国教育大会,习近平总书记发表了重要讲话,从新时代党和国家事业发展全局的战略高度,强调坚持中国特色社会主义教育发展道路,培养德智体美劳全面发展的社会主义建设者和接班人,对加快教育现代化,建设教育强国,办好人民满意的教育作出了全面部署。全国教育大会之后,党中央、国务院除印发了关于学前教育、义务教育、普通高中教育三个基础教育文件外,还印发了关于加强劳动教育、中小学教师减负、思想政治理论课改革、教育督导体制机制改革等政策文件,教育部出台了加强和改进基础教育教研工作、加强初中学业水平考试命题工作和加强中小学实验教学等系列配套文件,旨在构建全面培养体系、深化教育教学改革、完善招生考试制度、加强质量评价监测,实现基础教育从"应试"的教育模式向"全面育人"的教育模式转变,促进高质量发展,形成基础教育改革发展新局面。

二、追求新目标,推进实验教学进入新境界

(一)做好规划

坚持"够用、好用、实用"的原则,按照《河南省义务教育学校办学条件基本标准》《河南省中小学教育技术装备标准》要求,科学配置中小学实验室的种类、数量和仪器设备等,保障实验教学的开展。同时,支持各地探索建设综合实验室、特色实验室、学科功能教室、教育创客空间等教育环境。河南省认真组织实施了薄弱学校改造计划、全面改薄、义务教育薄弱环节与能力提升工程等,投入资金近百亿元,为2万多所学校配置了教学仪器设备。

(二)完善保障

严格按照政府采购的要求,严格程序、严格规范、严明纪律,要求各地建立教育装备质量可溯源机制,凡是批量采购的项目,要设立永久性标识,在仪器设备的明显地方标明采购人、采购时间、采购方式、验收人等信息,做到可检查、可追溯。同时,河南省教育技术装备中心利用技术优势,为基层免费提供技术服务,审核参数,提供咨询。

(三)确保质量

省教育厅下发《关于进一步做好教育装备质量管控工作的通知》,从采购、履约验收、监督管理机制建设等方面提出要求。批量采购的教育装备产品要在学校、教育局验收的基础上,邀请专业检测机构参与第三方验收,通过开展第三方验收,减少工作漏洞,把住了质量关,极大地促进了教育装备采购质量的提高。为实验教学的开展提供了良好的条件。

但是,我们还应该注意到目前在实验教学工作中还存在一些困境,总结起来:一是重视不够。一些地方一些学校开不齐开不足实验课的现象依然存在,甚至是就不开实验课,让实验室、仪器设备在睡大觉,重配轻用

现象突出。二是管理不善。一些地方教学仪器设备采购不规范、质量问题时有发生。实验室管理不完善,缺乏懂业务、会管理的实验教师。三是质量不高。实验教学的教育思想和教学方式陈旧、形式单一。经常是验证性实验占主导,让学生比葫芦画瓢,课堂上热闹一阵子,实际上效果不佳。四是考核不力。缺乏对学生的实验探究能力的考核。这些问题严重制约了基础教育的内涵发展,迫切需要加以改进和加强。

实验教学是中小学学科教学的重要组成部分,是学校教育教学的重要内容和主要方法。开展有观察、有体验、有探索的实验教学,学思结合,知行统一,不仅对学生理解和掌握知识,而且对提高科学素养,培养社会责任感、实践能力和创新精神,促进全面发展,具有特殊而不可替代的作用。实验教学必须从原来的巩固课堂知识、验证科学原理、掌握操作技能的传统定位中脱离出来,定位于学生核心素养培养,帮助学生准确地把握知识,培养理性思维、批判质疑、勇于探究的科学精神,培养劳动意识、问题解决、技术应用的实践创新能力。我们把发展学生核心素养作为实验教学的主要目标,把探索和创新作为实验教学的主要方式,把固在和泛在作为实验教学装备发展的主要方向。

第一,政策指向。2017年7月,在大量调研的基础上,起草并印发了《河南省教育厅关于加强和改进中小学实验教学工作的意见》(教技装〔2017〕643号),明确了"谁管、管什么、怎么管"的问题。这是全省第一次出台这方面文件,对指导和规范全省中小学实验教学具有重大作用。教育部关于加强和改进实验教学的意见下发后,我们在认真学习、广泛调研的基础上,结合河南省实际,起草了河南省的实施意见,准备下发。

第二,考试带动。多年来,我省以中招理、化、生实验操作考试工作为抓手,引导中小学校按照课程标准要求开齐、开好实验课,增强中小学校开展实验教学的积极性和主动性,取得了很好的效果。河南初中毕业生基本上都能熟练、准确掌握中学理、化、生的基本实验方法和技能,这得益于中招理、化、生实验操作考试。

第三,表彰激励。我省多年来坚持开展中小学实验教学优质课评选活动,省人力资源和社会保障厅把实验教学优质课获奖情况作为理科教师评定职称的业绩条件之一。我省中小学实验教学优质课评选学科为中学物理、化学、生物、通用技术、小学科学。采取自下而上、逐级评选的办法组织,在各地广泛开展评选活动的基础上,由省教育厅组成专家委员会,对各地推荐参评的实验教学课进行评审,对拟评省一等奖的实验教学优质课,采取集中现场说课的方式最终确定奖次,说课活动采取公开方式,吸引广大教师现场观摩,相互学习,研讨提高。近年,我们把实验教学优质课评选与教育部实验教学优秀案例遴选活动有机结合起来,实验教学优质课和优秀案例评选同步进行,评分标准各有侧重。在评选活动中更加突出实验方法和实验仪器的改进和创新,取得了很好的成效。我省在教育部全国中小学实验教学说课活动遴选中也取得了很好的成绩。

第四,队伍建设。组织专业培训,全省每年都对相关专业教师、实验教学人员、管理人员定期进行装备应用与管理培训,特别是加强教师的装备通用技能与专业技能培训,着力提高教师应用水平。重视智库建设。省教育厅印发文件,组建省教育技术装备和实践教育专家库。经过层层推荐和严格评审,14 个门类 1532 名专家入库,这是一个涵盖大中小幼、文理兼备、专业领先、享有盛誉的人才库、思想库和资源库,对推动教育装备、实验教学的研究、咨询、指导和创新具有重要作用。

第五,活动引领。认真组织中小学优秀自制教具及小制作小发明评选活动。这是我省的一项传统的活动,至今已经组织了 17 届,都是由省教育厅下文部署,并公布结果进行表彰。活动着眼于教师改进实验仪器、创新实验手段解决教学中的实际问题,鼓励学生亲身实践,动手动脑,培养学生科学精神、实践创新能力。2019 年,以中小学 STEAM 教育成果和作品为主题,分科技类、创意类、美学类三类,共有 294 件作品参展,有近千名师生到现场观摩,现场气氛热烈,教师、学生利用这个展示平台,互相学习、互相交流,对实验教学工作产生了积极的影响。

第六,课题研究。2018、2019年,我们连续两年把教育装备和实践教育专项课题纳入了全省教育科学研究"十三五"规划。针对教育装备和中小学实验教学的发展规划、推进策略、与教育教学过程深度融合的方法、应用效果评价等各个层面开展理论与实践研究,并注重研究成果的宣传、推广、应用,发挥课题研究对教育装备、实验教学的指导作用,改变教育装备和实验教学领域重实际工作,轻理论研究的局面。2018年、2019年共立项课题114项。

第七,技术融合支持泛在化教育教学新变革。一是从单纯的器物配备为主转变为支撑课程技术环境为主。二是从验证性实验为主转变为探究性学习为主。三是从标准化装备为主转变为以关键能力作为逻辑起点的特色化装备为主,注重技术延伸和拓展教学内容、创新教学方式、变革教学评价。

三、探索新方法,加快实践教育实现新突破

中小学实践教育活动是全面贯彻党的教育方针,开展素质教育、培养学生实践能力和创新精神的一项重要工作,是学校教育教学的重要组成部分,也是贯彻落实国家和我省中长期教育改革和发展规划纲要的重要举措。

2018年,习近平总书记在全国教育大会上明确提出将劳动教育纳入社会主义建设者和接班人的总体要求,全面落实"五育并举"的教育方针。今年3月份,中共中央国务院印发《关于全面加强新时代大中小学劳动教育的意见》,强调劳动教育是中国特色社会主义教育制度的重要内容,要把劳动教育纳入人才培养全过程。7月7日,教育部印发《大中小

学劳动教育指导纲要》，对如何推进劳动教育进行了全面完善的顶层设计和具体部署。《意见》印发后，王国生书记、尹弘省长和江凌部长、霍金花副省长分别做出批示，要求由省教育厅牵头会同有关省直单位，将劳动教育作为立德树人根本任务的重要组成部分，认真贯彻落实。

根据省委省政府批示，省教育厅迅速组织有关部门，学习研究文件精神，筹建劳动教育研究中心；成立领导小组，加强对劳动教育工作的领导；按照部门职责，对劳动教育工作任务进行分工，列出任务清单；设立劳动教育工作专项经费，保障劳动教育工作的实施；开展劳动教育师资培训，确保教学活动开展；推动劳动教育实践基地建设，搭建开展劳动教育平台。但是，我省在劳动教育开展中，还存在一些问题，有待于在今后的工作中加以解决。一是劳动教育地位缺失，对劳动教育在"立德树人"中的作用与地位认识不够；二是劳动教育体系不完善；三是师资力量匮乏；四是劳动教育条件保障缺乏；五是有关部门齐抓共管劳动教育的体制机制有待完善。

劳动教育是马克思主义劳动观的重要内容，是全面贯彻党的教育方针的基本要求，是培育和践行社会主义核心价值观的有效途径，也是实施素质教育的重要内容，我们要积极采取措施，认真组织开展实施。

第一，加强劳动教育宣传引导。推广一批我省特色突出、操作性强的典型经验，大力宣传劳动光荣、辛勤劳动、诚实劳动、创造性劳动和劳模精神、工匠精神，弘扬劳动光荣、创造伟大的主旋律，营造全社会关心支持劳动教育的良好氛围。

第二，搞好单位职能对接。5月份，省教育厅成立了全省大中小学劳动教育工作领导小组，并对领导小组成员单位职责进行了划分。省教育技术装备管理中心的职责是：配合推进基础教育做好劳动教育实践基地和课程建设，负责基础教育劳动教育设施设备技术标准拟定，指导劳动教育设施设备装备工作。新的工作，赋予了我们新的工作职能，各地实践教育(劳动教育)管理部门也要以此为契机,转变观念,抓住机遇,开拓思路,积极站位,在教育改革和发展中,不断加强管理职能建设,丰富工作内容,提升服务能力。

王德如主任一行参观学习实践教育基地

第三,健全开放共享机制。截至目前,我省建成并投入使用的县级青少年活动中心 132 个;示范性综合实践基地 9 个;乡村少年宫 3000 多个。全省命名综合性学生社会实践教育基地 14 个,专项实践教育基地 70 个,国家级研学实践教育基地 10 个,研学营地 1 个,为劳动教育和实践活动的开展提供了重要的实施平台。我们一定要按照意见和指导纲要要求,建立健全开放共享机制,组织青少年学生开展丰富多彩的劳动实践教育活动,满足学校劳动实践需求。

第四,抓好实践活动优质课评选。实践活动是教育教学的重要组成部分,是培养学生实践能力、创新精神和实施素质教育的重要环节。实践活动优质课评选已经举办了 6 届,评出了一大批优秀的教学案例,提高了广大任课教师的教学科研水平,推动了全省中小学校实践活动的广泛开展。今年要举办第七届实践活动优质课评选,各地要加强领导,周密部署,积极鼓励广大教师上好实践课,争创优质课、示范课,不断提高实践活动课的质量。

第五,出台我省劳动教育装备指导意见。根据全国劳动教育项目要求,在出台劳动教育实践教室(场地)及劳动装备配备方案基础上,出台我省劳动教育装备指导意见,为我省劳动教育开展提供条件保障。

第六,提高劳动教育科研水平。新的发展时期赋予了劳动教育新的内涵、新的目标和新的任务,新时期的劳动教育和实践活动需要新的理论引领。我们要围绕工作中遇到的热点、难点和普遍性问题,开展课题研究。今年,省装备中心还要组织开展教育装备和实践教育专项课题的研究工作,希望各地实践教育管理部门要加强指导,科学引导,从本地教育工作实际出发,对劳动教育和实践活动进行广泛深入分析、研讨和理论探索,既解决现实问题,又加强理论建设,引领劳动教育和实践活动规范科学发展。

第七,做好劳动教育课程资源开发。课程是开展劳动实践活动的载体,是校外活动场所建设和发展的灵魂。课程资源开发要与学校教育相结合,与生活实际相结合,与现代科技产业发展相结合,与地方自然资源相结合,开发具有地方特色的劳动教育实践活动项目。我在全国劳动教育项目视频会上发言的时候也提出,在劳动教育课程开发的时候,也要充分考虑到课程的地方特色,只有这样,教材才能够更好地落地实施。教育部装备中心连续两年开展了综合实践活动课程资源征集工作,我省中小学教师参与的积极性很高,但是开发设计的课程资源总体质量不高,存在的主要问题:一是偏重于具体学科理论知识的传授,偏离了综合实践活动课的内在要求;二是与相应学段学生知识水平、身心发展不匹配、不适应;三是课程资源案例设计不完整,部分环节缺失;四是课程案例活动组织实施环节简单笼统,缺乏可操作性。因此,我们实践教育管理部门一定要提高认识,高度重视,想办法,拿措施,扎扎实实把实践活动课程建设工作做好,不断提高质量水平。

第八,打造一批劳动教育装备特色学校。遴选基础好、条件优、有特点、积极性高的地区和学校,按不同学段设立一批劳动教育装备特色学校,通过以点带面,推动全省劳动教育装备工作的开展。

第九,组织省内外和国际劳动教育装备创新成果展览。通过创新成果展览,提高研发教育装备积极性,引领教育装备研究工作不断发展,为学校劳动教育教学活动的开展提供服务保障。

第十,开展国际国内劳动教育装备交流与合作。劳动教育装备是开展劳动教育教学活动的重要条件保障,只有通过交流合作,取长补短,才能共同推动劳动教育装备工作的科学规范和健康发展。

同志们,实践教育和实验教学优质课评选是一项非常重要的工作。希望信阳市以此为契机,坚持立德树人的方向,符合大势;抓住保障的根本,形成强势;聚焦矛盾的主题,打造态势;推进泛在化技术的融合,引领趋势;追求立本立源的精髓,求真求是。也希望广大教师通过这次活动,促进自己更加优异地专业成长,激发根植于内心的理论修养,遵循我们都是追梦人的善思善良,实现从自在到自为到自信的文化自觉!

（节选自作者 2020 年 8 月 14 日在信阳市中小学实验教学和实践教育优质课说课活动上的讲话）

扬帆起航正当时　　不忘初心再出发

在这辞旧迎新的美好时刻,我们隆重聚会,热烈庆祝新春佳节!首先,对受到表彰的先进工作者、优秀员工、年度考核优秀者和民主评议优秀共产党员表示热烈的祝贺!对为装备中心改革发展付出辛勤汗水的在座各位好同事、好同志表示崇高的敬意和深深的谢意!

刚刚过去的 2019 年,在厅党组的正确领导下,我们成色更足,步伐更坚,党建提升,事业发展,干部提拔,风清气暖。

一年来,我们抓党建、创先进。坚持学重要讲话,向核心看齐;围绕中心,服务大局。全国教育装备改革创新工作会议在郑州召开,郑邦山厅长致辞,曹志祥主任讲话,河南作为先进典型向大会分享经验。

一年来,我们抓落实、求突破。全年共完成 677 批次教育装备第三方质量验收,行程 25.7 万公里,合同金额 13 亿元,教育装备质量管控成效十分显著;圆满完成全省 114 万名考生参加的中招理化生实验操作考试;成功举办展览面积 28000 平方米 6 万余名观众参加的第二届中国郑州国际教育装备博览会;成功举办近千名师生参加的第十七届全省中小学优秀自制教具暨学生科技创新小制作小发明展评活动;成功举办 600 多名老师参加的两大优质课评选;确立了 54 项省级研究课题;建设了 100 所教育装备标准化实验学校;举办了 600 余名老师观摩的全省实验教学说课活动。

王德如主任致新年贺词

一年来,我们重创新,谋发展。2019 年,评选出 83 项教育装备创新成果;举办 5 场教育装备标准宣贯会议;开展 6 期综合防控儿童青少年近视教育装备改革创新活动;成功举办全省首届中小学实践教育活动观摩课;全力推进中小学图书馆图书审查清理专项行动,全面开创全省中小学示范性图书馆创建工作;大力实施教育装备技术支持,积极为基层和企业"放管服"提供全新服务。

一年来,我们解难题,促改革。全省教育保险管理系统优化提质,以校方责任保险促进校园安全;编制出台中小学功能教室建设指导意见,为全省教育装备提供方案设计、技术咨询、参数论证等方便快捷服务;搞好校服政策宣贯、质量管控、市场培育和优秀品牌推介;加强基地建设和校外教育;投资 30 万元建立了智慧党建活动室;美化、亮化、净化成为单位新标识,文化引领打造了单位新名片,装备中心再次实现新跨越、新突破。教育部肯定,教育厅赞美,兄弟单位羡慕,我们这个大家庭生机勃勃,喜气洋洋,团结和谐,欢聚一堂。

同志们，扬帆起航正当时，不忘初心再出发。新的一年，让我们更加紧密地团结在以习近平同志为核心的党中央周围，把发展作为第一要务，把事业作为出彩项目，把经营作为关键举措，把组织作为强大力量，一鼓作气，乘势而上，不驰于空想，不骛于虚声，朝着新时代中原更加出彩的奋斗目标昂首前进！

（节选自作者 2020 年 1 月 17 日在省教育技术装备管理中心迎新茶话会上的致辞）

示范引领　推动实验教学新发展

进入新时代以来,在各级党委、政府和教育行政部门的高度重视下,在各有关部门的大力支持下,积极探索,努力奋进,我省中小学学校实验室标准化建设得到了稳步健康发展,实验教学环境、条件得到了有力保障,全省实验教学工作取得了较快发展。但离满足教育教学实际需要、学生求知需求还有较大提升空间,还须继续努力,在工作广度和深度上不断下功夫。下面我讲三条意见供同志们参考:

一、为什么要开展全省实验教学公开课活动

今年,是首次举行全省中小学实验教学公开课活动,活动分五场进行。主要目的:一是通过组织开展公开课活动,推动全省实验教学工作的广泛开展;二是通过公开课活动,提高实验教师的专业精神和业务能力;三是通过实验教学公开课活动,为从事实验教学的老师提供一个展示优秀实验教学成果的机会,使老师的辛勤劳动得到肯定,更好地促进实验教学水平提高;四是通过实验教学公开课活动广泛争取各方支持,为今后实验教学随堂开出营造良好土壤。

全省首届中小学实验教学公开课活动现场

二、如何更好地开展实验教学

2019 年 11 月,教育部下发了《关于加强和改进中小学实验教学的意见》(教基〔2019〕16 号),这也是教育部层面第一次对实验教学工作专门出台相关文件,文件对实验教学工作的意义、要求、举措、组织实施等作了详实要求。文件提出:

(一)总体要求

全面贯彻党的教育方针,落实立德树人根本任务,发展素质教育,努力构建与德智体美劳全面培养的教育体系相适应、与课程标准要求相统一的实验教学体系。夯实基础,开齐开足开好国家课程标准规定实验,切实扭转忽视实验教学的倾向;拓展创新,不断将科技前沿知识和最新技术成果融入实验教学,丰富内容,改进方式;注重实效,强化学生实践操作、情境体验、探索求知、亲身感悟和创新创造,着力提升学生的观察能力、动手实践能力、创造性思维能力和团队合作能力,培育学生的兴趣爱好、创新精神、科学素养和意志品质。

（二）主要举措

一是完善实验教学体系；二是创新实验教学方式；三是规范实验教学实施；四是提高教师实验教学能力；五是保障实验教学条件；六是健全实验教学评价机制；七是加强实验教学研究与探索；八是强化实验教学安全管理。

（三）组织实施

一是加强组织领导；二是保障经费投入；三是强化督导考核。

文件内涵丰富，指导性很强，希望大家会后认真学习研究这个文件，这将是今后一个时期实验教学工作的遵循。

王德如主任出席会议并讲话

三、共同努力把这次活动办好

希望大家共同努力，把这次活动办好。一是希望各位专家倾己所能，不要保留，把真经传授出来；二是希望公开课展示的教师放松心情，严肃认真,讲出效果,讲出水平;三是希望参加活动的老师们积极配合,认真学习,细心领悟;四是希望所有参加活动的人员珍惜学习、交流的机会,自觉遵守活动的要求和纪律,做到学有所获。

最后,预祝首次全省实验教学公开课活动取得圆满成功!

（节选自作者 2019 年 12 月 2 日在全省首届中小学实验教学公开课活动上的讲话）

让实践教育成为新亮点

实践教育活动是教育教学的重要组成部分,是落实立德树人根本任务的重要环节,是全面落实党的教育方针的重要途径,也是贯彻落实国家和我省中长期教育改革和发展规划纲要的重要举措。

全省中小学实践教育活动课观摩展示开幕式

新时期以来,我省认真贯彻落实国务院、教育部有关文件精神,以服务于素质教育和基础教育课程改革为宗旨,在各级党委、政府和教育行政部门的高度重视下,在各有关部门的大力支持下,积极探索,努力奋进,校外活动场所建设得到了稳步健康发展。截至目前,我省教育系统所属各级各类学生校外活动场所有 318 个。其中,县级青少年活动中心 155 个;省辖市级示范性综合实践基地 9 个;乡村校外活动站 154 个。全省命名综合性学生社会实践教育基地 14 个,专项实践教育基地 70 个,每年有数百万人次的中小学生参加各种形式的实践教育和研学实践活动,开设的实践活动课程涉及探究创新、劳动教育、爱国主义教育、革命传统教育、国防教育、优秀传统文化教育等诸多方面,对于促进素质教育的全面实施,培养学生的实践能力和创新精神起到了积极的作用,为我省基础教育事业的改革和发展做出了积极的贡献。

实践教育是马克思主义全面发展教育的重要内容,对于构建德智体美劳全面培养的教育体系具有重要意义。综合实践活动课是一门培养学生综合素质的跨学科实践性课程,也是新课程改革的亮点,在新的基础教育课程体系中具有独特的价值和功能。2017 年 9 月,教育部印发了《中小学综合实践活动课程指导纲要》,对综合实践活动课程的目标、内容、活动方式和规划实施等都提出了具体要求。为贯彻落实纲要精神,教育部教育装备研究与发展中心组织制订了《义务教育综合实践活动教学装备配置标准》,并在全国部分省、市开展了标准可行性的验证工作。这次会议上,两个材料都印发给了大家,希望各地结合当地教育实际,认真贯彻落实和研究参考。在省教育厅的领导下,河南省教育技术装备管理中心负责全省中小学实践教育活动优质课、实践教育活动观摩课(公开课)的组织开展工作,督促指导青少年学生校外活动中心、学生实践教育基地等校外活动场所的建设管理与使用工作。去年,经过省装备中心的努力,《河南省中小学教师职称评价标准》对实践活动优质课和观摩课给与了明确认可,成为中小学广大教师评职称的一个重要条件,对于全省中小学综合实践活动的广泛深入开展将会起到积极的推动作用。

今年,是第一届全省中小学实践教育活动课观摩展示活动,主要目的,一是通过组织开展观摩课活动,推动实践教育活动的广泛开展;二是相互交流经验,相互学习,取长补短,共同提高;三是为从事实践活动课教学的老师提供一个展示优秀教学成果的机会,使老师的辛勤劳动得到肯定,更好地促进教学水平提高。

(节选自作者2019年11月21日在全省中小学实践教育活动课观摩展示开幕式上的讲话)

万里征程风正劲　千钧重任再扬帆

一、总结过去,充分肯定 2018 年教育装备发展取得的新成绩

2019 年全省教育装备工作会议召开

2018 年,在厅党组的正确领导下,坚持把教育装备工作纳入全省教育工作大局谋划和推进,重点做好服务义务教育均衡发展和全面改薄的装备工作,工作职责逐步明确,协调机制日趋完善,专项业务有声有色,多

项工作成效显著。

(一)提高政治站位,深入推进从严治党

坚持把抓好党建作为最大政绩,以高度的自觉意识和担当精神,扛稳抓牢做实主体责任。坚持"党政同责""一岗双责",始终将党风廉政建设纳入整体工作格局中,抓责任,抓担当,抓教育,抓作风,抓纪律,抓监督,抓治理;坚持教育管心,制度管权,惩治管行。特别是以案促改成效显著,省纪委领导采取听取汇报、查阅资料、谈心谈话、问卷调查、列席民主生活会等方式,深入到省装备中心调研考察,帮助理论武装、学理求证和经验集成。2018年10月23日,在河南省纪委监察委网站推介了省装备中心以案促改的做法。

(二)召开全国会议,介绍分享经验

2018年9月14日和10月13日,教育部装备中心两次在河南召开现场会,就教育装备重大研究课题和实验教学等工作进行安排,我省向大会介绍经验,分享成果。

(三)强化硬件保障,提升装备水平

全省建设了100所义务教育装备标准化实验学校,省教育厅拿出专项经费进行设备奖励,省装备中心组织技术人员现场培训。"全面改薄"累计投入资金166.83亿元,为11459所学校建设了校舍、室外运动场等,为13321所义务教育学校配备了生活设施、课桌椅、计算机、教学仪器设备、图书。

(四)搞好质检验收,提高装备质量

充分发挥河南省教学仪器产品质量监督检验中心的职能作用,进一步拓展检测广度,力争做到地域、学校、学科、品种"全覆盖"。2018年共完成1290多批次第三方质量验收,合同金额约13.78亿元;其中一次通过验收的金额约11.81亿元,合格率85.6%,堵塞近1亿元的不合格设备进入学校。

(五)组织多项活动,推动装备应用

一是全国实验教学说课大赛创"10 金 5 银"的历史最好成绩,在全国 31 个省市中排名第二,彻底改变了河南多年低位徘徊的局面。二是圆满完成全省 111 万名考生中招理化生实验操作考试。实现全省考试事故零报告,社会反响正面积极。三是确立一批省级研究课题。举行河南省教育科学"十三五"规划 2018 年度教育装备和实践教育专项课题立项评审工作,共立项课题 61 项,其中重大课题 8 项,重点课题 53 项。四是成功举办全省两大优质课评选。全省实验教学优质课和实践教育优质课是中小学职称评定业绩条件的重要评审项目。2018 年,共有 400 余名教师参加了实验教学优质课现场授课评选,200 多名教师参加实践教育优质课现场授课评选。这两项评选活动方向正确,理念引领,突出创新,评审权威,产生了积极的社会影响。五是成功举办全省中小学幼儿园优秀自制教(玩)具暨学生科技创新小制作小发明展评活动,经过现场展示、作者讲解、专家评审,共评出优秀自制教(玩)具 375 件,其中一等奖 75 件,二等奖 118 件,三等奖 182 件。

(六)推介创新成果,提供平台展示

经过产品征集、自主申报、资格审查、专家评审、网上公示等活动,省教育厅公布了 83 项教育装备创新成果,为创新型企业提供强有力的政策支持和平台展示。

(七)落实教育保险,做好风险防范

省教育厅印发《关于进一步做好校园风险防范工作的通知》,先后召开全省校方责任保险座谈会和工作推进会,进一步进行政策指导和工作规范。同时,对承保机构走访调研,签订反商业贿赂承诺书,组织专项培训和推广教育保险管理系统,对承保机构和经纪公司综合测评,认真落实"八个到位""九个突出"和"三个满意",为师生提供优质服务,切实保障其合法权益。2018 年,近 2 万所学校 1000 万名师生的校方责任保险呈现

新气象。

(八)注重品牌引领,推动校服普及

坚持学生自愿、先城镇后农村、逐步展开的原则,加强监控管理,贯彻执行国家校服质量行业标准,严防不合格产品进入学校。2018年,5家校服品牌企业进驻创新中心。

(九)落实"奋进之笔",推进图书适宜性评价

中小学图书馆图书适宜性评价是教育部"奋进之笔"的重点工作。教育部明确规定,抓好中小学图书馆的建设、配备、管理、应用、培训和评估是各级教育装备部门的重要职责。全省装备部门在落实教育部"奋进之笔"上行动快、措施实、效果好。采取的主要措施是:全面排查,不留死角。摸底到位,责任到位,核查到位,整改到位。紧扣师生需求,把好入藏关;规范审核流程,把好验收关;有序更新藏书,把好剔除关;严格落实标准,守好评价关。

(十)加强基地建设,搞好校外教育

完成对郑州等11个省辖市的实践教育基地的复查验收,组织基地管理人员和任课教师培训,总结交流新经验、新成果;开展青少年活动中心评估,对在建的17个加强指导,加快建设,对投入使用的督促开展活动,发挥效益;持续推进研学旅行试点工作,推动我省中小学生研学旅行更加广泛深入开展。

(十一)建设两大平台,提升信息化水平

一是教育装备管理平台,用信息技术手段提升装备管理效率和科学水平;二是学校安全管理平台,用于全省校园安全风险防控,打造平安校园。两大平台的推广使用,将有力提升全省装备管理信息化水平。

(十二)成功举办2018中国(郑州)国际教育装备博览会

2018年4月26日至28日,"2018中国(郑州)国际教育装备博览会"在郑州国际会展中心成功举办。汇聚了大批教育装备新产品新成果,展

会面积近 2 万平方米,共接待专业观众 4 万人次。博览会的成功举办不仅推动了我省教育装备发展、交流与合作,也提升了河南省经济社会效益,树立了教育厅服务经济发展大局的好形象。

第一届河南教育装备博览会

这些成绩的取得来之不易,这是厅党组正确领导的结果,是全省教育装备战线同志们无私奉献、努力奋斗的结果。借此机会,我向大家表示诚挚的感谢和由衷的敬意!

但是,我们也要清醒地看到,在新时代新征程中,我们还有很多问题要正视研究,很多难题需克服攻坚。一是装备管理方面,一些地方存在多头管理、机制不清、条块脱节,越位、错位、缺位现象。二是装备配备方面,重建设、轻保障,重信息技术、轻常规装备,重理科实验教室、轻政史地等文科情境教室配备。三是装备应用方面,课程建设和学校文化深度融合不够,教师水平不达标等多重因素导致实验室、功能教室的利用率普遍偏低,有些装备处于闲置状态,不能满足多样化、个性化的教学需求。四是装备质量方面,科学完善的质量标准体系和强有力的监督管理机制尚不健全,极个别地方还没有开展第三方质量验收,管控措施有待加强。五是装备研究方面,创新装备产品,尤其是适应"互联网＋"、智慧教育等信息化趋势的装备管理及产品应用尚处于薄弱环节。六是工作效率方面,个别省辖市和直管县(市)装备机构亟待健全,人员亟待充实,队伍整体素质亟待提高。七是个别县(市)校方责任保险工作不力,没有做到应保尽保。八是个别县(市)使用省教育厅规定以外的实验探究学生用书,影响了实验教学正常开展。

着力解决这些问题与不足,推动教育装备高质量发展,是贯彻落实全国教育大会精神的基本要求,是我们工作的追求目标。当前,我省教育装备发展面临着机遇和挑战,我们要坚定信心,凝心聚力,啃下"硬骨头",为新时代教育装备新发展开好局,起好步,奠好基。

二、对标新要求,扎实推进 2019 年教育装备实现新跨越

2019 年是全面贯彻落实全国教育大会精神的开局之年,是教育系统深入实施"奋进之笔",攻坚克难、狠抓落实的关键一年。今年全省教育装备工作的总体要求是:高举中国特色社会主义伟大旗帜,以习近平新时代中国特色社会主义思想为指导,全面贯彻党的十九大和全国教育大会精神,牢牢把握稳中求进总基调和高质量发展根本要求,坚持和加强党的领导,落实立德树人根本任务,切实办好人民满意的教育,围绕基础教育重点,聚焦不平衡不充分,早谋划,优布局,补短板,堵漏洞,融合创新,激

发活力,加快推进教育装备现代化,充分发挥教育技术对教育现代化的支撑和引领作用。

(一)坚持均衡配备,推进义务教育城乡一体化发展

一是抓好义务教育基本均衡县装备达标工作。我省目前还有 24 个县(市、区)没有通过义务教育基本均衡县评估认定,要实现 2020 年前所有县达到均衡发展的目标,任务非常艰巨。各级教育装备部门要主动作为,查漏补缺,建好功能教室,配好仪器设备,确保全省目标的实现。二是做好"全面改薄"有关收尾工作。对照五年规划开展自查,凡规划任务没有落实的,要查漏补缺,迅速补齐,确保每所学校达到国家义务教育学校办学条件 20 条底线要求。认真做好新配仪器设备的登记建档工作,要严格按照《河南省中小学教学仪器设备管理暂行办法》(教技装〔2014〕117 号)的要求,做好编号、登账等工作,遵循对国有资产管理的有关规定严格资产管理,防止流失和损坏。要加强对实验教师和各类设备管理人员的业务培训。对于只配不管、不用的学校,要追究校长责任。三是加强农村寄宿制学校生活设施设备配备工作。根据省政府安排,今年要新建、改扩建 900 所农村寄宿制学校。在学生生活设施设备配备过程中,要严格标准,过程管理,切实保证质量。要重视安全监控、报警装置和消防设施配备,要确保食堂灶具、炊具等食品加工设备安全卫生。

(二)注重普惠攻坚,提升学前教育装备水平

党的十八大以来,我国学前教育事业快速发展,资源迅速扩大、普及水平大幅提高、管理制度不断完善,"入园难"问题得到有效缓解。同时也要看到,由于底子薄、欠账多,目前学前教育仍是整个教育体系的短板,发展不平衡不充分问题十分突出,特别是一些乡村幼儿园,建设标准低,玩教具不足,设施设备差,影响着保教质量提高。2018 年年底,中共中央国务院出台《关于学前教育深化改革规范发展的若干意见》,国务院办公厅发文部署开展小区配套园专项治理,学前教育纳入省委省政府的十大

民生实事。各地要抓住发展机遇,加强对幼儿园玩教具和图书配备的指导,贯彻落实《3—6岁儿童学习与发展指南》《幼儿园玩教具图书配备指南》,支持引导幼儿园充分利用当地自然和文化资源,合理布局空间、设施,为幼儿提供有利于激发学习探索、安全、丰富、适宜的游戏材料和玩教具,防止盲目攀比。广泛征集遴选符合幼儿身心特点的优质游戏活动资源和体现中国优秀传统文化、现代生活特色的绘本。使幼儿园园舍条件、玩教具和幼儿图书配备达到国家规定要求,实施科学保教,让每一个在园儿童接受专业化、有质量的学前教育。

(三)着力普及优质,加快高中教育装备发展

一是各级教育装备部门继续做好高中阶段教育普及攻坚计划中的各项配备工作,要进一步摸清底数,科学测算,明确建设清单,持续改善薄弱高中办学条件。二是配合新课程方案的实施,做好装备工作。各地要根据普通高中课程方案(2017年版)的要求,加强教学设施建设,配齐专用教室与场馆,保障技术(含信息技术和通用技术)、艺术(或音乐、美术)、体育与健康、综合实践活动等课程及有关学科实验的开设。研究如何统筹教学设施配备等资源条件,为走班教学提供保障。三是做好高中阶段特色课程教学设施配备工作,做好各类功能教室建设,为普通高中特色优质发展提供保障。

(四)狠抓质量管控,做好教育装备质量保障

教育装备关系到教育质量、师生安全和投资效益。一是继续做好第三方验收,把好质量关,严防不合格产品流入学校。二是筹建河南省教育装备标准化技术委员会,提高教育技术装备标准化水平。各地要进一步按照省教育厅有关文件精神,提高认识,明确责任,规范程序,把管控工作做实做出成效。

(五)突出创新发展,评选教育装备创新成果

习近平总书记提出"创新是引领发展的第一动力",强调"抓创新就

是抓发展,谋创新就是谋未来"。要继续发挥省教育装备创新中心的作用,通过方案征集、专家评定、宣传展示,甄选推介一批教育装备创新成果,开展创新成果全省巡展试点工作,搞好使用咨询、经验交流、技术培训和优质服务。

(六)提升应用水平,持续做好实验教学工作

一是继续做好中招理化生实验操作考试工作,科学命制试题,规范考务管理,确保考试工作持续平稳运行。要强力推进考试信息化应用工作,各地要按照省教育厅统一部署,争取三年完成。二是继续深入广泛开展实验教学优质课评选活动,推动实验教学常态化,提高实验随堂开出率,不断探索实验教学优质课评选和说课活动新思路,加强信息化条件下现代技术的应用,推动评选工作现代化。三是认真做好探究实验学生用书使用工作,科学推动实验教学普及。要严肃工作纪律,各地要清查省教育厅规定以外的类似用书使用,切实减轻学生负担。

(七)组建专家团队,加强装备技术服务与指导

教育部《关于新形势下进一步做好普通中小学装备工作的意见》中要求:"各级教育行政部门要探索建立专业咨询、第三方服务,建立技术专家团队,加强对各级装备工作的指导与咨询服务。"为了更好地解决各地遇到的技术人员缺乏、专业水平不高的问题,省教育厅专门印发开展教育装备技术服务工作的通知,进一步做好方案设计、技术咨询、参数论证等服务工作。省装备中心依据省教育厅要求,成立覆盖 14 个门类、1000 多名专家组成的专家库,免费为全省中小学教育装备配备提供方案设计、技术咨询、参数论证等服务,为招标参数的科学性、严谨性、操作性提供专业支持。希望各地高度重视,把这一服务基层的好举措传达至各县(市、区),不断推动全省教育装备高质量发展。

(八)发展智慧教育,深入推进教育装备信息化

在教育信息化2.0时代,未来的"科技＋教育"不是简单地将信息技术应用在教育某个环节上,而是把信息技术内化于教育的各个过程中,用信息技术发展来推动教育变革,实现"教育现代化"。我们要认识理解习近平提出的"信息化为中华民族带来了千载难逢的机遇"这一论断的深刻内涵,制定中小学信息化设备配备标准,提升教育信息化融合应用水平,逐步实现信息化教与学应用师生全覆盖,加快建设在线智能教室、智能实验室等智能学习空间,推动教师主动适应新技术挑战,深入推进"三通两平台"建设,加快信息化时代教育变革,推动信息技术与教育教学深度融合。

(九)建设书香校园,加快中小学图书馆工作步伐

这是教育部装备中心今年抓的"奋进之笔"的重点工作,各地要认真落实《中小学图书馆(室)规程》,加快建立图书适宜性评价工作机制,探索构建中小学馆配实验室图书适宜性标准制度体系,尝试建立健全不适宜图书认定和惩处机制,逐步改善馆配图书质量,引导学生"好读书",保障学生"读好书",养成读书阅读习惯。

(十)克服顽瘴痼疾,加强全省校服工作

校服工作责任重大,德育载体作用显著。在省教育厅的领导下,省装备中心具体负责全省中小学生校服工作的规范指导、组织协调及监督管理。各级教育行政部门和业务管理部门也要各负其责,认真抓好落实。克服校服工作中以往的顽瘴痼疾,加强组织领导,坚持学生自愿,规范采购程序,加强质量监管,加大保障力度,形成贴近地域文化特点、符合时代精神特征、适度并体现民族文化要求的校服特色,推进校服工作再上新台阶。

(十一)统筹研学实践,推进校外教育工作

围绕学生实践教育基地建设、青少年活动中心建设和实践教育活动开展等重点工作,求真务实,不断创新。一是各地要积极探索新形势下开展实践教育工作的新思路,深入开展调查研究,大力加强劳动教育,总结

推广先进典型。二是加快学生实践教育基地建设。加强对焦作、三门峡、南阳、信阳4个正在建设的示范性综合实践基地的督促指导,使其尽快建成并投入使用。三是组织开展全省中小学实践教育示范课观摩活动,总结推广经验,推动实践教育课的广泛开展。四是分批分期开展全省中小学实践教育基地、青少年活动中心管理人员和教师业务培训。五是加强对2019年立项的实践教育课题研究指导,推动全省实践教育理论研究工作的持续开展。六是继续开展全省中小学实践基地的申报、验收和命名工作。

(十二)加强监督防控,保障校方责任险工作

进一步提高校园风险防范工作的政治站位,把握方向,对准坐标,引领创新,规范管理,真抓实干,强化出彩意识,强化高质量标准,严格按照"八个到位""九个突出"和"三个满意"的要求,从出彩担当、功能职责、规范管理、协调合作、服务质量、专业培训、系统管理、监督考评、廉政管控和解决问题等十个方面抓好落实。召开全省校方责任保险座谈会,开展全省校方责任保险工作督促检查,重点解决个别地方校方责任保险不开展或者投保率低的问题,同时组织专业培训和推广教育保险管理系统,对保险机构服务质量测评,提高校园风险防范保障能力,推动校方责任保险工作再上新台阶。

(十三)继续办好展览,打造国内高水准平台

为推进教育装备现代化,实现新产品、新技术、新装备与教育教学创新融合,加强各类教育机构与教育装备企业的交流合作,在中国教育装备行业协会的大力支持下,经省教育厅同意,河南省教育装备行业协会定于3月22—24日在郑州举办"河南省教育装备博览会"。这次展会设1000—1200个展位,较上届展会增加20%—30%,展览面积约2.5万平方米。将展示国内外优秀的教育装备产品及其技术,同期还要举办第二届"服务教育共筑梦想"论坛、中小学校服及学校照明工作发展高峰论

坛、中小学图书馆装备工作高峰论坛及 STEAM 教育推广及普及高峰论坛等多个丰富多彩的主题活动。这是一个很好的交流展示平台，希望各省辖市、省直管县(市)组织有关方面的负责人届时参加会议，参观、考察。

三、狠抓落实，强力保障教育装备高质量发展

(一)加强党的全面领导抓落实

党的领导是做好教育工作的根本保证。要建立健全坚持和加强党的领导的组织体系、制度体系、工作机制，形成落实党的领导纵到底、横到边、全覆盖的工作格局。一是坚持用党的创新理论武装头脑。持续加强理论武装，把深入学习宣传习近平新时代中国特色社会主义思想作为重大政治任务，持续推进"两学一做"学习教育常态化制度化，开展好"不忘初心，牢记使命"主题教育活动。二是坚持把党的政治建设放在首位。要把"用'四个意识'导航、用'四个自信'强基、用'两个维护'铸魂"作为党的建设总抓手，不折不扣地贯彻落实中央、省委和厅党组的决策部署，努力营造良好政治生态。三是坚持把支部建设作为基础工程。着力提高党支部的组织力、感召力、引领力和执行力。严肃党内政治生活，深入落实"三会一课"，强化检查考核，把党支部建设成"奋进支部"。四是坚持把正风肃纪作为关键举措。坚持底线思维，防控廉政风险，做实做细日常监督，加强源头治理，强化警示教育。五是坚持把融入大局作为内在要求。加强精神文明建设，凝心聚力，服务大局，推进岗位建功，引导党员干部打造"三大能力"，练就"四种功夫"，做努力奔跑的追梦人。

(二)提高法治化水平抓落实

完善的教育治理体系是教育健康发展的重要保障。一是提升教育装备部门运用法律、标准、信息服务等现代治理手段的能力和水平，保障教育装备有序健康发展。二是加大教育装备统筹力度。注重顶层设计，推

动区域、城乡教育资源合理配置,优化装备布局结构。三是推进科学决策。健全程序,实行咨询、调研、听证、公示等制度,完善评估机制,提高教育装备决策科学性。

(三)提升学习能力抓落实

各地要制订培训计划,加强应用技能培训,提高教师应用水平。探索学科教师管理使用实验室、专用教室的绩效考核机制,推动实验管理、实验教学与学科教学融合。完善装备科研平台,整合吸纳教研部门、高校科研院所、基层校长教师以及行业企业,共同开展研究,为装备发展提供创新动力。

(四)强化责任意识抓落实

责任心是立身之本。凡是能够不断克服困难、取得好成绩的地方,主要源于强烈的责任心。责任心是党员干部必须具备的基本素质,是爱岗敬业的基础,是强化落实的内在动力,是团结奋进的理念支撑。一要强化党纪政纪责任,明确法律法规责任,厘清社会家庭责任,守住"底线"、坚持"高线"、不越"红线"。二要加强责任督查,落实工作问责。"责任就意味着尽心尽责干事。"要教育和激励全省教育装备战线的同志敢于担当作为,把工作任务和责任扛在肩上、抓在手上,知责、尽责、负责,不断取得抓落实的新成效。

教育是国之大计、党之大计,功在当代,利在千秋。推进教育现代化,办好人民满意的教育,使命重大,前景光明。我们要紧密团结在以习近平同志为核心的党中央周围,深入贯彻学习习近平新时代中国特色社会主义思想,真抓实干,开拓进取,攻坚克难,凝心聚力,书写好新时代河南教育的"奋进之笔",让教育装备出重彩,更精彩,以优异的成绩喜迎新中国成立70周年!

(节选自作者2019年3月21日在全省教育装备工作会议上的讲话)

理念引领新发展　实干谱写新华章

一、关于教育部"奋进之笔"的三项重要工作

3月4日至5日,全国教育装备改革创新研讨会在我省召开。全国30个省装备中心主任参加。郑邦山厅长致辞,曹志祥主任讲话。曹主任提出,2019年要着力落实教育部三项关于教育装备的"奋进之笔":一是以完善装备标准体系为抓手,推动教育装备质量整体提高;二是以加强和改进实验教学为抓手,推动实验教学水平全面提升;三是以中小学图书馆工作为抓手,推动学生阅读写作能力不断提高。同时,在工作开展过程中,各地要根据当地教育实际,因地制宜开展常规工作。在抓工作落实中,应做到"五个度",即高度、速度、力度、热度、效度;做好"四个加",即加强管理、加紧培训、加快科研、加大督办;做到"三个转",即加速从"外延发展"向"内涵发展"转变、主动从"关注物"向"关注人"转变、兼顾从"强调标准化"向"支持特色化"转变,推动教育装备工作不断取得新突破。各地在工作中,要按照曹主任讲话要求,把全国会议精神落实好。

王德如主任在全国教育装备改革创新研讨会作主题报告

二、关于有关重点工作教育装备质量的管控

1. 抓好幼儿园教育装备质量管控。2019 年是第三期学前教育行动计划落实的关键之年,省委、省政府将新建和改扩建 1000 所幼儿园列入 2019 年重点民生实事。幼儿园设施设备、玩教具的配备一定要适合儿童的年龄特点,符合国家规定的有关规范和强制性标准,有利于幼儿体格、思维情感和谐发展,务必克服小学化、成人化倾向。

2. 加强"全面改薄"收尾工作的质量管控。要对照五年规划开展自查,查漏补缺,补齐短板,确保每所学校达到国家义务教育学校办学条件 20 条底线要求;要认真做好新配仪器设备的登记建档工作,按照《河南省中小学教学仪器设备管理暂行办法》规定,编号、登账,防止流失损坏;要以全过程质量监管和第三方质量验收为主要手段,加强质量管理,严把质量关,确保师生安全健康;要加强对实验教师和各类设备管理人员的业务培训,积极推进教育装备的使用。

3. 搞好寄宿制学校设施设备的质量管控。要根据省政府有关文件要求,对 2019 年全省新建、改扩建 900 所农村寄宿制学校学生生活设施设备严把质量关。学生床、课桌椅(凳)、安全监控、报警装置和消防设施配备等都要符合相关规范要求。

4. 提升薄弱普通高中改造的质量管控。各地要根据普通高中课程方案要求,加大改善薄弱高中办学条件的力度,加强教学设施建设,配齐专用教室与场馆,保障相关课程及有关学科实验的开设。在设备采购配备中,要坚持国家标准、行业标准,严把教育装备采购关键环节,强化质量意识和责任意识,认真做好教育装备履约验收。

三、关于教育装备技术服务

为贯彻落实教育部有关文件精神,不断提升教育质量,更好地服务于教育教学,根据省教育厅文件要求,省装备中心将自筹经费,免费为全省教育装备提供优质技术服务。服务范围包括教育装备配备方案设计、技术咨询、参数论证等方面内容。具体通过各地书面申请、沟通确认、专家论证、书面函复的形式提供服务。

为切实加强服务保障,省装备中心根据省教育厅公布的河南省教育技术装备和实践教育专家名单,成立了覆盖 14 个门类、1000 多名专家组成的河南省教育装备技术服务专家库。同时,专家库实行动态管理方式,将面向全国扩大范围,及时更新调整。

在技术服务工作中,重大项目,由省装备中心主任或委托副主任组织专家论证;重要项目,由副主任组织专家论证;一般项目,由主办科室负责人组织专家论证,对于急、难、特项目,特事特办,为基层提供方便快捷的服务方式。

加强教育装备技术服务是推进教育高质量发展、服务基层、减轻基层负担、提质增效的重要举措,各地要按省教育厅文件要求,加强领导,抓好落实。省装备中心将加强跟踪问效,定期发布各地教育装备质量和技术服务报告。

四、关于中招实验操作考试信息技术创新成果的应用

实验操作考试自纳入全省统考以来,部署周密,程序规范,运行平稳,反映良好,有力地促进了实验教学的开展。同时,各地在实验操作考试中积极探索,不断创新,将信息技术用于考务管理的各个环节,并取得了显著成效。几年的工作实践也证明,实验操作考试信息技术的应用,对于创新考务管理,规范考试流程,完善监督机制,促进教育公平具有重要作用。为加快推进实验操作考试信息技术应用进程,根据省教育厅有关文件精神,经企业申报和专家评审,有 5 家企业的产品入选 2019 年度中招实验操作考试信息技术应用创新成果。

五、关于选好用好实验教学用书,推动实验教学开展

为进一步加强对中小学实验教学用书的规范化管理,经省教育厅批准,省装备中心组织有关专家依据课程标准,编写了强化探究实验和自主活动的实验教学学生用书。按照上下联动、兼收并蓄和优中选优的原则,经专家评审,延边教育出版社出版的初中物理、化学、生物《实验探究报告册》,开明出版社出版的初中物理、化学、生物《探究实验报告册》,河南科学技术出版社出版的小学科学《探究实验报告册》,为我省推广选用的中小学实验教学用书。各地市教育行政部门要加强指导,精心组织,规范选用。要切实通过学生用书的使用,推动实验教学的开展,提升实验教学水平。在实验教学用书选用工作中,各地教育行政部门和有关发行机构

一律不得在我省推介和发行其他类似学生用书,以切实减轻学生的课业负担和经济负担。据我们了解,省教育厅规定以外的类似用书在有些地方还在使用,有几十万册,希望各地做好清查工作,严肃查处违反教育厅文件规定的选书用书行为。

六、关于教育装备展览会的组织保障

明天是教育装备博览会,是全省教育装备战线的一个盛会,也是展示我省教育装备战线靓丽形象的一个大型活动。希望同志们一定要按照博览会有关文件要求,认真组织好本单位人员的参会活动。在参会期间,要听从会议工作人员的安排和指挥,遵守秩序,举止文明,互相尊重,和谐礼让。要按照会议安排的时间、地点就餐、乘车和参观。尤其是安全问题,主要涉及政治、舆情、人身、财产、交通、食宿等,决不能发生各类安全事故,要把这次博览会开成一个团结友爱的大会、文明和谐的大会、树立我省教育装备战线崭新形象的大会。

七、关于校方责任保险工作

校方责任保险是学校教育安全管理工作的一项重要工作,也是促进教育事业健康稳定发展的重要措施。近年,随着新课程改革和素质教育的全面推进以及综合实践活动、研学旅行活动的广泛开展,中小学生活动的范围越来越大,伴随的意外伤害事故也逐年增加。同时,随着寄宿制学校的增加,学校周边环境的日益复杂,各级各类教育事业面临和承担着越来越多的办学风险。因此,各级教育行政部门、各级各类学校要从教育发展的大局出发,不断提高认识,加强管理,继续扎实做好校方责任保险工作,努力实现应保尽保。要根据教育发展需要,积极探索与学生利益密切相关的食品安全、实践活动、研学旅行、体育运动伤害等领域的责任保险，在全省建立一个功能健全、运作规范、服务学校和师生的教育风险管理服务保障体系，为我省教育事业的健康发展提供强有力的安全保障。

同时，伴随着社会经济的发展和各种教育风险的不断增加，学校风险保障能力也亟待提升，因此，省装备中心也在积极协调相关部门，争取政策，适当调整保费标准和赔偿金额，以便更好地化解校园风险。

从 2017 年开始，全省校方责任保险工作实行了信息化管理，在投保、承保、报案、理赔等各个环节实现了快捷、阳光的全程跟踪服务，有效地提高了校园风险防范能力和理赔服务质量。但是，在每年的保险数据上报中，也存在信息录入上报不及时、不规范、不准确、不全面的情况，还有个别单位对管理系统使用工作重视不够，组织不力，没有进行信息采集、录入。2019 年度校方责任保险数据的录入必须在 3 月底以前完成，各地市一定要加强监督管理，扎实有效地做好数据上报工作，确保全省校方责任保险工作持续健康发展。同时，商业保险问题要引起高度重视，不允许学校统一组织。

八、关于教育装备信息管理平台

为掌握了解全省中小学教育装备管理情况，为今后制订装备工作政策提供依据，省装备中心组织科研人员研究开发了河南省中小学教育装备信息管理系统，包括实验室、图书室、体音美器材等 7 个方面的内容，对于提升我省中小学教育装备信息化管理水平，具有十分重要的作用。各级教育行政部门、教育装备管理部门一定要按照教育厅文件要求，认真部署，层层落实，明确分工，责任到人；要组织省、市、县（区）校各级使用培训，熟练掌握和正确使用管理系统，以确保数据及时、真实、准确、完整。省装备中心将组织有关专家对各地市上报的数据进行查验和评价，对于数据不真实、欠准确、不完整的单位要进行通报批评。

九、关于加强劳动教育

教育与生产劳动相结合是马克思主义的基本观点。劳动教育是国民教育体系的重要组成部门。习近平总书记在全国教育大会上明确提出将劳动教育纳入社会主义建设者和接班人的总体要求,构建劳动教育的目标内容体系、教学实施体系和保障体系,全面落实"五育并举"的教育方针。

中小学实践教育活动是劳动教育的重要内容,是开展素质教育、培养学生实践能力和创新精神的一项重要工作,也是学校教育教学的重要组成部分。新时期以来,在各级党委、政府和教育行政部门的大力支持下,我省教育系统建成各级各类学生实践活动场所 318 个,每年有数百万人次的中小学生参加各种形式的劳动实践活动,对于促进素质教育的全面实施起到了积极的作用,为我省基础教育事业的改革和发展做出了积极的贡献。

去年,经过省装备中心的大力争取,《河南省中小学教师职称评价标准》中,对综合实践活动优质课和观摩课给予了明确认可,成为中小学广大教师评职称的一个重要条件。去年,我们在鹤壁综合实践基地开展了全省实践教育优质课评选活动,得到了广大教师热情参与和良好评价。今年,我们要组织开展全省实践教育示范课观摩活动,推广优秀教学成果。前期征集实践活动优秀教学案例的文件已经在会上发给了大家,希望各地市认真组织实施。

十、关于书写教育装备浓墨重彩

落实厅党组部署,结合装备系统实际,认真组织实施省辖市和省直管县(市)装备中心"主任风采"和"浓墨重彩纪实档案"项目,推动"奋进之笔"生根开花结果。

同志们,今天的会议议题集中,思路明确,内容丰富,重点突出。通过这次会议,统一了思想,提高了认识,明确了目标,坚定了信心。同志们回去后,要迅速结合本单位的具体实际和工作职责,提出具体贯彻意见,确保各项工作落到实处。

同志们,让我们自觉以新发展理念为引领,善于从别人走过的路中学习经验,敢于从没有路的地方蹚出新路,放大格局,提升境界,弥补知识弱项,解决经验盲区,把看准的事情做到极致,打开河南教育装备一片新天地,浓墨出彩中原的靓丽名片。

(节选自作者2019年3月21日在全省教育装备工作会议上的总结讲话)

开展五大创新　取得三大成效

2018年,在厅党组的正确领导下,装备中心领导班子坚持学重要讲话,向核心看齐;围绕中心,服务大局;改革创新,求真务实;事业稳步发展,党建水平提升;上下团结和谐,单位风清气正。取得三大标志性成效:一是今年教育部两次在河南召开现场会,连续两年致函教育厅对装备中心提出表扬和感谢;二是全国中小学实验教学说课大赛取得"10金5银"的好成绩,全国排名第二;三是10月23日省纪委网站推介装备中心党建特别是以案促改经验。

一、开展学习教育创新

除正常的学习教育活动外,突出抓好党课教育。3月27日,以"加强党的全面领导必然逻辑"为题,从党的全面领导历史逻辑、理论逻辑、实践逻辑三个方面给大家上党课。6月26日,以"信仰的力量"为题,从时代的力量、创新的力量、先锋的力量三个方面给大家上党课。我们着力党课教育创新,一是全体职工包括非党员参加,提高教育面;二是深化理论研究,提高教育力;三是结合实际讲解,加强针对性。同时,举办了2次党性主题教育活动。6月8—10日,组织全体党员赴大别山干部学院开展

"致敬新时代吹响冲锋号"党性教育培训;10月16—20日,组织支部委员到遵义参加"牢记使命更加出彩"主题教育培训。另外,抓好"两学一做"教育常态化制度化。

二、实施主体责任纪实制度

坚持党政同责,一岗双责,扛稳抓牢做实主体责任以外,去年,在主体责任考核上创新,实行月问、季问、半年问和年终问,一问再问,不断追问;今年,实施主体责任纪实创新。推行纪实制度,年初责任纪实,平时履责留实,考核监督核实,"两个责任"双报告存实。

三、打造正确用人导向

制发《关于规范干部选拔任用工作的意见》,树好选人用人新风。抓好"五种人"的鲜明导向,激发干部队伍生机活力,把工资发给爱岗敬业的人,奖金颁发给业绩突出的人,岗位选拔忠诚担当的人,荣誉授予理想作为的人,纪律警诫慵懒散漫的人。同时,强化工作效能,一是推行五种工作方法:汇报工作说结果,请示工作讲方案,总结工作说流程,布置工作讲标准,关心下级问过程。二是形成三大好习惯:把高质量作为工作习惯,把自觉接受监督作为行为习惯,把工作没干好就是对不起组织作为思想习惯。三是实行"四快五不准":在落实工作上思想反应快、行动落实快、反馈上传快、效果呈现快;在执行上思想不准抵触、行动不准迟缓、落实不准变通、报告不准拖延、建言不准事后诸葛亮。

四、六大行动精准扶贫

按照厅领导批示精神,采取在上蔡县、原阳县、泌阳县、尉氏县、宜阳县、非洲刚果(布)开展帮扶行动,为当地学校配置近 300 万元教育装备,树立教育厅务实精准扶贫的好形象。泌阳县送上"惟宏隆德　情系教育"锦旗,原阳县送上"教育扶贫　永感党恩"匾额,并向教育厅发出一封诚挚的感谢信,称赞:"你们的义举感动了全村父老乡亲,你们不愧是习近平总书记的好学生、党的好干部、老百姓的贴心人!"

原阳县蒋庄乡西王屋村全体村民给教育厅装备中心送来匾额和感谢信

五、以案促改抓细抓实

一是坚决打赢巡视整改的政治硬仗。成立领导小组,制定整治方案,建立台账,健全制度,突出重点,严督实查,查摆剖析,持续整改。共计列出整改事项36项,整改措施105项。二是设计制作《风险防控表》,深挖根源,排查风险。科室(公司)共排查出部门风险点50个,列出防控措施50项;领导班子排查岗位风险点15个,列出防控措施15项;党员干部职工共排查出岗位风险点128个,列出防控措施128项。三是打造廉政文化,形成5条以案促改廉政文化长廊,40余幅廉政文化宣传画;在一楼电子显示屏,不间断滚动播放反腐倡廉知识;在河南教育装备网站,开设"廉政教育"专栏;四是省纪委领导采取听取汇报、查阅资料、谈心谈话、问卷调查、列席民主生活会等方式,深入到装备中心调研考察,帮助理论武装、学理求证和经验集成。10月23日,在河南省纪委监察委网站推介了装备中心以案促改的做法。

装备中心党建工作虽然取得一些成绩,但离厅党组的要求还有差距,兄弟单位还有不少好做法值得学习。今后,我将与全体党员职工一道,大力弘扬焦裕禄"三股劲"精神,像焦裕禄同志那样做政治上的明白人,发展上的开路人,广大职工的贴心人,领导班子的带头人。转时态,在"新"上下功夫;转状态,在"实"上下功夫;转语态,在"深"上下功夫;转心态,在"高"上下功夫。脚下有泥、心中有光,牢记使命、忠诚担当,把更加出彩作为主攻目标,把高质量作为主要标准。站好前哨岗,种好责任田,争取好收成。为党组争光,为党旗添彩。

(节选自作者2018年12月20日在省教育厅召开的党组织负责人2018年度述责述廉述党建会议上的发言)

以党建的高质量推动校方责任保险更加出彩

新学期即将开始,校方责任保险面临新的形势、新的任务和新的开端。这次会议的主要任务是,肯定成绩,总结经验,提高站位,加大力度,强化出彩意识,强化高质量标准,推动全省校方责任保险工作再上新台阶。下面,我讲几点意见,供同志们参考。

一、充分肯定校方责任保险工作取得的成绩

一年来,我省校方责任保险工作取得了很大成绩。纠偏治乱走上规范,投保程度逐年增加,监管能力显著增强,服务质量不断提升,风险防控逐步到位,廉政自觉大幅提高,创新亮点不断出现。

1. 政策指方向。河南省教育厅出台了《关于进一步做好校园风险防范工作的通知》,明确了承保机构和经纪保险机构,政策指导更加清晰,顶层设计更加科学,制度建设更加规范,市场培育更加成熟,服务水平显著提升。

2. 创新抓监管。第一个创新是,统一使用河南省教育保险管理系统。对投保、承保、报案、理赔等环节实现数据快捷、阳光透明地全程跟踪服务,及时、全面、准确地掌握状况,为学校安全风险防控提供科学决策依

全省校方责任保险工作座谈会现场

据,有效提升风险防范能力。南阳、洛阳、三门峡、焦作、济源、濮阳、郑州、平顶山、汝州、邓州等地表现突出。世纪、江泰保险经纪公司和人保、人寿、平安、中华财险、太平洋保险公司等表现可圈可点。第二个创新是,推行校方责任保险评价系统。遵循"客观、公平、公正,自评、综评、定性、定量相结合"的原则,内容全面,细化指标,规范程序,准确评价,充分发挥服务评价制度的监督管理作用,厘清监管与服务的关系,全面、客观地衡量我省 2017—2018 学年校方责任保险承保机构服务质量水平。第三个创新是,实行保险经纪机构划片服务。依据专家组对保险经纪公司考察结果,根据全省地域状况、人口分布等情况,经省装备中心研究,报省教育厅批准,对保险经纪公司实行划片服务,签订保险经纪服务委托协议,规范市场,避免恶性竞争,确保健康有序。第四个创新是,11 家机构签订了反商业贿赂承诺书,自觉接受保险业务监督,杜绝商业贿赂行为,如有违反禁止商业贿赂行为造成不良影响或严重后果的,自觉退出河南省区域内校方责任保险等全部保险业务。同时,去年对 2 家承保保险公司在校方责任保险过程中,存在不符合国家法律、法规和省教育厅文件政策行为,违反相关承诺,省装备中心印发《约谈通知书》,由主管负责人、纪检监察室负责人、部门负责人参加谈话,对保险公司分管负责人、部门负责人约谈,填写《河南省教育技术装备管理中心约谈登记表》,存档备案。通过约谈,保险公司立即纠正不规范行为。效果十分明显。

3. 培训提能力。省级培训 40 余名管理系统操作员,各省辖市和县(市、区)还举办了 100 多场次约 5000 人的不同类型培训,培训人员认真掌握政策,学习技术知识,熟练管理系统,精益求精,确保按时、全面、准确地完成投保信息采集并导入到管理系统,保证校方责任保险信息准确及时、透明高效。

4. 改革出效益。在各级教育行政部门重视下,认真落实"八个到位""九个突出"和"三个满意",加大工作力度,不断扩大覆盖面。2017—2018 学年,全省 3 万多所学校、1270 多万学生投保校方责任保险,58 万多名教职工投保教职员工校方责任保险。

二、进一步提高校方责任保险工作的政治站位

当前,校园伤害事故呈现多样性、复杂性,学校教育中面临的学生意外伤害风险对学校的影响日趋严重,学校安全管理工作的任务十分艰巨。我们要进一步提高对做好校方责任保险工作的认识,增强政治意识、责任意识、风险意识、保险意识和服务意识,增强工作责任感和紧迫感。

1. 做好校方责任保险工作是国家政策的硬性要求。校方责任保险是提升社会治理水平的一项重大改革举措,是兜底线惠民生的重要工程,也是党和政府为教育系统办的一大实事好事,我们一定要从讲政治的高度,坚决把这项国家政策贯彻好落实好。多年来,国家就推行校方责任保险制度先后出台了很多政策。国家三部委、省内三厅局均下发相关文件,对推进校方责任保险工作、完善校园伤害事故风险管理机制做出具体要求。2017 年,国务院下发《关于加强中小学幼儿园安全风险防控体系建

王德如主任出席会议并讲话

设的意见》,省教育厅下发《关于进一步做好校园风险防范工作的通知》。我们要严格按照各项政策要求,完善校园伤害事故风险管理机制,扎实做好校园安全工作。

2. 做好校方责任保险工作是维护权益的有效途径。阳光安全校园是全社会对学校最基本的愿望,也是广大师生最为关心的问题,同时,也是我们教育部门应尽的责任和义务。进一步健全完善校方责任保险工作机制和防控体系,认真做好风险防范、事故处理和风险化解,有利于发展素质教育,有利于维护正常教育教学秩序,是打造阳光安全校园的必要条件,是保障孩子参加丰富活动的前提,也是维护广大师生合法权益的有效途径。

3. 做好校方责任保险工作是化解矛盾的迫切需求。校园安全是基层教育部门和学校面临的突出问题、难点问题,也是人民群众和媒体舆论最为关注的热点问题,学校安全管理工作的任务十分艰巨,一旦发生安全事故,不但给师生和家庭带来伤害,影响正常教育教学秩序,也给学校带来各类法律纠纷,学校往往承担了过重的甚至不应承担的安全责任。建立多元化的事故风险分担机制,运用好学校责任保险,分担学校安全风险,是妥善处理事故、化解学校和家长矛盾纠纷、维护师生合法权益、保障校园平安有序、构建和谐校园的迫切需求和有效途径。

三、以党建的高质量推动校方责任保险更加出彩

1. 落实好出彩担当。省委十届六次全会强调,要以党的建设高质量推动经济发展高质量,这要作为当前和今后一个时期河南各项事业发展必须牢牢把握的工作方向。省委十届六次全会精神特别是王国生书记的讲话,对整个教育系统有特殊的方向指引、精神激励和方法遵循意义。装备系统全体干部要深刻领会,把省委精神作为工作的"定盘星",把工作和人生的更加出彩作为"坐标轴",把党建高质量转化为工作高质量发展的强大动力。开创中原更加出彩的新局面,每个党员干部要首先更加出彩。如何更加出彩?第一,有情怀。主要表现:有强烈的出彩情感,大局的团队情结,维护系统形象的深厚情愫。第二,敢担当。主要表现:担责,担难,担险。第三,好习惯。主要表现:把高质量作为工作习惯,把自觉接受监督作为行为习惯,把工作没干好就是对不起组织作为思想习惯。我们一定要按照教育厅党组的统一部署,以马克思主义方法论为基本遵循,深化细化实化具体措施,把更加出彩作为主攻目标,把高质量作为主要标准,把党的建设责任传导到"神经末梢",任务落实到"基层细胞",养分供应到"毛细血管",努力谱写全省校方责任保险更加出彩的新篇章。

2. 落实好功能职责。校方责任保险工作涉及多方机构。只有各司其职,通力合作,统筹推进,才能共同做好工作。一是加强领导,落实好教育行政管理部门责任。各级教育行政管理部门要深入贯彻国家有关文件精神,加强教育保险的监督管理,充分行使管理职责,加大工作力度,做好政策宣传,搞好典型引导,巩固原有成果,切实加强对教育风险防范工作

的领导、指导和管理,督促学校建立健全风险管理服务体系。要加强同保险机构、保险中介机构的协调与配合。不断扩大覆盖面,实现校方责任保险、附加无过失责任保险、学生实习责任保险全面承保,应保尽保。省装备中心和各地有关机构,负责全省校方责任保险、学生实习责任保险的组织和具体实施,要加强对经纪公司、保险公司的监督和管理,及时研究和解决校方责任保险工作中存在的问题,确保校方责任保险规范运行、健康发展,推动建立事前风险预防、事中风险控制、事后损失补偿相统一的校园责任风险管理机制。二是明确职责,落实好学校安全管理主体责任。各级各类学校要切实承担起校园安全管理的主体责任,对校园安全实行校长负责制,加强宣传,积极引导,不断增强师生的安全意识、责任意识和保险意识,落实安全责任,完善安全管理制度及风险管理机制,加强学生安全教育,落实学校、教师对学生的教育和管理责任,做到职责明确、管理有方,预防和减少安全事故的发生。建立和完善校园意外伤害事故的应急管理机制,有效防范和化解各类安全风险。三是诚信履约,落实好保险机构和保险经纪机构的责任。保险机构在开展学校保险中要将保护被保险人利益放在首要位置,与教育部门、学校密切配合,认真履行职责及合约义务,建立健全服务网络,落实信息互报和定期沟通制度,积极协助学校加强风险管理和控制,提供针对校方风险的事前、事中、事后全程跟踪管理,及时迅速处理校方责任险理赔工作。要建立健全投保流程、理赔程序、理赔标准和快速理赔机制,切实提高理赔效率,为学校提供优质理赔服务。要建立重特大校园伤害事故应急处理响应机制,进一步提升服务质量。要在校园风险评估、防灾防损、安全风险教育等方面,共同研究预防对策,切实提升学校防范能力。保险经纪公司要发挥专业优势为学校提供便捷的保险服务,并适时提供法律援助服务。

3. 落实好规范管理。面对新形势新要求,教育行政管理部门和学校要坚持"政府推动、多方参与、市场运作、规范管理"的原则,进一步加强领导,强化管理,搞好合作,创新思路,共同推动校方责任保险工作再上新台阶。一是构建校园安全风险防控机制。把影响学生身心健康和生命安全的风险隐患纳入防控范畴,充分发挥政府、学校、家庭、社会各方面作用,运用法律、行政、社会服务、市场机制等各种方式,依法明确各方主体权利、义务与职责,形成防控学校安全风险的长效机制。二是落实主要领导负全责、分管领导具体抓的工作机制。明确主管部门及具体负责人员,配齐配强工作人员,制定和落实工作实施方案,切实抓好校方责任保险工作。三是承保机构强化内控机制。切实提高监管政策和内控制度的执行力,严格按照保险监管要求开展校方责任保险工作,加强风险管理和控制,提高服务水平。

4. 落实好协调合作。各级教育部门要健全和完善校园风险防范管理服务协调工作机制,统筹规划,健全制度,在明确和认真履行各自职责的基础上,加强教育部门、经纪公司、保险公司三方互相协调与合作配合,通过统筹协调,综合施策,形成合力,共同研究和及时解决校园风险防范工作的突出问题,推动全省校方责任保险工作再上新台阶。

5. 落实好服务质量。开展校方责任保险,接案不及时、理赔不合理、结案周期长,直接影响到学校投保的积极性,最终影响到整个校方责任险的形象和地位。因此,事故案件理赔是否顺利、快捷、到位,是衡量各方面工作、体现优质服务的重要方面。保险公司要简化理赔手续,落实快速理赔机制,规范理赔程序、理赔标准,在澄清责任的基础上,按照有关条款,及时、合理赔付到位,维护学校、师生的合法权益。保险经纪公司要建立和完善安全事故理赔全程跟踪服务制度,随时掌握案件理赔进程,切实加强督赔和衔接协调,保证理赔工作顺利进行。要建立健全重特大校园伤害事故应急处理响应处理机制,开辟绿色通道,预赔快赔,确保和谐稳定,让政府放心,师生满意,学校满意。

6. 落实好专业培训。一是进行学校安全教育和相关风险管理知识培训。进一步增强广大师生的安全意识和风险意识,工作前置,努力杜绝校园内外风险事件。二是保险公司要开展形式多样的业务培训。针对不同培训对象在投保、理赔工作中存在的实际问题,通过层层培训、系统培训,力争使每所学校,特别是农村及边远学校,至少有一名校方责任保险管理"明白人"。三是做好河南省教育保险管理系统专项培训。针对各级教育部门与相关保险经纪公司负责人和技术负责人进行系统管理与应用、数据采集与业务应用流程、系统运行和系统安全等内容的培训,推动管理平台的正常运行。

7. 落实好系统管理。为了加强我省校方责任保险信息管理,提升校园安全风险防范管理水平,推行河南省教育保险管理系统网络平台。利用数字化技术,打造校方责任保险大数据系统,对投保、承保、报案、理赔等环节实现了数据快捷、阳光透明的全程跟踪服务,及时、全面、准确地掌握和管理校方责任保险工作状况,为学校安全风险防控提供科学决策依据,有效地提升了我省校园安全风险防范管理水平。今年,省装备中心对管理系统进行了升级,建立和应用系统时间紧、任务重、要求高。因此,各地要高度重视,迅速组织开展管理系统培训,严格按照管理系统中的时间节点、填报内容、操作方法等要求,确保按时、全面、准确地完成信息采集,落实信息采集责任,确保全省统一使用管理系统。建立和应用情况将纳入各地校方责任保险工作检查、承保机构服务质量评价的重要内容。

8. 落实好监督考评。省装备中心将加大工作检查监督力度,组织开展对全省校方责任保险实施情况进行定期和不定期全面检查,对于有悖于文件精神的做法,要给予严肃处理。建立对保险机构服务质量的测评考核和奖励制度,细化指标,规范程序,每年组织一次中期评测,每两年进行终评,优胜劣汰。对于合作无诚信、信息有虚假、理赔不及时、服务不到位的单位,将取消其在河南省校方责任保险的承保和经纪资格。要把校方责任保险工作的落实情况,作为考核学校依法办学和学校领导班子工作的重要内容。坚决杜绝麻痹大意思想和侥幸心理，杜绝出现不保、脱保、瞒保、漏保等现象发生。一旦发现，要追究相关人员的责任。

9. 落实好廉政管控。各级教育行政部门、各级各类学校要严格按照《保险法》、中纪委《关于转发中国保险监督管理委员会关于严厉打击利用保险业务从事商业贿赂行为的通知》等法律法规，增强法律观念、责任意识、风险意识、服务意识和底线意识，严守廉洁纪律。我们一定要把校方责任保险当作一项利校、利民、利教的事业来抓好。任何个人和单位不得收受不正当利益；不得瞒报、漏报参保数据；不得拖延保费；不得擅自与保险公司或经纪公司另签合同；不得设立或变相设立"小金库"；不得巧立名目向保险公司或经纪公司索取任何好处费；不得将校方责任保险作为交换工具，向其他项目提供费用；不得以学校名义指定学生购买或向学生直接推销保险产品。坚决杜绝商业贿赂行为的发生。坚决抵制不廉洁之风。对违规违纪者，要严肃查处。

（节选自作者 2018 年 8 月 28 日在全省校方责任保险座谈会上的讲话）

奋力开创教育装备行业协会工作新局面

一、充分认识行业协会的重要作用

河南省教育装备行业协会于 1986 年成立,是从事教育装备行业管理的非营利性的社会团体,经河南省民政厅核准登记,取得社会团体法人资格;是由生、产、经营、管理、研究教育装备的企事业单位、校办工厂和有关单位(包括个人)自愿参加的全省性的行业组织。协会的宗旨是遵守宪法、法律、法规和国家政策,遵守社会道德风尚,面向全省教育装备行业,贯彻国家的教育方针和有关政策,为社会主义教育事业服务。在政府有关部门与会员单位之间发挥桥梁作用,在行业管理上发挥指导作用,在维护会员单位的合法权益及公共事务上发挥服务作用。

二、准确把握行业协会的职责定位

一是要做好政府调控的协助者。行业协会的工作要围绕中心,服务大局,紧密配合教育行政部门,接受政府管理部门的业务指导和管理监督,认真完成教育行政部门委托和授权的各项工作。二是要做好行业发展的推动者。行业协会要逐步建立健全结构合理、行为规范、规章健全的行业协会体系，积极开展行业服务，加强行业自律，维护行业秩序，使其真正成为提供服务、反映诉求、规范行为的主体；要针对教育装备行业存在的突出问题，研究提出解决对策和措施。三是要做好行业企业进步的促进者。协会要为企业提供咨询技术服务，做好政策咨询，维护企业合法权益，鼓励企业创新，主动带动企业开拓市场，引领企业高速高质发展。四是做好教育装备市场秩序的维护者。维护公平竞争，维护市场秩序，加强行业自律。

三、奋力开创行业协会工作新局面

(一)强化政治意识，加强党的全面领导

过去是"全面加强党的领导"，现在是"加强党的全面领导"，这一说法的改变，是中国特色社会主义发展进程中的一个重大转折。坚持和加强党的全面领导，核心是全面领导。这就是说，"党政军民学，东西南北中，党是领导一切的"。作为最高政治领导力量，党的领导必须是整体的、全面的，体现在经济建设、政治建设、文化建设、社会建设、生态文明建设各个领域，体现在党和国家工作的各个方面、各个环节；无论哪个领域、哪个方面、哪个环节弱化了，都会出现短板效应，削弱党的领导。坚持和加强党的全面领导，最重要的是维护以习近平同志为核心的党中央权威和集中统一领导。要牢固树立政治意识、大局意识、核心意识、看齐意识，自觉在思想上政治上行动上同党中央保持高度一致。这是党的全面领导最集中的体现，也是坚持和加强党的全面领导最重要的要求。加强党的全面领导，主要通过民主集中制原则，以领导小组、党组、党委及其工作委员会等形式实现党的全面领导。

一要抓武装。当前要把学习贯彻党的十九大精神作为首要政治任

务,树牢"四个意识"、增强"四个自信",坚持不懈地用习近平新时代中国特色社会主义思想武装头脑,推动工作。二要抓责任。认真落实党建工作责任制,坚持"党政同责""一岗双责",切实把主体责任扛稳抓牢抓实。三要抓教育。经常敲警钟、勤提醒,提高免疫力,做到警钟长鸣,定期通报典型案例,收到问责一起、震慑一批、教育一片的效果。四要抓作风。纠正"四风"不能止步,坚决捍卫来之不易的作风建设成果,绝不让享乐主义和奢靡之风卷土重来。五要抓纪律。重点抓住违反政治纪律、政治规矩等方面的问题,加强纪律执行,严查违纪行为,进一步强化纪律规矩意识。六要抓监督。做好民主集中制、职工大会和党内监督,形成内控机制,确保监督实效。坚持纪在法前,抓早抓小,对苗头性、倾向性问题早发现、早提醒、早纠正。促使党的全面领导生根、开花、结果。

(二)强化标准意识,全面提升教育装备质量

标准是衡量事物和行为的基本遵循。按标准办事,会把好事办好,实事办实。不按标准办事,可能面对失败。对于教育装备行业来说,标准就是规范,就是高度,就是企业竞争力。它关系到产品质量,关系到企业的生存发展。协会要高度重视团体标准建设,不断强化标准意识,不断提升标准化管理水平,不断提高教育装备产品质量。

(三)强化创新意识,不断引领发展潮流

随着"互联网+""云计算""大数据"等信息化手段的迅猛发展,一些传统的思想观念和产品已经不适应市场发展的需要,创新就显得尤为重要。开拓进取,勇于创新,已经是我国自改革开放以来,一个坚定不移的发展趋势。协会要转换传统思路,创新发展模式,促进会员企业转型,大力引导企业坚持创新求发展,研发教育装备创新成果。鼓励会员企业新技术、新产品的推广应用,适应信息化手段,推进信息技术与教育教学的深度融合和优质教育资源的共建共享,构建新的教育教学生态,通过教育装备的现代化,推进教育现代化。

（四）强化市场意识，不断提高企业效益

企业要强化市场意识，进一步树立"适应市场、把握市场、创造市场、引领市场"的理念，加大市场开拓力度，着眼市场需求，找准市场定位，增强市场竞争力，实现产品落地，追求企业最大效益。要抢占市场制高点，增创发展新优势。

（五）强化信用意识，持续树好企业形象

一是建立健全行业信用评价体系，推进"守信激励和失信惩戒"机制，维护市场秩序。二是加大行业信用等级评价宣传贯彻力度，加强对会员企业的诚信宣传教育和信用风险管理培训。三是引导企业建立行业信用信息数据库，公开和共享上下游企业的信用信息。四是开展信用建设专题宣传，多渠道树立诚信企业模范，营造教育装备行业良好诚信氛围。

新时代要有新作为，新方向开启新征程。我们责任重大，使命光荣。让我们更加紧密地团结在以习近平同志为核心的党中央周围，旗帜鲜明讲政治，履职尽责敢担当，凝心聚力共推进，真抓实干求实效，不断开创河南教育装备改革发展新局面，为实现中华民族伟大复兴的中国梦奋发有为，为中原更加出彩做出新的更大贡献！

（节选自作者 2018 年 4 月 26 日在河南省教育装备行业协会第六届二次会员代表大会上的讲话）

装备改变教育　创新引领未来

一、回顾过去，充分肯定教育装备改革发展成效

党的十八大以来，全省教育工作取得了很大成绩。教育生态持续向好，普及程度全面提高，支撑能力显著增强，教育质量稳步提升，为河南经济社会发展和民生改善做出了重要贡献。全省教育装备战线按照河南省教育厅党组的决策部署，围绕基础配备和质量提升两大主题，以推动教育装备供给侧改革和强化培训应用为主要手段，调结构，提质量，抓改革，促创新，真抓实干，攻坚克难，各项工作稳中求进，亮点纷呈。

一是教育装备政策基本完善。认真贯彻教育部印发的《关于新形势下进一步做好普通中小学装备工作的意见》，对做好全省教育装备工作的目标任务、保障措施、队伍建设和工作原则做出安排部署，出台了保障全省装备改革和发展的一系列政策，其中带有全局性、指导性和规范性的文件有：中小学实验教学的加强和改进、教育装备质量管控的规范和提升、教育装备创新成果的推介和应用、两大优质课评选、校方责任保险制度、中小学校服管理、校外实践教育等。围绕教育装备的建配管用研，教育装备政策的"四梁八柱"搭建基本完成。

二是教育装备质量管控成效突出。充分发挥河南省教学仪器产品质量监督检验中心的职能作用，进一步拓展检测广度，力争做到地域、学校、学科、品种"全覆盖"，制定《开展第三方质量验收工作办法》和《特殊问题处理办法（试行）》，举办 9 期全省教育装备质量管控培训班，18 个省辖市、158 个县（市、区）分管局长、教育装备部门负责同志、有关学校校长 1100 余人参加培训。2017 年，共完成 1165 批次教育装备产品第三方质量验收，合同金额约 11.46 亿元；其中一次通过验收的金额约 10.05 亿元，合格率 87.6%，堵塞近 1 亿元的不合格产品进入学校。特别是平顶山、洛阳、汝州等地，领导重视，组织得力，成效突出。

三是中小学实验教学得到加强。全省中招理化生实验操作考试以 30 分计入中招总成绩，各级教育部门更加重视考试安全，命题抽题体现理念创新，考务组织更加规范科学，教育部、河南省教育厅及社会各界均给予高度评价，提升了教育形象；按照"方向正确，特色明显，要求严格"的工作思路，组织编写中小学探究实验学生用书。该书内容适当，样式精美，理念先进，实用好用，受到广大师生交口称赞，社会效益十分明显；组织全省中小学实验教学优质课暨实验教学优秀案例评选，优秀作品推至全国并取得优异成绩。洛阳市开展了中小学科学实验优秀社团评选，焦作市组织"科学实验创新展示与评比"活动，很有特色。许昌市、鹤壁市、济源市、滑县等开展各级各类教育装备培训班，效果明显。

四是校方责任保险呈现新气象。先后召开全省校方责任保险座谈会和工作推进会，印发《关于进一步做好校园风险防范工作的通知》，强化政策指导和工作规范。同时，对承保机构走访调研，签订反商业贿赂承诺书，组织专项培训和推广教育保险管理系统，对承保机构和经纪公司综合测评，建立健全进出机制，认真落实"八个到位""九个突出"和"三个满意"，为师生提供优质服务，切实保障其合法权益。截止到 2017 年年底，全省 3 万多所学校、1200 多万名学生投保校方责任保险，58 万名教职工投保教职员工校方责任保险。南阳、三门峡、漯河等市领导重视,落实有力,工作规范,成绩突出。

五是校外教育工作迈出新步伐。完成对郑州等 11 个省辖市的实践教育基地的复查验收,组织基地管理人员和任课教师培训,总结交流新经验、新成果;开展青少年活动中心评估,对在建的 17 个活动中心加强指导,加快建设,对投入使用的活动中心督促开展活动,发挥效益;持续推进研学旅行试点工作,推动河南省中小学生研学旅行更加广泛深入开展。去年安阳市成功举办了第七届市级青少年校外活动中心才艺展示活动,积极探索校外活动场所免费或优惠提供基本公共文化服务项目;鹤壁、漯河等部分地市积极组织学生到劳动实践场所开展丰富多彩的劳动实践教育和劳动技能培训活动,取得了良好效果。

六是取得一批教育装备创新成果。河南省教育厅下发文件公布了一批教育装备创新成果,25 家企业创新成果被列入第一批河南省教育装备创新成果名录,为创新型企业提供强力的政策支持和平台建设,"亲""清"政商关系正在全省教育装备系统逐步形成。河南省教育装备创新中心目前运行良好,教育装备创新成果已经呈现,教育装备的治理水平显著提升。2017 年,河南省装备中心与 IT 业龙头企业华为公司签订战略合作协议,通过战略合作,优势互补,精细服务,产品落地,把华为性价比最高的产品和教育信息化解决方案推介到河南各级各类学校,提升学校信息化水平。

七是研究中小学校后勤装备生态化路子。组织召开中国教育装备研究院封闭型教学场所空气治理课题座谈会,在教育部支持下,启动新风系统河南试点,为厅直中小学安装 4 套教室新风设备,并在郑、汴、洛三地区试点推广。以推进学校新风系统、食堂、宿舍、饮食等建设为重点,推举评选一批具有现代化后勤装备和绿色文明的生态学校,信阳市郝堂宏伟小学便是生态学校建设的典范,曾代表河南省参加全国中小学校后勤装备成果案例展,赢得了广泛的社会赞誉。驻马店市组织开展校园环境文化建设先进学校评选活动,通过表彰先进打造高质量校园文化。

八是中小学校服管理逐步规范。坚持学生自愿,先城镇后农村,逐步展开的原则,加强监控管理,贯彻执行国家校服质量行业标准,严防不合格产品进入学校。同时,把新款校服评选作为教育装备创新成果,宣传展示校服样式,联合开展校服面料、功能、式样等研发。

九是河南省装备中心面貌焕然一新。教育部装备中心连续两年向河南省教育厅致函,对装备中心的工作给予了高度评价,赢得了全国装备同行和装备协会的信任和支持。2017年,争取到2600多万元的新风、照明、净水设备,5亿元的智慧教室和信息化试点班项目;在实践教育方面,获国家支持资金:2016年项目59个活动中心6910万元,2017年项目47个活动中心4155万元,研学旅行基地4138万元。装备中心还是河南省教育厅表彰的扶贫先进单位。目前装备中心事业发展、党建提升、管理规范、成绩突出,受到方方面面的肯定,为全省装备系统起到了很好的表率作用。

这些成绩的取得,是教育厅党组正确领导的结果,也是全省教育装备战线同志们辛勤劳动的结果,在此,我向同志们表示诚挚的谢意!

二、分析形势,把握全省教育装备工作的主攻方向

(一)深刻领会党的十九大对教育工作的新部署

党的十九大对教育工作作出了全面系统的部署。在基本战略上,进一步明确了教育事业优先发展的战略;在特殊地位上,建设教育强国是中华民族伟大复兴的基础工程;在总体目标上,是加快教育现代化,办好人民满意的教育;在根本任务上,是全面贯彻党的教育方针,落实立德树人根本任务,发展素质教育,培养德、智、体、美全面发展的社会主义建设者

和接班人;在发展取向上,是推进教育公平;在根本要求上,是高质量发展。从党的十九大确定的战略定位中来看教育的作用,从发展目标中分析教育的现状,从任务要求中审视教育的发展思路,可以说,当前我国教育正面临新的形势和任务,机遇前所未有,挑战前所未有,许多新情况新问题都需要我们去面对、去研究、去解决。在加快教育现代化、建设教育强国的新征程中,随着经济社会发展及随之而来的生活需求深刻变化,随着国家对外开放步伐不断加快及随之而来的国际竞争日趋激烈,随着社会公平正义不断提升及随之而来的知识技能重要性不断提升,适应人民群众对美好生活的需要,落实办好人民满意教育的要求,努力解决教育发展不平衡不充分的问题将是我们长期要面对的工作主题。

(二)正确研判教育装备工作面临的新形势

一是教育装备支撑、引领教育发展。当前我国已进入全面建成小康社会的决胜阶段。以"互联网＋"和"中国制造2025"战略为引领的新型城镇化、工业化、信息化建设进入关键时期,为教育装备改革发展提供了新机遇、新挑战。迅猛发展的信息技术,丰富了装备的品种,优化了装备的结构,极大地提升了装备的品质。以云计算、物联网、虚拟现实及大数据等为代表的新兴信息技术在教育中广泛应用,促进了教育模式、教学方法和办学方式的转变。教育装备正逐步成为素质教育的载体、教育现代化的标志、教育公平的体现。二是教育装备推动、保障课程改革。新一轮基础教育课程改革提出构建知识与技能、过程与方法、情感态度与价值观的"三维"课程体系,与之相适应的新一轮课堂教学方式改革正在精彩上演。慕课、微课、翻转课堂等教学组织形式纷纷走进学校,促使学校能更好完成课程目标,受到学校的欢迎。这些新的教学形式的背后,其实就是现代化教育装备的基础性支持。三是教育装备支持、服务立德树人。通过人文情境教室建设,校园环境文化布设,推进实践教育活动开展,将育人融入装备工作的方方面面。通过加强校外教育、研学实践教育、综合实践活动,拓展学生视野,丰富社会认知,深化实践育人,进一步强化学校、家庭、社会"三位一体"协同育人模式,形成全社会育人的整体合力。四是教育装备体现、促进教育公平。党的十九大关于基础教育的战略部署是:"推动城乡义务教育一体化发展,高度重视农村义务教育,努力让每个孩子都能享有公平而有质量的教育。"教育公平在一定程度上反映在教育资源配置方面。因此在装备配备上,更加注重向薄弱地区、薄弱学校倾斜,通过实施"全面改薄"和推进义务教育标准化建设,加强农村义务教育薄弱学校建设,均衡配置教育资源,让城乡孩子在同一片蓝天下共享有质量的教育。

(三)准确把握教育装备存在的新问题

一是装备内涵发展有待进一步加强。质量和效益是反映装备内涵发展的主要指标。实际工作中我们的精力、资源、政策还没有彻底转变到内涵建设上。重口号轻落实,重配备轻应用,重数量轻质量,重投入轻产出,重器物轻育人的观念严重制约着装备体系的健康协调可持续发展。二是装备资源均衡配置还不够完善。区域、城乡、校际之间有差距,品类、数量、质量方面参差不齐,共性、个性、多样性需求还兼顾不到,进而造成先进地区优质资源扎堆浪费,落后地区基本保障严重匮乏,人不能尽其才,物不能尽其用等现象屡屡发生。三是装备现代化程度还远远不够。互联网+时代背景下,大数据、云计算、人工智能等技术的不断发展促使各行各业谋划转型升级之路。教育系统这些年也在不断进行着各类尝试。从微课、慕课、翻转课堂再到创客,这些无不颠覆着传统教育认知和教学方式。装备现代化才能实现教育教学现代化。反观我们当前的装备现状,还在够不够、好不好的问题上盘旋,实现装备现代化,任重而道远。四是专业性装备人才还较为紧缺。装备配备最终的落脚点是服务于教育教学。目前我们装备系统的从业人员在管理模式上已经驾轻就熟,但服务于大环境下的教育教学还很不适应,在专业修养上还有很大的提升空间,在装备与教学的无缝对接和前瞻意识上还有不小差距,真正实现专业引领装备,装备引领教育的道路还很漫长。

综上所述,党的十九大对教育工作的新部署、教育装备面临的新形势、存在的新问题,就是我们工作的着力点。如何对标党的十九大要求,围绕工作重点,解决不充分不平衡的矛盾和问题,写好教育装备"奋进之笔"的重大课题,就是我们的主攻方向。要通过开展大学习、大创新、大担当、大治理活动,精心谋划、精细实施,确保年底交出全省教育装备工作的"得意之作"。

三、突出重点,明确河南教育装备改革发展的新任务

今年是贯彻党的十九大精神的开局之年,是改革开放 40 周年,是决胜全面建成小康社会、实施"十三五"规划承上启下的关键一年,也是教育系统实施"奋进之笔"的进取之年。全省教育装备工作的总体思路是:以习近平新时代中国特色社会主义思想为指导,对标党的十九大要求,围绕基础教育重点,聚焦不平衡不充分,补短板、补漏洞,坚持稳中求进、融合创新、激发活力、提质增效,啃下硬骨头,答好关切题,彰显新作为。具体工作装备中心印发了工作要点,我这里再重点强调以下几个方面:

(一)聚焦均衡,围绕义务教育城乡一体化发展抓配备

一要制定好中小学教育装备基本标准。《国务院关于统筹推进县域内城乡义务教育一体化改革发展若干意见》提出的工作目标是:加快推进县域内城乡义务教育学校"四个统一"和"一个全覆盖"。其中一个"统一"就是要确保装备配置标准统一。我们要加强调研,科学组织,制定好中小学装备基本标准,为实现"四个统一"打好基础。二要组织好"全面改薄"装备类项目实施。2018 年是"全面改薄"五年规划的收官之年,各地要按照要求,加快实施进度,装备类项目要提前规划,科学组织,确保年

底完成"全面改薄"装备配备任务,使所有义务教育学校都达到国家提出的"20 条底线"要求。三要配合好基本均衡县评估认定工作。按照国家要求,到 2018 年年底河南省要有 85% 以上的县(市、区)通过义务教育基本均衡县评估认定。办学条件达标是均衡县验收的一个重要方面,是申报均衡县的"门槛"。今年申报验收的县要组织力量,逐校排查,制定计划,统筹资金,做好功能教室和仪器设备建设、配备工作,确保义务教育基本均衡县目标的实现。四要谋划好优质均衡发展。今年省教育厅将启动义务教育优质均衡县评估试点工作。在装备标准上,优质均衡的要求有了较大幅度的提高,已通过国家义务教育发展基本均衡评估认定的县(市、区)要提前调研,对照标准,积极推进。

(二)聚焦普惠,补齐学前教育装备短板

通过学前教育行动计划实施,河南省学前三年毛入园率超过 85%,"入园难"进一步缓解,学前教育迈上新的台阶。但是,由于基础差、欠账多,学前教育仍是河南省教育体系中最薄弱的环节,特别是一些乡村幼儿园,建设标准低,玩具、教具不足,设施设备差,影响着保教质量提高。各地要抓住学前教育三期行动计划的契机,加强对幼儿园装备建设的指导,把玩具、教具、生活设施按标准配齐。引导幼儿园开展以游戏为基本活动,落实《3—6 岁儿童学习与发展指南》,实施科学保教,让每一个在园儿童接受专业化、有质量的学前教育。今年,教育部装备中心还要举办幼儿园教师自制教具玩具展评活动,各地要高度重视,宣传好、发动好,尽可能多地吸引更多的幼儿园教师参与活动,引导和推动学前教育装备配备与应用健康科学发展。

(三)聚焦攻坚,做好高中阶段教育装备配备工作

党的十九大将高中阶段教育由十八大的"基本普及"调整为"普及",意味着高中阶段教育高质量普及进入攻坚阶段。一方面,各级教育装备部门要积极配备做好高中阶段教育普及攻坚计划中有关装备工作,要指

导学校完善规划方案,搞好装备配备,加快项目推进。另一方面,高中新的课程标准已经发布,新课标更加强调创新精神、实践能力的培养,增加了物联网、人工智能、大数据处理等内容,要求学校建立行政班和教学班并存等多种教学组织形式。怎样加强技术课程设施设备配备,如何统筹教学设施配备等资源条件,为走班教学、技术课程提供保障,成为各级装备部门需要学习和研究的新课题。我们一定要加强学习,主动作为,发挥好装备部门应有的作用。

(四)聚焦特色,建好各类功能教室

实验室是学校基本办学条件之一,也是重要的课程资源,应成为学校进行素质教育、开展实验教学、综合实践活动、培养学生实践创新能力的重要场所和科学启蒙园地。各地要统筹用好"全面改薄"、高中改造等与装备相关的中央和地方资金,做好中小学实验室的规划和建设工作,在加强传统理化生实验室标准化建设的同时,更加注重地理、历史、心理、思政等文科教室建设和仪器配备,继续加强音体美卫教室建设和仪器配备,支持探索建设综合实验室、特色实验室、学科功能教室、教育创客空间等教育环境。鼓励对现有教室进行多功能技术改造,适应学生学习需求。

(五)聚焦创新,打造一批教育装备创新成果

各地要树立装备现代化理念,用发展的眼光应对高速发展的信息时代,加强并引领装备的研究论证,探索前沿技术,创新装备产品,通过装备现代化带动教育现代化。推进宽带网络校校通,实现校园无线网络全覆盖。鼓励探索建设智慧校园,在全省打造一批个性鲜明的智慧课堂。要充分发挥河南省教育装备创新中心的作用,继续通过方案征集、专家评定、宣传展示,甄选推介一批教育装备创新成果,搞好使用咨询、经验交流、技术培训和优质服务。

(六)聚焦质量,坚持不懈做好教育装备质量保障

质量管控工作是保障师生健康的前提和基础,关系教育教学质量、教

育投资效益、党风廉政建设。根据2017年河南省教学仪器质量检测中心验收情况统计，教育装备项目一次合格率为87.6%，还有百分之十几的不合格率。这些不合格的产品流入学校，势必会影响正常教学活动的开展，影响投资效益。近年，虽然我们把加强质量管控作为教育装备的一项重点工作来抓，但是，仍然没有引起一些地方的重视，验收工作不认真、不负责，也不引入第三方验收机制，质量管控流于形式，这必须引起高度重视。各地要进一步落实《河南省教育厅关于做好教育装备质量管控工作的意见》，提高认识，明确责任，规范质量验收程序，把管控工作做扎实。

(七)聚焦应用，充分发挥装备使用效益

一要以中招实验操作考试为抓手，推动应用。切实发挥好考试的正确导向作用，全面提高中小学实验教学水平。要在规范管理的基础上强化考试方式的创新，探索信息化手段在考试中的应用，不断提高考试质量，促进考试安全和公平公正。二要以活动为抓手，带动应用。持续做好实验教学优质课评选、优秀自制教具暨中小学生科技创新、小制作、小发明展评等一系列常规工作。研制河南省中小学实验教学目录，明确中小学日常开展的基本实验教学内容，以学促用。研究各功能教室全天候面向学生开放的政策，充分发挥其效能。三要以培训为抓手，促进应用。举办全省中小学实验管理人员培训班，开展实验教师培训，以适应国家课程教学改革和创新人才培养的总体要求，提高全省中小学装备管理和应用水平。

(八)聚焦防控，做好校方责任保险工作

做好校方责任保险工作是国家和省的一项政策。多年实践证明，建立和完善校方责任保险制度，是促进校园安全管控水平提高的重要举措，是化解和转移学校经济赔偿责任的重要手段，是推动学校素质教育开展和学生德、智、体、美全面发展的重要保障。因此，各级教育部门要进一步提高思想认识，切实把校方责任保险制度作为校园风险防控体系的重要内容,严格按照国家"应保尽保"的要求,履行职责,依法监管。要充分利用教育保险管理系统,严格投保、理赔等工作流程,规范操作程序,不得随意变更保障范围、赔偿额度等。要充分发挥经纪保险机构的咨询和专业指导作用,开展管理人员专业培训,完善承保机构的考核机制,严防商业贿赂和职务腐败,确保校方责任保险规范实施和稳步推进,促进河南省教育事业持续健康发展。各承保机构要认真履行服务承诺,进一步优化投保、报案、理赔等相关工作流程,严格按照行业规范和市场规则做好辖区内承保与相关服务工作,不断提高服务水平和质量,切实保障投保学校和师生的合法权益。

(九)聚焦育人,抓实做好实践教育

实践教育是以学生亲力亲为、体验感悟的活动化学习的方式为基本特征的教育。各地要进一步加强领导,加大力度推进实践教育基地和劳动实践场所建设,将此项内容纳入教育发展规划,统筹兼顾,积极稳妥加以推进。同时认真搞好青少年校外活动中心建设,积极开展研学旅行活动并做好相关教师的培训工作。学校后勤装备亦要立足当地统筹谋划,秉持生态理念,着力打造一批具有现代化水准兼具节约、环保、智慧的示范性学校。

(十)聚焦科研,不断探索教育装备发展规律

为了破解河南省教育装备和实践教育中的重点、难点问题,决定开展教育装备和实践教育专项课题研究活动。其中重大课题15项,重点课题40项,全部纳入了全省教育科学"十三五"规划。这充分说明了河南省教育厅对教育装备科研工作的高度重视。各地一要重视课题研究工作,积极组织申报;二要针对问题,通过研究,分析原因,探索规律,提出对策;三要做好保障。河南省装备中心对课题给予经费支持,各单位也要在经费、人员、工作安排等方面对课题申报人员给予支持,提供良好的课题研究环境;四要加强监管,过程跟踪,确保课题按时完成,及时结项。

(十一)聚焦展示,推动新产品新技术进河南

为贯彻党的十九大精神,推进教育装备现代化,实现新产品、新技术、新装备与教育教学创新融合,加强各类教育机构与教育装备企业的交流合作,在中国教育装备行业协会的大力支持下,经河南省教育厅同意,河南省教育装备行业协会定于4月26—28日在郑州举办"中国(郑州)国际教育装备博览会暨教育产业发展高峰论坛"。这是十几年来河南首次举办的一次盛会,意义重大,影响广泛。这次展会将展示国内外优秀的教育装备产品及其技术,还将举办全国中小学科学素养教育论坛、河南省中小学优秀实验教学说课展演、河南省教育装备创新成果发布会以及时尚特色中小学校服展演等多个丰富多彩的主题活动。中国教育装备行业协会和省教育厅作为本次展会的指导单位,非常重视此次展会。这是一个很好的交流展示平台,希望各省辖市、省直管县(市)组织有关方面的负责人届时参加会议,参观、考察。

(十二)聚焦规范,推进特色校服进校园

学生装的质量、功能和式样不但影响学生身心健康,关系到广大学生和家长的切身利益,还关系到学校文化建设。学生统一穿着校服,有利于学校常规管理和学生良好行为习惯的形成;有利于遏制学生穿着上的攀比之风。能够培养学生集体主义观念和朴素节俭、文明向上的品行,树立河南省中小学生的良好形象,对青少年学生的健康成长和加强社会主义精神文明建设等具有重要的意义。因此,各地一定要加强组织领导,提高认识,切实采取措施,推动河南省学生统一着装工作健康规范开展。在河南省教育厅的领导下,河南省装备中心具体负责全省中小学生校服工作的规范指导、组织协调及监督管理。各级教育行政管理部门和业务管理部门要各负其责,认真抓好责任落实,要制定由学校到学区直至县(市、区)为单位统一着装的具体计划,形成贴近地域文化特点、符合时代精神特征、适度体现民族文化要求的校服特色。要切实加强学生装的公开招标、质量检验、日常管理和售后服务等工作环节的监督管理,严格执行政策,规范工作程序,搞好服务,防止未按标准进行生产的学生装进入校园,切实维护广大学生的权益。

四、提高站位,确保全省教育装备工作取得实效

形势和任务已经明确。关键是改进作风,只争朝夕,狠抓落实,取得实效。

*一是从严治党做保障。*教育部和河南省教育厅都先后召开了从严治党工作会,各地要认真贯彻落实。从严治党永远在路上,我们要站好前哨岗,种好责任田。一要抓武装。当前要把学习贯彻党的十九大精神作为首要政治任务,树牢"四个意识"、增强"四个自信",坚持不懈地用习近平新时代中国特色社会主义思想武装头脑,推动工作。二要抓责任。认真落实党建工作责任制,坚持"党政同责""一岗双责",切实把主体责任扛稳抓牢抓实。三要抓教育。经常敲警钟、勤提醒,提高免疫力,做到警钟长鸣,定期通报典型案例,收到问责一起、震慑一批、教育一片的效果。四要抓作风。纠正"四风"不能止步,坚决捍卫来之不易的作风建设成果,绝不让享乐主义和奢靡之风卷土重来。五要抓纪律。重点抓住违反政治纪律、政治规矩等方面的问题,加强纪律执行,严查违纪行为,进一步强化纪律规矩意识。六要抓监督。做好民主集中制、职工大会和党内监督,形成内控机制,确保监督实效。坚持纪在法前,抓早抓小,对苗头性、倾向性问题早发现、早提醒、早纠正。

*二是改造学习强本领。*解决不平衡、不充分的问题,需要从改造学习增强本领入手。当前就是要改造形式化的学习,改造脱离实际的学习,防止学习的"简单化""庸俗化""一般化"。通过改造学习,掌握辩证思维,提升科学发展本领、依法执政本领、群众工作本领、狠抓落实本领、驾驭风

险本领。

三是稳中求进谋创新。稳中求进工作总基调是当前治国理政的重要原则,也是做好教育装备工作的方法论和重要指导思想。我们必须适应形势,应对挑战,立足省情,以稳强基。行稳既是致远的前提,又是前进的动力和手段。没有稳定,一切归零。但只稳不进最终不稳。对好的政策、制度和做法要保持稳定,一以贯之,使广大干部的良好预期要稳。要统筹好改革发展的力度和速度,防控风险,消除隐患,以此夯实稳定的根基。稳中有进贵在进。要出实招,在攻坚克难上寻求新的突破,促进工作再上新台阶。

四是转变作风求实效。要心中有信仰,眼里有全局,手上有方法,身上有干劲,脚下有底线。我们要善于综合运用行政的方法、经济的方法、法治的方法、思政的方法等,针对不同问题采取不同的方法。要大兴调查研究之风,把热点、难点搞明白,把关键点、切入点理清楚,瞄准中央关心、群众关切、社会关注的关键问题,抓住教育装备发展的主要矛盾,聚焦重点领域、阶段性目标,强化资源倾斜、政策倾斜、力量倾斜,集中优势"火力",确保圆满完成攻坚任务。要抓住工作重点,带动整体提升;打造工作亮点,善于总结经验;避免工作污点,维护系统形象。

同志们,新时代要有新作为,新方向开启新征程。我们责任重大,使命光荣。让我们更加紧密地团结在以习近平同志为核心的党中央周围,旗帜鲜明讲政治,履职尽责敢担当,凝心聚力共推进,真抓实干求实效,不断开创河南教育装备改革发展新局面,为实现中华民族伟大复兴的中国梦奋发有为,为中原更加出彩做出新的更大贡献!

（节选自作者 2018 年 3 月 16 日在全省教育装备工作会议上的讲话）

质量是成功的伙伴　检测是质量的保障

一、正确认识当前教育装备工作面临的形势

百年大计,教育为本。教育创新,装备先行。近年,河南教育装备投入优化增长,建配基准显著提高,信息化水平快速提升,应用模式不断革新,服务教学逐步深化。教育装备的长足进步,为教育事业特别是基础教育跨越式发展做出了不可替代的重要贡献。

(一)强化硬件保障,提升装备水平

一是标准引领。我们依据部颁标准,结合河南实际,制订并发布《河南省义务教育阶段学校办学条件基本标准(试行)》,作为义务教育学校标准化建设和均衡发展水平的评估考核标准。二是政府推动。近年,河南省出台《河南省人民政府关于优化城乡基础教育资源配置解决城镇基础教育资源不足问题的意见》《全面改善贫困地区义务教育薄弱学校办学条件实施方案》,以农村义务教育薄弱学校改造和城镇学校扩容建设为重点,全面推进义务教育学校标准化建设,着力缩小城乡、区域和学校之间的办学条件差距。三是投入提升。2014 年以来,累计投入资金238.7 亿元,为 1.41 万所学校建设了校舍、室外运动场等,为 1.6 万所义

务教育学校配备了生活设施、课桌椅、计算机、教学仪器设备、图书。2016年与2013年相比,全省小学和普通中学图书分别由1.44亿册和1.28亿册提高到1.67亿册和1.44亿册,网络多媒体教室分别由5.66万间和6.25万间提高到11.72万间和10万间,计算机分别由25.37万台和37.42万台提高到53.67万台和57.06万台,教学仪器设备值分别由29.95亿元和41.99亿元提高到了52.74亿元和63.4亿元,中小学校装备水平显著提高,办学条件得到极大改善。

(二)加强监督管理,提高装备质量

教育装备质量管控工作事关教育教学质量、事关师生安全健康、事关教育投资效益、事关党风廉政建设,做好质量管控对于提高教育经费使用效益、保障课程改革、推进义务教育均衡发展有着十分重要的意义。一是加强质检机构建设。河南省专门成立河南省教学仪器设备质量监督检验中心,该中心通过质量技术监督部门组织的计量认证和审查认可,取得了教学仪器设备质量监督检验资质,是全国为数不多的教学仪器设备产品专业法定检验机构。质检中心充分发挥自身优势,打造全省质检网络,规范检测程序,提高检测效率,监督指导各地进行质量管控,为提高河南省教育装备质量发挥着积极作用。二是开展第三方质量验收。农村义务教育薄弱学校改造计划实施初期,河南省教育厅、财政厅下文要求"凡未经具有法定资质的第三方质量监督检验机构抽检或抽检不合格的,不得支付相应的货款"。2016年河南省教育厅又下发《关于持续做好教育装备质量管控工作的通知》,持续推动第三方质检验收工作。我们按照"学校初验、县级全验、第三方终验"的方式,开展重大装备项目质量管控,取得了良好的效果。据统计,2016年,全年报检659批次,合同金额近10亿元,一次合格率76%,复检合格率80%,防止了3000多万元不合格产品流入学校。三是加强监督。河南省要求各地均要建立教育装备质量可溯源机制,批量采购项目要设立永久性标识,能够查询到采购人、验收人信息,强化责任意识,以便事后追责。四是组织培训。河南省教育厅决定,今年暑假期间分9期对全省18个省辖市和158个县(市、区)所有教育局主管局长、教育装备部门负责人及部分中小学校长进行培训,通过政策解读、专家报告、经验交流,提高质量意识,提升管理能力。

(三)推进实验教学,强化装备应用

1. 加强中小学实验教学工作。今年7月,河南省教育厅下发《关于加强和改进中小学实验教学工作的意见》(教技装〔2017〕643号),就提升实验教学能力水平以及加强实验室建设管理提出意见,明确今后全省实验教学工作的方向和重点。

2. 坚持做好中招实验操作考试工作。多年来,河南省以中招理、化、生实验操作考试工作为抓手,引导中小学校按照课程标准要求开齐、开好实验课,增强中小学校开展实验教学的积极性和主动性,取得了很好的效果。第一,完善考试政策。中招理、化、生实验操作考试实行"三统一"管理,即:统一命题、统一考试时间、统一考务管理,考试成绩以30分计入中招总成绩。第二,明确工作责任。河南省教育厅成立省中招实验操作考试办公室,设在省教育技术装备管理中心,负责考试的业务管理、组织命题与评分标准的制定,检查指导全省的实验操作考试工作。省辖市教育局负责统筹协调考试工作,包括考点设置、制卷、考务培训、考务管理等;县(市、区)教育局负责具体实施。第三,严格考务管理。考试采取考生抽签定题、现场实验、当场打分的方式进行,考生抽取台签号后,到对应实验台进行实验操作考试,严格落实"三固定一调整"(指考场内每个考试实验台实验题目固定、实验器材固定、监考教师固定,每场考试随机调整实验台台签号),保证公平公正。

3. 组织多项活动,助推装备应用。第一,组织中小学实验教学优质课评选活动。河南省人力资源和社会保障厅把实验教学优质课获奖情况作为理科教师评定职称的业绩条件之一,激励广大教师主动参与做课、评课,调动了教师开展实验教学的积极性,提高了实验教学水平。这项活动采取自下而上、逐级评选的办法组织,在各地广泛开展评选活动的基础上,由河南省教育厅组成专家委员会,对各地推荐参评的实验教学课进行评审,对拟评省一等奖的实验教学优质课,采取集中现场说课的方式最终确定奖次,说课活动采取公开方式,吸引广大教师现场观摩,相互学习,研讨提高。2016年度,通过学校、县级层层选拔,有800多名老师在省辖市获奖,近300名老师获省级优质课奖。第二,组织中小学优秀自制教具及小制作、小发明评选活动。这项活动由河南省教育厅下文部署,并公布结果进行表彰,深受学校师生的欢迎。2016年,河南省开展了第15届全省自制教具和科技创新小制作、小发明评选活动,共评选出优秀自制教具165件,中小学生科技创新小发明、小制作作品130件。新乡市、焦作市、许昌市、三门峡市坚持把青少年科学素质培养与思想道德建设有机结合,深入开展学生科技小制作、小发明评比大赛等各种形式的活动,成效显著。这些评选活动对调动广大师生自制教具的积极性,推动教学仪器新产品的开发和科技创新,提升实验教师业务水平,普及实验教学都发挥着重要作用。第三,开展教育装备研究。一是加强智库建设。2016年河南省教育厅印发文件,组建河南省教育技术装备和实践教育专家库。经过层层推荐和严格评审,14个门类1532名专家入库。这是一个涵盖大中小幼、文理兼备、专业领先、享有盛誉的人才库、思想库和资源库,对推动教育装备的研究、咨询、指导和创新具有重要作用。二是加强实验教学研究。河南省装备中心专门成立了内设科室——实验教学研究室,组织中小学实验教学一线和高等院校专家开展评课、听课、研讨交流,经常性开展中小学实验教学研究工作。三是开展教育装备课题研究。2015年,河南省将教育技术装备与实践教育研究纳入全省教育系统科研课题评选范围,在各高校、省辖市择优推荐的基础上,组织专家评审,确定1041个课题为河南省教育技术装备和实践教育研究立项课题。今年12月,这些课题将陆续结项,对优秀课题河南省教育厅将发文表彰。

(四)打造创新平台,展示创新成果

经河南省教育厅批准,成立河南省教育装备创新中心,旨在通过载体创新,展示各类教育装备新产品、新技术、新材料;通过联盟创新,打造教育装备精品聚集地;通过推介创新,为全省学校搞好使用咨询、经验交流、技术培训和优质服务。在广泛征集、资格审查、专家评审、网上公示的基础上面向全国筛选出 25 家公司的 60 项创新成果,河南省教育厅印发《关于公布河南省教育装备创新成果的通知》(教技装〔2017〕481 号)予以公布,同时在河南省创新中心集中展示。

(五)完善机制,规范校服选用

河南省教育厅印发《关于进一步完善中小学生校服管理工作的通知》(教技装〔2016〕452 号),鼓励并提倡中小学生穿着校服,依法依规采购,落实质量监管,建立奖惩机制。要求进一步扩大着装范围,形成贴近地域文化特点、符合时代精神特征、适度扣合传承民族文化要求的校服特色。同时,还邀请河南省质检局专家对《学生校服标准》进行培训。

二、下一步工作打算

下一步我们将以习近平总书记系列重要讲话精神为指导,在"四个全面"战略布局中谋划教育装备工作。加强理论研究,提高管理水平,推进装备应用,为河南省教育改革发展提供坚强保障。

(一)把固在和泛在作为教育装备发展的主要方向

传统意义上的教育装备是固定的教室、固定的设备、固定的陈列方式、固定的实验模式、固定的老师、固定的时间,是一种相对"固在化"的存在。近年,政策环境、理论创新和形势发展日新月异,构建以信息技术为依托的泛在化教育装备成为共识,成为追求,成为趋势和主要发展方向。创新、协调、绿色、开放、共享是我们党新时期治国理政的发展理念。教育装备工作要做到:坚持创新,推动教育装备取得重大突破;坚持协调,提高教育装备整体水平;坚持绿色,促进教育装备可持续发展;坚持开放,激发教育装备发展活力;坚持共享,创建泛在化教育装备环境。

(二)把服务工作大局的装备优先配置好

一是要遵循"全面改薄"计划,确保所有规划范围内学校装备配齐、配足、配好。二是围绕国家义务教育均衡发展评估认定工作,查漏补缺,完善装备。三是要补齐装备配备短板,注重特殊教育装备配置。四是要围绕学生发展核心素养,有针对性地开展装备配备。树立中华民族传统文化是战略资源的理念,围绕立德树人,注重地理、历史、政治、心理健康等人文情境教室的配备。

(三)把打好质量保障攻坚战放在重中之重的位置

充分发挥河南省教学仪器产品质量监督检验中心的作用,进一步拓展检测广度,做到各省辖市全覆盖、各级各类学校全覆盖、中小学全部学科全覆盖、品种全覆盖。

(四)把"互联网+"的教育装备作为重点工作突破

工作思路:加快建设,强化运用,深度融合,不断创新,提升基础支撑能力、服务教学能力、资源开发供给能力,努力从服务课堂学习拓展到支撑网络化泛在学习,从服务一般性教育管理拓展到服务全面提升教育治理能力。一是大力推进网络空间人人通,带动教育理念变革和教学方式创新。二是在应用上下功夫。调动广大教师应用的积极性,不仅要在应用广度上,更要在应用深度上大力推进。三是推动数字校园和智慧校园建设,组织培训和典型示范,组织交流、研讨和展示。四是继续创新机制,调动政府、行业、社会等各方面参与教育信息化的积极性。

(五)把加强和改进实验教学作为基础能力提升

一是继续做好实验操作考试。以考促建、以考促教、以考促学。要加强组织领导,规范考务管理,严肃考试纪律,强化责任追究,确保考试安全。二是优质课评比要全面铺开。要做好宣传动员,加大组织力度,以此提升业务、培训人员、凝聚人气、推动工作。三是加强装备课题研究,提升理论档次,推进研究创新。

(六)持续做好教育装备创新成果的推介和应用

准备再推荐一批理念先进,设计科学,样式新颖,实用安全,代表着当前教育装备新趋势和发展方向的创新成果。同时,以"放管服"为基本原则,以打造"亲清"政商关系为基本遵循,以发展学生核心素养为基本目标,持续做好技术培训、经验交流和应用推广,以支持泛在化教育教学新变革。

(节选自作者 2017 年 9 月 20 日在全省质量管控培训班上的讲话)

构建泛在化的教育装备环境

这次会议的主要任务是:通报情况,分析形势;研讨问题,厘清思路;改革创新,谋划发展。主要围绕以下7个方面进行研讨交流:一是研究修订教育装备标准;二是研究河南省贯彻落实教育部关于新形势下进一步做好普通中小学装备工作的意见;三是研究教育装备质量管控;四是研究教育装备采购管理;五是研究校园风险化解和防控;六是研究中小学生校服管理;七是研究中小学后勤装备。按照会议安排,我先讲几点意见,供同志们研讨参考。

一、正确认识当前教育装备工作面临的新形势

当前,教育装备的形势很好。装备投入优化增长,建配基准显著提高,信息化水平快速提升,应用模式不断革新,服务教学逐步深化。教育装备的长足进步,为教育事业特别是基础教育实现跨越式发展做出了不可替代的重要贡献。

(一)教育装备工作越来越多地受到各级领导的重视

党的十八届五中全会明确要求,"加快城乡义务教育公办学校标准化建设"。去年以来,教育部先后召开全国基础教育装备工作会议、中小

学实验教学交流会、全国装备中心主任会议。前不久,教育部又印发《关于新形势下进一步做好普通中小学装备工作的意见》,明确装备工作的意义、目标、主要任务和保障措施。这是新时期教育装备工作的纲领性文件。河南省教育厅党组对装备和勤工俭学工作非常重视,厅领导多次听取装备中心工作汇报,对装备工作非常关心,非常支持,经常指导,寄予厚望。特别是重点帮助解决了全省各级装备机构教师职称评定问题,有关人员可以按照河南省人事厅文件规定,申报中小学教师系列职称。这一问题基层多年反映,要求强烈,解决确实来之不易。

（二）教育装备越来越多地支撑基础教育改革发展

一是教育装备支撑了基础教育普及水平的提高。到 2015 年年底,学前教育三年毛入园率达到 83.18% ;义务教育进入均衡发展的新阶段,全省 57 个县(市、区)通过了国家义务教育发展基本均衡县评估验收;高中阶段毛入学率达到 90.30% 。二是教育装备支撑了学校立德树人的有效推进。中小学德育工作得到加强和改进。9 所市级示范性综合实践基地建设取得突破;示范性青少年学生校外活动中心和中小学心理健康教育示范区、示范校创建活动蓬勃开展;河南省校园足球行动计划持续推进。三是教育装备支撑了基本公共教育服务体系不断完善。2015 年全省独立设置幼儿园发展到 1.75 万所,5 年来,河南省先后投入 420 多亿元,重点实施了农村义务教育薄弱学校改造计划、全面改善贫困地区义务教育薄弱学校办学条件、农村义务教育学生营养改善计划、农村中小学食堂建设等一系列重大项目,使农村学校办学条件有了较好改善。城镇小学、初中"大班额"逐年下降。河南省政府分四批评选表彰了 67 个义务教育均衡发展先进县(市、区)。

（三）教育装备工作面临的困难和挑战

在看到成绩的同时,我们也必须清醒地认识到全省教育装备还存在着困难和挑战。"管不好""配不齐""用不足""效率低""质量差"的问题在全省不同程度存在。一是一些地方存在多头管理、机制不清、条块脱节,越位、错位、缺位现象时有发生。二是普遍存在重信息技术、轻常规装备,重建设、轻保障的问题。三是理科实验设备配备较好,但文科诸如地理、历史、人文等功能教室和设备重视不够,配备不全,甚至短缺。四是与课程建设和学校文化深度融合不够,不能满足多样化、个性化的教学需求。五是实验室、功能教室的利用率偏低。六是科学完善的质量标准体系和强有力的监督管理机制尚不健全,产品质量亟待提高,管控措施有待加强。七是个别省辖市和县(市)装备机构有待健全,人员有待充实,队伍素质亟待提高,人员待遇偏低的问题还没有得到很好的解决。上述这些问题是改革中、发展中、前进中的问题。

教育装备是教育现代化的关键标志,具有先导性、基础性和支撑性作用。教育装备战线同志们和广大中小学校,要以高度的责任感,乘势而上,不断提高教育装备的科学水平。

二、构建泛在化的教育技术装备环境

(一)新的发展理念为教育装备指明了方向

创新、协调、绿色、开放、共享是我们党新时期治国理政的发展理念。全省教育装备和勤工俭学领域要全面贯彻,认真落实。一是坚持创新,推动教育装备取得重大突破。二是坚持协调,提高教育装备整体水平。三是坚持绿色发展,促进教育装备可持续发展。四是坚持开放,激发教育装备发展活力。五是坚持共享,创建泛在化学习环境。

(二)需求侧增长为装备发展注入强大动力

随着国家教育投入稳步增长,旺盛的需求促进了装备行业蓬勃发展。据有关资料显示,教育装备市场规模可观,产业链条庞大,从业人员众多,已经成为国民经济的重要组成部分。但同时,教育装备行业还存在中小企业居多,行业自律不足,监督管理乏力等问题。特别是,教育装备企业还没有把加快发展更多建立在依靠不断创新、注重品牌和提升服务质量上来。

(三)供给侧改革带来产业转型升级新机遇

国家层面正采取积极方式,推动"双创""中国制造2025""工业4.0"和"互联网+"等行动计划,促进服务业、先进制造业发展,扶持小微企业成长。教育装备工作势必要把握机遇,加强对教育装备产业的培育和引导。通过组建跨部门、跨行业、跨组织的协同创新体,调动起大中小企业和各类创新主体的积极性,把基础研究和应用研究更好结合,推进产业链、创新链有机融合,形成多元投入格局,推动教育装备产业从传统生产走向现代制造。

(四)职能转换构建装备大平台

适应新常态,迎接新挑战,装备工作也要转换角色和职能,并据此构建有效工作平台。一是围绕中心,建设高效的教育技术装备管理平台。二是聚焦应用,建设专业的教育技术装备研究平台。三是立足公益,建设优质的教育技术装备服务平台。

(五)技术融合支持教育教学新变革

充分利用互联网、大数据、云计算等现代信息技术手段,依托微课程、MOOC、开源硬件、学习分析技术等新型资源和工具,优化教学渠道,转变授课形式,创新学习方式,增强学习、实验过程的记录和指导,丰富学习的实践性和体验性,真正把学生的核心素养培育作为重点,真正满足学生个性化学习需求。

(六)研训结合提升装备队伍高素养

积极开展教育装备理论探索和实践研究,充分利用一线教师、专家学者,打造一支指导和服务中小学装备的研究队伍;着力开展实验教学研究,通过开展实验教学优质课评比、优秀自制教具评选等活动,培育一支实验教学能力突出的教师队伍;加大培训力度,定期考核,表彰激励,培养一支有效保障实验教学质量的实验室管理队伍。

三、努力开创教育装备工作发展新局面

当前,我国已进入全面建成小康社会的决定性阶段。教育的基础性、先导性、全局性地位和作用更加突出。教育装备的支撑、引领、重构、服务作用也将更加凸显。国家为此确定了教育装备发展的主要目标:贯彻创新、协调、绿色、开放、共享发展理念,建立与基础教育改革发展相适应,与学生发展核心素养培育相协调,与国家课程标准相匹配的国家装备配备和质量标准体系。推动实现装备配备标准化、管理信息化和使用常态化。建立完善规范的国家、省、市、县、校装备治理工作体系与机制。建立教育行政部门牵头,政府相关部门、学校、事业、科研、企业等各要素深度参与、相互促进的装备发展格局。根据这一主要目标,教育装备必然面临转型升级。一是从单纯的器物配备为主转变为支撑课程技术环境为主。二是从验证性实验为主转变为探究性学习为主。三是从标准化装备为主转变为以核心素养作为逻辑起点的特色化装备为主,注重技术延伸和拓展教学内容、创新教学方式、变革教学评价。为了更好地适应上述转型升级,在今后工作中要注意以下几点:

(一)认真做好教育装备标准修订工作

首先,为什么修订标准? 一是形势需要。随着国家"互联网＋"和"中国制造2025"战略不断深入,信息技术迅猛发展,教育装备产品结构不断优化,品种不断丰富,新产品、新技术大量涌现。二是政策需要。党的十八届五中全会提出,"加快城乡义务教育公办学校标准化建设"。今年8月,河南省政府印发《河南省义务教育学校办学条件基本标准》,对教育装备提出了总的要求,与之配套的教育装备标准要随之进行修订、调

整。三是工作需要。义务教育学校标准化建设和全面改善贫困地区义务教育薄弱学校办学条件工作进入攻坚阶段,教育装备投入不断增加,2006年制定的装备标准急需更新。

其次,怎样修订标准? 主要按以下程序和路径进行:一是老标准合理继承。二是新技术引进创新。三是省内外经验借鉴。四是专家修改科学论证。五是基层学校试点检验。六是完善成型、形成体系。七是河南省教育厅发文批准。修订工作既要充分体现老标准延续性继承,又要体现创新性发展;既要充分听取专家意见,又要经过学校实践检验,不断修改完善成型。

最后,同志们在会议期间如何工作? 一要认真负责。与会人员要充分发挥自身的技术优势,以高度负责的态度,为中小学装备标准化建设把好关。二要反复研究。教育装备要遵循学生成长规律和教育教学规律,结合河南省实际,深入研究,找准基点,参照比较,科学实用。三要精益求精。标准化活动本身是建立"规范","规范"一定要规范,要严谨细致,字斟句酌,精益求精,修订后的标准要经得起历史和实践的检验,充分体现中原大省装备系统管理队伍和专家的工作水准。

(二)认真讨论河南省进一步做好装备工作的意见

2016 年 7 月 13 日教育部印发了《关于新形势下进一步做好普通中小学装备工作的意见》,对教育装备的重要意义、总体要求、主要任务和保障措施提出了明确要求。这是指导今后一个时期教育装备工作的纲领性文件。河南省教育厅对这个文件高度重视,厅领导批示我们装备中心会同有关处室起草贯彻落实意见,我们在深入调研、参照兄弟省市做法和征求有关专家意见的基础上,形成了文件初稿,已提前发到各地征求意见。各地要认真组织各级教育行政、装备部门和学校认真学习,深刻理解《意见》的重要意义,充分认识新形势下进一步做好装备工作的重要性和紧迫性,将先进的教育思想、办学理念、科学技术融入装备和教育教学工作,加快形成新的教育发展驱动力,推动基础教育变革与创新,全面提升教育质量。同时,请同志们把收集到的各方面意见,提交到会上,认真讨论,力争形成一个既符合国家精神,又符合河南省实际,既立足现实,又面向长远的一个好文件。

(三)努力推动装备工作再上新台阶

1. 科学配备。科学配备教育装备需要把握三个基本环节。首先,摸清存量。通过信息化手段提高教育装备管理的实时性、准确性和有效性,服务于各级教育行政部门决策和学校日常管理。其次,优化增量。根据区域、学校的装备现状、发展理念、师资基础和个性化需求,合理确定发展路径,配备适合的教育装备。再次,规划总量。遵循装备和技术生命周期规律,统筹地区基础教育装备协调发展,有计划、有步骤地推进工作。

2. 规范管理。河南省 2014 年已经制定了《河南省中小学教学仪器设备管理暂行办法》,教育部也即将出台《基础教育装备管理办法》,对装备管理基本流程进行统一规范。下一步,各地在实际工作中,需要着力推进教育装备规划、实施、管理的制度化和专业化。进一步把好教育装备产品质量关,履行好采购人职责。定期对进入校园的教育装备产品进行质量抽查,切实加强对学校易燃易爆危险品的管理,确保安全使用。与此同时,强化社会监督和用户导向,最大限度地吸收教师、家长、学生及社会各方代表参与教育装备工作。

3. 强化应用。今后,应以多种方式促进教育装备与教学深度融合。确保教育装备经常地、全面地用起来,宁肯用坏,不能放坏。具体来说,就是要推进实验室、专用教室、图书馆等全天候开放,与实验教学与学科教学融为一体。确保学校按照教学进度开齐开足实验、实践课程,满足学生动手实践活动的需要,推动教育装备应用常态化。

4. 健全保障。各级教育行政部门、装备部门、学校需要逐步完善以培养学生核心素养为导向的管理制度和工作机制;逐步配齐配强装备工作人员和管理人员;逐步探索学科教师管理使用实验室、专用教室的绩效考核机制。加快推进实验员、图书管理员等从传统的"教辅人员"向"生力军"转变。探索以县为单位,集中采购运维服务,降低运维成本。对教育装备工作要定期或不定期进行抽查和检查。

5. 加强研究。做好新时期教育装备工作,加强科学研究是前提和基础。河南省教育厅已组建教育装备专家库。要鼓励和支持学校和教师深入开展教育装备课题研究,推进教育装备发展规划和推进策略的研究,教育装备与教育教学过程深度融合的方法与策略研究,教育装备应用效果评价研究等。鼓励各地立足实际、差别化探索,进行教育装备实施模式创新、管理方式创新、应用技术创新,激发理论和实践创新的活力,充分发挥教育装备在教育教学中的作用。

(四)切实做好教育装备质量管控工作

教学仪器设备质量管控工作事关教育教学质量、事关师生安全健康、事关教育投资效益、事关党风廉政建设。做好教学仪器设备质量管控工作对于推进义务教育均衡发展、保障课程改革的顺利实施和教育经费的有效利用有着十分重要的意义。各级教育行政部门要高度重视,加强领导,从对教育事业负责,对人民群众负责的高度,把教学仪器设备产品质量管控工作纳入重要议事日程,抓细抓实抓出成效。一要构建质检网络。各级教育装备部门要加强教学仪器设备产品质检队伍建设,设置质检员岗位,配备检测仪器设备,加强人员培训。二要加强指导。建立装备新技术、新产品进入学校的科学实验和论证机制,经过危害性测试和教学适应性评价的技术与产品方可进入学校。各级装备部门要通过调查研究,及时发布新、优产品信息,将优秀的教学仪器设备推荐给学校。三要加强采购项目履约验收工作。要充分发挥专业检测机构作用,一般情况下,公开招标的采购项目应当有国家认可的第三方质量检测机构参加验收工作,强化验收工作。近年,在农村中小学薄弱学校改造项目中,绝大部分省辖市、省直管县(市)都能按照河南省教育厅、财政厅下发的文件要求,认真开展验收和第三方验收工作,取得了良好的效果,有效地保证了产品质量,提高了资金使用效益。但是,也有个别省辖市、省直管县(市)不重视这项工作,验收环节存在漏洞。下一步,省里将加大对各地采购的仪器设备的抽查力度,对不认真开展履约验收工作、产品问题严重的地方进行通报。四要充分发挥河南省教学仪器设备产品质量监督检验中心的作用。河南省教学仪器设备产品质量监督检验中心是经河南省质量技术监督局认定授权的法定教学仪器设备检验机构,要担负起全省教学仪器设备产品质量监督检验工作的重任,依靠技术优势,做好质检网络建设,指导并督促各地做好河南省教学仪器设备产品质量管控工作。

四、进一步做好中小学校服和校方责任保险工作

(一)关于校服管理工作

1. 鼓励穿着校服。教育部等四部委《关于进一步加强中小学生校服管理工作的意见》明确提出:"参考国际普遍做法,统一着装上学成为普遍共识。"各级教育行政管理部门要充分认识中小学生校服工作的重要意义,鼓励并提倡中小学生穿着校服。各地要制定由学校到学区直至县(市、区)为单位统一着装的具体计划,形成贴近地域文化特点、符合时代精神特征、适度扣合传承民族文化要求的校服特色。

2. 依法依规采购。经研究,今年不再组织中小学生校服供应商省级入围统一招标工作。各省辖市、省直管县(市)自主确定当地校服采购办法。在采购工作中,一是采购单位要做好深度调研,核实企业质量保障能力、售后服务水平、社会信誉度,为招投标工作夯实基础。二是各地教育行政部门要依法制定校服采购操作规范程序和统一采购合同,全程公开采购过程。三是采购单位要加强校服采购公示,向学生和家长公示中标

企业、校服质量标准、采购流程、采购价格等。四是采购各环节相应材料要全部存档备查,同时要将采购合同向当地教育主管行政部门备案。五是为了加强河南省中小学校校服采购过程中的廉政风险防控,探索运用科技手段解决校服管理工作的弊端,教育部装备研究与发展中心还推荐了"阳光智园中小学校校服互联网管理平台",各地可结合本地实际试行。

3. 落实质量监管。根据教育部等四部委要求,校服供应和验收实行"明标识"制度,鼓励实行"双送检"制度,要建立校服生产企业"黑名单"制度。各省辖市、省直管县(市)要加强部门沟通协作,制定落实上述三项制度的具体措施,河南省教育厅将会同有关部门,定期、不定期进行检查和抽查,并向全省通报检查结果。

4. 建立奖惩机制。各地要进一步提高认识,统一思想,加强领导,加大工作力度。河南省教育厅将通过组织培训等形式提高校服选用水平;通过召开经验交流会等形式推广各地先进做法;通过举办校服设计大赛等活动推荐优秀企业;通过考核、监测、评价等方式建立奖惩机制。各地也要建立相应机制,鼓励先进、鞭策落后,特别是对学校、相关部门和机构工作人员在校服管理过程中,未履行职责,存在违反程序、收受回扣、滥用职权、徇私舞弊等行为的,要严肃查处,追究有关人员责任。

(二)关于校方责任保险工作

2007 年以来,各级教育部门认真落实国家和省有关校方责任保险工作的文件精神,加强领导,广泛宣传,强化管理,抓好落实,突出服务,开展了校方责任保险、教职工校方责任保险、中等职业学校学生实习责任保险、校方无过失责任保险等,为教育行业风险管理服务体系的建立奠定了基础,有效化解和转移校园安全风险。河南省开展校方责任保险工作的普及率超过85%,2007 年以来,全省校方责任保险报案数 17.4 万件,结案数14.5 万件,结案率83.3%。为构建平安和谐校园和促进教育事业的稳定发展做出了贡献,整个战线上的同志们付出了辛勤劳动,应予充分肯定。但面对新形势,校方责任保险工作也面临着一些新问题,需要我们在今后的工作中认真地研究和解决。

1. 提高认识,持续推进。当前,校园突发性伤害事故频出并呈现出多样性、复杂性,职业院校学生实习和顶岗实习的安全事故不断增多,教育教学中广大师生面临意外伤害风险的影响因素日益复杂,教育安全防范工作任务十分艰巨。各级教育行政管理部门、各级各类学校要切实提高觉悟,充分认识开展教育保险在维护社会和教育稳定方面的重大意义,增强风险意识、责任意识和投保意识,坚持不懈地促进全省教育保险工作的开展,不断扩大承保面,确保应保尽保,为学校的安全、稳定、和谐作出积极贡献。

2. 加强领导,强化管理。坚持"政府推动、多方参与、市场运作、规范管理"的基本原则,确保省、市、县三级教育行政监管网络的高效畅通,保证全省教育保险工作的持续健康有序。各级教育行政管理部门、各级各类学校要加强廉洁自律教育,提高教育保险管理工作人员的法制观念,坚决抵制不正之风。任何单位、任何人不得利用行政权力,以各种方式套取费用,或暗中收受不正当利益;不得设立或变相设立"小金库";不得利用职权巧立名目向保险公司或经纪公司索取任何好处费。河南省教育技术装备管理中心作为教育厅校方责任保险、实习责任保险的组织和具体实施单位,将引入优胜劣汰竞争机制,对于合作无诚信、信息有虚假、理赔不及时、服务不到位的单位,将取消其在河南省校方责任保险和实习生责任保险的承保和经纪资格。

3. 发挥作用,化解风险。各级教育行政管理部门、各级各类学校要结合河南省教育保险发展实际,积极探索化解和转移各级各类学校办学风险的模式。充分利用保险工具处理学校发生的安全责任事故,有效防范和化解各类校园安全事故责任风险,解除学校、学生、教职员工以及家长的后顾之忧。要督促保险公司以"公平、公正、高效"的原则,建立学校医疗救治绿色通道、校方责任保险纠纷的协调解决等机制,为学校提供优质的理赔服务。

(三)关于后勤装备管理工作

中小学后勤装备涉及广大师生吃、住、用、行等多方面,是教书育人的必要条件,是实现教育现代化的重要支撑,中小学后勤装备工作的科学化是时代的要求,对于深化教育综合改革具有重要作用。目前,中小学后勤装备管理还是薄弱环节,需要进一步完善机制、强化措施,充分发挥服务保障功能。

1. 主要内容。根据教育部《关于举办中小学校后勤装备成果案例展活动的函》,中小学后勤装备包括几个方面:一是智慧后勤系列:信息化校园管理系统、安全及安防系统、信息化微格教室、电化教室等;二是食堂营养餐系列:学校中央食堂系统、食堂现代化装备、营养餐计划实施等;三是灯光照明系列:灯光照明环境示范教室、专项活动室灯光照明设计、学校灯光改造项目等;四是校园饮水系列:集中供水净化组合设备、一体式净水饮水终端设备、学校直饮水改造项目等;五是绿色校园系列:教室空气净化设备、校园新风系统、节能减排项目等;六是教室设施设备系列:学生桌椅设计、黑板白板设计使用方案、专项教室设施设备等;七是学校宿舍系列:学校学生宿舍设计、宿舍设施设备等;八是学校办公系列:学校会议室设计、教师办公系统设计等;九是学校校服系列:学校校服的设计、使用和管理方案等。

2. 鼓励创新。新形势下构建新型学校后勤装备管理模式,要不断改革创新。体制创新是保障,机制创新是关键,观念创新是基础,制度创新是重点,管理创新是核心,技术创新是动力;在改革创新中,要遵循教育教学规律、技术装备规律,搞好规划,分步实施,逐步实现中小学后勤装备管理特色化、规范化、现代化。

3. 科学管理。一是加强组织领导。各地、各学校要充分认识新形势下中小学后勤装备工作的重要作用,理顺体制,落实职责,加强领导。各级勤工俭学管理部门要加强队伍建设,提高人员素质,承担起中小学后勤装备的规划、协调、服务工作。中小学校要对后勤从业人员的思想素质、文化素质、服务技能、育人能力进行经常性培训,提高服务质量和水平。二是体现育人思想。学校后勤是学校的窗口,对学生的成长、世界观、人生观的形成和价值观取向时刻产生着影响,对校风、社会文明程度也起着潜移默化的作用。因此学校后勤装备不能仅停留在服务上,还必须站在育人的高度,育人既是出发点也是落脚点。三是落实国家政策。落实安全卫生要求,牢牢树立安全第一的思想,加强学校后勤装备安全、卫生管理,预防事故发生。落实基本配置标准,重点是国家对寄宿生"一生一床"要求,彻底消灭"大通铺",解决饮水问题,逐步实现学校生活设施标准化;落实国家节能减排要求,建设节能型校园,提高资源利用率;落实国家绿色环保要求,结合地域特点、校本特色建设环境优美、绿色环保美丽校园。四是加强监督检查。各级教育行政部门要把中小学后勤装备管理工作纳入年度目标任务考核体系,加强对学校后勤装备工作的责任落实、制度建设、工作效果等的检查,着力推动中小学后勤装备管理工作的制度化、规范化和科学化。

五、扎扎实实做好党风廉政建设工作

(一)保持理论清醒,强化自觉意识

习近平总书记在十八届中央纪委六次全会上强调,全面从严治党永远在路上。这充分反映了党中央对加强党的建设的高度重视,再次彰显了党反对腐败的坚定政治决心。我们要以高度的自觉意识和担当精神,坚决落实好主体责任,努力形成风清气正、干事创业的良好政治生态,力

争在党建工作中从自在行为走向自为行为,进而上升到自觉行为。具体地讲,就是力争做到以下五个自觉:一要凝神聚力抓党建,做到思想自觉。认真履责,抓好班子、带好队伍、管好干部,深化理论武装,以高度的思想自觉做好党建工作。二要严肃党内政治生活,做到政治自觉。增强政治意识和看齐意识,在党言党,在党管党,在党护党,自觉维护党的威信、党的形象,用党的纪律和规矩约束自己的行为,做到尽责履职,推动党的事业全面发展。三要推进"三严三实"常态化,做到作风自觉。把"三严三实"专题教育作为持续深入推进作风建设的重要举措,结合今年开展的"两学一做"学习教育,突出抓细抓长,突出领导带头,始终保持作风自觉。四要进一步建立健全党建制度,增强制度自觉。以"4+4+2"党建制度体系为基础,规范权力运行和全面从严治党监督检查问责机制,推进民主集中制具体化、程序化、规范化,全面提升管党治党规范化水平。加强党建理论研究,探索和遵循全面从严治党规律,以理论创新推动党建创新。五要加强党风廉政建设,做到廉政自觉。坚持把纪律和规矩挺在前面,全面落实责任清单。开展岗位廉政教育,弘扬廉政文化。加强重要岗位、关键环节权力的制约和监督,抓早抓小,关口前移。

(二)保持行为自觉,严明纪律规矩

中央纪委提出,全面从严治党,要"把纪律和规矩挺在前面",这就要求我们必须用纪律思维和纪律方式开展工作。一是把尊崇党章放在首位。党章是党的总章程和根本大法,全面从严治党首在尊崇党章。要将学习党章、遵守党章、贯彻党章、维护党章作为自觉行动,内化于心、外化于行。二是把纪律规矩挺在前面。领导干部"破法"者,无不从"破纪"始。要认真抓好《中国共产党廉洁自律准则》和《中国共产党纪律处分条例》的贯彻执行,坚持高标准和守底线相结合,使党员干部经常校准思想之标,调整行为之舵,绷紧作风之弦。三是把抓早抓小落在实处。小洞不补,大洞难堵,"微腐败"不加管制就会变成"大祸害"。严管就是厚爱,要通过谈心谈话、约谈函询、咬耳扯袖等形式,抓早抓小,防微杜渐。

(三)认真汲取教训,树好廉政形象

近年,特别是党的十八大以来,全省教育装备和勤工俭学系统在党风廉政建设上取得了很大成绩,同志们总体上是清正廉洁的,对此,必须予以充分肯定。但是,也有极个别单位存在着违规违纪问题,也有极个别人违法乱纪,受到了处分,甚至触犯了刑律。我们必须汲取教训,全面从严治党永远在路上。党风廉政建设和反腐败工作光荣而艰巨。我们要全面贯彻中央和省委决策部署,牢固树立政治意识、大局意识、核心意识、看齐意识,以更加坚定的信心、更加扎实的作风、更加过硬的举措,坚定不移推进党风廉政建设工作,为河南教育改革发展提供坚强保证。

同志们,装备改变教育,创新引领未来。让我们以习近平总书记系列重要讲话精神为指导,在"四个全面"战略布局中谋划教育装备工作。发奋图强,脚踏实地,改革创新,勇于担当,履职尽责讲奉献,攻坚克难有作为,努力为中原崛起、河南振兴做出新的贡献!努力用辛勤和智慧成就出彩人生!

(节选自作者 2016 年 10 月 20 日在全省教育装备研讨会上的讲话)

永葆军人的英雄本色

今天是"八一"建军节,中国人民解放军建军 89 周年纪念日。我们召开复转军人座谈会,庆祝节日,回忆军旅,座谈交流,不忘初心。这是落实习总书记关于加强军政军民团结指示精神的重要举措,也是装备中心对复转军人关心关爱的具体体现。在此,我代表装备中心党政领导班子向同志们和你们的家人表示诚挚的慰问和良好的祝愿!

下面,我讲几点意见。

一、充分肯定同志们在工作中取得的成绩

刚才,听了同志们的发言,我非常高兴。过去,你们在不同的军旅岗位,为构筑祖国的钢铁长城发挥了作用,做出了贡献,有的同志还取得了不平凡的成绩。到地方工作后,把军队的好思想、好观念、好作风、好传统带到了我们单位。我深深地感到,你们是一个有创造力、凝聚力和战斗力的群体,政治上对党忠诚、严以律己,工作中锐意进取、勤勤恳恳,作风上雷厉风行、令行禁止,生活上勤俭节约、朴实无华。尤其是近几个月来,同志们面对新形势,适应新常态,更加努力,对我的工作也给予了大力支持,对同志们的表现,装备中心广大职工是认可的,组织上也是不会忘记的。

在此,向同志们表示诚挚的谢意!

二、始终保持忠党爱民的政治初心

习总书记在建党95周年讲话中,紧紧围绕"不忘初心、继续前进"这一主题,提出了八个方面的要求,我们要认真学习,坚决贯彻执行。首先,要进一步增强政治意识、大局意识、核心意识、看齐意识,做政治上的明白人。同时,要进一步加强党性修养,筑牢思想防线,提高自我约束能力。勿以善小而不为,勿以恶小而为之,慎独、慎微,标准比一般人高一些、要求比一般人严一些,做廉洁自律的表率。

三、永葆军人攻坚克难的英雄本色

新的历史时期,习总书记对培养新一代革命军人,提出了"有灵魂、有本事、有血性、有品德"目标。习总书记的要求,对在地方工作的复转军人也有指导意义,希望同志们练好基本功、掌握真本事,关键时刻能担当,特殊时期冲在前,立足本职,珍惜岗位,改革创新,奋勇争先,在平凡的岗位上做出不平凡的成绩,为我们单位的建设,为河南的教育事业发展做出自己应有的贡献。

(节选自作者2016年8月1日在复转军人座谈会上的讲话)

围绕大局抓落实　强化管理促发展

一、2015 年工作回顾

2015 年,全省中小学教育技术装备和勤工俭学工作认真贯彻落实党的十八大及四中、五中全会精神,紧紧围绕全省教育工作重点,服务大局,深化改革,强化管理,真抓实干,各项工作取得了显著成效,为河南省教育事业的改革与发展做出了新的贡献。

(一)教育技术装备工作

1. 完善技术标准,加强使用管理。随着河南省义务教育薄弱学校改造计划的全面实施,全省教育技术装备水平大幅度提高,加强装备管理,发挥装备的使用效益是我们面临的重要任务,为此,我们组织力量修订《河南省中小学教育技术装备标准》,完善教育技术装备规范,涵盖基础教育、学前教育的仪器设备、功能教室等技术标准,逐步形成了系统、完善的基础教育装备标准体系,为学校装备标准化、建设标准化提供了依据;同时还印发了《河南省中小学实验室管理使用制度》,对实验室、功能教室及图书馆(室)的管理使用进行规范要求,提出了学科实验室、功能室、图书室、体育器材室等全天向学生开放,改变传统的学校实验室管理办法,推进适应基础教育课程改革的教育技术装备管理和使用模式。

2. 设立研究项目,深化装备研究。2015年,为了进一步贯彻落实《河南省中长期教育改革和发展规划纲要(2010—2020年)》,不断提升研究能力和工作水平,促进河南省教育技术装备和实践教育健康发展,全面推进素质教育,我们向厅党组提出了在全省高校和基础教育学校开展教育技术装备与实践教育课题研究活动,激发新形势下装备工作理论和实践创新活力。经厅党组批准,在全省高校、省辖市、直管县(市)教育局择优推荐的基础上,通过组织专家评审、河南省教育厅批准,共确定1041个课题为2015年河南省教育技术装备和实践教育研究立项课题。其中,高等教育重点课题46个,一般课题345个;基础教育重点课题70个,一般课题580个。

3. 开展各类活动,普及实验教学。一是在各地层层推荐的基础上,省装备中心经过说课选拔,推荐9名教师参加了全国实验教学说课比赛,荣获一等奖2节,二等奖3节,三等奖4节。二是组织开展全省中学化学、生物和小学科学三个学科实验教学优质课评选活动。通过对各地选送的922节实验课的评审,评出化学一等奖21节,二等奖39节,三等奖70节;生物一等奖16节,二等奖35节,三等奖53节;小学科学一等奖11节,二等奖24节,三等奖40节。三是组织全省150多名教育技术装备管理人员和一线教师开展了数学、地理功能教室使用技术培训,提高了广大教师管理与使用技术水平。四是组织参加全国图书馆学会中小学图书馆委员会开展评选的"2015最美校园书屋"活动,河南省郑州市第九中学被评为全国"2015最美校园书屋"。

4. 周密组织实验操作考试,培养学生创新和实践能力。2015年,全省中招理、化、生实验操作考试第一年以总分30分计入中招总成绩,继续实行全省统一命题、统一考试、统一考务管理。各地严格落实教育厅有关考务工作规定,精心组织,周密部署,积极探索考务信息化管理模式,以考促建,以考促用,引导中小学校按照课程标准开齐、开好实验课,增强实验教学的积极性和主动性,推动了实验教学的普及开展,全省中招实验操作考试工作持续、规范、健康发展。

5. 搞好质量监督检验,严防不合格产品流入学校。河南省质检中心在加强自身建设,完成企业上目录产品质检、企业委托检验等常规质量检验的同时,继续把薄改项目第三方检验作为中心工作来抓。按照河南省教育厅、河南省财政厅文件要求,受业主单位和供货企业委托,在检验协议的签订、检验依据的收集、检验仪器的准备、检验专家的抽取、现场检验操作及记录、检验后期数据的处理等各个环节上,都严格按照第三方检验工作规程进行,对检验中发现有质量问题的产品,要求限期整改或调换,严防不合格产品流入学校。全年共完成 1300 批次检验,一次合格率70%,复检合格率80%。

6. 发挥协会作用,搞好行业服务。组织 6 家教学仪器生产企业生产的 37 种仪器产品参加中国教育装备行业协会组织的"2016 年度推荐产品"活动;先后组团参加了第 68 届、69 届中国教育装备展示会,河南省各有 30 家、20 家教育装备生产企业参会;全年有 94 家企业加入省协会,24家企业加入国家协会。截至目前,河南省教育装备行业协会教育装备管理部门会员单位共计 30 个,企业会员单位 266 个,国家教育装备行业协会会员单位 113 个。

(二)勤工俭学工作

1. 推动勤工俭学不断发展创新。全省中小学勤工俭学工作积极适应河南省教育改革和发展需要,不断探索,积极尝试,加强管理,搞好服务,开展了许多有益活动。驻马店、周口等市相继在中小学校开展校园环境文化建设,丰富校园文化,陶冶学生情操,促进了青少年学生的全面发展和健康成长;济源、濮阳开展了花园式学校创建活动,美化校园环境,实现了环境育人;鹤壁、焦作、许昌等地市积极组织学生开展实践教育活动,培养了学生的动手、动脑能力；安阳、邓州等地积极组织学校开展节能减排活动，有 4 所学校荣获全国学校后勤协会的"立达信"杯节能减排荣誉称号。以上这些活动的开展，为学校教育教学、师生生活提供了良好的服务，推动了勤工俭学工作的不断发展。

2. 组织开展有关培训。全省中小学实践教育基地、青少年活动中心 338 名管理人员参加了管理业务知识培训。教育部基础教育课程改革综合实践活动项目组专家分别就校外教育的发展、学生实践基地和青少年活动中心的课程设置、场馆的建设、管理和使用等有关问题进行了讲解授课；240 多名青少年活动中心任课教师参加了科技创新教育、心理健康教育两个学科的教学理论和教学技能培训，有关专家分别就科技创新教育和心理健康教育的现状、发展前景以及在教学中的具体应用等进行了讲解授课。其间，河南省教育厅、财政厅有关领导出席了培训会议，要求青少年活动中心和实践基地要始终坚持公益性原则，充分利用现有仪器设备，积极组织学生开展丰富多彩的实践活动，探索建设科学的活动课程体系，使校外活动与学校教育互相补充、互相促进、共同提高。同时，要按照国家有关政策要求，落实人员编制，理顺管理体制，加强经费管理，提高资金使用效益，保证河南省青少年校外活动场所建设工作规范健康发展。

3. 对综合实践基地项目建设进行督导。国家扶持示范性综合实践基地是国家彩票公益金资助建设的项目。"十二五"期间，全国共立项审批 150 个，河南省获国家立项审批 9 个，其中济源基地已经建成并投入使用，其他 8 个还在建设中。按照国家有关规定，项目批复资金拨付到位一年内动工，两年建成，资金到位一年内尚未开工的，或建设周期超过两年，项目取消，资金收回并纳入下一年度的资金分配中。从目前河南省项目建设情况看，除济源基地建成开始运行外，其他 8 个地市项目建设进展缓慢，未能按照国家要求如期建成。根据河南省教育厅《关于加快推进示范性综合实践基地项目建设有关工作的通知》精神，去年 3 月、7 月、11

月,我们分三次对 9 个示范性综合实践基地项目建设进行了专项检查,建立了月报制度,加快了实践基地建设发展。

4. 加快推进青少年活动中心建设。截至目前,河南省共建成并投入使用活动中心 124 个,在全面推进素质教育、服务青少年学生健康成长中发挥了积极作用。为进一步提升河南省青少年活动中心的管理水平和服务能力,充分发挥其育人功能,河南省教育厅、财政厅印发了《关于开展示范性青少年活动中心创建活动的通知》,在全省开展了示范性活动中心创建活动,各地在认真逐级评选基础上,共推荐上报 37 个活动中心参加省级评估,推动了青少年活动中心建设和管理工作不断向前发展。同时,对新乡市红旗区、安阳北关区等 5 个新建成的活动中心以及正阳县、鲁山县等 4 个活动开展正常的活动中心一并进行了设备配备。

5. 开展实践教育优质课评选活动。实践教育活动是教育教学的重要组成部分,是培养学生实践能力、创新精神和实施素质教育的重要环节。为总结交流全省中小学实践活动课教师开展实践活动的经验,从 2007 年起,我们已经组织开展了 4 届中小学实践教育优质课评选活动。去年,河南省教育厅下发了《关于开展中小学实践教育优质课评比观摩活动的通知》,各地根据要求,积极组织,层层评选,推动了实践教育活动的广泛深入开展。目前,共收到洛阳、新乡、漯河等 15 个地市推荐上报的实践活动课 296 节,计划今年上半年开展省级评选工作。

6. 校方责任保险工作规范健康发展。严格要求各省辖市加强管理,健全制度,规范行为,廉洁自律,按照国家有关法律、法规和文件规定,依法开展校方责任保险工作。印发了《关于进一步加强教育保险工作健全校园风险防范体系的通知》;重新修订出版了《河南省校(园)方责任保险服务手册》;对保险公司的工作实行了有效监督;建立了三位一体的协调机制和绿色理赔通道。加强了教育保险工作的规范管理,解决了许多理赔过程中的疑难案件,为全省 1000 多万名中小学生和教师提供了安全风险保障,维护了学校正常的教育教学秩序。

7. 学生统一着装试点工作逐步开展。在对平顶山、焦作、濮阳等省内学生着装工作调研的基础上,组织相关市县对北京、山东、青岛等兄弟省、市学生着装工作进行了实地考察。同时,根据教育部、工商总局、质检总局和国家标准委《关于进一步加强中小学生校服管理工作的意见的通知》要求,印发了《河南省教育厅河南省工商局河南省质量技术监督局关于转发教育部工商总局质检总局国家标准委关于进一步加强中小学生校服管理工作的意见的通知》《河南省教育厅关于规范全省中小学着装工作的通知》,确定平顶山、鹿邑等市、县(区)为河南省校服管理试点地区。同时,召开了全省学生着装工作会议,并邀请河南省质检局专家对《学生校服标准》进行了授课培训。

二、2016 年工作安排

2016 年,教育技术装备和勤工俭学工作要以党的十八大和习近平总书记系列讲话精神为指导,全面贯彻落实全省教育工作会议精神,围绕大局,整体谋划,突出重点,改革创新,为"十三五"起好步,开好局,力争中小学实验室标准化建设、实验教学应用、实践教育基地、青少年活动中心、教学仪器设备质量管控等工作再上新台阶。

(一)教育技术装备工作

1. 编制印发教育技术装备和勤工俭学"十三五"发展规划。"十二五"期间,河南省累计投入了大量资金,为广大中小学校配置了大量急需的教学仪器设备和青少年学生校外活动器材设备,实验教学和学生综合实践活动条件显著改善,实验教学和实践教育活动得到广泛开展,有力地推动了基础教育课程改革和素质教育的全面实施。省、市、县各级教育技术装备和勤工俭学管理部门,都要认真系统地回顾总结"十二五"期间的工作,深入调查研究,明确今后各项工作的发展目标和实施措施,科学制定本地区的"十三五"教育技术装备和勤工俭学发展规划。要紧紧围绕本地区的教育中心工作,以中小学实验室标准化建设、学生校外活动场所建设为核心,以开展实验教学和实践教育活动为目标,科学规划,统筹安排。要进一步建立健全管理机构,强化管理职能,充分发挥专业技术优势,制定完善相关政策,加强队伍建设,推动教育技术装备和勤工俭学事业不断向前发展。

2. 加快推进教育技术装备标准化建设。认真贯彻落实中共中央《关于全面深化改革若干重大问题的决定》提出的"统筹城乡义务教育资源均衡配置,实行公办学校标准化建设"要求。按照教育厅的安排部署,从2014年起,我们组织人员通过学习借鉴、专家指导等多种形式,结合河南省中小学教育教学实际,着手对《中小学教育技术装备标准》进行修订,今年,要组织有关装备管理部门、一线教师、工程技术人员对标准进一步完善和审定,使新标准更加客观、科学,贴近教学实际。各级教育技术装备部门也要配合标准的修订工作,深入学校,加强调研,了解现状,摸清情况,积极为省里的修订工作提供基层经验依据,推动河南省中小学教育技术装备标准化、规范化建设快速发展。新修订的装备标准争取年内印发。《标准》下发后,各地要认真学习和贯彻落实新标准,有计划、分步骤地组织实施,并按照标准要求,开展好实验室建设、仪器设备配置、实验室管理与应用等各项工作,支撑课程改革,推动实验教学,保障办学条件,推动本地区中小学教育技术装备和实验室建设工作走上标准化、规范化发展轨道。

3. 开展中小学实验教学优质课评选活动。今年,要继续组织全省实验教学优质课评选活动,今年评选的是中学物理、高中通用技术和小学科学三个学科。各地一定要加强指导、引导和督促,鼓励中小学教师改进教学方法,上好实验课,积极参与评选活动。市、县两级评选要制定严格的管理办法,加强督促、指导,通过实验教学优质课评选活动,引导、推动中小学校和学生重视实验课、上好实验课,促进教学改革,提高教育质量。今年,教育部基础教育二司还要组织全国性的实验教学说课活动,河南省要选拔优秀选手参加此项比赛,上一届我们取得的成绩不错,为河南争得了荣誉,希望各地再接再厉,把这项工作做好、做扎实。

4. 组织自制教具评选活动。省级的自制教具评选活动我们已经组织开展了14届,全国的活动也开展了8届。今年,我们要在组织好第15届全省自制教具和科技创新小制作、小发明评选活动的同时,还要推选出一批优秀作品参加全国比赛。希望各地市要认真宣传,广泛发动,尤其是要鼓励广大学生积极参加到活动中来,通过小制作、小发明,巩固书本理论知识,锻炼观察、分析和解决问题的能力。各级教育技术装备部门在加强督促指导的同时,也要为广大师生创造一个良好的环境,提供必要的支持,争取获得好的成绩。

5. 推动中招实验操作考试持续健康发展。为确保考生获取考试内容的公平性,今年,要求各地在抽取中招实验操作考试试题后,及时向学校、考生发布。各级教育行政部门要进一步加强领导,提高认识,认真贯彻落实河南省教育厅文件要求,确保实验操作考试顺利进行。

第一,要加强考务管理。省里在每年的例行巡视工作中,发现有地市没有严格落实"三固定一调整"的考务要求,有变通现象,影响了考试的严肃性。"三固定一调整"可以增加考生获取考题的随机性,能有效防止考试舞弊,各地要在今后的考试中认真落实,以确保考试公平、公正、严肃。

第二,搞好人员培训。对监考老师和考务管理人员的培训时间不得少于16个学时,通过培训,使监考老师能熟练掌握评分细则,做到得分合理,扣分有据,准确无误,客观公正,坚决杜绝印象分、人情分。

第三,严肃考风考纪。要做好考务人员和考生的考风考纪教育,提高考务人员遵章守纪的自觉性。要充分利用现代技术手段,对考试进行全程监控,严防舞弊事件发生。在考试中,要强化考生身份认证,严防冒名替考。

第四,加强工作巡视。县(市、区)教育部门要巡视到每个考点、考场,省辖市教育部门要巡视到所属每个县(市、区)。巡视人员要实行包点负责制,发现问题,及时解决。

第五,确保考生安全。要加强考前对考生的交通、饮食、实验用电、易燃有毒实验药品的安全知识教育,并制定相应的安全防范措施和紧急预案,加强领导,明确责任,严防各类安全事故发生。

6. 要加强教育装备的管理和应用。近年,通过薄弱学校改造计划的实施,农村义务教育学校办学条件得到了极大的改善,装备水平有了很大的提高。去年,教育部基础教育一司和二司分别召开了教育装备工作会和实验教学应用现场会,主题都是装备的管理和应用。因此,我们今后要把主要精力放在管理和应用上。一要规范配备机制。重点是健全教育装备集中采购工作体系与机制、技术规范和专业规程,把好采购关,特别是"全面改薄"装备类项目,资金量很大,各地必须严格按照《政府采购法》规定开展工作,做到程序严谨、操作规范、阳光透明,确保公开、公平、公正,确保产品质量。二要加强装备管理。2014 年河南省教育厅发布了《教学仪器设备管理办法》,各地要认真贯彻执行。装备部门要切实加强领导,校长要高度重视,实验教学人员要负起责任,做好仪器设备建档立册、分类上架和日常维护保养工作,把配备的仪器设备管好用好。今年,我们将开展《教学仪器设备管理办法》的检查落实和评估工作。三要推动全面应用。继续推行实验室、专用教室全天向学生开放,以推动教育装备在学科教学中的深度应用。同时,要积极开展教育装备应用与学科教学教研活动,推动实验管理、实验教学与学科教学融为一体,把教育装备经常地、全面地用起来。四要认真做好装备和实践教育课题研究工作。

加强对高校、省辖市、直管县(市)装备与实践教育立项课题研究工作的督导检查,召开课题指南研究、部分重点课题研讨会,完善课题研究评审专家库,抓好课题研究年度总结,切实做好管理和服务工作,推动课题研究工作顺利进行。五要加强对外交流,推广先进经验。他山之石,可以攻玉,我们要采取"请进来""走出去"等多种方式,组织学习、考察先进地区中小学校教育装备配备和应用的状况,邀请专家进行新产品新技术展示和专题讲座,开拓视野,提高河南省中小学装备配备和应用水平。

7. 研究探索教育技术装备新平台运用。把握教育技术装备新方向。随着大数据、云计算、物联网等技术快速渗透到经济社会生活的各个领域,信息经济时代已经全面到来,信息技术将为教育带来新的理念和动力,教育方法、课堂结构、师生关系得以改变。一是教育装备要主动适应河南省教育信息化发展新要求,全面做好教育信息技术装备工作。同时要深化移动学习终端研究,探索电子书包在学校的配备和应用。二是研究推动普通教室、科学实验室、体音美教学场地、校园环境教育装备信息化建设。以培养学生核心素养为出发点和落脚点,深入研究"未来学校"发展趋势,不断完善相关教育技术装备和装备规范。三是贯彻国家"双创"要求,为创客教育、"STEAM 课程"提供教育装备支撑,探索将新的教育装备融入课堂,培养学生的创新能力、综合设计能力和动手实践能力。

8. 进一步加强教育装备产品质量管控工作。围绕促进供给侧结构改革,各级教育装备管理部门要发挥需求导向的作用,引导教学仪器设备生产企业推进产品结构调整,扩大有效供给。继续贯彻落实河南省教育厅关于教学仪器设备质量管控工作文件精神,不断完善全省质量管控网络,积极探索检验工作新思路。要不断完善检验手段,提高检验能力,扩大认证范围,加大监督检验力度,对现有省聘质量监督检验专家实行动态管理,能进能出,通过培训及考核,促进其业务水平与检验工作能力不断提高;要继续做好"农村薄弱学校改造项目"教学仪器设备产品质量监督检验工作,把好项目的产品关、质量关。

(二)勤工俭学工作

1. 加强管理,不断创新。各级勤工俭学管理部门要根据教育事业改革和发展的新形势,努力探索和拓展自身生存发展空间,不断丰富、发展勤工俭学活动的新内容、新形式。要把勤工俭学与学生实践教育活动结合起来,加强实践活动场所建设和管理,丰富学生课外及校外活动;要把勤工俭学与学校后勤改革结合起来,推进教育后勤服务体系建设;要把勤工俭学与校园风险管理结合起来,推进和谐校园建设;要把勤工俭学与校园文化建设结合起来,为学生健康成长、学校持续发展创建优美的人文环境。近年,不少省辖市增加了学生资助的工作内容,希望大家要统筹兼顾,不能顾此失彼,勤工俭学的工作职能不能削弱,队伍建设要继续加强,以保证勤工俭学工作持续发展。

2. 大力推进实践教育基地和劳动实践场所建设。河南省中小学实践教育基地建设从 2002 年由教育厅发文开始实施,到目前为止,已经建成并由教育厅验收合格的有 11 个,还远远满足不了河南省素质教育发展需要。因此,各地要进一步加强领导,加大力度,大力推动实践教育基地建设。要把基地建设纳入教育发展规划,统筹兼顾,采取资源整合、政府投入、社会参与等多种形式,积极稳妥地加以推进。具备省级评估条件的基地,要积极申报省级评估。对通过省级验收两年以上的基地,今年省里要组织复查验收,以加强监督、管理和指导。同时要继续组织开展全省实践教育基地管理人员和任课教师业务培训,不断提高管理人员和任课教师的业务水平。各地要积极鼓励广大教师探索开展中小学实践教育活动的新方法、新途径,总结交流和大力推广各实践基地开展实践活动的新经验、新成果。

去年 4 月,河南省教育厅、财政厅在济源市召开了河南省国家示范性综合实践基地建设推进会,11 月,教育部、财政部又在山东临沂召开了全国国家示范性综合实践基地建设现场会,对于加快各地综合性实践基地建设起到了积极的推动作用。希望各地要认真贯彻落实省、国家会议精神,集中力量,采取措施,把河南省获批的 9 个示范性综合实践基地建成、建好,省装备中心将按照河南省教育厅赋予的职责,对综合性实践基地加强督促、指导和管理,使其尽快建成投入使用,为学生开展素质教育服务。

农村学校劳动实践场所是深化农村教育改革和实施素质教育的重要载体。去年鹤壁、漯河、汝州等部分地市积极组织学生到劳动实践场所开展丰富多彩的劳动实践教育和劳动技能培训活动,取得了良好的效果,其他地市勤工俭学管理部门也要加强对农村学校劳动实践场所的管理和指导,充分利用现有场地,组织学生开展实践活动,培养学生的劳动观念和技能,促进学生的全面发展。

3. 认真搞好青少年校外活动中心建设。积极配合河南省教育厅、河南省财政厅做好全省青少年校外活动中心的建设、管理和设备配备等工作,督导地市完成安阳市殷都区、焦作武陟县等新建项目和部分已经投入使用的活动中心仪器设备的配备和更新工作。正在建设的 20 个项目,要抓紧施工,争取早日建成使用;已经建设并投入使用的活动中心,要根据学校课程安排,组织学生开展丰富多彩的教育活动,严禁将青少年活动中心的场地、设施挪作他用。示范性青少年活动中心评选活动拟在上半年进行,各地要积极配合,认真准备,希望通过这样一个活动的开展,进一步提高河南省青少年活动中心建设工作的整体水平。活动中心学科教师的培训将在去年培训的基础上,继续开展,逐步将培训工作纳入常态化、规范化发展轨道。

4. 开展实践教育优质课评比活动。河南省教育厅实践教育优质课评比通知印发后,各地根据文件要求,积极组织,层层评选,推动了实践教育活动广泛深入开展,15 个省辖市共推荐上报 296 节实践活动课参加省级评选,省装备中心将根据省教育厅文件要求进行初步筛选,并起草印发文件,确定具体评选时间、地点和要求。因此,各地要积极鼓励广大教师上好实践活动课,争创优质课、示范课,不断提高实践活动课的质量;要督促实践教育基地、青少年活动中心、中小学校在各方面为参评教师提供必要的支持,为参评教师上好实践活动课提供良好的环境和条件;要优中选优,确保质量。

5. 全面开展学生统一着装工作。中小学生统一着装是学校德育工作的重要内容,也是校园文化建设的重要载体。我们要根据国家三部委、省三厅局关于中小学校服管理工作意见要求,抓好试点地区的工作开展,总结经验,以点带面,推动全省学生统一着装工作的开展。希望开展学生着装工作试点的单位,一定要坚持学生自愿的原则,先城镇、后农村学校,逐步展开。各级学生着装管理部门要切实加强对学生着装质量的监控管理,从源头上把住质量关,严禁不合格产品进入学校,推动河南省学生着装工作健康规范开展。

6. 促进校方责任保险工作健康发展。2016 年,全省校方责任保险工作要继续坚持以服务"平安校园、和谐校园"建设为宗旨,完善保障机制,提升服务能力,加强风险防范,推动教育和谐稳定发展。各地要切实加强监督、管理和指导,严格按照河南省教育厅的统一部署和国家政策规定开展工作,防止和避免违规违纪行为的发生。要在巩固成绩的基础上,查漏补缺,拓展投保范围,不断提高投保率,做到应保尽保,使校方责任保险惠及全体学生。

各级勤工俭学管理部门要积极指导保险公司拓宽保险服务内涵,提高保险咨询、风险评估、风险预警、防灾防损等服务水平,建立完善学生人身伤害事故预防与处理的长效机制,把教育风险防范工作纳入规范化发展轨道,为构建平安河南、和谐校园做出贡献。

三、新常态下抓党建

当前,适应新常态是我们党建工作面临的重大课题。怎样适应新常态? 一是适应新常态进入新境界,关键在责。要守土有责,守土负责,守土尽责。二是适应新常态进行新突破,关键在严。要拧紧理想信念"总开关",筑牢思想道德"防波堤",织密规矩制度"铁笼子",坚守作风廉政"生命线"。三是适应新常态进入新状态,关键在做。要敢于担责,想做;攻坚克难,快做;提高标准,精做;扎扎实实,实做。以思想自觉到行为自觉,以党建工作的新成效推动装备工作的新提升。

(一)凝神聚力抓党建,做到思想自觉

认真履责,抓好班子、带好队伍、管好干部,深化理论武装,以高度的思想自觉做好党建工作。

(二)严肃党内政治生活,做到政治自觉

增强政治意识和看齐意识,在党言党,在党爱党,在党护党,自觉维护党的威信、党的形象,用党的纪律和规矩约束自己的行为,做到尽责履职,推动党的事业全面发展。

(三)推进"三严三实"常态化,做到作风自觉

把"三严三实"专题教育作为持续深入推进作风建设的重要举措,融入经常性学习教育,结合今年即将开展的"两学一做"活动,突出抓细抓长,突出领导带头,始终保持作风自觉。

(四)进一步健全党建制度,增强制度自觉

以"4+4+2"党建制度体系为基础,规范权力运行和全面从严治党监督检查问责机制,推进民主集中制具体化、程序化、规范化,全面提升管党治党规范化水平。加强党建理论研究,探索和遵循全面从严治党规律,以理论创新推动党建创新。

（五）加强党风廉政建设，做到廉政自觉

坚持把党的纪律和规矩挺在前面，全面落实责任清单。开展岗位廉政教育，弘扬廉政文化。加强重要岗位、关键环节权力的制约和监督，抓早抓小，关口前移。

（节选自作者2016年3月17日在全省中小学教育技术装备和勤工俭学工作会议上的讲话）

党

建

引

领

保持理论清醒 深化行为自觉

从党风廉政建设主体责任到全面从严治党主体责任,是认识的深化,从去年的"主体责任落实年"到今年的"主体责任深化年",是实践的提升。2016年,在厅党组的正确领导下,装备中心党总支全面贯彻党的十八大和十八届三中、四中、五中、六中全会精神,深入学习习近平总书记系列重要讲话精神,认真落实厅党组各项部署,在主体责任深化年活动中进行了积极探索,主要在"责""严""治"上下功夫,以高度的自觉意识和担当精神,切实扛起全面从严治党主体责任,努力形成风清气正、干事创业的良好政治生态。

一、狠抓责任,切实搞好保障

习近平总书记强调"全面从严治党,核心是加强党的领导,基础在全面,关键在严,要害在治",要求"各级党组织要担负起全面从严治党主体责任"。深入学习贯彻习总书记重要讲话精神,必须坚持主责就是首责、守土必须尽责。

(一)厘清责任

1. 个人责任厘清。首先分层列出责任,即单位主要负责同志负什么责任,班子分管成员负什么责任,中层正副职应负什么责任,列出责任清单,层层分解责任,逐人明确责任,把主体责任与业务工作紧密结合,同部署、同落实、同检查、同考核,为履责担当、问责追究提供了依据。

2. 组织责任说清。明确党总支、各基层党支部、各科室(公司)主体责任,纪检监察室监督责任以及履责要求,确保工作有人抓、问题有人管、责任有人担。按照"谁主管、谁负责"的原则,完善相关制度,通过约谈、听取汇报、个别指导、工作检查等方式,将压力层层传导,把责任压紧压实。

3. 边界责任划清。落实主体责任党政必须同责,但党组织领导班子和行政领导班子在履行主体责任时,有共同点,也有侧重点。为了更好履责,必须把两个组织体系的领导班子及其成员责任的不同点和侧重点划清,履责留痕,有据可查。制订《全面从严治党主体责任深化年工作实施方案》,明确指导思想、目标任务、工作重点、工作措施和方法步骤,形成领导班子、党组织书记和班子成员落实主体责任清单,科学划分各责任主体之间的责任界限。

(二)履实责任

1. 责任目标签实。年初,单位主要领导与教育厅主管领导签订"党风廉政建设责任书",对上有承诺;同时,与各科室(公司)分别签订"党风廉政建设责任书",对下有传导,把党风廉政责任制落实到每个业务科室,责任明确到科室主要负责人。

2. 责任内容充实。党总支与领导班子成员认真研究确定全年党风廉政建设和反腐倡廉工作重点,多次召开党风廉政建设会议研究部署,明确责任目标,强化责任主体,抓好责任检查与考核,严格责任追究。制订《党的工作要点》《党风廉政建设工作要点》和《党风廉政建设责任目标》,将党风廉政建设工作细化分解成7大项33个具体工作项目,明确主要任务和工作要求。健全落实主体责任的工作制度和保障机制,相继制定印发了《关于落实党风廉政建设党委主体责任和纪委监督责任的实施意见》《关于建立落实党风廉政建设主体责任若干制度的通知》《完善和落实反腐倡廉制度示范点建设工作方案》《廉政警示教育制度》等,进一步增强责任落实的保障力量。

3. 各类责任人抓实。明确党政一把手是责任目标总负责人,总支和领导班子成员根据分工各负其责,确定领导责任人、分管领导责任人和责任科室,做到人人肩上有担子、每个部门有任务,使党风廉政建设工作逐级落实,构建一级抓一级、层层抓落实的责任网,形成齐抓共管的党风廉政建设工作机制和工作合力。

(三)严问责任

没有问责,责任就落实不下去。要突出问责,让落实责任不力追责问责成为新常态,谁没有落实好主体责任,谁就要受到追究,谁就要受到处理。

1. 定期考问。组织党员干部认真学习《中国共产党问责条例》,以问责倒逼责任落实,推动管党治党从宽、松、软走向严、紧、硬。今年,我们对各支部、科室(公司)落实党风廉政建设主体责任,加强日常考核,实行月问、季问、半年问和年终问,确保党总支党风廉政建设的决策、部署落到实处。

2. 过程追问。做到问情况,问原因,问态度,一问再问,不断追问。印发了《关于加强党风廉政建设责任检查考核的通知》及补充通知,制订《装备中心党风廉政建设责任制考核指标体系》,对落实主体责任情况进行量化考核,内容包括履行"一岗双责"情况、工作机制落实情况、教育管理情况、遵守党的纪律情况和作风建设情况共5项考核指标21项考核内容,明确责任清单,建立廉政档案,签订廉政承诺书,并加强检查考核,及时通报考核结果。对检查考核中发现的问题客观指出,限期整改。今年,我们已经通报三次考核结果。对考核好的科室通报表扬,对较差的科室及其主要负责人实行诚勉谈话。重视结果运用,作为科室(公司)业绩评定、评先评优和干部选拔任用的依据。通过责任制考核,引导广大党员坚持严字当头,突出问题导向,发扬自我革命的精神,落实全面从严治党主体责任向基层延伸,推动全面从严治党向纵深发展。

3. 年终总问。我们从 2013 年开始,每年坚持党支部书记述职评议制度,将落实党风廉政建设与反腐倡廉情况纳入领导班子和中层干部述职述廉、年度考核评价范围,对落实主体责任不力、责任范围内发生违纪违规问题的,在先进党支部和个人优秀等次评定上实行"一票否决",强化了基层党支部落实主体责任的意识。

二、狠抓担当,敢于动真碰硬

从严治党的关键在"严","严"的落脚点主要体现在担当。

(一)真正担当

真正的含义体现在以下三个方面:

1. 真心。装备中心抓党建是真心真意的。党组织书记认真履行党建第一责任人的职责,抓好党的思想建设、组织建设、作风建设、反腐倡廉建设和制度建设,把党风廉政建设真正摆上突出位置,与事业改革发展、公司经营稳定同步考虑、同步部署、同步实施、同步检查,做到重点工作亲自部署、重大问题亲自过问、重点环节亲自协调、重要案件亲自督办。坚持"党政同责""一岗双责",切实把主体责任扛稳抓牢做实,圆满完成了各项工作任务和党风廉政建设目标,受到了厅领导和同志们的肯定。

2. 真情。党总支坚持群众利益无小事,千方百计把群众的事情做细做实。党员组织关系排查任务和党费收补缴牵涉到每一位党员的切身利益,也是党员管理的一项重要内容。2—6 月,我们本着对党员个人和党组织负责的态度,认真审核档案材料,重点看入党志愿书、申请书、政审材料、转正申请和培养教育考察材料等是否规范、齐全,认真做好鉴别、完善、补充工作,完善"党员基本信息表"和"党员名册",建立台账,摸清底数,规范档案,加强管理,杜绝了聘用党员组织关系长期"空挂"、游离于党组织管理之外等现象。8—11 月,我们先后对 2013 年以来党费收缴、使用和管理情况以及 2008 年 4 月党费缴纳情况进行了全面检查,摸排分析,认真核算,列出明细,耐心做好深入细致的思想政治工作,妥善应对补交工作中可能出现的问题,单位全体党员包括离退休党员没有一个拖后腿,全部主动、按时、足额补交党费,党的感召力、凝聚力、向心力充分体现。

3. 真实。一是组织基础夯实。抓好组织机构和党务干部队伍建设。装备中心党总支现有党员 82 名,6 个党支部,17 个党小组,党总支委员 7 名。根据人员变动情况,及时调整支部和党小组,建设党性强、作风好的支部带头人队伍。严格党员发展,加大在优秀青年、团干和基层干部中发展党员力度。今年,总支培养发展对象 2 名,入党积极分子 3 名。二是党务工作抓实。召开党建暨党风廉政建设工作会议,安排部署本年党的工作。组织学习毛泽东同志的《党委会的工作方法》,增强领导艺术和管理水平。在庆祝建党 95 周年之际,党总支及各党支部以"不忘初心,重温入党志愿"为主题,紧密结合"两学一做"学习教育,组织全体党员共忆党的发展历程,重温入党志愿。组织开展向燕振昌、李保国、王振立等先进模范学习活动,进一步增强广大党员政治意识、大局意识、核心意识、看齐意识。三是服务工作做实。开展党建带群建活动,充分发挥工会、共青团、妇联的桥梁纽带作用。成功组织参加厅第七届职工运动会,荣获优秀组织奖;坚持干部职工生病住院慰问和家庭红白事慰问制度;双节期间,对困难职工进行慰问,对离退休老领导走访看望。开展三八妇女节和六一儿童节慰问活动。召开复转军人和退休人员座谈会,通报工作,听取意见。开展精准扶贫和残疾人慈善义演活动,体现社会关爱。

(二)敢于担当

我们认为敢于担当的主要体现是要大胆工作,胆大心细,敢于触及矛盾和问题。

1. 对单位困难敢担当。装备中心是差供事业单位,医疗报销比例偏低多年来一直困扰着我单位干部职工,尤其是退休职工意见非常大。党总支想群众之所忧,急群众之所难,谋群众之所需,从职工最关心最直接最现实的利益问题入手,实实在在为职工解难事、办好事。由总支书记牵头,多次与省医保部门协商、沟通,克服重重困难最终使此问题顺利解决。单位主要负责同志自主持工作以来,每个周六周日包括五一放假 3 天都是在办公室度过的。特别是 4 月 23 日,因水管爆裂,100 多户家属职工生活受到影响,我带领有关人员,配合施工队伍,冒雨抢修两天两夜,及时供水。单位老干部因暖气问题多次上访,10 月,领导班子研究决定,自筹资金,单位和个人共同分担,优化方案,公开招标,彻底解决了这个长期困扰大家的遗留老大难问题,不仅把党的温暖送到职工心上,还化解了矛盾,理顺了情绪,保持了单位稳定,不给厅党组添麻烦。

2. 对"软硬不吃"的人敢触及。对单位软硬不吃的上访人员,晓之以理,动之以情,感之以心,既满足合理要求,又对不合理诉求批评纠正,多年矛盾基本化解。针对中小学校服招标问题,装备中心成立工作组,王德如同志任组长,分管领导包案处理,圆满化解,信访人签字表示满意。

3. 对敏感复杂问题敢闯敢试。河南省审计厅对我单位 2015 年审计提出了 5 条意见。领导班子高度重视,属实的即知即改,需要解释的积极向厅领导汇报,多方沟通协调,争取理解与支持。审计厅同志站位高,业务熟,为我们今后内控管理指出了正确路径。装备中心虽已明确公益一类事业单位,但财政供给仍为差供体制。装备中心领导班子顶住所属公司资金缺乏、经营困难等,千方百计组织创收,千方百计节约开支,加强经营和财务管理,确保单位正常运转和工资发放,确保单位稳定。

(三)善于担当

落实主体责任,必须找准着力点和突破口,以重点责任的落实带动全面责任的落实。

1. 抓纪律。严肃政治纪律和政治规矩。重点治理违反政治纪律、政治规矩的十个方面问题,组织全体党员干部签署承诺书66份,并在电子屏上进行公示,全面接受群众监督和评议,加强纪律执行,严查违纪行为,用纪律的尺子管住大多数;以支部为单位召开"严守政治纪律和政治规矩"专题组织生活会,进一步强化纪律规矩意识,加强党员干部教育管理,深刻认识党规党纪重要性,不越底线、不碰红线。

2. 抓作风。推进作风建设常态化。党总支把作风建设作为履行主体责任的重大政治任务,强力正风肃纪,一鼓作气,一抓到底,坚决遏制"四风"反弹,推动八项规定精神落地生根。坚持对"节日病"、公务用车廉政督查,有效杜绝公车私用、公款旅游、赠送节礼、奢侈浪费等现象的发生。刹住公款送礼收礼歪风,副科级以上领导干部签订承诺书28份;严格执行《厉行节约反对浪费管理规定》,进一步完善公务接待、车辆使用、办公用房、差旅费管理以及因公、因私出国(境)等管理制度,严控"三公"经费。

3. 抓干部。选准用好干部。从匡正选人用人风气入手,严格标准,规范程序,履行好选人用人主体责任。认真落实《中共河南省委关于改进干部选拔任用工作的若干意见》《河南省教育厅关于严格处级干部职务调整工作纪律的通知》,建立健全干部选用机制,提高干部选拔任用的民主性、科学性,以及领导干部职务调整的政治纪律和组织纪律。今年,先后对8名副科级以上干部开展了任前廉政谈话,实行廉政审查把关,完善被提拔、交流领导干部任前廉政谈话制度,使廉政谈话成为干部履新的"规定动作"。

4. 抓监督。坚持重要岗位、关键环节权力的制约和监督,抓早抓小,关口前移。凡属"三重一大"事项,坚持民主集中制,召开总支会议,由总支委员集体讨论决定,健全程序规则,明确用权界限,执行党内监督条例,规范权力运行流程。落实考核、督查、公务接待、会议纪要、简报等制度,规范单位管理。深化政务公开,凡是与经营、管理密切相关和直接涉及职工切身利益的事项,适时召开职工大会,普遍征求职工意见,保证行政权力公开透明运行。

三、狠抓治理,建立长效机制

我们认为,当前教育、制度和惩治是治党管党的主要手段。

(一)教育管心

1. 抓好理论教育。坚持领导带头,深入学习,把思想政治教育内化于心,外化于行。切实抓好党的十八届三中、四中、五中、六中全会精神和习近平总书记系列讲话的学习,组织好《准则》《条例》的贯彻落实。通过组织专家讲座、辅导报告、观看录像、专题研讨、座谈交流、中心组集中学、支部分头学、个人自学等多种形式,提高学习兴趣。今年,我先后给大家上了3次党课。3月24日,以"世界观和方法论是理想信念的基石"为题,提出从辩证唯物主义的世界观和方法论入手,自觉以辩证思维想问题,谋全局,求发展,与大家交流学习体会。7月1日,召开庆祝建党95周年大会暨"七一"专题党课,以"发扬光荣传统,争取更大光荣"为题,从发扬优良传统,永葆共产党人先进本色;强化党的意识,做个政治上的明白人;抓好"两学一做",发挥好先锋模范作用三个方面进行讲解。11月23日,召开主题为"学重要讲话,向核心看齐"中心组学习扩大会议暨党课,强调通过"全、深、研、思、悟"的系统学习,做到"三个看齐",提升"三个能力",并结合自己的学习体会,谈了"学""看""做"三者的关系。

2. 深化"两学一做"教育。先后进行5次动员部署,3次专题党课,

10次中心组集中学习,聆听专题辅导2次,观看廉政戏剧2次,扎实做好中央"规定动作""特色动作"取得重要成效。7月5日,厅督查组来我单位督查指导,对"两学一做"给予了充分肯定,认为领导高度重视,组织严密规范,学习教育效果明显,推进工作很有成效,特别是结合单位实际,创新方式方法,抓得早、抓得细、抓得严,很有特色。党总支为每位党员、在编职工购买了《中国共产党章程》《习近平总书记系列重要讲话读本(2016年版)》《中国共产党廉洁自律准则》《中国共产党纪律处分条例》《"两学一做"学习教育100问》等辅导材料,人手一本,免费发放。为每个支部购买了11种学习辅导材料,班子成员及总支委员12种辅导材料。要求全体党员都要通读熟读《中国共产党章程》,切实增强尊崇党章、遵守党章、维护党章的思想自觉。学好用好《读本》,在全面、系统、深入上下功夫,带着信念学、带着感情学、带着使命学、带着问题学,系统地领会好讲话的丰富内涵和核心要义。同时,落实好学习时间和人员。主要依托"三会一课"平台。做到:每半个月各支部至少召开一次支部会,研究学习重点;每个月召开两次党小组会,组织集中学习;每季度召开一次党员大会,围绕主题进行讨论;每半年书记或其他班子成员上党课。把个人自学与集中学习结合起来,把学习研读与讨论交流结合起来,组织广大党员有计划、分专题开展学习研讨,检查学习效果。要求每名党员在6月底前抄写一遍党章;每人在10月底前撰写一篇不少于2000字的学习体会;11月底前,统一组织对广大党员进行学习测试。通过这3条,检查学习效果,通报表扬先进,严肃批评落后。为此,我们专门给每位党员发放笔记本,手抄党章。目前,全体党员都手抄党章一遍,撰写了学习体会。

3. 搞好警示教育。以理想信念教育和党性、党风、党纪教育为重点,以"学习、落实、警示"为重要抓手,通过正面示范、反面警示、廉政承诺、廉政宣传等活动,构建党风、党纪持续学习教育机制。单位书记率先垂范,对党风廉洁建设做到逢会必讲,以召开党务工作会议、主持廉政专题学习、通报典型案例、廉政约谈、节前廉政警示教育等方式,经常敲警钟、勤提醒,提高免疫力。

4. 广泛宣传教育。积极推动廉政文化进单位活动,组织开展形式多样的教育活动,利用宣传栏、网站、显示屏等宣传阵地进行党风廉洁建设宣传和引导,在单位大院制作廉政文化墙,在办公大楼各楼层统一悬挂廉政格言、警句,使广大党员干部职工时刻受到警示教育,做到警钟长鸣。

(二)制度管权

我们根据省委"4+4+2"党建制度体系要求,结合单位实际,以县级以上机关四项基础制度为重点,狠抓制度建设,规范单位管理。

1. 抓好制度设计。梳理制度漏洞,查找制度缺位。先后废止了8项制度,修订了12项制度,新增18项制度,为干部立标准,使管理有遵循,让权力更规范。

2. 完善制度体系。相继出台了3批共30项制度,其中有《党总支议事规则》《党的组织生活制度》《科学民主决策制度》等9项党建工作制度,职称评审、评先表彰等21项单位管理制度。随后又陆续出台了《领导干部外出报备工作制度》《作风监督约谈制度》《党支部工作细则》等制度,切实形成"便于遵循、便于落实、便于检查"的制度体系。

3. 严格制度执行。党总支将制度执行情况作为各支部和党员领导干部考核评价的重要内容,跟踪问效。加强对违反制度行为的责任追究,逐步形成制度面前人人平等、制度面前没有特权、制度约束没有例外的氛围。如严格落实"两个责任"双报告制度,进一步完善党风廉洁建设工作制度,重点建立和完善领导干部"一岗双责"、签字背书、专题会议、理论学习、作风约谈、述责述廉评议、举报受理和责任追究等制度,特别是严格规范"三重一大"决策制度,明确了"三重一大"决策范围、原则、程序、实施办法和责任追究。由于在"三重一大"制度上,领导带头,决策严格,执行规范,强化了风险防控,促进了廉政建设。

(三)惩治管行

1. 加强队伍建设,有人抓惩治。2015 年,装备中心在教育厅直属单位率先成立了纪检监察室,今年 6 月又成立党总支办公室,协助党总支抓好党建工作、党风廉洁建设,组织协调反腐败工作。党总支配备有纪检委员,每个支部配备纪委委员。纪检委员和纪检监察室的同志加强学习,忠诚履职,全面发挥监督职能,主动把思想认识转到新思路、新部署、新要求上来,努力更新工作理念,不断提升监督执纪问责能力。

2. 开展专项治理,落实各类惩治。开展整治会所中的歪风、违反财经纪律、公款吃喝、吃拿卡要、索贿受贿等违规违纪问题专项治理,发放自查自纠调查表 66 张,逐人填写,科长把关,追究问责。开展党员干部出入隐蔽场所违规吃喝治理,组织全体党员干部签署承诺书 74 份,做到应签必签,对领导班子成员违规的,报请厅党组给予党纪政纪处分;对科长、副科长违规的,一律免职;对不收手、不制止的党员干部一律从严查处。

3. 严肃责任追究,抓好"四种形态"惩治。坚持纪在法前,综合运用监督执纪问责,抓早抓小,对党员干部中存在的苗头性、倾向性问题早发现、早提醒、早纠正。定期通报曝光典型案件,收到问责一起、震慑一批、教育一片的效果。在办公楼大厅设立党风行风意见箱,公布举报电话,畅通群众诉求、信访举报渠道,完善来信、来访、来电受理方式,建立"违纪举报登记表",及时解决群众反映强烈的不正之风和腐败问题。

(节选自作者 2016 年落实全面从严治党主体责任情况报告)

凝聚磅礴伟力　谱写绚丽篇章

　　3月9日上午,装备中心召开副科级以上干部会议,动员部署党史学习教育和全面从严治党工作,今天的会议,是再动员、再部署、再推进。主要任务:一是认真学习贯彻厅党组关于党史学习教育、全面从严治党和十届省委第十轮巡视进驻河南省教育厅动员会议精神;二是研究部署党史学习教育活动、全面从严治党工作和配合省委巡视工作;三是签订2021年度党风廉政建设责任书和目标管理责任书。下面,我讲几点意见。

河南省装备中心召开党史学习教育动员暨全面从严治党大会

一、以上党课、讲故事、搞活动为主要载体，凝聚党史宣教磅礴伟力

开展党史学习教育是以习近平同志为核心的党中央作出的重大决策，是党的政治生活中的一件大事，是摆在我们面前的一项重大政治任务。我们要进一步提高站位，认真贯彻中央、省委和厅党组关于党史学习教育的部署，准确把握好党史学习教育的目标、任务、重点，把主体责任扛起来、把责任意识树起来，精心安排部署，扎实组织推进，守好"主阵地"，种好"责任田"，打好"持久战"，以高度的政治自觉，高质量开展党史学习教育，上好党课，讲好故事，搞好活动，凝聚党史宣教磅礴伟力，以优异成绩庆祝建党 100 周年。

（一）做好规定动作

围绕主线，认真开展专题学习；聚焦使命，全面加强政治引领；创新形式，精心组织专题培训；务求实效，扎实践行初心宗旨；完善机制，巩固学习教育成果。这是河南省教育厅组织开展党史学习教育的 5 个关键重点，也是 5 项规定动作。我们要聚焦目标任务，一丝不苟把每项任务做扎实、做到位。

1. 专题学习要入脑入心、走深走实。班子成员要率先垂范，自觉运用"五种学习方式"，落实好学习计划、学习时间、学习篇目等规定要求，采取理论学习中心组学习、"第一议题"学习等形式，围绕上、下半年党史学习教育的侧重点，分专题组织集中学习研讨，带动全体党员干部学党史、懂党史、用党史。各支部结合"三会一课"和主题党日活动等，灵活采取读书交流、实地参观、观看专题片等方式，开展形式多样的学习活动，推动党员干部学有所思、学有所悟、学有所获。党员干部要突出学原著、读原文、悟原理，用好教育厅指定的学习材料、资料，全面系统深入学习。

2. 政治引领要正本清源、固本培元。政治引领是这次学习教育的突出特点，党史学习教育不仅是历史教育，更是政治教育。要注重做好政治引领，发扬红色传统，讲好红色故事，传承红色基因，擦亮政治底色，赓续共产党人的精神血脉。要紧扣党的百年奋斗历程，结合弘扬抗疫精神、脱贫攻坚精神，特别是河南省孕育产生的焦裕禄精神、红旗渠精神、愚公移山精神、大别山精神等，举办党史知识竞赛、主题党日等一系列丰富多彩的活动，同时要用好装备门户网站、"两微一端"等线上平台，大力宣传党的光辉历程，教育引导广大党员从党史中汲取正反两方面的历史经验，坚定不移向党中央看齐，不断提高政治判断力、政治领悟力、政治执行力，增强"四个意识"，坚定"四个自信"，做到"两个维护"。"七一"前夕，我为全体党员讲一次专题党课，班子成员到分管科室或联系的支部讲专题党课，党支部书记为支部党员讲一次专题党课。大家要高度重视、认真准备，要在深入学习的基础上，讲出收获和体会，讲出思路和举措，讲出使命和担当，强化广大党员干部守初心、担使命的思想自觉和行动自觉。同时，还要重点抓好青年干部的党史学习教育，采取知识竞赛、演讲比赛等方式和办法，引导青年干部做弘扬红色传统、始终昂扬奋斗的时代新人。

3. 专题培训要突出创新、固根守魂。积极组织参加河南省教育厅组织的专题培训，积极邀请党建专家来单位讲党史、作报告，推动党史学习教育不断深入。利用革命博物馆、爱国主义教育基地等红色资源，结合建党节、建军节等重要时间节点，分期分批组织我单位党史学习教育。要多开展参与式、互动式学习，多体验现场化教学，使大家在耳濡目染中受到启迪和熏陶、洗礼和升华。要发挥好线上学习优势，用好"学习强国"、河南干部网络学院等新媒体平台，充分利用网上党史学习资源，扩大教育培训覆盖面，提升教育培训吸引力。

4. 学习教育要践行宗旨、务求实效。开展"我为群众办实事"实践活动，是党史学习教育的一项重要内容，要立足装备中心实际，把学习党史同解决实际问题结合起来。要深入开展调查研究,班子成员在搞好学习的基础上,结合分管领域和工作安排开展调研,面对面听取基层和广大职工意见,了解群众反映强烈的突出问题和亟须破解的改革难题;科级党员干部可结合本科室工作具体情况,建立"我为群众办实事"清单,一件一件抓好落实,把实事办好,把好事办实。党员、青年干部要立足岗位职责,积极参加调研、党史知识宣讲、志愿服务等活动,加强学习实践、提升服务能力,展示好教育装备铁军良好的精神面貌、作风形象。同时,要继续做好"精文减会"工作,持之以恒克服形式主义、官僚主义,切实为基层减负增能。

5. 召开专题民主生活会和组织生活会。这是党史学习教育的关键动作。要坚持"兰考标准",突出刀刃向内、自我革命,充分运用党史学习教育成果,结合这次河南省委巡视反馈的问题,以党史为镜鉴,以革命先烈为榜样,用好批评与自我批评这个武器,开好民主生活会。各支部要开好专题组织生活会。每名党员紧密结合自身思想和工作实际,认真查摆问题,开展党性分析,交流学习体会。党员领导干部要严格执行双重组织生活制度,以普通党员身份参加组织生活,一起学习讨论、一起交流心得、一起接受思想洗礼。

(二)选好自选动作

党史学习教育贯穿 2021 年全年,按照中央、省委和厅党组的要求,在年终学习教育基本结束时,要对学习教育成效开展客观全面评估。党总支办公室作为装备中心党史学习教育领导小组的办公室,要统筹谋划好、组织好、推进好,选好自选动作,在党史学习教育活动中走在前、做表率。一是启动市级文明单位创建工作。成立创建文明单位领导小组,制订工作方案,明确职责分工,以创建文明单位活动为牵引,推动教育装备事业高质量发展。二是建立理论学习平台,第一时间将党的创新理论传送给各支部书记,准确把握上级精神,提高学习时效。三是创新党员学习教育方式,共度"政治生日",强化党员意识,增强荣誉感、归属感和自豪感。四是搭建党风廉政建设"连心桥",征求意见建议,及时解答职工群众关心关注的问题,并形成制度。要不断总结经验,切实巩固党史学习教育效果,把学习成效转化为推动教育装备事业发展的动力和成效,积极发挥河南教育装备铁军的示范引领作用。

(三)创新特色动作

要联系实际、结合工作,开展特色鲜明、形式多样的学习教育活动,着力推进内容、形式、方法的创新,增强学习教育的吸引力、感染力,确保党史学习教育接地气、有声势、见实效。要坚持围绕中心、服务大局,把开展党史学习教育同贯彻落实中央、省委、厅党组重大决策部署结合起来,同配合好省委巡视工作、完成教育装备各项重点工作结合起来,同巩固深化"不忘初心、牢记使命"主题教育成果结合起来,实现学习教育与履职工作有机融合、相互促进,以开展党史学习教育为契机推动装备中心工作开展,用推动教育装备高质量发展来检验党史学习教育的成效。

二、以讲政治、严作风、强根基为主要手段, 谱写新时代党建绚丽篇章

河南省教育厅全面从严治党工作会,就今年的全面从严治党和党风廉政建设工作提出了明确要求、作出了系统部署。我们要结合单位和装备工作实际,以讲政治、严作风、强根基为主要手段,坚定不移全面从严治党,全力锻造有灵魂、有情怀、有担当、有纪律的"河南教育装备铁军",为"十四五"教育装备事业高质量发展开好局、起好步提供坚强保证,奋力谱写新时代党建绚丽新篇章。

(一)旗帜鲜明"讲政治"

加强党的建设,必须首先从政治上抓起;从严管党治党,必须首先从

政治上严起。学得不深,思想觉悟就跟不上;严得不够,落实工作就不主动;干得不实,事业发展就搞不好,贯彻落实中央、省委和厅党组决策部署的成效就会大打折扣。我们必须让学、严、干的氛围越来越浓,政治方向越来越明。一是坚持用党的科学理论武装头脑。要深入学习习近平新时代中国特色社会主义思想,真正做到学深悟透、融会贯通、真信笃行。党员领导干部要带头学理论、强信念,筑牢信仰之基,补足精神之钙,把稳思想之舵。二是坚决做到"两个维护"。教育引导党员干部不断增强拥护核心、跟随核心、捍卫核心的思想自觉、政治自觉、行动自觉,始终同以习近平同志为核心的党中央保持高度一致。三是不断强化敬畏之心。心中时刻装着党性的尺子,严格遵守党章、党规、党纪,始终敬畏人民、敬畏组织、敬畏法纪,养成在监督下工作生活的习惯,自觉追求高线、远离红线、守住底线,真正把纪律规矩立起来,让警钟不断在耳边响起。四是不断强化担当之责。进入新发展阶段,我们面临的环境更加复杂,担负的任务更加艰巨,没有拼搏的劲头、担责的肩膀是挺不住的。全体党员干部必须激发干的动力、树好干的导向、健全干的机制、培育干的作风,在推动教育装备高质量发展上攻坚克难,在深化教育改革上敢闯敢试,在办好人民满意的教育上担当作为。

（二）驰而不息"严作风"

以马不离鞍、缰不松手的定力持续整治,着力打造风清气正的干事创业环境。一是突出理想信念教育。结合开展党史学习教育,深入开展党的优良传统和作风教育,加强党纪法规和理想信念教育,大力弘扬新风正气,充分发挥先进典型的引领示范和反面典型的警示震慑作用,引导党员干部培养修身齐家、公私分明的现代文明人格,营造崇廉尚洁的浓厚氛围。二是持续落实中央八项规定及其实施细则精神。综合运用抓重要节点、抓具体问题、抓执纪监督、抓通报曝光等有效手段,持续加强对贯彻落实中央八项规定精神的监督检查,实现监督检查的全覆盖,对顶风违纪问

装备中心主任、党总支书记王德如讲话

题要加大从严惩处、追责问责力度,坚决遏制"四风"问题易发多发态势。三是靶向纠治形式主义、官僚主义。认真落实省委"五比五不比"工作要求,坚决查处对贯彻落实党中央决策部署做选择、搞变通、打折扣,搞"包装式""洒水式""一刀切式"落实等问题;深化治理检查考核过多过滥、工作过度留痕等困扰基层的形式主义突出问题;坚决反对特权思想和特权行为,抓早抓小、动辄得咎。四是从严查处享乐主义、奢靡之风。把监督节约粮食、坚决制止餐饮浪费行为作为重要任务,坚决遏制公款消费中的违规违纪违法现象;持续整治违规收送名贵特产、礼品礼金问题,切实防范和查处不吃公款吃老板、违规支出变通下账、分批异地操办酒席、私车公养等问题,对顶风违纪的加大问责和通报曝光力度。五是集中整治群众反映的强烈问题。立足"监督的再监督"职责,深化漠视侵害群众利益问题专项整治,维护群众切身利益,让群众更多感受到反腐的实际成果。

(三)凝心聚力"强根基"

党的力量来自组织。要认真贯彻落实新时代党的组织路线,不断强化党组织的政治属性和政治功能。党总支在厅党组的领导下,要发挥好把方向、管大局、保落实的重要作用,确保党中央、省委和厅党组决策部署不折不扣地贯彻落实。党支部要担负起直接教育党员、管理党员、监督党员和组织群众、宣传群众、凝聚群众、服务群众的职责,发挥好战斗堡垒作用。党员要强化党员意识和组织观念,自觉做到思想上认同组织、政治上依靠组织、工作上服从组织、感情上依赖组织。要凝心聚力"强根基",不断加强基层党组织标准化规范化建设,认真落实"三会一课"、组织生活会、主题党日、民主评议党员等制度,建立完善责任落实、清单管理、议事决策、督导考核、项目运行等工作机制。以打造"四强"党支部为抓手,持续开展"逐支部观摩、整单位提升"活动,扎实做好星级支部考核验收工作,激发党建新活力。

三、以提站位、严纪律、抓整改为行为路径,积极配合完成巡视工作

省委第十三巡视组进驻教育厅开展巡视,是省委贯彻落实习近平总书记关于巡视工作重要讲话的重要举措,是对省教育落实党要管党、全面从严治党主体责任的一次"整体把脉"和"政治体检",也是对河南省教育厅乃至全省教育系统党员干部队伍的一次党性洗礼和检验检阅,体现了省委对教育工作的高度重视和关心关怀。按照省委部署要求,省委巡视组将全面贯彻巡视工作方针,落实政治巡视要求,把"两个维护"作为根本任务,坚持全面从严治党首先从政治上看、政治问题从政治上来解决,深入查找政治偏差。紧盯被巡视党组织职能责任,紧盯全面从严治党阶段性主要矛盾,紧盯领导班子和关键少数,集中巡视检查贯彻落实党的理论路线、方针、政策和党中央重大决策部署情况、贯彻落实全面从严治党战略部署情况、贯彻落实新时代党的组织路线情况,对巡视、审计等监督发现问题和"不忘初心、牢记使命"主题教育检视问题整改落实情况,督

促践行"三个表率"、建设模范机关,推进治理体系和治理能力现代化,为"十四五"开好局、起好步提供坚强保障。

(一)提高政治站位

省委开展巡视工作,有助于全体党员干部进一步增强"四个意识",坚定"四个自信",做到"两个维护";有助于全体党员干部更加清晰地认识自己肩负的职责,更好地贯彻落实中央、省委决策部署;有助于全体党员干部维护和执行党的纪律和规矩,落实全面从严治党责任;有助于更好地加强领导班子和干部队伍建设。全体党员干部要站在更加坚决做到"两个维护"的政治高度,切实把思想统一到中央、省委关于巡视工作的安排部署上来,提高政治站位,正视问题不足,全力支持配合巡视工作,坚决服从和落实巡视要求,做到巡前即知即改、巡中立行立改、巡后全面整改,努力以巡视整改的实际成效践行"两个维护",打造河南立德树人品牌,锻造河南教育装备铁军,加快推动全省教育装备事业高质量发展。

(二)严明纪律要求

在配合巡视过程中,严格落实中央八项规定精神,力戒形式主义、官僚主义,厉行勤俭节约,抵制奢侈浪费。决不借巡视名义层层加码、推卸责任,对干部职工提出不合理的工作要求。根据巡视工作有关规定要求,省委巡视组主要受理反映河南省教育厅党组领导班子成员、河南省教育厅党组管理的下一级党组织主要负责人和重要岗位领导干部问题的来信、来电、来访,重点是关于违反政治纪律、组织纪律、廉洁纪律、群众纪律、工作纪律和生活纪律等方面的举报和反映。省委巡视组对河南省教育厅党组开展常规巡视时间为 3 月 5 日至 4 月 30 日。为便于干部群众反映情况,巡视组设置了值班电话,电话受理时间为工作日的工作时间;邮政信箱为河南省郑州市 A406 专用邮政信箱;联系信箱设置在单位办公楼后院入口位置。以上 3 个信访渠道从 2021 年 3 月 5 日开通,4 月 25 日关闭。

（三）着力抓好整改

我们要把这次巡视作为改进作风、提升工作的重要契机，把巡视成果转化为工作动力，以刀刃向内的精神查找问题，以求真务实的态度正视问题，深挖存在问题的根源，积极采纳巡视组提出的意见和建议，结合实际制定整改措施，切实抓好整改落实。要坚持统筹兼顾，将巡视工作与学习贯彻习近平总书记关于教育的重要论述结合起来，与落实党中央、国务院和河南省委、省政府重大决策部署结合起来，与学习党史、弘扬党的优良传统、继承党的精神谱系中的伟大斗争精神结合起来，与谋划"十四五"全省教育装备事业改革发展结合起来，与切实履行全面从严治党责任结合起来，与打造河南立德树人品牌，锻造河南教育装备铁军结合起来，努力做到巡视整改与推进教育装备事业发展"两不误、两促进"。要始终坚持"巡前即知即改、巡中立行立改、巡后全面整改"，对巡视中发现的问题以及省委巡视组提出的意见和要求，列出问题清单，建立整改台账，责任具体到人，确保条条都整改、件件有着落、事事有结果，真正让组织放心、让群众满意。针对普遍性问题，要在体制机制方面入手，从根本上加以解决；针对个性问题，要找准原因，举一反三，限时完成整改，坚决防止再次发生。

同志们，开展党史学习教育，推进全面从严治党，配合做好省委巡视工作，意义深远，责任重大，使命光荣。让我们在习近平新时代中国特色社会主义思想指导下，在厅党组的坚强领导下，坚持稳中求进工作总基调，坚定不移推动党史学习教育和全面从严治党向纵深发展，扎实完成好各项任务，以优异成绩庆祝建党 100 周年！

（节选自作者 2021 年 3 月 17 日在党史学习教育动员暨全面从严治党大会上的讲话）

把批评和自我批评作为有力武器经常使用

根据厅党组的部署,今天,我们装备中心召开了领导班子 2020 年度民主生活会。班子成员分别进行了批评与自我批评,我代表领导班子作了对照检查情况汇报。同志们以批评和自我批评为武器,按照"三个对照"重点围绕"学习贯彻习近平新时代中国特色社会主义思想、加强党的全面领导、履职担当、贯彻十九届五中全会精神、落实全面从严治党"5 个方面的问题进行了认真查摆。会前,党总支做了大量准备工作,把有关的学习材料印制成册,人手一册。每个班子成员准备充分,对照检查问题剖析深刻,自我批评时,真刀真枪、见筋见骨;互相批评不绕弯子、不兜圈子、直截了当、直击症结,加强了沟通,达到了"团结—批评—团结"的目的,提升了境界,增加了正能量,共同经历了一次深刻的党性教育和思想洗礼。这次民主生活会整体来看开得很成功,开出了水平,开出了质量,开出了团结。

为巩固和提高这次民主生活会成果,我提三点要求:

1. 端正思想,提高认识。要把民主生活会作为党总支和领导班子常规性工作经常召开,进一步端正思想,把批评和自我批评作为有力武器经常使用。

2. 跟踪问效,整改提高。要针对在民主生活会上查摆出来的问题,制定好整改台账,扎实推进,销号落实,确保取得实际成效。

3. 健全机制,务求实效。要坚持"当下改"与"长久立"相结合,既"治已病"又"防未病",务求工作实效,推动教育装备工作再上新台阶。

（节选自王德如在省教育装备中心领导班子2020年度民主生活会上的总结讲话）

抓好以案促改　打造"教育铁军"

　　以案促改是推进全面从严治党向纵深发展的一项制度化常态化工作。装备中心牢记河南省教育厅党组打造"教育铁军"的政治要求，深刻汲取有关案件教训，按照标准化示范性的工作思路，把改学习、改制度、改用人、改作风、改形象作为主要手段，坚持直面问题、重点整治，推动以案促改工作取得实效长效，河南省纪委网站向全省推介装备中心党建和以案促改经验，河南省教育厅党组授予装备中心党总支"先进基层党总支"称号。目前，装备中心事业稳步发展，党建水平提升，上下团结和谐，单位风清气正。

一、改学习，强化理想信念

　　装备中心把学习习近平总书记重要讲话作为领导班子会议第一议题，打牢真实、真懂、真信、真用的思想基础，升华为政治认同、思想认同、情感认同，进一步增强"四个意识"，坚定"四个自信"，做到"两个维护"，让科学理论成为党员干部的坚定信仰和行动指南。围绕《河南省教育系统以案促改警示篇》反复讨论学习，召开警示教育大会、专题民主生活会和组织生活会，对照以案促改和专项治理13个方面问题深入查摆剖析，支部提交专题组织生活会报告 4 份,干部职工整改台账 134 份,内控机制和工作规则汇编 17 份。强化"施工"意识,实行清单式管理,以钉钉子精神逐条逐项推进以案促改工作落地见效。

二、改制度,规范权力运行

装备中心深刻认识到制度不落实、执行不到位、管理不严格,是各类典型案例发生的根本原因,下决心、下大力针对 5 个重点方面进行规范约束:

一是规范"三重一大"。"重大事项决策、重要干部任免、重要项目安排、大额资金的使用",必须经集体讨论做出决定。制度确权,科学分权,公开用权,严格界定班子成员权力边界。"一把手"不直接分管科室工作,特别是不直接分管人事、财务、工程建设、重大采购和重大资金调拨等五大重要事项,主要负责抓总、抓大、谋全、领导和监督。按"副职分管、正职监督、集体领导、民主决策"的原则,权责一致,互相制衡,补台不拆台,内控不内耗。

二是规范岗位流程。明确"汇报工作说结果,请示工作说方案,总结工作说流程,布置工作说标准,关心下级问过程"。深入查摆廉政风险点,领导班子 15 个,科室 50 个,党员干部职工 128 个,制定落实防范措施,填报"廉政风险排查台账"和"职责权限运行流程表"。常年聘请法律顾问和财务顾问,提供咨询、合法性审查、纠纷处理等服务。

三是规范制度实施。建立完善主体责任纪实制度,落实签呈、会议纪要、简报制度,建立绩效跟踪考核制度,并以现有 40 项制度为基础,分类建立制度体系,加强制度系统化集成,坚决把权力关进制度的笼子。

四是规范项目建设。工程项目均成立领导小组,下设工程建设组、验收质量组、财务核算组三个工作组,分别由副职班子成员任组长,牵头负责,相关科室(公司)负责工程项目、工程招标、预决算、验收、付款等事项,主要领导会同纪检监察室全程监督。

五是规范招标采购。制定《招标项目业务流程》和《招标项目管理办法》,确保招投标工作符合法定程序;对采购单位、采购代理机构、评审专家签订廉洁自律承诺书;督促投标单位公平竞争,做到程序合法、监督到位,切实维护用户和供应商的合法权益。

三、改用人,打造硬核队伍

以案促改,既要"改事"更要"改人",既要"促发展"更要"树导向"。装备中心牢固树立鲜明的用人导向,即"工资发给爱岗敬业的人,奖金颁发给业绩突出的人,岗位选拔忠诚担当的人,荣誉授予理想作为的人,纪律警戒慵懒散漫的人"。制定干部选拔任用规范,明确8大原则和5项条件,按照动议、推荐、考察、决定、任职5个程序进行,提高选人用人公信度,促进优秀人才脱颖而出。突出抓好班子,坚持原则,公道正派,体现民意,优中选优,选拔德才兼备的优秀干部进入班子,通过换届选优配强党总支和支部班子,党组织基础更加巩固;调整交流提升一批科级干部,科室阵地得到加强;通过创先争优,党员先锋模范作用和干部职工攻坚能力不断提升。

四、改作风,燃烧工作激情

装备中心通过以案促改打造三大习惯:把高质量作为工作习惯,把自觉接受监督作为行为习惯,把工作没有干好就是对不起组织作为思想习惯。以零差错为荣,以习惯性拖延为耻。我们单位提炼的工作作风概括为"一勇、二干、三高、四浓、五足",一勇:迎难而上,勇奔现场;二干:围着问题干,扑倒身子干;三高:理解水平高,转化水平高,协调水平高;四浓:学习意识浓,钻研意识浓,创新意识浓,助人意识浓;五足:吃苦精神足,担当精神足,忍耐精神足,淡泊精神足,超脱精神足。我们在以案促改中重点治理"拖延""空传""等待""索要"歪风,树立"快捷""实干""作为""奉献"正气。坚持"四快、五不准":在落实工作上思想反应快、行动落实快、反馈上传快、效果呈现快;在执行上思想不准抵触、行动不准迟缓、落实不准变通、报告不准拖延、建言不准事后诸葛亮。

优良的作风,燃烧了工作激情,推动了教育装备高质量发展。教育部装备中心3次在河南召开会议,全国中小学实验教学说课大赛,河南摆脱长期低位徘徊,一举跃升全国第二;成功举办2届近3万平方米累计10万人次的中国(郑州)国际教育装备博览会;确立115项省级研究课题;取得166项教育装备创新成果;圆满完成每年120多万名考生参加的中招理、化、生实验操作考试;投资近300多万元的六大行动,助力教育精准扶贫;近30亿元的教育装备质量管控工作成效突出;全省中小学图书馆审查清理工作受到教育部肯定;推动11个省辖市校外教育工作迈上新台阶;争取近5亿元的项目资金;建设教育装备和学校安全管理两大平台;办成十件惠民实事。回顾这一系列的工作成果和成效,最根本的还是得益于河南省委、省纪委以案促改的决策部署,得益于厅党组狠抓以案促改的统筹指导,得益于装备中心凝心聚力推动以案促改的生动实践。

五、改形象,彰显廉政文化

装备中心在深化以案促改中形成了以责任、教育、作风、纪律、监督、治理为主要内容的廉政文化,打造6条以案促改廉政文化长廊,悬挂50余幅廉政文化宣传画;在一楼电子显示屏,不间断滚动播放反腐倡廉知识;一楼大厅悬挂"锤炼工作作风、注意工作样式、遵循工作规律、保持工作激情"四个警示牌；在三楼建立党建活动室，精心打造支部活动平台；在河南教育装备网站开设"廉政教育"专栏，持续深入营造不敢腐、不能腐、不想腐的政治氛围。

同志们，实践不仅是一种力量和积淀，更是一种唤醒和生发。未来，我们将以一直在路上的姿态，面对新形势新任务，高举习近平新时代中国特色社会主义思想伟大旗帜，树牢抓好党建就是最大政绩的理念，在河南省纪委和厅党组、驻厅纪检监察组的正确领导下，不断深化以案促改，力争行动更加有板有眼，活动更加有模有样，内容更加有声有色，分享更加有滋有味，不断谱写教育装备工作更加出彩的新篇章。

（节选自作者 2020 年 12 月 21 日在全省教育系统一体推进不敢腐不能腐不想腐深化以案促改工作会议上的发言）

共产党员应当过好政治生日

一、充分认识开展党员过政治生日活动的重要意义

一般来讲,值得每位党员牢记的两个日子,一个是出生日子,另一个就是入党日子。对于出生日子来讲,意味着一个生命的诞生,记住它是对生命的珍视和珍重,纪念它是对赐予你生命的伟大母亲的感恩;对于入党日子来讲,自从被批准入党之日起,你的政治生命就永远属于党,纪念它是对党的忠诚和信仰,是每一名党员对党的感激和感恩。焦金熠同志,2007年10月30日,你被正式批准为中国共产党党员。今天是你的入党13年的纪念日,也就是说,每年的10月30日就是你的政治生日。全志贤等6名同志的政治生日集中在8—10月,在这期间,考虑到工作实际,没有为每名同志一一过政治生日,今天为上述同志集体过政治生日,这本身就是一种改革创新。下一步,将由各支部根据各自的实际情况,自行组织,党办人员全程参与,既体现了党总支的关心和关怀,又提高了工作效率,更能达到润物细无声的教育效果。

一是贯彻落实中共中央《关于加强党的政治建设的意见》精神的需要。2019年1月31日,中共中央印发了《关于加强党的政治建设的意

见》，明确要求：坚持和完善重温入党誓词、党员过"政治生日"等政治仪式，使党内生活庄重、严肃、规范。我们自去年开始，按照通知精神，先后为59名党员过了政治生日，发放了政治生日礼物，唤醒了入党初心，增强了党性观念，成果非常明显。二是巩固"不忘初心、牢记使命"主题教育成果的需要。今年9月14日，中共中央办公厅印发了《关于巩固深化"不忘初心、牢记使命"主题教育成果的意见》，《意见》围绕坚持用习近平新时代中国特色社会主义思想武装全党、强化理想信念教育和党性教育、开展经常性政治体检、推动党员干部履职尽责、担当作为等七个方面提出了明确的要求。坚决反对形式主义、官僚主义，坚持不懈为群众办实事做好事解难事。我们去年先后组织大家到红旗渠干部学院、江西瑞金、于都等红军出发地，分别开展了爱国主义教育和红色教育，激励了大家干工作的热情，引起了强烈反响，成效非常明显。三是提高以案促改工作成效的具体体现。以案促改工作开展以来，共收取科室（公司）、副科级以上干部《以案促改问题清单及整改台账》48份，科室（公司）和全体党员职工《专项治理问题清单及整改台账》86份，应该说存在的问题还是不少的。根据河南省教育厅有关通知精神，我们制定印发了《在以案促改中开展"强化职责意识，规范制度落实"专项治理整改工作方案》，结合科室（公司）工作实际，围绕授权、用权、制权等环节和明责、履责、追责等事项建章立制，进一步建立完善内控机制和工作规则，对不适应形势发展要求或存在漏洞缺陷的内控机制和工作规则，组织修改完善。总结出了"四规范一巩固"经验做法，收到明显效果。

二、树立五种意识，提高政治本领，增强党性观念

一是树立政治意识。我国已进入社会主义新时代。当前，"十三五"即将圆满收官，"十四五"即将扬帆启航。我们每一名党员要把准政治方

装备中心召开党员政治生日座谈会

向,坚持以习近平新时代中国特色社会主义思想为指导,增强"四个意识",坚定"四个自信",做到"两个维护"。为实现"两个一百年"奋斗目标和中华民族伟大复兴的中国梦提供坚强的政治保证。

二是树立党员意识。1.坚持用党员的身份约束自己。党员不仅仅是一种政治身份,更是一种政治责任。要时刻牢记自己是一名党员,反思自己的所作所为是否符合党员的身份,群众能做的,党员不能做;群众能说的,党员不能说;困难面前,党员先上。从这次新冠肺炎疫情防控就可以看出,冲在第一线的是党员,在关键时刻能够挺得出、上得去、打得赢。2.坚持用党员标准要求自己。《党章》要求我们每一名党员只有吃苦在前、享受在后的义务,没有为民争利、贪图享受的权利,更不能见好处就上、见困难就让。任何时候都要把群众利益放在第一位,同群众同甘共苦,坚持权为民所用、情为民所系、利为民所谋。3.坚持带头讲原则。不讲原则的干部不是好干部,不讲原则的党员不是好党员。坚持党要管党,从严治党,全面从严治党永远在路上,新形势下,我们党面临着"四大考验",任何时候、任何情况下,都要把原则摆在前面,决不能含糊。"从政不廉、为师不公"的情况一旦发生在党员身上要从重处理,不但要给予行政的处罚,也要给予党的纪律处分。

重温入党誓词

三是树立规矩意识。没有规矩不成方圆。带兵打仗强调的是一切行动听指挥。我们党从诞生那天起,就非常讲规矩,历经 90 多年艰难曲折的奋斗,正是靠着讲规矩,才有了今天的辉煌。当前,我们面临的挑战依然严峻复杂,我们党比任何时候都需要严明政治纪律和政治规矩。《党章》是全党必须遵循的总章程,也是总规矩,《中国共产党廉洁自律准则》和《中国共产党纪律处分条例》提出了更具体的纪律要求。遵守党的规矩,不能只是嘴上"说说"、纸上"写写"、墙上"挂挂",必须内化于心、外化于行。要进一步严格遵守廉洁自律各项规定,拒腐蚀、不染尘,做到自重、自省、自警、自励,真正彰显党员干部的良好形象。

四是树立学习意识。活到老学到老,是先贤哲人们留给后世的至理名言。对于党员干部而言,学习是保持先进性的前提,是紧跟时代要求的基础,是战胜各项挑战的法宝。习近平总书记指出,"好学才能上进。中国共产党人依靠学习走到今天,也必然要依靠学习走向未来"。党员干部要立足工作岗位,勤于学习、善于思考,刻苦钻研本职业务,在学习中锻炼能力、争创业绩。

五是树立创新意识。"问渠那得清如许,为有源头活水来。"创新是战略之举、强国之路。抓创新就是抓发展,谋创新就是谋未来。新时代,我们面临着更加严峻的挑战,需要更加敢于创新、勇于担当、勤于奉献的党员干部。只有敢于打破习惯思维和主观偏见,以更宽阔的眼界、更宽阔的思路、更宽阔的胸襟,敢于自我否定,才能创造性地抓好贯彻落实,提升工作的水平和质量。前不久,我参加全国教育装备展览会,总能看到一些新的创新成果展示,这就说明,不仅我们党员干部要有创新精神,对企业来说,创新更是企业发展的灵魂。只有不断创新,才能永远立于不败之地。

三、立足本职,锐意进取,提高履职尽责能力

每个人都处在不同的工作岗位上,无论在什么岗位,都要把本职工作做好,任何事情都需要踏踏实实、善始善终。

(一)立足本职岗位,要有正确的事业观念

把个人的崇高理想与自己的实际岗位工作相结合,把岗位当作成长的平台,把工作当成自己的事业,做好每一件事情,把握好每一天,久久为功,就一定有成功的那一天。

(二)立足本职岗位,要有团结协作的精神

工作分工不同,也就有岗位不同,但不论哪个岗位,都存在一定的关联性,对团结协作的要求就比较高,单凭一个人的力量是做不好工作的。同事之间要经常保持沟通交流,集众人之长,为我所用,注重与同事齐肩并进,拧成一股绳,向着共同的目标努力奋进,才能高效地完成各项任务,才能出色地做好本职工作。

向党员赠送"政治生日"礼物——《平语近人》

(三)立足本职岗位,要有积极向上的工作热情

工作热情不仅能带动工作,更能感染我们周围的人,还是提高工作效率的一种助燃剂。热情地与同事相处,会使我们彼此感受到工作的快乐,在一个和谐、融洽的氛围中工作才能发挥出团队最大的力量。

(四)立足本职岗位,要有严格的自律意识

工作上要有高标准意识,生活上更要有严格的自律意识,管住自己、管住家人、管住身边人,对同事经常拉拉袖子提提醒,遇到困难不退缩,遇到委曲不抱怨,取得成就不骄傲,荣誉面前不自满。

最后,让我们牢记政治生日,珍惜政治生命,在自己的岗位上,发挥模范带头、引领示范作用,为全省教育装备事业的高质量发展做出应有的贡献。

（节选自作者2020年10月30日在党员政治生日座谈会上的讲话）

彰显新时代的人生价值

6 月 12 日下午，在抗疫先进事迹宣讲大会上，我以"大战大考中做最好的自己"为题，给大家上了党课。今天，以"彰显新时代的人生价值"为题，共同回顾党的光辉历史，表达对党的无限忠诚与热爱之情，以习近平新时代中国特色社会主义思想为指导，不断增强"四个意识"，坚定"四个自信"，做到"两个维护"，从求真、至善、臻美和融慧这四个方面谈谈如何彰显新时代的人生价值。

一、在新时代中找准位置

2017 年，党的十九大召开，俄国十月革命胜利 100 周年；2018 年，改革开放 40 周年，马克思诞辰 200 周年；2019 年，新中国成立 70 周年，五四运动 100 周年；2020 年，全面建成小康社会之年；2021 年，中国共产党成立 100 周年。

我们目前所处的新时代，是承前启后、继往开来、继续夺取中国特色社会主义伟大胜利的时代，是决胜全面建成小康社会、全面建设社会主义现代化强国的时代，是全国各族人民团结奋斗、不断创造美好生活、逐步实现全体人民共同富裕的时代,是全体中华儿女勠力同心、奋力实现中华民族伟大复兴中国梦的时代,是我国日益走近世界舞台中央、不断为人类作出更大贡献的时代。习近平总书记指出,"中国特色社会主义进入新时代,意味着近代以来久经磨难的中华民族迎来了从站起来、富起来到强起来的伟大飞跃"。

河南省装备中心召开全面从严治党暨"七一"党课大会

回顾99年光辉历程,我们党从嘉兴南湖扬帆,历经28年浴血奋战,实现了民族独立和人民解放。我们党从五十几名党员,成为执政70年、拥有9000万党员、460多万个党组织的世界第一大党。

行程万里,不忘初心。历史和实践雄辩证明:只有中国共产党才能救中国,只有中国共产党才能发展中国;我们党不愧为伟大、光荣、正确的马克思主义政党。站在新起点,迈向新征程,我们要不忘初心,牢记使命,在新时代中找准自己的位置。

二、在人生追求中寻找坐标

人生价值包含自我价值和社会价值。自我价值和社会价值,是每个人的坐标点。每个人都在不自觉地书写自己的坐标位置。伟人之所以能成为伟人,是因为他们的自我价值和社会价值都很高。就像习近平总书记点赞过的那些优秀共产党员,比如,新时期共产党人的楷模——兰辉,他在担任北川县副县长的 3 年间,平均每天行车 200 多公里,即使生病住院动手术也不丢下工作。参加工作以来,他始终把党和人民的事业放在心中最高位置,是用生命践行党的群众路线的好干部。再比如,广大党员干部的楷模——牛玉儒,非典时期他临危受命到内蒙古呼和浩特任市委书记,他学习各地抗击非典先进经验,将"防"与"治"紧密结合,果断地提出建立占地 500 亩、拥有 800 张病床的"SARS 救治中心",为全市最终取得防控非典的决定性胜利迈出关键一步。再比如,太行山上的新愚公——李保国,他把太行山区生态治理和群众脱贫奔小康作为毕生追求,每年深入基层 200 多天,让 140 万亩荒山披绿,带领 10 万名农民脱贫致富,用实际行动彰显了共产党员的优秀品格。还有扑下身子苦干实干的廖俊波,一辈子坚守初心、不改本色的张富清,用美好青春诠释共产党人初心使命的黄文秀,等等。正因为有了这些不同战线上的优秀党员干部坚守初心、不懈奋斗才成就了党的伟大事业。

三、在奋发有为中彰显价值

(一)学会求真

著名教育家陶行知先生曾说:"千教万教,教人求真;千学万学,学做真人。"求真的本质是忠诚老实、实事求是。我们共产党人要按照实际情

装备中心主任、党总支书记王德如讲"七一"专题党课

况说话办事,主动探索事物的发展规律。必须对党忠诚,光明磊落。

第一,拥有家国情怀。少年毛泽东为寻求救国救民的真理,毅然走出封建落后的韶山冲,留下了"孩儿立志出乡关,学不成名誓不还。埋骨何须桑梓地,天下无处不青山"的铿锵誓言。航空报国英模——罗阳,他是歼–15舰载机研制现场总指挥,中航工业沈阳飞机工业(集团)有限公司董事长、总经理。他投身祖国航空事业30年来,秉持航空报国的志向,坚持敬业诚信、创新超越的理念,兢兢业业,攻坚克难,长年超负荷工作,带领工程技术人员完成了多个重点型号的研制,为我国航空事业的发展做出了突出贡献。

第二,秉持从政以德。习近平在兰考调研时强调,"学习弘扬焦裕禄精神,要重点学习弘扬焦裕禄的公仆情怀、求实作风、奋斗精神和道德情操。要见贤思齐,组织党员、干部把焦裕禄精神作为一面镜子来好好照一照自己,努力做焦裕禄式的好党员、好干部"。20世纪五六十年代福建东山县委书记谷文昌,一心一意为老百姓办事,当地老百姓逢年过节是"先祭谷公,后拜祖宗"。

第三,练就过硬本领。黄大年是我国著名的地球物理学家,生前担任吉林大学地球探测科学与技术学院教授、博士生导师。2009年,黄大年毅然放弃国外优越的条件回到祖国,刻苦钻研、勇于创新。在他的推动下,中国的深探事业用5年时间走完了发达国家20年的道路。他带领400多名科学家创造了多项"中国第一",使中国正式进入"深地时代",为我国教育科研事业做出了突出贡献。我们必须努力学习,追求真理,苦练技能,积蓄深厚的知识基础,才能承接祖国和人民交给的重任。

(二)学会务实

"求真务实"是我们党思想路线的固有特征,是共产党人的政治品格。总体看,我们单位广大党员干部是求真务实的。但也确实存在一些亟待解决的问题。主要表现是:有的不思进取、得过且过,作风漂浮、工作不实;有的急功近利、心态浮躁、追名逐利;有的弄虚作假、欺上瞒下,明哲保身、患得患失;有的贪图享受、争权夺利;等等。这违背了求真务实的精神,与党的性质格格不入。

一要站稳政治立场。习近平总书记指出:要坚持实事求是,一切从实际出发。反对形式主义,既要从"求真"上下功夫,更要在"务实"上做文章。敢不敢坚持实事求是,考验着我们的政治立场,考验着我们的道德品质,始终是领导干部党性纯不纯、强不强的一个重要体现。坚持实事求是,就是要尊重客观真理,密切联系实际,用发展的眼光看问题,想方法,找办法。

二要强化群众观点。一切工作都要从群众中来,到群众中去,始终坚持"以人民为中心"。把群众的意见作为第一信号,科学分析,有的放矢,对症下药。坚决防止形式主义、官僚主义。

三要大兴调查研究。"没有调查,就没有发言权。""不做正确的调查,同样没有发言权。"察实情、出实招、办实事、求实效。深入群众要接地气,沉到基层要懂风气,拿出成果要通气。具体地讲,就是要善用"望、闻、问、切"搞好调查研究。第一，善"望"利于掌握情况；一"望"基本情况，二"望"变化态势；三"望"具体细节。第二，善"闻"利于客观判断。一"闻"口头汇报，二"闻"现场声音，三"闻"群众意见。第三，善"问"利于抓住矛盾。一"问"主题，二"问"要害，三"问"相关。第四，善"切"利于开好药方。一"切"集体会诊，二"切"定性定量，三"切"科学对策。

(三)学会至善

《大学》开宗明义："大学之道，在明明德，在亲民，在止于至善。"狭义上的善，即伦理学上的善。广义上的善，即凡是利他性的言行，都是善。

第一，做人要至善。做人至善，就是返璞归真，从生活的感受中提升境界、不浮躁、不张狂、不气馁，宠辱不惊，雍容大度。坚决防止和反对个人主义、自由主义、本位主义、好人主义，坚决防止和反对圈子文化、码头文化，坚决反对搞两面派、做两面人。"不以善小而不为，不以恶小而为之"，身正不怕影斜，无愧的是初心；脚正不怕鞋歪，遵从的是本心。做人，一定要以真诚为先；心灵，一定要以善良为本。

第二，工作要至善。讲规矩，才能顺理成章；讲友谊，有利于身心健康。我们应该见贤思齐，成为崇高道德的践行者、文明风尚的维护者、美好生活的创造者。装备改变教育，创新引领未来。我们每个人都应该具备大局意识、为善胸怀，将善良的能力内化为修养，外化为习惯。维护和实现"最广大人民群众对美好生活的需要"是最大的善。把维护人民利益的"善"融入日常工作主题，使每一项工作都能温暖人心。

第三，方法要至善。要会协调、会沟通、会合作，有温度、有情怀、有故事，同志之间补台不拆台，单位内控不内耗，以小奉献积累大业绩，微故事弘扬正能量。点滴入土，滴水穿石。

(四)追求臻美

臻美有利于科学和艺术创造，具有激发科学和艺术创造的重要价值。人人崇尚美，美无处不在。马克思主义认为，美是人的生命活力和自由能动的表现。生命力冲破各种阻碍,努力展现自己的生命本质力量,生机盎然,这就是美。主体感受到客体的生命特性,心理就会产生美感。遵守美的规律,把美落到实处,共同创造美的家园、美的生活。

我们中华民族素有崇尚美的悠久传统。孔子说:"里仁为美。"孟子说:"充实之谓美。"心灵美在我国源远流长,有尊老爱幼的善良美,有贫贱不移的人格美,有忧国忧民的抱负美,有视死如归的爱国主义之美……

第一,要追求新时代之美。这次疫情,让我们刷新了对"美"的定义。那些不怕危险和牺牲的人,挺身而出,赶往战"疫"一线,这样逆行的姿势是很美的;那些冲锋在前的共产党员,让党旗飘扬在一线,这样鲜红的色彩是很美的;那些为疫情防控慷慨解囊捐资捐物的人,有些连名字都没有留,这样温暖的情怀是很美的……最值得一提的是那些奋战在战"疫"一线的女性,为了提高工作效率、降低感染风险,她们剪去长发。于是我们看到一个个留着"小子头"甚至"光头"的女性身影出现在一线,她们的脸庞被口罩勒出一条条痕迹,她们手上的皮肤粗糙裂开,但这些却成了非常时期最美的风景。

第二,要追求人间大美。一是各美其美,二是美人之美,三是美美与共。

第三,要追求家庭与事业之间的平衡之美。一是用"心"来协调。高效利用时间,及时转换角色,多做有效沟通,学会必要取舍。二是用"爱"来平衡。时时留意关心,记住家人生活特点;提升陪伴质量,让家人充满美好回忆;表达内心喜悦,深深表达敬爱之情。同志们记住,爱,最怕沉默。三是用"力"实现双赢。坚定的意志力,强大的抗压力,在家庭补充能量,在单位焕发激情,久久为功,实现双赢。

(五)达成融慧

真善美,既相互区别又密切联系。真善美融慧在一起,才是最佳的人生境界,才是智慧人生。善美包含着真,真美包含着善,真善包含着美,真善美并不是孤立存在的,具有互补性。真善美统一于社会实践,融慧于人的生命活动之中。信仰真善美,追求真善美,成为真善美合一的人才能更好地彰显人生的价值。

第一,要保持工作激情。一是不忘初心,怀揣梦想不止步。二是严格标准,抬高标杆向前冲。三是调适心理,自我激励增激情。

第二,要遵循工作规律。一是把制度规范作为"方向盘"。二是把程序管理作为"安全带"。三是把方针政策作为"导航仪"。四是把忠诚担当作为"稳定器"。

第三,要注意工作样式。一是行动要有板有眼。二是活动要有模有样。三是程序要有条有理。四是分享要有滋有味。五是主题要有枝有叶。六是内容要有声有色。

第四,要锤炼过硬作风。一"实",即为人老实。二强,即谋划能力强,总结能力强。三高,即理解水平高,转化水平高,协调水平高。四浓,即学习意识浓,钻研意识浓,创新意识浓,助人意识浓。五足,即吃苦精神足,担当精神足,忍耐精神足,淡泊精神足,超脱精神足。

同志们,梦想的光芒,必将照亮明天的大道。穿越沧桑,路在脚下。日生不滞,前行不止。每一个共产党人追梦奔跑的身影,将凝聚成蓬勃发展的不竭动力。让我们永葆政治本色,肩负时代使命,一路追梦,一路拼搏,一路奉献,迎着新时代的灿烂朝阳,创造出更加美好的未来与辉煌!

（节选自作者2020年7月1日在全体党员大会上的党课）

干在实处 走在前列
努力创建新时代模范党组织

中共河南省教育技术装备管理中心全体党员大会,是在推进新时代党的建设新的伟大工程中召开的一次十分重要的大会。大会的主题是:高举习近平新时代中国特色社会主义思想伟大旗帜,深入贯彻党的十九大精神,全面回顾总结三年来党的建设,选举产生新一届党总支,研究部署今后一个时期党建工作,动员全体党员干部凝心聚力,努力创建新时代模范党组织,为推进全省教育装备事业高质量发展,实现教育现代化,让中原更加出彩和中华民族伟大复兴而努力奋斗。

一、过去三年的主要工作

2017年以来,党总支以习近平新时代中国特色社会主义思想为指导,深入贯彻党的十九大及历次全会精神,认真落实中央、省委和厅党组以及厅机关党委、厅党风办的决策部署,履行全面从严治党主体责任,全面加强党的建设,加强党的全面领导,为装备事业改革发展提供了坚强的政治保证,事业稳步发展,党建水平提升,上下团结和谐,单位风清气正。三年累计处理上级党建来文392件,年均130件;发文186件,年均60

中共河南省教育技术装备管理中心党员大会召开

件;编发简报40期。召开党建和党风廉政建设大会19次,党建活动和比赛51次,迎检14次,专项整治18次,纪检督查事项30余项,廉政提醒、监督约谈53人次,函询4人次,处理信访6件。装备中心党建工作取得了显著成绩,得到了教育部、河南省纪委、河南省教育厅党组的充分肯定和多次表扬。教育部连续3年致函教育厅党组,对装备中心和单位主要负责人工作提出表扬,2019年还在河南召开了全国教育装备改革创新工作会议,郑邦山厅长出席并讲话,河南作为全国仅有的两个省级单位在大会上分享经验;省纪委2018年在网站上向全省推介装备中心党建和以案促改经验;省教育厅党组授予装备中心党总支"2017—2018年度先进基层党总支"称号。特别是面对今年新冠肺炎疫情,装备中心党总支"危难面前显担当、硬核突击勇向前",成立工作专班,既当"指挥员",又当"战斗员",发起"战疫情党旗飘扬,出重彩党徽闪光"主题教育活动,成立党员突击队,千方百计征集学校防疫物资20多种,省教育厅先后两次推介装备中心防疫工作的做法和经验,装备中心党总支和书记受到省教育厅通报表扬。同志们,这些成绩首先是厅党组正确领导的结果,是主管厅领导精心指导的结果,是厅机关各处室特别是机关党委关心支持的结果,更是全体党员忠诚担当、务实重干的结果,凝聚着大家的心血和汗水!在此,我代表党总支向大家表示衷心的感谢!

全体起立奏唱国歌

(一)搞好理论武装,加强思想政治建设

1. 深化理论学习。以学习贯彻习近平新时代中国特色社会主义思想为主线,以理想信念和党性教育为重点,以"学习、落实、警示"为抓手,领导带头学、中心组集中学、支部分头学、个人自学,集中研讨专题学、上好党课引领学、多种形式灵活学、联系实际深入学,时刻保持理论清醒,不断推动学习走深、走实、走心。每年制定《党的工作要点》《党员干部理论学习安排意见》,三年来,累计为各支部及党员购买学习辅导材料46种,为班子成员及总支委员购买37种;定制党员学习笔记,人手一册。书记带头讲党课,先后以"做合格党员,创时代先锋""加强党的全面领导必然逻辑""信仰的力量""唤醒初心使命,激发创业热情""让思想灯塔照亮初心,把践行使命落到实处"等为题,为党员干部上党课6次。

2. 加强政治建设。一是把政治建设放在首位。积极引导党员干部认真学习贯彻习近平新时代中国特色社会主义思想和党的十九大精神，把坚定"四个自信"，树牢"四个意识"，做到"两个维护"作为最高标准，不折不扣地把习近平总书记重要指示和党中央、省委以及厅党组的各项决策部署落到实处。二是严肃党内政治生活，强化党内监督，召开民主生活6次，组织生活会8次。三是坚持民主集中制，健全"三重一大"决策，规范权力运行。四是严格执行约谈制度，对工作中出现的苗头性问题，及时咬耳扯袖，批评教育，督促整改。

3. 推进"两学一做"常态化、制度化。坚持以尊崇党章、遵守党规为基本要求，以"两学一做"为基本内容，以"三会一课"为基本制度，以党支部为基本单位，以解决问题、发挥作用为基本目标，推动"两学一做"融入日常，抓在经常，形成常态。根据上级部署，组织集中观看党的十九大报告和十九大党章公开课，组织学习党的十九大精神知识自测、党的知识测试、网上答题知识竞赛。结合单位实际，举办微型党课，开展"诵读红色经典，献礼祖国70华诞"现场诵读暨颁奖活动，学习廖俊波、黄大年、李芳、邹碧华、张玉滚、张富清、于瑾、申六兴等先进典型，在河南教育装备网开设"不忘初心　牢记使命　深入贯彻党的十九大精神"专栏，在党员入党纪念日赠送《平语近人》，书记书写寄语。3年来，累计参加教育厅党务干部集中培训4次，先后组织党员和支委赴大别山、遵义、红旗渠、瑞金开展党性主题教育活动4次，开展学习十九大精神、焦裕禄同志"三股劲"、全省教育大会精神等主题征文活动5次，党员干部共撰写心得体会400余篇。

4. 深入开展"不忘初心、牢记使命"主题教育。在教育厅第三指导组的精心指导下，坚持高起点谋划、高标准开局、高质量推进，坚持把学习教育、调查研究、检视问题、整改落实贯穿始终，依靠学习唤醒初心，通过自律守住初心，埋头苦干实现初心。先后召开领导班子和党总支（扩大）会议14次，动员会1次、推进会1次，中心组学习11次，集中学习9次，征求意见和建议 165 条,编发简报 8 期,网站、显示屏宣传 60 项,确定问题导向 4 个,拟定调研题目 4 个,领导班子对照梳理突出问题 22 个,制定整改措施 33 个,开展系列活动 10 个。通过主题教育,传承了红色基因,激发了创业热情,推动了改革创新,促进了教育装备事业高质量发展。厅领导对装备中心主题教育工作给予充分肯定。

装备中心主任、党总支书记王德如作报告

(二)发挥硬核作用,加强组织建设

1. 打造党务干部队伍。根据换届后人员变动情况,及时调整党支部和党小组,打造优秀支部带头人队伍;建立党内激励、关怀、帮扶机制,做好"五查五促",充分发挥党支部的战斗堡垒作用。

2. 严格党员日常管理。重视培养发展党员,6 名预备党员按期转正;规范党费使用管理,按时收缴、认真核算、实时记录;及时办理组织关系迁移手续,完善党员信息库,按时完成党内统计年报;组织"七一"表彰和年底民主评议党员等工作。

3. 加强党支部标准化、规范化建设。实施支部提质工程,聚焦"三个表率",即聚焦固本强基,聚焦正风肃纪,聚焦服务中心,建设争先出彩的模范党支部。一是组织支部开展"逐支部观摩整单位提升"活动,搞好活动记录,完善支部工作制度,一支部一档案。二是开展党支部星级评定,制定星级评定细则,对照自查、整改,考核打分,推进支部建设向标准化迈进。

(三)执行八项规定,加强作风建设

1. 持续匡正"四风"。制定下发《关于规范干部选拔任用工作的意见》,组织公开招聘,树好选人用人新风;针对上班纪律、请假制度、公务接待、办公用房、津补贴发放、公车使用、"三公"经费、值班带班、职工出国(境)管理、操办婚丧喜庆事宜等明确规定,严明纪律。落实上级部署,先后开展违反中央八项规定精神问题,违规收取礼金、有价证券、礼品问题,违规公款购买消费高档白酒问题,"帮圈文化"问题,领导干部利用名贵特产特殊资源谋取私利问题,形式主义官僚主义问题专项整治,着力营造风清气正的政治生态。

2. 改进工作作风。党总支下发《关于进一步改进工作作风的意见》,重点治理"拖延""空传""等待""索要"歪风,树立"快捷""实干""作为""奉献"正气。

3. 打好教育脱贫攻坚战。2017 年,联合 4 家厅直单位送教下乡,组织扶贫点教师观摩省优质课和说课活动,开展国培计划和种子教师专业能力提升培训。为扶贫点学校——泌阳县羊册镇中心校采购 1414 种 120 万元的教学设备,无偿捐赠 150 台新风系统和 98 台净水机等设备。特别是我们单位为厅党组分忧,选派副主任袁长林同志驻尉氏县邢庄乡水黄村担任第一书记。2018 年,按照厅领导批示精神,在上蔡县、原阳县、泌阳县、尉氏县、宜阳县、非洲刚果(布)开展扶贫行动,采购物品,慰问帮扶,为当地学校配置近 300 万元教育装备。泌阳县送上"惟宏隆德情系教育"锦旗。原阳县送上"教育扶贫,永感党恩"匾额,并发出一封诚挚的感谢信,称赞:"你们不愧是习近平总书记的好学生、党的好干部、老百姓的贴心人!"装备中心获得厅直"先进帮扶单位"荣誉。2019 年,投资 80 万元,助力教育扶贫行动。为南召县竹园沟贫困村民解决实际困难,采购"扶贫桃";为信阳浉河区李芳"绿之风"学校捐赠 6 台电脑、15 台一体机;为尉氏县水黄村小学和泌阳县羊册镇中心校各捐赠一台优谷朗读亭,同时为泌阳县中心校两所初中各安装一套智慧教室。

4. 办实事办好事,单位面貌焕然一新。一是完成仓库楼清理、改造和出租,为单位每年增收 150 万元。二是投资 100 万元,重新铺设自来水管道,完成供电扩容改造和暖气改造,彻底解决了家属院和办公楼的水、电、气问题。三是完成对临街门面房和二楼仓库的改建、办公楼楼体内外、院围墙、院地面的清洁整修美化,单位整体环境和面貌焕然一新。四是落实职工物业补贴和城市文明奖的发放,规范下属公司聘用人员奖金发放办法,增加职工收入。五是打造国育公司、国茂公司形象室、单位会议室和党建活动室。六是千方百计解决了职工食堂问题。七是强力追缴多年欠款 2000 多万元,解决了多年想解决而解决不了的问题。

(四)抓常抓细抓实,加强党风廉政建设

1. 落实党风廉政建设责任制。一是强化班子责任意识。坚持党政同责,一岗双责,分管负责,归口担责,人人有责。个人责任厘清,组织责任说清,边界责任划清,把责任扛稳、抓牢、做实。二是明确班子责任清单。列出领导班子及其成员、第一责任人主体责任和监督责任清单共 20 大项 78 小项。三是签订年度责任目标。单位主要负责人对厅领导签,做到上有承诺。主任对副主任签,副主任对科长签,做到下有传导。坚决做到:责任目标签实,责任内容充实,责任人压实。四是严格责任追究。加强日常考核,实行月问、季问、半年问和年终问,做到问情况,问原因,问态度,一问再问,不断追问;对苗头性、倾向性问题,及时谈话提醒、批评教育、督促整改。通过监督问责,促进"两个责任"具体化、规范化、程序化。

2. 强化廉洁警示教育。传达学习厅党组文件精神,组织观看专题节

目,开展各种形式学习,累计通报 68 起典型案例,以案明纪,对照体检,严明纪律,改进作风。加强中秋、国庆、春节等 7 个节假日廉洁教育和监督检查,累计下发文件近 20 件,并及时向驻厅纪检监察组、厅机关纪委书面报告情况。坚持利用宣传栏、网站、显示屏、廉政文化墙等,对广大干部职工进行宣传教育,警钟长鸣。

　　3. 建立完善内控机制。一是严格规范"三重一大"决策制度。重大问题必须经领导班子集体研究,规范调研、酝酿、决定、纪要的决策程序,严格界定每位班子成员,特别是主要负责人权力边界,提高决策水平,防止决策失误。二是规范权力运行。制度确权,科学分权,公开用权。主要负责人不直接分管科室工作,特别是不直接分管五大重要事项,即人事、财务、工程建设、重大采购和重大资金调拨等工作,主要负责抓总、抓大、谋全、领导和监督,按"副职分管、正职监督、集体领导、民主决策"的原则安排班子分工,权责一致,互相制衡,补台不拆台,内控不内耗。三是规范岗位流程。全面排查岗位风险,18 个科室(公司)共排查出部门风险点 50 个,列出防控措施 50 项;领导班子排查岗位风险点 15 个,列出防控措施 15 项;干部职工共排查出岗位风险点 128 个,列出防控措施 128 项;常年聘请法律顾问,提供法律咨询、合法性审查、法律纠纷处理等服务;工程项目均成立领导小组,由副职班子成员牵头负总责,相关科室负责项目计划、招标、合同、预决算、验收、付款等,主任会同纪检室全程监督。四是着力打造廉政文化新名片,按平语近人、价值体认、瞬间感动、风险防范和创意物化五大板块,建设六条廉政文化长廊,悬挂 50 余幅廉政文化宣传画,在河南教育装备网开设廉政文化专栏。五是推进以案促改制度化、常态化。党总支书记亲自抓、负总责,班子成员落实"一岗双责",纪检监察室履行监督责任,强化责任担当,坚持问题导向,加强监督检查,确保每项整改措施落实落地、每个问题真改实改。坚持用身边事教育身边人,把以案促改内化成单位自觉行为、内化成制度管理,有力推动单位党风廉政建设和事业健康发展。

4. 搞好巡视巡察整改。一是按照厅党组的部署,开展中央第一巡视组反馈意见整改落实工作,针对党建工作、意识形态责任制、基督教问题、选人用人、"四风"问题、教育扶贫六个方面进行专项整治,严格规范官网和公众号的发布流程,对装备中心微信、QQ 工作群推行实名制。二是配合做好厅党组对装备中心试点巡察工作,对照监督检查 5 项重点内容,主动检视,净化提升,配合开展好 10 项常规巡察工作,自觉接受巡察监督。针对巡察组反馈的 6 个方面主要问题,主动全部认领,列出整改事项 14 项,整改措施 44 项,明确整改时限、责任部门和责任人,及时完成 29 项整改任务,并报告厅巡察办。

5. 严格监督执纪。一是加强内控执纪监督。监督落实厅有关经济责任审计涉及教育装备工作、会计基础规范审计整改和重大决策部署贯彻落实情况。三年来,累计进行工程项目建设、委托招标、装备创新成果、课题、优秀自制教具、实验教学优质课、标准化实验学校评审等纪律监督50 余次。二是规范廉政档案建设。上报处级领导干部廉政档案,着手建立中级职称和中层以上干部廉政档案,统一交由纪检监察室保管。三是不断提高履职能力。重视抓好理论和业务知识学习,推荐 5 人入选执纪审查人才库;上报 2016 年以来受理办理的问题线索情况,运用好监督执纪"四种形态",及时妥善处理信访件,定期通报各项制度执行情况和对违纪行为的查处情况,保证制度刚性约束,建立健全权力监督制约长效机制。

(五)提高执行力度,加强制度建设

1. 加强制度系统化集成。一是以预防决策风险为主,进一步完善"三重一大"决策制度。二是以预防财务风险为主,打造四大内控制度。三是以预防廉政风险为主,编制党风廉政建设制度。聘请第三方对三大系列制度运行情况进行评估,通过评估保证制度依法、科学、规范。通过

加强制度化系统集成,全面推进协同高效,全面推进实践进路。

2. 落实主体责任各项制度。建立完善主体责任纪实制度、"两个责任"双报告制度、述责述廉述职评议制度、约谈制度等,落实签呈、会议纪要和简报制度,坚持重要会议事项、重大决策印发《会议纪要》,重要工作和业务情况印发简报。推行五种工作方法,形成三大工作习惯,实行"四快五不准",大力提高工作效率。

3. 推进制度创新。一是建立跟踪问效制度。对每个支部、每名党员每周考察,每月考核。填报"跟踪问效表",内容包括每周工作小结、下周任务计划、完成效果、时限和责任人。主管领导审阅后,统一上报主要负责人。办公室督办,纪检室监督,人事科考核,依据考核结果奖罚。二是建立领导干部联系点制度,每一名班子成员联系一个党支部,听取汇报、征求意见、研究问题,为支部党建工作提出指导性意见。

(六)党建带群建,增强群团组织活力

一是完成团委、妇委会改选,打造优秀团队,发挥工青妇桥梁纽带作用。二是做好工会工作,维护职工权益。组织参加大病医疗互助,补办会员卡,开展金秋助学、"送温暖"、特困党员救助,自筹资金解决离退休干部物业补贴、健康休养费等待遇问题,为会员开通绿色出行活动,每人补助 200 元。定期组织职工体检,坚持干部职工生病住院看望和家庭红白事慰问制度。双节期间,走访困难职工,集中慰问离退休老干部。三是开展节日主题活动和青年志愿者服务,连续三年组织庆"三八""八一"座谈会,节日慰问,赠送礼品。四是组织开展文体活动,参加省直运动会,乒乓球、双升项目取得 1 金 2 银 1 铜的好成绩;参加省直机关举办的书画摄影比赛、单身青年凤湖徒步走活动,开展太极拳培训、女职工户外素质拓展培训和登山活动、"加油新时代、重走长征路"红色马拉松登塔挑战活动、纪念"五四运动"100 周年系列活动、"撸起袖子加油干"广场舞比赛、"幸福都是奋斗出来的"舞蹈演出,等等。群团活动的开展,增强了群团组织

的向心力、凝聚力，激发了干事创业的动力，干部职工生活日益丰富，单位文化氛围愈加浓厚。

（七）党政同频共振，推动教育装备上台阶

党建工作围绕中心、服务大局，结合职责职能和装备工作实际，加强党的领导，落实落细党建工作，促进党建和装备工作深度融合，以党建促工作，以工作促党建，引导推动教育装备上台阶。一是抓落实。用务实的作风抓落实，用奋进的状态抓落实，用学习的自觉抓落实，用研判的习惯抓落实，用法治的精神抓落实。二是抓创新。围绕落实装备重点工作抓创新，围绕发展素质教育抓创新，围绕风险防范抓创新，围绕在全国出彩抓创新。三是见成效。质量管控稳中求进，标准宣贯有效落实，多项活动组织有序，综合防控儿童青少年近视教育装备稳步推进，标准化实验学校建设蹄疾步稳，装备科学管理取得突破，校外教育持续推进，校方责任险成效明显，中小学图书审查清理工作进展顺利，为基层减轻负担搞好服务取得成效，两届中国郑州教育装备博览会成功举办，各项教育装备事业高质量发展，先进经验全国分享，不断谱写着教育装备工作更加出彩的新篇章。

在肯定成绩的同时，我们还要清醒地看到工作中存在的不足。一是我们单位党组织建设标准还有待提高；二是党建与业务融合还有待加深；三是党建品牌影响力还有待增强。我们要正视问题，把握特点，研究规律，进一步增强责任感和紧迫感，乘势而上，不断推进党建上台阶上水平。

二、今后工作的指导思想和目标任务

（一）指导思想

坚持以习近平新时代中国特色社会主义思想为指导，深入学习贯彻习近平总书记考察调研河南时重要讲话、党的十九大精神，深入贯彻落实

选举投票

厅党组的决策部署,全面履行从严治党政治责任,把对党绝对忠诚、做到"两个维护"作为首要原则,把增强"四个自信"、坚定理想信念作为核心要义,把强化政治功能、提升组织力作为基础工程,把改进工作作风、提高服务水平作为根本任务,把严格落实制度、层层落实责任作为重要保证,把学思用贯通、知信行统一作为主要手段,唱响"干在实处,走在前列"主旋律,达到小奉献积累大业绩,微故事蕴含大能量,实活动搭建新载体,以党建高质量促进教育装备事业发展高质量,奋力谱写更加出彩的新篇章。

(二)目标任务

1. 发挥"三大作用",全面提升"六力"。充分发挥党总支的领导核心作用、党支部的战斗堡垒作用、党员的先锋模范作用,着力提升党建引领力、支部组织力、实践创新力、制度执行力、廉政约束力和职工凝聚力。

2. 创建五星级党支部,全面加强党支部标准化建设。深入开展星级评定活动,三年内,党总支和部分支部成为厅直单位五星级党组织。

3. 推动党建业务深度融合,促进高质量发展。以党建促工作,以工作促党建,推动党员岗位建功,推动单位治理规范化,推动教育装备上台阶。

4. 创建市级文明单位,全面加强精神文明建设。力争三年内成为市级文明单位。

(三)今后的主要工作

1. 导航强基铸魂,扎实推进党的政治建设

一是认真落实"三会一课"、民主生活会、双重组织生活、讲专题党课、主题党日等制度,严肃党内政治生活,严明政治纪律和政治规矩,牢牢树立"四个自信",增强"四个意识",坚决做到"两个维护",在深入学习贯彻习近平新时代中国特色社会主义思想上作表率,在始终同党中央保持高度一致上作表率,在坚决贯彻落实党中央各项决策部署上作表率。二是加强政治文化建设,提高党员干部政治能力,弘扬和践行忠诚老实、公道正派、实事求是、清正廉洁等价值观,涵养风清气正政治生态。三是持续营造"学严干"氛围,坚决贯彻落实中央、省委和厅党组各项决策部署,做到不折不扣、落细落实、务求实效,积极创建省直模范党组织。

2. 强化理论武装,扎实推进党的思想建设

一是始终把学习习近平新时代中国特色社会主义思想作为理论学习的首要内容和第一议题,不断完善和落实各项学习制度,特别是领导干部"五种方式"学习制度,发挥中心组领学促学作用,用好"学习强国"、干部网络学院等载体平台,推动理论学习走深走实走心。二是按照厅党组安排,结合教育装备中心工作和队伍建设实际,巩固和用好主题教育成果,建立不忘初心、牢记使命长效机制,有计划地开展红色教育、党性教育活动,领悟初心,践行使命。三是加强对省装备中心网站、微信及论坛、报告会、研讨会等意识形态阵地的监督,旗帜鲜明开展意识形态领域斗争,做好党员干部思想政治工作。

3. 夯实基层基础,扎实推进党的组织建设

一是认真落实《中国共产党支部工作条例(试行)》,用好《党支部工

作手册》,以提升组织力为重点,开展党支部星级评定,总结推广支部工作法,推进党支部标准化规范化建设。坚持抓两头带中间,深入开展"逐支部观摩整单位提升"活动。二是落实党员教育管理工作条例、党员教育培训工作规划,把政治标准放在发展党员首位,有计划地开展党员和党务干部素质能力提升培训,打造高素质党员队伍。落实党内关怀帮扶,做好离退休党员、流动党员管理服务工作,完善党员干部担当作为激励机制。三是管好用好党建活动室,管好用好党员管理信息系统,综合运用互联网、微博、微信等新媒体,探索"互联网 + 党建",提高党建信息化水平。四是坚持开展"两优一先"评选活动,做好"七一"和年度评选表彰。五是加强党建评议考核工作,压紧压实党支部书记第一责任人责任,履行"一岗双责",把党支部建设得更加坚强有力。

新一届党总支委员合影

4. 注重成果转化,扎实推进作风建设

一是严格落实中央八项规定及其实施细则精神和河南省委、省政府《实施办法》,紧盯重要时间节点、关键岗位、重点领域,紧盯"四风"新动向,发现一起、查处一起。认真落实"五比五不比""五转五带头"要求,深入整治形式主义、官僚主义,加强作风建设,完善作风建设长效机制。二是密切联系服务群众,落实党组织联系基层、党员干部联系群众"双联

系"制度,组织开展党员志愿服务活动,大兴调查研究之风。三是大力学习弘扬焦裕禄精神、红旗渠精神、愚公移山精神,特别是焦裕禄同志的"三股劲"精神,激励党员干部立足岗位、担当作为,争做出彩河南装备人。四是落实好教育厅部署的扶贫任务,深入开展教育精准扶贫、教育助力脱贫攻坚工作。五是加强精神文明建设,做好群团工作,引导广大党员干部职工听党话、跟党走,争先进位谋出彩,群策群力求实效,全力创建市级文明单位。

5. 持续正风肃纪,扎实推进党风廉政建设

一是深入学习贯彻《中国共产党纪律处分条例》,强化政治纪律和组织纪律,带动廉洁纪律、群众纪律、工作纪律、生活纪律严起来,党员干部习惯日常监督,加强自我约束。二是做实做细日常监督。贯通运用监督执纪"四种形态",特别是"第一种形态",及时咬耳扯袖、红脸出汗。切实加强廉政风险防控工作,围绕规范权力运行,持续强化日常监督,组织对落实党风廉政建设各项目标和对维护政治纪律、干部选拔任用、职称评审、评课评标、实验教学、质检验收、重大教育装备项目政府采购、单位规章制度执行情况等监督检查。深入开展公务用车、办公用房、出国境证件、"三公经费"管理等制度执行情况的监督检查,坚决查处公款宴请、赠送节礼、违规消费、变相公款旅游等问题。三是深入推进以案促改。经常性开展廉洁警示教育,通报典型案例,时刻做到警钟长鸣。按照上级部署,做好巡视整改工作,加强制度建设,建立完善信访、举报、谈话、函询等制度,提高操作性和执行力,监督执纪到位,责任追究到位,持续推进以案促改制度化、常态化。

三、主要措施和实践策略

(一)强化责任担当

2020 年是具有里程碑意义的一年。实现第一个百年奋斗目标,大力推进新时代党的建设伟大工程,我们只能只争朝夕,不负韶华;担责、担难、担险 ,方显勇毅;惟其磨砺,始得玉成。最近,厅机关党委印发了党的建设"三级四岗"责任清单,我们要认真贯彻落实。负责,必须观大势,谋大事;守责,必须守初心,担使命;担责,必须有灵气,有活力,有魄力,有能力,有情怀,有力量。

(二)坚持学做相通

一是要学深悟透、融会贯通。真正掌握党的创新理论的精髓要义,真正筑牢"两个维护"的思想根基,真正弥补马克思主义理论基础不足。二是要对标对表、知行合一。要把学习成果转化为加强党的政治建设具体举措上,转化为落实党总支决策部署的具体行动上,转化为落细落小、落地见效上。

(三)坚持首尾相顾

抓好"首",就是要抓住党总支成员这个"关键少数",严格落实领导干部双重组织生活、主题党日、党员政治生日等各项制度,以上率下,做出表率,正气充盈。抓好"尾",就是要抓住党支部这个"末梢神经",强化一切工作到支部的导向,发挥支部管到人头的特点,落实好"三会一课"等制度。坚持"一把钥匙开一把锁",科学精准,强基固本。

(四)坚持点面相融

党建工作与业务工作相辅相成,不能各定各的调、各弹各的曲,成了不搭界的平行线。要避免出现"两张皮",必须找准结合点,以点带面,以小切口解决大问题。各科室都要结合本部门工作特点,找准自身专长和优势,找准能够切入中心工作、有力推进落实的抓手,推动党建工作和业务工作的深度融合。小切口要形成大突破、产生大效果,还要有一种钉钉子精神,久久为功,善作善成。

(五)坚持严爱相济

党建工作,说到底是做人的工作。我们党员干部,既有思想、有情怀、有抱负,也有困惑、有压力、有情绪。让党员干部健康成长、干事创业,就必须处理好"严"与"爱"的关系,既压担子也搭梯子,既给权力也加约束,既经常鞭策也经常鼓励。一是要"严"字当头。严管就是厚爱、就是对干部真正负责。要树立严的标准,把纪律和规矩挺在前面,从严教育、从严管理、从严监督,既要管行为也要管思想,既要管工作圈也要管社交圈,教育引导党员干部知敬畏、存戒惧、守底线。二是要"爱"字入手。要政治上关心、工作上关注、生活上关怀,真正了解干部喜怒哀乐、实际需求,当好他们的"知心人"和"娘家人",切实增强组织的"含氧量"。要完善和落实应有的福利待遇,认真研究和协调解决党员干部的实际困难,把组织的温暖传递到党员干部心里面,让他们真正安身、安心、安业。

(六)坚持奇正相生

《孙子兵法》讲:"战势不过奇正,奇正之变,不可胜穷也。奇正相生,如循环之无端,孰能穷之哉?"用通俗的话解释,"正"就是守正,就是坚持正确方向,坚持好传统好制度好做法;"奇"就是创新,就是在正的基础上,积极探索新方法、新途径。"奇"和"正"不能割裂,只讲奇、不讲正,就会剑走偏锋;只讲正、不讲奇,就会抱残守缺。做党建工作也必须坚持奇正相生、守正创新,破除思想观念僵化、思路举措固化、方式手段套路化等问题。一是要推动理念思路创新。围绕事项"简"、流程"优"、材料"少"、时间"压"、次数"减",想办法、出实招,向改革要编制、向创新要人手。二是要推动方式手段创新。创新工作方式方法,用足用好数字化条件下的新载体新办法,强化互联网和大数据提供的技术支撑,探索运用现代信息技术手段开展党建工作的有效模式,增强党建工作的吸引力、感染力、实效性。

创建新时代模范党组织,推进党的建设伟大工程,使命光荣、任务艰巨、责任重大。让我们高举中国特色社会主义伟大旗帜,不忘初心,牢记使命,硬核逆行,开拓创新,以斗争实践为生动教材,让政治过硬成为单位的鲜明烙印,让作风优良成为单位的金字招牌,让担当作为成为单位的身份标识,大力弘扬黄河文化,涵养家国情怀,砥砺奋斗精神,凝聚发展强大正能量,为推进教育现代化,让中原更加出彩,决胜全面小康做出更大的贡献。

（节选自作者2020年4月9日在中共河南省教育技术装备管理中心党员大会上作的报告）

守好"主阵地" 种好"责任田"

同志们：

刚才召开了新一届党总支委员会，选举我担任书记，感谢同志们的信任和重托！下面，我代表新一届总支委员会表个态：

第一，扛实责任。我们将以身作则，用坚如磐石的党性、以上率下的风范、务实求真的品格，把班子建设好，把队伍带领好，形成紧密的凝聚力、团结的向心力和强大的战斗力，坚守初心，砥砺奋进，形成头雁效应。

第二，强化担当。形成清晰的目标，严格的流程，规范的制度，层层的责任，奖惩的机制，提升整体合力，守好"主阵地"，种好"责任田"。

第三，树好形象。新团队要有新气象、新作为。一要保持"正气"，气正而邪不侵，正气存，则作风实，堂堂正正做人，干干净净做事，充分发挥共产党员的清廉本色和浩然正气；二要培养"大气"，时刻涵养自己荣辱不惊、虚怀若谷的政治品格，练就"功成不必在我"的境界和"功成必定有我"的担当；三要心存"底气"，提升服务，永葆为民情怀，增强实战本领，练好干事底气，逢山开路，遇河架桥，迎难而上，破解难题；四要提升"灵气"，凝聚强大正能量，消除"暮气"，鼓舞士气，燃烧激情，守正创新，奋勇争先，以好的成绩、好的形象为党旗争光，为党徽添彩。

第四，还要特别感谢厅领导在百忙中参加会议，发表讲话，亲切指导，这是对我们的厚爱、关心和大力支持,也是对我们的鞭策和激励。我们全体党员非常感动,一定倍加珍惜,绝不辜负厅领导的期望,决心高举习近平新时代中国特色社会主义思想伟大旗帜,保持昂扬的斗争精神,唱响"干在实处、走在前列"主旋律,奋力谱写新时代模范党组织更加出彩的绚丽篇章!

(节选自作者 2020 年 4 月 9 日在中共河南省教育技术装备管理中心党员大会上的表态发言)

埋头苦干实现初心

装备中心深入贯彻厅党组安排部署,按照规定动作标准化、自选动作有特色的工作思路,坚持把学习教育、调查研究、检视问题、整改落实贯穿始终。通过主题教育,传承了红色基因,激发了创业热情,推动了改革创新。8月31日,召开了民主生活会。9月10日,召开了汇报总结会。主题教育取得阶段性成果。我们采取的主要措施是:依靠学习唤醒初心,通过自律守住初心,埋头苦干实现初心。现汇报如下:

一、依靠学习唤醒初心

一是学原著深度学习,领悟初心。我们组织中心组学习 11 次,集中学习 9 次,上专题党课 2 次,学习培训 3 次,推动习近平新时代中国特色社会主义思想走深走心走实。

二是搞活动现场学习,滋养初心。我们先后组织了大别山、遵义、红旗渠 3 次参观活动,参观了档案文献展,举办了"我和我的祖国"微党课比赛,开展了"诵读红色经典,献礼祖国 70 华诞"职工大赛等活动。

三是讲党课理解学习,解读初心。书记上了 2 次党课:6 月 14 日,在红旗渠干部学院以"唤醒初心使命,激发创业热情"为题上党课。6 月 27

大别山干部学院集体合影

装备中心主任、党总支书记王德如在开班仪式上动员讲话

日,以"让思想灯塔照亮初心,把践行使命落到实处"为题上党课。

四是搞观摩分享学习,锤炼初心。在"三会一课"和主题党日活动的基础上,我们先后开展了"逐支部观摩、整单位提升"活动、调研成果交流活动、征求意见座谈活动和主题教育成果汇报活动。

五是忆生日共同学习,重温初心。党总支在每名党员入党纪念日当天赠送"政治生日"礼物——《平语近人》一书。在书籍扉页由党总支书记寄语。这个活动是我们单位的一个创举,体现了组织情怀,密切了干群关系,重温了入党初心。

在遵义会议旧址前集体合影

二、通过自律守住初心

我们主要在制度刚性约束和文化柔性引领方面形成突破,以滚石上山的精神,把以案促改内化成单位自觉行为,内化成制度行为,内化成管理行为。我们单位主要建立了三大系列制度:一是以预防决策风险为主,进一步完善"三重一大"制度;二是以预防财务风险为主,打造四大内控制度;三是以预防廉政风险为主,编制党风廉政建设制度。

习总书记指出:坚定中国特色社会主义道路自信、理论自信、制度自信,说到底是要坚定文化自信。文化是引领装备中心的强大精神力量。

我们把"孔子改善、孟子最优"作为传统文化精华,把"守正创新、优质高效"作为核心文化理念,按平语近人、价值体认、瞬间感动、风险防范和创意物化五大板块,建设六条廉政文化长廊,悬挂50余幅廉政文化宣传画,同时在河南教育装备网开设廉政文化专栏。通过文化引领,抓责任,抓担当,抓教育,抓作风,抓纪律,抓监督,抓治理;坚持教育管心,制度管权,惩治管行。

在青年洞前重温入党誓词

三、埋头苦干实现初心

抓好全省教育大会精神的贯彻落实,既是今年的工作重点,更是推进主题教育活动往实里走的重中之重。

学习焦裕禄"三股劲"精神,装备中心在落实工作上提出"四快五不准",即思想反应快、行动落实快、反馈上传快、效果呈现快;在执行上思想不准抵触,行动不准迟缓,落实不准变通,报告不准拖延,建言不准事后诸葛亮。今年,我们主要从以下几方面抓好全省教育大会精神的贯彻落

向革命先烈敬献花篮

实：一是落实好教育部新装备标准，服务教育教学和育人方式新变革。二是继续推动标准化实验学校建设，今年再建 100 所，五年建成 500 所。三是今年上半年完成 352 批次 5.25 亿元教育装备第三方质量验收，教育装备质量管控成效突出。四是编制出台 2019 年河南省教育装备创新成果和中小学功能教室建设指导意见，为全省教育装备提供方案设计、技术咨询、参数论证等服务。五是组织了 113.6 万名考生参加中招理、化、生实验操作考试，实现全省考试安全，事故零报告。六是成功举办全省实验教学优质课和实践教育优质课两大评选。理念引领，突出创新，评审权威，反响积极。

主题教育活动开展以来，河南省装备中心在教育厅第三指导组的精心指导下，坚持高起点谋划、高标准开局、高质量推进，充分发挥领导班子表率作用，先后召开领导班子和党总支（扩大）会议 14 次、动员会 1 次、推进会 1 次，征求意见建议 165 条，编发简报 8 期，网站、显示屏宣传 60 项，确定问题导向 4 个，拟定调研题目 4 个，领导班子对照梳理突出问题 22 个，制定整改措施 33 个，开展系列活动 10 个，助力扶贫四大行动，召开民主生活会 2 次，组织生活会 2 次。整个活动有声有色，丰富多彩，得到厅指导组充分肯定。

装备中心主任、党总支书记王德如颁发证书

同志们,节点决定起点,结局也是开局。下一步,我们主要从两个方面巩固主题教育成果。第一,在加强制度化系统集成上下功夫。全面完善各类制度,全面推进协同高效,全面推进实践进路。第二,在保持活动的持续效应上见成效。不断探索不忘初心的创新方式,不断研究牢记使命的行动策略,不断形成制度文化的浓厚氛围。

(节选自作者2019年9月20日在省教育厅主题教育总结会上的发言)

让思想灯塔照亮初心
把践行使命落到实处

2019 年,装备中心全面从严治党的工作思路是:党建回归原教旨,政治逻辑排第一;政务党务相融通,育人干事相并举;教育和制度双管齐下,修心和修行成为一体。采取的主要措施:一是充分认识迎"大庆"从严治党的特殊意义,在对标提质上下功夫;二是拧紧初心使命"总开关",在主题教育活动中见成效;三是滚石上山抓整改,廉政文化树特色;四是落实工作"三股劲",改革创新出重彩。

一、充分认识迎"大庆"从严治党的特殊意义,
在对标提质上下功夫

举国上下迎大庆,70 华诞炎黄心。大庆之年,从严治党更加必要、更加需要、更加重要。5 月 14 日,装备中心召开全面从严治党暨党风廉政建设工作会议,98 名党员、5 名党支部书记、46 名副科级以上干部和 230 名职工参加,传达学习郑邦山厅长在全省教育系统全面从严治党工作会议上的讲话精神,学习李莉华书记安排部署,按照主管副厅长刘昭阳、李金川总督学、吕冰副巡视员等厅领导的要求,提高站位,扎实工作,落实好

"六个再聚焦再发力"和"六个持续",进一步释放全面从严治党越往后越严的鲜明信号,以优异成绩庆祝新中国成立70周年。

装备中心党总支经过认真调查研究分析,认为今年从严治党主要解决四个问题,即厌倦疲劳问题、虚功实做问题、抓细抓长问题和体现时代特色问题。针对四个问题,开展四大行动:

一是理论武装提升行动。落实《2019年理论学习计划》,用好"学习强国"教育平台,推进理论学习走深走心走实,持续营造学的氛围、严的氛围、干的氛围。

二是支部建设提质行动。党总支制定《关于实施党建提质行动建设模范党组织的意见》,深入开展"逐支部观摩、整单位提升"活动和党支部星级评定,认真落实组织生活会、"三会一课"和主题党日等制度,聚焦"三个表率",聚焦固本强基,聚焦正风肃纪,聚焦服务中心,向支部建设标准化迈进。

三是主体责任记实行动。列出领导班子及其成员、第一责任人主体责任和监督责任清单共20大项78小项。坚决做到:责任目标签实,责任内容充实,责任人压实。实施主体责任记实创新,年初责任记实,平时履责留实,考核监督核实,"两个责任"双报告存实。

四是"五比五不比"行动。深入开展比能力,不比财富;比贡献,不比职级;比内在,不比外在;比事业,不比名利;比知识,不比享乐"五比五不比"活动,树立体现讲担当、重担当的鲜明导向。

二、拧紧初心使命"总开关",在主题教育活动中见成效

一是认真落实厅党组的各项决策部署,及时召开主题教育动员会、推进会,成立领导小组,制定工作方案,加强活动宣传,营造浓厚氛围。

二是同步推进学习教育、调查研究、检视问题、整改落实等工作,及时

装备中心召开全面从严治党暨党风廉政建设工作会议

完成集中学习研讨,征求意见、建议,确定调研题目,撰写调研报告,检视反思问题,建立整改台账,全力做好对照党章党规找差距、抓落实。

三是6月14日在红旗渠干部学院以"唤醒初心使命,激发创业热情"为题上党课。6月27日以"让思想灯塔照亮初心,把践行使命落到实处"为题上专题党课。

四是制定"装备中心工作绩效跟踪问效表",每天跟踪,每周考核,钉钉管理,提升效能。

五是举办活动,知信统一。组织开展红旗渠"不忘初心,牢记使命"主题教育参观培训,举办"诵读红色经典,献礼祖国70华诞"活动、"我和我的祖国"微型党课比赛,组织参观档案文献展。特别是实施4项助力教育扶贫工作:为南召县竹园沟贫困村民解决实际困难,采购"扶贫桃";为信阳浉河区李芳"绿之风"学校捐赠6台电脑、15台一体机;为尉氏县水黄村小学和泌阳县羊册镇中心校各捐赠一台优谷朗读亭,每台价值12万元。

主题教育活动开展以来,装备中心先后召开领导班子和党总支(扩大)会议 8 次,动员会 1 次,推进会 1 次,中心组学习 6 次,集中学习 7 次,讲专题党课 2 次,开展学习培训 3 次,征求意见、建议 165 条,编发简报 7 期,网站、显示屏宣传 41 项,确定问题导向 4 个,拟定调研题目 4 个,领导班子对照梳理突出问题 12 个,制定整改措施 17 个,班子成员查摆出突出问题 20 个,制定整改措施 46 个,开展系列活动 8 个,助力扶贫四大行动,召开民主生活会 1 次,组织生活会 1 次。总体上看,我们依靠学习唤醒初心,通过自律守住初心,埋头苦干实现初心,整个活动有声有色,丰富多彩,得到厅指导组充分肯定。下一步,我们按照厅党组的统一部署,进一步征求好意见,找准差距,开展好民主生活会,确保主题教育活动一以贯之,落地生根。

装备中心举行"诵读红色经典,献礼祖国 70 华诞"现场诵读暨颁奖仪式

三、滚石上山抓整改,廉政文化树特色

今年党风廉政建设工作,在抓好常规工作的同时,我们主要在制度刚性约束和文化柔性引领方面形成突破,以滚石上山的精神,把以案促改工

作内化成单位自觉行动,内化成制度行为,内化成管理行为。我们单位主要建立了三大系列制度。一是重点规范"三重一大"决策行为,严格决策程序,严格界定每位班子成员,特别是主要负责人权力边界,提高决策水平,防止决策失误。明确了单位重大决策、干部任免、重大项目、大额资金使用范围等,必须遵循依法依规、民主集中制、务实高效的原则,严格调研、酝酿、决定、纪要的决策程序,并制订决策实施办法,严明决策责任追究。由于在"三重一大"制度上领导带头,决策严格,执行规范,强化了风险防控,促进了廉政建设。二是设计制作"风险防控表",深挖根源,排查风险,科室(公司)共排查出部门风险点50个,列出防控措施50项;领导班子排查岗位风险点15个,列出防控措施15项;党员干部职工共排查出岗位风险点128个,列出防控措施128项。在此基础上,制定装备中心和经营公司4项内控制度,我们还聘请第三方对四项制度进行客观评估和运行情况评价。三是编制《党建和党风廉政建设工作制度》,制度执行纳入考核评价范围,把权力关进制度的笼子。

文化是引领装备中心的强大精神力量。我们把"孔子改善、孟子最优"作为传统文化精华,把"守正创新、优质高效"作为核心文化理念,按平语近人、价值体认、瞬间感动、风险防范和创意物化五大板块,建设六大廉政文化长廊,悬挂50余幅廉政文化宣传画,同时在河南教育装备网开设廉政文化专栏。通过文化引领,抓责任,抓担当,抓教育,抓作风,抓纪律,抓监督,抓治理;坚持教育管心,制度管权,惩治管行,取得两大成效。一是形成单位好的行为习惯,即把高质量作为工作习惯,把自觉接受监督作为行为习惯,把工作没干好就是对不起组织作为思想习惯。二是省纪委领导采取听取汇报、查阅资料、谈心谈话、问卷调查、列席民主生活会等方式,深入到装备中心调研考察,帮助理论武装、学理求证和经验集成。2018年10月23日,在河南省纪委监察委网站推介河南省装备中心以案促改的做法。

装备中心举行"我和我的祖国"微党课比赛

四、落实工作"三股劲",改革创新出重彩

抓好全省教育大会精神的贯彻落实,既是今年的工作重点,又是推进主题教育活动往实里走的重中之重,更是从严治党的关键举措。

学习焦裕禄"三股劲"精神,装备中心在落实工作上提出"四快五不准",即思想反应快、行动落实快、反馈上传快、效果呈现快;在执行上思想不准抵触,行动不准迟缓,落实不准变通,报告不准拖延,建言不准事后诸葛亮。今年,我们主要从以下几方面抓好全省教育大会精神的贯彻落实:

一是落实好教育部新装备标准,有序逐步替换旧装备,服务教育教学和育人方式新变革。

二是继续推动标准化实验学校建设,在 2018 年建设 100 所的基础上,今年再建 100 所,五年建成 500 所。

三是 2019 年上半年完成 352 批次教育装备第三方质量验收,总金额

5.25亿元,教育装备质量管控成效突出。

四是编制出台2019年河南省教育装备创新成果和中小学功能教室建设指导意见,开展全省中小学图书馆建、配、管、用调研,举办特色功能教室、STEAM教育等研讨会,为全省教育装备配备提供方案设计、技术咨询、参数论证等服务。

五是成功举办全省两大优质课评选。全省实验教学优质课和实践教育优质课是中小学教师职称评定业绩条件之一的重要评审项目。共有400余名教师参加了实验教学优质课现场授课评选,评出一等奖79节,二等奖173节,三等奖188节,其中有15节参加国家评选。实践教育优质课观摩评选正积极推进。今年,这两项评选活动方向正确,理念引领,突出创新,评审权威,社会反响积极。

六是确立一批省级研究课题。组织开展河南省教育科学"十三五"规划2019年度教育装备和实践教育专项课题研究中期检查,并下拨40万元专项经费;2019年立项课题45项,其中重大课题5项,重点课题40项。立项课题科学性强,研究价值高,推动河南省教育装备和实践教育高质量发展。

七是加强基地建设,搞好校外教育。开展全省命名中小学社会实践教育基地25个;组织基地管理人员和任课教师培训,总结交流新经验、新成果;持续推进研学旅行试点工作,推动河南省中小学生研学旅行更加广泛深入开展。

八是确保中招理、化、生实验操作考试安全。共有113.6万名考生参加考试,实现全省考试事故零报告,社会反响正面积极。

九是以校方责任险促进校园安全。统一使用河南省教育保险管理系统。目前已有2.5万多所学校注册,投保校方责任保险累计5万多所学校,学生投保累计2226万人次,教职员工投保累计109万人次。

在厅领导的正确领导下,装备中心学重要讲话,向核心看齐;围绕中

装备中心主任、党总支书记王德如与一等奖获得者合影

心,服务大局;改革创新,求真务实;事业稳步发展,党建水平提升;上下团结和谐,单位风清气正。今年教育部在河南召开了教育装备改革创新工作会,郑邦山厅长出席并讲话,大会分享了河南经验。

　　汇报完毕,不当之处,请批评指正。谢谢!

　　(节选自作者 2019 年 8 月 5 日在全面从严治党暨党风廉政建设工作会议上的讲话)

干为先　敢支撑　实托底

一、全面对照检视，看思想境界是否提高，人生精神是否升华，为单位和谐发展是否尽心尽力。

二、坚决以杨贵书记为榜样，身先士卒把兵带起来，做出表率把德树起来，方向校准把舵掌起来。

三、践行不忘初心，就要敢于担责、担难、担险；践行牢记使命，必须干为先、敢支撑、实托底。

四、找准逻辑起点，探索方法整合，编制技术创新，摒弃慵懒散漫，倡导立行立办，不断提高工作效率和能力水平。

（节选自作者 2019 年 6 月 14 日在"不忘初心　牢记使命"主题教育活动上的讲话提纲）

谁是你的"重要他人"

　　每个人在成长过程中总会遇上对自己的人生观、价值观、世界观影响很大的人，可能是父母长辈，可能是老师、同学，也可能是领导、同事。作为一名共产党员，谁是我们的"重要他人"？——焦裕禄。焦裕禄精神是我们党的宝贵精神财富。"三股劲"是焦裕禄精神的高度凝练，即对群众的那股亲劲、抓工作的那股韧劲、干事业的那股拼劲。《中国共产党支部工作条例（试行）》颁布后，装备中心于12月3日召开党总支扩大会议学习。通过这次党日活动，充了电，开阔了视野；补了钙，坚定了信仰；提了神，增强了干劲。今后，一是把牢记使命、更加出彩作为人生坐标和工作标准；二是践行焦裕禄"三股劲"，做好三大表率，即时时作示范，处处当先锋，事事我带头；三是把焦裕禄精神内化为三大习惯，即把高质量作为工作习惯，把自觉接受监督作为行为习惯，把工作没干好就是对不起组织作为思想习惯；四是把焦裕禄品格提升为三大自觉，即更加自觉对组织忠诚，更加自觉履职担当，更加自觉奋发有为；五是弘扬焦裕禄精神与时俱进，新时代新担当新作为。转时态，在"新"上下功夫；转状态，在"实"上下功夫；转语态，在"深"上下功夫；转心态，在"高"上下功夫。

　　在厅党组的正确领导下，装备中心事业稳步发展，党建水平提升；上下团结和谐，单位焕然一新。今年教育部两次在河南召开现场会，连续两年致函教育厅对装备中心提出表扬和感谢。全国中小学实验教学说课大赛在全国排名第二,彻底改变了河南多年低位徘徊的局面。省纪委10月23日在省纪委监察委网站推介装备中心党建特别是以案促改经验。现结合实际,谈谈自己的学习与实践体会。

一、聚焦政治建设,铸就忠诚担当干部队伍

1. 抓好党的理论创新成果的学习贯彻。以理想信念和党性教育为重点,以"学习、落实、警示"为抓手,以"三会一课"为依托,领导带头学、中心组集中学、支部分头学、个人自学,有计划专题学。作为书记,组织好党总支和中心组的学习;作为普通党员,参加支部和党小组学习;作为家庭成员,和家属一起研究学习。除常规学习活动外,对《求是》《党建研究》《新华文摘》《教育研究》等杂志的文章重点学习。3月27日,装备中心召开全面从严治党暨党课大会。我以"加强党的全面领导必然逻辑"为题,从三个方面给大家上党课:党的全面领导历史逻辑;党的全面领导理论逻辑;党的全面领导实践逻辑。要求理论武装走深走实走心,以案促改抓长抓细抓实,从严治党生根开花结果。6月26日,装备中心召开迎"七一"表彰暨党课大会。我以"信仰的力量"为题,给大家上党课。时代的力量;创新的力量;先锋的力量。要求共产党员必须做到坚定梦想,丢掉幻想,可以有性格但不能太个性。必须加强自身建设,永葆政治本色。

2. 抓好"四个意识"专题教育。积极引导全体党员干部增强"四个意识"特别是核心意识、看齐意识。采取集中学习与个人自学相结合、专家辅导与讨论交流相结合、研究问题与推进工作相结合等方法,全方位、立体式、多角度学习好、宣传好、践行好"四个意识",把开展专题教育与学习贯彻十九大精神、推进"两学一做"学习教育常态化制度化、完成年度工作目标任务结合起来,切实做到"两手抓、两不误、两促进",营造风清

气正的政治生态。强化督导,把专题教育列入年度党建工作考核内容,认真做好督促检查,从严从实抓好党员干部的教育工作,确保见到实效。

3. 抓好"两学一做"常态化制度化。制定方案,召开组织生活会和推进会,组织党员集中观看党的十九大党章公开课、《不忘初心继续前进》电视专题片、话剧《红旗渠》、电影《李学生》和《李芳先进事迹展览》,深入学习李芳、邹碧华、张玉滚同志先进事迹;组织全体党员聆听书记讲党课 2 次;开展主题征文活动 2 次;微型党课、网上答题知识竞赛、改革开放四十周年书画摄影展比赛 3 次;组织党员党性教育培训 2 次。

4. 抓好"五种人"的鲜明导向。制发《关于规范干部选拔任用工作的意见》,树好选人用人新风。坚持正确用人导向,激发干部队伍生机活力,把工资发给爱岗敬业的人,奖金颁发给业绩突出的人,岗位选拔忠诚担当的人,荣誉授予理想作为的人,纪律警戒慵懒散漫的人。

二、聚焦提升服务,打造凝心聚力的基层党组织

1. 压实主体责任。一是强化责任意识。坚持党政同责,一岗双责,分管负责,归口担责,人人有责。个人责任厘清,组织责任说清,边界责任划清,把责任扛稳、抓牢、做实。二是明确责任清单。列出领导班子及其成员、第一责任人主体责任和监督责任清单共 20 大项 78 小项。三是签订责任目标。单位主要负责人对厅领导签,做到上有承诺。副主任对主任签,科长对副主任签,做到下有传导。坚决做到:责任目标签实,责任内容充实,责任人压实。

2. 严肃组织生活。一年来,召开民主生活会 2 次,组织生活会 3 次,总支书记通过约谈等方式,与各班子成员交流学习体会,检查学习成效。

3. 坚持以案促改。认真贯彻落实厅党组、驻厅纪检组的有关部署,以案促改、抓长、抓细、抓实,不断巩固深化成果,取得一定成效,得到河南

省纪委的充分肯定。10月23日,在河南省纪委监察委网站推介了装备中心以案促改的做法。

4. 提升优质高效。一是明确工作方法:汇报工作说结果,请示工作讲方案,总结工作说流程,布置工作讲标准,关心下级问过程;二是打造"三大习惯":把高质量作为工作习惯,把自觉接受监督作为行为习惯,把工作没干好就是对不起组织作为思想习惯;三是狠抓落实"四快":在落实工作上思想反应快、行动落实快、反馈上传快、效果呈现快;四是坚决杜绝"五不":在执行上思想不准抵触、行动不准迟缓、落实不准变通、报告不准拖延、建言不准事后诸葛亮。

三、聚焦教育监督,营造风清气正的政治生态

1. 坚持教育提醒,注重常态长效。春节、五一、端午、中秋、国庆等重要节点,下发文件,廉洁提醒,监督检查。专门召开强化正风肃纪、确保廉洁过节警示教育大会,通报典型案例,就严格执行"六个严禁"和"八个严禁"以及通信畅通、信息安全、外出报备、节日安全和值班等进行警示教育。坚持利用宣传栏、网站、显示屏、廉政文化墙等,对广大党员干部宣传教育和引导,做到警钟长鸣。

2. 坚持重要领域,突出工作重点。一是严格规范"三重一大"决策制度。重大问题必须经领导班子集体研究,规范调研、酝酿、决定纪要的决策程序,严格界定每位班子成员,特别是主要负责人权力边界,提高决策水平,防止决策失误。二是规范权力运行。制度确权,科学分权,公开用权。主要负责人不直接分管科室工作,特别是不直接分管五大重要事项,即人事、财务、工程建设、重大采购和重大资金调拨等工作,主要负责抓总、抓大、谋全、领导和监督,按"副职分管、正职监督、集体领导、民主决策"的原则安排班子分工,权责一致,互相制衡,补台不拆台,内控不内

耗。三是排查岗位风险点。把校方责任保险、实验用书编写列为重要风险点防控;聘请常年法律顾问,提供法律咨询、合法性审查、法律纠纷处理等服务;工程项目均成立领导小组,由副职班子成员牵头负总责,相关科室负责项目计划、招标、合同、预决算、验收、付款等,主任会同纪检室全程监督;对委托招标、全省中小学实验教学优质课评选、优秀案例评选、现场说课评选等跟踪问效,全程监督。

3. 坚持优化考核,打造和谐单位。加强日常考核,实行月问、季问、半年问和年终问,做到问情况,问原因,问态度,一问再问,不断追问;认真落实签字背书、约谈、"两个责任"双报告、述责述廉述职评议等制度;对苗头性、倾向性问题,及时谈话提醒、批评教育、督促整改。

装备中心党建工作虽然取得了一些成绩,但离厅党组的要求还有差距。下一步,我将与全体党员职工一道,把更加出彩作为主攻目标,把高质量作为主要标准,把党的建设责任传导到"神经末梢",任务落实到"基层细胞",养分供应到"毛细血管",站好前哨岗,种好责任田,把党支部各项工作抓细抓实,努力谱写装备中心更加出彩的新篇章。

(节选自作者 2018 年 12 月 8 日在学习焦裕禄同志"三股劲"暨主题党日活动上的发言)

先锋的力量

党的十九大是在中国特色社会主义进入新时代召开的一次十分重要的大会,也是不忘初心、牢记使命、高举旗帜、团结奋进的大会。大会深刻总结十八大以来党和国家事业的历史性成就、历史性变革,作出了中国特色社会主义进入新时代、我国社会主要矛盾已经转化等重大政治论断,深刻阐述了新时代中国共产党的历史使命,确立了习近平新时代中国特色社会主义思想的历史地位,提出了新时代坚持和发展中国特色社会主义基本方略,确定了新时代党和国家事业开启新征程、续写新篇章的指导思想、行动纲领、奋斗目标、宏伟蓝图,吹响了新时代新的伟大进军的冲锋号。

忘记远大理想,不是合格的共产党员;离开实际工作空谈远大理想,同样不是合格的共产党员。要想紧跟时代发展、吹响冲锋号必须做到以下几点:

一、坚定梦想,丢掉幻想

(一)够得着的美好理想,才是稳稳的幸福

要坚决与党中央保持高度一致,认真执行党的路线、方针、政策,始终

坚持正确的政治方向、政治立场,在重大原则问题上分得清是非,在重大关头和各种风浪中经得起考验。要坚定理想信念,理想信念是一个政党的行动引领和精神支柱,标志着政党的奋斗目标、价值追求和精神动力,是党员政治觉悟、思想境界和道德情操的集中体现。理想信念犹如精神之"钙",共产党人的钢筋铁骨就是靠精神之"钙"铸就的。一个人若身体缺钙,就容易骨质疏松,患上软骨病,立不起来。同样,一个人若精神没有支柱,就必然导致思想迷茫、萎靡颓废,甚至误入歧途、坠落深渊。共产党人有了坚定的理想信念,就能经受血与火的考验,抵御名和利的诱惑,矢志不渝地朝着目标前进。我们党员干部要多讲干事,不求名利;多讲工作,不讲待遇,尽心竭力地为党和人民的事业拼搏奉献。

(二)把风头留给别人,把风采留给自己

要充分尊重群众,以公仆之心对待群众,真心实意和群众交朋友,相信群众的智慧,虚心向人民群众学习;要心里装着群众,对人民群众充满深厚感情,信守掌权为民的原则,用人民赋予的权力造福于民;要真诚服务群众,为群众多办实事、多解难题、多做好事。习近平指出,为什么人的问题,是检验一个政党、一个政权性质的试金石。必须始终把人民利益摆在至高无上的地位,让改革发展成果更多更公平惠及全体人民,朝着实现全体人民共同富裕不断迈进。他说,要抓住人民最关心最直接最现实的利益问题,既尽力而为,又量力而行,一件事情接着一件事情办,一年接着一年干。坚持人人尽责、人人享有,坚守底线、突出重点、完善制度、引导预期,完善公共服务体系,保障群众基本生活,不断满足人民日益增长的美好生活需要,不断促进社会公平正义,形成有效的社会治理、良好的社会秩序,使人民获得感、幸福感、安全感更加充实、更有保障、更可持续。

(三)欣赏"地球上最美丽的花朵"

创新是一个民族进步的希望,是一个国家兴旺发达的不竭动力。建设一支具备较高创新能力和水平的青年党员队伍,不仅可以保障我们的事业蓬勃兴旺,后继有人,而且对于全面贯彻落实党的各项方针政策,推动基层各项工作跨越发展,也有着十分重要的意义。因此党员干部要善于把党的方针政策同本地本部门的实际结合起来,把创新作为工作的常态,在创新中实现工作的突破。要创新思维,使自己的思维和观念紧跟时代潮流,敢于打破陈规陋习的束缚。

(四)躁动的内心才是烦恼的关键

要端正认识。时刻牢记手中的权力是党和人民给的,只能用在全心全意为人民服务上,而决不能为自己谋私利,更不能使权力商品化、庸俗化。要淡泊名利。自觉加强思想道德修养,乐于奉献,不在待遇、金钱、享受上与别人攀比,做到追求高尚、远离低俗,言行一致、表里如一。

二、你不勇敢,谁替你坚强

(一)不要成为盲目的纠错者

在工作上要从大局出发考虑和处理问题,把主要精力放在抓方向、议大事、管全局上,集中精力研究和解决带有全局性、战略性和前瞻性的重大问题,牢牢把握经济社会发展的主动权,善于创造性地开展工作。

(二)不怕没机会,就怕没准备

必须紧紧抓住当前的重要战略机遇期,树立信心,坚定决心,紧紧扭住经济建设这个中心不放松,牢牢把握发展这个大局不分神,沉下心、鼓足劲、埋头干,缩小与发达地区的差距。

(三)不怕万人阻挡,只怕自己投降

要以最大多数人的利益为重,积极运用经济、行政和法制等手段,及时妥善地协调各种利益关系,防止矛盾激化而影响社会稳定。要引导人们正确认识和处理各种利益关系,切实把最广大人民群众的利益实现好、维护好、发展好。

（四）一次只做一件事，一次做好一件事

要牢固树立"落实重在操作、操作决定成败"的落实观，把提高操作力、执行力和破解难题的能力贯穿于决策、实施、落实的始终，争当促进安顺赶超发展的操作手、执行者。要进一步强化执行理念，对目标任务认真研究，拿出抓工作落实的有效办法，树立从上到下，一级抓一级，一级带一级，狠抓落实的良好形象。

三、可以有性格但不能太个性

（一）能吃苦，会吃苦，做勤奋学习的表率

要认真学习马列主义、毛泽东思想、邓小平理论和"三个代表"重要思想、科学发展观，坚定政治立场，丰富理论素养；认真学习历史文化知识，以史明鉴，古为今用；认真学习法律法规和市场经济理论，提高依法行政和驾驭市场经济的能力。

（二）克服习惯性拖延，做维护大局的表率

在思想上，与党中央保持高度一致；在行动上，树立一盘棋的思想，摆正局部与整体的关系，自觉做到小局服从大局，令行禁止，坚决防止地方主义和本位主义。要自觉做个人服从组织的表率，不能把个人意愿凌驾于组织之上。

（三）学会接受不可更改的现实，做珍惜团结的表率

班子主要领导要以身作则，充分发扬民主，尊重大家的意见，不独断专行；领导干部要摆正位置，积极参与集体决策，对集体研究决定的事项要各负其责地抓好落实。

（四）尊重从痕迹到轨迹再到业绩的创业规律，做求真务实的表率

定下来的事情就要雷厉风行，抓紧实施；部署了的工作就要督促检查，一抓到底；重要环节要身先士卒、靠前指挥，一步一个脚印地把工作落

到实处。要从文山会海中解脱出来,从迎来送往中摆脱出来,把心思用在干事创业上,把精力投到狠抓落实中,创造实实在在的工作成绩。

同志们,让我们在习近平新时代中国特色社会主义思想指引下,凝聚单位的强大力量,致敬新时代、吹响冲锋号、展现新作为、谱写新篇章,关键时候能担当,特殊场合冲在前,一盘棋、一条心、一股劲、一身正,为装备中心的美好明天和大家的稳稳的幸福做出新的更大的贡献!

(节选自作者 2018 年 6 月 26 日在迎"七一"表彰暨党课大会上的党课)

加强党的全面领导的必然逻辑

从全面加强党的领导到加强党的全面领导的转变,是意识形态的转变,是社会发展的转变,是改革开放的转变。全面加强党的领导,主要是能力的加强、文化的加强、政治的加强。坚持和加强党的全面领导,核心是全面领导。这就是说,"党政军民学,东西南北中,党是领导一切的"。作为最高政治领导力量,党的领导必须是整体的、全面的,体现在经济建设、政治建设、文化建设、社会建设、生态文明建设各个领域,体现在党和国家工作的各个方面、各个环节;无论哪个领域、哪个方面、哪个环节弱化了,都会出现短板效应,削弱党的领导。坚持和加强党的全面领导,最重要的是维护以习近平同志为核心的党中央权威和集中统一领导。要牢固树立政治意识、大局意识、核心意识、看齐意识,自觉在思想上、政治上、行动上同党中央保持高度一致。这是党的全面领导最集中的体现,也是坚持和加强党的全面领导最重要的要求。

一、党的全面领导历史逻辑

(一)无产阶级需要在革命联盟中抓住领导权

(二)无产阶级必须在本阶级和运动中抓住领导权

（三）无产阶级在执政时必须牢牢抓住领导权

（四）通过民主集中制原则，以领导小组、党组、党委及其工作委员会等形式实现党的全面领导

二、党的全面领导理论逻辑

（一）党群关系同心圆理论模型

（二）"党—国家—社会"三圈重叠理论模型

装备中心主任、党总支书记王德如上党课

三、党的全面领导实践逻辑

（一）中国的国家能力，来自党的凝聚力、创造力、战斗力、领导力和号召力

（二）坚持党的全面领导，才能确保大党、大国的有效治理

（三）党的全面领导主要在统揽全局，协调各方

(四)党的全面领导必须把握住意识形态的领导权

(五)党的全面领导必须坚持对军队的绝对领导

四、当前单位加强党的全面领导具体要求

(一)理论武装走深走实走心

(二)以案促改抓长抓细抓实

(三)党的全面领导生根、开花、结果

(节选自作者2018年3月27日在全面从严治党暨党课大会上的党课。)

政治逻辑排第一

一、党建回归原教旨，政治逻辑排第一

1. 把党章作为共产党人的原教旨
2. 把不忘初心作为共产党人的遵循
3. 把铸魂作为党建的伟大工程
4. 把服从全局作为最大的政治逻辑
5. 把凝聚人心作为党的工作落脚点

二、政务和党务要融通，育人和干事要并举

1. 只抓政务不抓党务难上档次
2. 仅抓党务不搞政务难成大气
3. 政务和党务相融通是上档次成大气的充分必要条件
4. "两学一做"常态化关键是育人
5. 让人生更加出彩的价值取向是干事
6. 育好人干好事是我们的人生追求和崇高境界

三、教育和制度双管齐下，修心和修行成为一体

1. 教育从改造我们的学习入手
2. 制度从形成权力互相制衡的双向闭合回路机制着眼
3. 习总书记讲话是最好的"修心教材"
4. 群众路线是最方便的"修行法门"

（节选自作者 2017 年 5 月 31 日在从严治党推进会上的讲课要点）

致敬新时代　吹响冲锋号

一、做合格党员，创时代先锋

(一)树立模范党员"六强"标准

党性觉悟强、宗旨意识强、纪律观念强、业务能力强、创新意识强、道德素质强。

(二)打造先进科室"五流"标准

一流素质、一流业绩、一流服务、一流团队、一流形象。

(三)创好优秀支部"五好"标准

领导班子好、党员队伍好、工作业绩好、工作机制好、群众口碑好。

二、牢记六大纪律，规范自己行为

(一)政治纪律

(二)组织纪律

（三）廉洁纪律

（四）群众纪律

（五）工作纪律

（六）生活纪律

三、结合工作实际，解决突出问题

（一）政治明白，做到忠诚

（二）政治本色，做到干净

（三）走在前列，做到担当

1. 以功成不必在我的境界干事创业

2. 以事不避难的精神干事创业

3. 以深厚的为民情怀干事创业

（节选自作者2017年4月5日在党建和党风廉政建设工作会议上的讲话）

发扬优良传统 争取更大光荣

95 年春华秋实。党领导人民书写了壮丽多彩的历史画卷,留下了弥足珍贵的精神财富。深入研究党的历史,认真学习党的历史,全面宣传党的历史,充分发挥党史以史鉴今、资政育人的作用,意义重大。为此,我以"发扬优良传统、争取更大光荣"为题,上一次党课,与同志们一起了解党的光辉历程,领会党的理论创新,发扬党的优良传统,不断获得阔步前进的巨大力量!

一、发扬优良传统,永葆共产党人先进本色

(一)发扬理论联系实际的优良传统

坚持主观与客观、理论与实践、知与行的统一,坚持认识论与辩证法,矛盾普遍性与特殊性的统一,坚持调查研究。

(二)发扬密切联系群众的优良传统

坚持相信群众,依靠群众,尊重群众,从群众中来到群众中去。

(三)发扬批评与自我批评的优良传统

主要是解决党内矛盾、坚持真理、修正错误的方法,针对原则性、政策性、方向性问题进行分析。

(四)发扬艰苦奋斗的优良传统

就是要保持努力向上、顽强拼搏的精神。

(五)发扬勇于担当,不怕牺牲的优良传统

就是要敢闯敢试敢为人先,敢抓敢管敢于碰硬,敢唱黑脸不怕得罪人。

二、强化党员意识,做个政治上的明白人

(一)增强政治意识

1. 把握政治方向。就是坚定共产主义信仰,在政治上同党中央保持高度一致,在单位与党总支保持一致。

2. 站稳政治立场。就是在大是大非面前、当前与背后立场、严峻考验面前站稳立场。

3. 保持政治清醒。就是在面对西方思潮,面对网络舆情,面对制造思想混乱的情况,面对非组织不团结行为保持清醒。

4. 严守政治纪律。必须坚持党的领导,不能搞私人俱乐部。

(二)增强大局意识

1. 必须善于着眼大局。要有大局观念,把部门放在单位大局中考虑,个人放在集体中考虑。

2. 必须自觉把握大局。要统筹考虑单位整体利益、全局性工作、安全稳定、阶段性主要矛盾与重点工作、重点工作中的矛盾主要方面。

3. 必须主动服务大局。要从单位大局中找到工作结合点,在结合点上找到着力点,在着力点上干出兴奋点。

4. 必须坚持维护大局。坚决贯彻大局的意识,不以小局误大局,不以个人误集体。

（三）增强核心意识

1. 要在思想上虔诚认同核心。当前，就是以习近平总书记为核心，学习习总书记重要讲话，打牢心中核心基础。

2. 要在政治上坚决维护核心。就是坚决维护中央权威，维护党的形象，同损害党的形象的行为做斗争。

3. 要在组织上绝对服从核心。就是坚持"四个服从"，不做两面人，不拉帮结派，不讨价还价。

4. 要在行动上精准对表核心。"四个对表"即和中央对表，和法律纪律对表，和先进对表，和修身对表。

（四）增强看齐意识。

1. 思想看齐，做到高度清醒不含糊。就是和马克思主义基本原理看齐，和方针政策看齐，和党组织看齐。

2. 政治看齐，做到坚定自信不动摇。就是政治上绝对虔诚，政治方向和立场坚定，自觉抵制错误倾向。

3. 行动看齐，做到落实决策不走样。就是行动上要自觉，贯彻上要坚决，落实上要到位。

4. 纪律看齐，做到严格遵守不越轨。就是把纪律挺在前面，坚守纪律底线，严肃查处违法违纪行为。

三、抓好"两学一做"，发挥好先锋模范作用

（一）勤学善思，学以致用，做好学上进的模范

抓好"八个字"，即学好、深思、致用、笃行。

（二）坚定信念，把握方向，做转型发展的模范

践行"五大理念"，即创新、协调、绿色、开放、共享。

（三）振奋精神，奋勇向前，做破难攻坚的模范

明确目标任务、时间进度，加强团结协作。

（四）牢记宗旨，全心为民，做甘于奉献的模范

要不怕吃苦，不怕吃亏。

（五）夯实基础，弘扬正气，做团结稳定的模范

有团队意识、力量意识、互补意识、谦让意识。

（六）严守法纪，严谨自律，做道德高尚的模范

关键是自省、自警、自励、自在、自为、自觉、自强。

同志们，重温党的优良传统，我们汲取正能量；展望"中国梦"的宏伟蓝图，我们充满自信。党总支首先希望广大共产党员，要在党爱党，在党忧党，对党忠诚，努力工作，立足岗位当先锋；党总支也希望其他干部职工，要听党话，跟党走，为党争光，为党添彩，在岗有为当标兵。我坚信，在党总支的正确领导下，在教育厅党组的关心支持下，我们装备中心从领导班子到广大职工，不分党员和群众，不分将军和士兵，心往一处想，劲往一处使，解放思想，实事求是，只争朝夕，团结奋进，教育装备事业会更加辉煌，装备中心团队会更加和谐，我们在座各位的明天会更加幸福，更加美好，更大光荣！

（节选自作者 2016 年 7 月 1 日建党 95 周年上的专题党课）

适应新常态　迈上新台阶

新常态新境界，关键在责。要守土有责，守土负责，守土尽责；新常态新突破，关键在严。要拧紧理想信念"总开关"，筑牢思想道德"防波堤"，织密规矩制度"铁笼子"，坚守作风廉政"生活线"；新常态新状态，关键在做。要敢于担责，想做；攻难克艰，快做；提高标准，精做；扎扎实实，实做。从思想自觉到行为自觉，以作风改进的新成效推动工作的新提升。

"三严三实"专题教育是党的群众路线教育实践活动的延展深化，是持续深入推进党的思想政治建设和作风建设的重要举措，是严肃党内政治生活、严明党的政治纪律和政治规矩的重要抓手，体现了中央推进全面从严治党的态度和决心。我们要深入学习习近平总书记系列重要讲话精神，切实把思想和行动统一到中央决策部署上来，以高度的思想自觉和行动自觉落实好这项重大政治任务。要强化问题导向，扎实做好中央要求的"关键动作"。把发现问题、解决问题作为出发点和落脚点，聚焦对党忠诚、个人干净、敢于担当，专题党课要"实"，学习研讨要"深"，民主生活会要"真"，整改落实要"严"，着力解决干部"松"和"虚"的问题。

一、"三严三实"内涵丰富

2014年全国"两会"期间,习近平总书记在3月9日参加安徽代表团审议时提出,"作风建设永远在路上,各级党员干部都要既严以修身、严以用权、严于律己,又谋事要实、创业要实、做人要实"。3月18日,习近平总书记亲临兰考县调研指导教育实践活动,再次重申了"三严三实"的要求,强调领导干部要把实实在在做人做事作为改进作风、增强党性的一个重要方面,对党、对组织、对人民、对同志忠诚老实,襟怀坦白,公道正派,敢于担当责任,勇于直面矛盾,善于解决问题。5月9日至10日,习近平总书记再次亲临河南考察。5月9日上午,在指导兰考县委常委班子专题民主生活会时指出,作风建设是永恒课题,是立破并举、扶正祛邪的过程,要标本兼治,经常抓、见常态,深入抓、见实效,持久抓、见长效;要坚定共产党人理想信念,坚持求真务实,察真情、说实话,出真招、办实事,下真功、求实效,坚持清正严明,形成正气弘扬的大气候。5月10日下午,总书记在听取河南省工作汇报后,对河南省近年来工作给予充分肯定。他称赞,河南省委、省政府团结带领全省干部群众,认真贯彻中央决策部署,扎实推进粮食生产核心区、中原经济区、郑州航空港经济综合实验区建设,经济发展保持良好势头,调结构、转方式初见成效,改革开放有声有色,城乡面貌不断改善,城乡居民收入和生活水平持续提高,党的建设得到加强和改进。希望河南省高举中国特色社会主义伟大旗帜,全面贯彻落实党的十八大和十八届二中、三中全会精神,以邓小平理论、"三个代表"重要思想、科学发展观为指导,坚持稳中求进工作总基调,紧紧围绕促进中部地区崛起,深化改革、发挥优势、创新思路、统筹兼顾,确保经济持续健康发展、社会和谐稳定,努力建设富强河南、文明河南、平安河南、美丽河南。特别强调,党员干部要做到"三严三实",务必把加强道德修养作为十分重要的人生必修课,努力以道德的力量去赢得人心、赢得事业成就。习近平总书记的讲话既给我们的工作指明了前进方向、提供了强大动力,也对党员干部的政治修养和健康成长谆谆教诲,提出了殷切期望。

习近平总书记提出的"三严三实"要求,虽然简单朴实,但立意高远、思想深邃,集中体现了共产党人的价值观、权力观、群众观,"三严"与"三实"是一个相辅相成、不可分割的有机统一体。

(一)"三严三实"是历史继承性和现实针对性的统一

"三严三实"涉及良好的品德、官德的养成,有着深厚的中华优秀传统文化的底蕴。回顾我们党90多年作风建设的历程,每一代领导集体都围绕不同历史阶段的时代主题和中心任务,有针对性地确立党员干部的行为准则,但"严"和"实"的要求一直贯穿其中,是一脉相承的优良作风和优良传统。习近平总书记提出的"三严三实"要求,与党的作风建设理论是一脉相承的,是新时期对从严治党原则和求真务实作风的发展和细化,彰显了我们党与时俱进的理论品格和从严从实的执政风格。

(二)"三严三实"是党员干部的思想守则和行为准则

"三严三实"强调要加强党性修养,坚定思想信念,提升道德境界,追求高尚情操;要心存敬畏、手握戒尺,慎独慎微、勤于自省;要坚持用权为民,按规则、按制度行使权力;要从实际出发谋划事业和工作,脚踏实地、真抓实干,努力创造经得起实践、人民、历史检验的实绩等。这些不仅从思想层面对党员干部的精神状态、谋事理念作了系统精辟的概括和阐释,还从实践层面对党员干部履职用权、开展工作指明了努力方向,提出了具体要求。可以说,"三严三实"既为党员干部加强思想建设开出了"醒脑良方",又为党员干部干事创业提供了行动标尺。

(三)"三严三实"是对党章核心的再诠释、对党性原则的再强调

"三严"作为作风建设的"内在要素",就是要通过从严修身律己,更严地约束权力,用制度规范权力使用,确保权力运行始终不偏离为民利民

的轨道,让党员干部真正做到权为民所用。"三实"作为作风建设的"实化内容",旨在脚踏实地、谋事创业,更加务实地为民造福,以忠实于党和人民的实际行动和工作实绩赢得广大群众的真心拥护。可以说,"三严三实"强调修身正己、克己奉公是为了人民,强调实事求是、真抓实干也是为了服务人民,体现了改造主观世界与改造客观世界目标的高度一致性,既是一道坚守群众立场的政治底线,又是一个增强宗旨意识的社会承诺。一句话,出发点是正己,落脚点是为民。

二、践行"三严三实"能够打造过硬的干部队伍

习近平总书记强调,事靠人为,事在人为。无论多么宏伟的事业都是人干出来的,无论多么好的思路规划都是靠人去落实的。近年,河南省高度重视干部队伍建设,按照中央要求和习近平总书记提出的好干部标准,加强干部教育培养,强化干部管理监督,改进干部选拔任用,特别是陆续出台了一系列考核评价制度,建立了正确的选人用人导向,干部队伍的素质和作风整体向好。但也要看到,当前干部队伍还存在一些不"严"、不"实"的问题,突出表现在以下几个方面:一是信仰信念动摇。二是纪律观念淡薄。三是干事脱离实际。四是做人表里不一。以上这些问题,实质上都是"松"和"虚"的问题。践行"三严三实",就能戒松守严、去虚就实,祛作风之弊、除行为之诟,从而真正成为信念坚定、为民服务、勤政务实、敢于担当、清正廉洁的好干部。

三、努力将"三严三实"要求内化于心、外化于行

(一)固本培元练内功

求木之长者,必固其根本;欲流之远者,必浚其源泉。人的理想、信

念、追求、认识等，都是我们的力量源泉和内在动力。焦裕禄同志正是因为充满一心为民、务实重行、迎难而上、拼搏奉献、清正廉洁的内在力量，我们感受到的都是他那撼人心魄的精神光芒。现在作风方面存在的种种不"严"、不"实"的问题，都可以从思想上找到根源。可以说，践行好"三严三实"，进一步祛"四风"改作风，不断滋养内在力量、打牢思想基础是不二选择。

固本培元，坚定理想信念必须放在首位。习近平总书记把理想信念形象地比喻为共产党人精神上的"钙"，反复强调精神上"缺钙"，就会得"软骨病"。作为党员干部，必须坚定对中国特色社会主义的道路自信、理论自信和制度自信，这是最根本的问题、最核心的问题。唯有如此，才能做到在党信党、在党爱党、在党为党、在党忧党。

固本培元，强化宗旨意识是必然要求。习近平总书记指出，"事实表明，经济发展了，人民生活水平提高了，不等于党同人民的联系就更加密切了、必然密切了，有时候反而疏远了"。究其原因，这与一些党员干部宗旨意识淡薄了、对群众的感情变化了不无关系。全心全意为人民服务，就要始终站在群众立场，从群众利益出发想问题、办事情、作决策，真正和老百姓走到一起、融在一块。

固本培元，加强道德修养是应有之义。我们要结合工作和人生实践，从日常做起，吾日三省吾身，查找自己思想境界和道德修养上的不足，不断改进提高，不断增强守政修德的自觉性。

固本培元，还要坚持实事求是的思想路线和方法。实事求是，是我们党的思想路线的核心，是我们党的基本思想方法、工作方法和领导方法。要加强对马克思主义世界观和方法论的学习，坚持一切从实际出发、按客观规律办事，增强运用规律科学决策、运用正确方法开展工作的本领。

(二)严规守纪强约束

党的纪律是党的各级组织和党员必须遵守的行为准则，具有强制性和约束力。每一个党员干部都要时刻铭记党规党纪,自觉地遵守纪律,不论大事小事,凡是纪律所禁止的就坚决不做,守住底线、不越雷池。

(三)务实重干创业绩

一分部署,九分落实。实处着力,必须从正在做的事情做起。中央之所以部署开展群众教育实践活动之后再开展"三严三实"专题教育活动,一个重要的考虑就是要使全体党员以优良的作风完成党的十八大确定的目标任务。具体到党员干部来说,就要结合岗位职责,围绕中心任务,围绕正在做的事情,踏踏实实地把职责履行好。要自觉到群众中去,到条件艰苦、情况复杂、矛盾尖锐的地方去,接地气、察实情,总结经验、完善思路。要对定下的事情,群众急需解决的事情,打基础、利长远的事情,集中精力抓好落实,一步一个脚印抓出成效。

实处着力,还必须敢于担当。"为官避事平生耻。"习近平总书记指出:"担当大小,体现干部的胸怀、勇气、格调,有多大担当才能干多大事业。"对党员干部来说,发现问题是水平,破解难题是业绩,回避矛盾是失职。我们要敢于直面问题,勇于应对挑战,决不能但求无过、得过且过,更不能不做事、不担当、不作为。

(四)从我做起作示范

焦裕禄同志之所以葆有永恒的精神光辉,就在于他在方方面面树立起标杆,为广大党员干部提供了镜鉴。习近平总书记在提出"三严三实"之后,重新走访兰考,重提焦裕禄精神,为广大党员干部践行"三严三实"树立了榜样。

领导干部身体力行,带头改进作风,是无形的力量、无声的命令,也是最生动、最有说服力的教材。"八项规定"之所以抓铁有痕、取得成效,就是因为中央领导率先垂范,时时处处从我做起。教育实践活动开展至今,领导带头、自上而下,已成为此次活动重要的特点,也是此次活动能够取得成效的重要原因。我们要从我做起,在改进提高上作表率,在学用相长上走在前,学谋事创业的思路和本领,学修身律己的标准境界,学用权行政的规矩和底线,将践行"三严三实"与弘扬焦裕禄精神结合起来,以优良作风赢得群众的信赖和支持。

（节选自作者在 2015 年党的工作会议上的讲话暨学习习近平同志"三严三实"重要论述的体会）

大力弘扬焦裕禄精神
积极追求高尚幸福人生

在"讲党性修养、树良好作风、促科学发展"的第三阶段，厅党组要求书记要上党课。今天是党的生日，按照中央和省委的要求，结合实际，我就进一步学习贯彻教育厅党组特别是蒋笃运厅长的重要讲话精神，以党课的形式，向大家汇报一下我的一些学习体会，以此与大家共勉。

一、政声人去后，民意闲谈中——历史是镜子

中原大地内乡县，有一座古代的建筑群落，被誉为"神州大地绝无仅有的历史标本""龙头在北京，龙尾在内乡"的全国惟一保存完整的古代县级官署衙门——内乡县衙。内乡县衙的各主要建筑物门前，都有一方匾联或一副楹联，游人参观县衙，往往驻足联前，良久思忖，提笔抄写。内乡县衙的官署文化也就集中体现在衙内的 30 余副匾联上。

治菊潭，一柱擎天头势重；
爱郦民，十年踏地脚根牢。

485

欺人如欺天,毋自欺也；
负民即负国,何忍负之。

得一官不荣,失一官不辱,勿说一官无用,地方全靠一官；
吃百姓之饭,穿百姓之衣,莫道百姓可欺,自己也是百姓。

忙里有余闲,登山临水觞咏；
身外无长物,布衣蔬食琴书。

宽一分,民多受一分赐；
取一文,官不值一文钱。

法行无亲,令行无故；
赏疑唯重,罚疑唯轻。

为政不在言多,须息息从省身克己而出；
当官务持大体,思事事皆民生国计所关。

"政声人去后,民意闲谈中。"凡是到内乡县衙游览过的游客都会记忆犹新。章炳焘在任知县九年间,"济贫乏,建院堂,兴教育,重农务,深得民心"。罢官去职回乡后生计困难,不得不回内乡筹款度日。百姓商贾闻之,纷纷解囊相助,致使其老泪纵横,感动万分。"老百姓,是杆秤",为百姓办好实事、好事的人,百姓是不会忘记他们的。

二、一腔热血勤珍重,洒去犹能化碧涛——信念是灵魂

我们党成立 88 年来,之所以能够历尽曲折而不断胜利、饱经风霜而愈加坚强,带领人民取得革命、建设和改革的伟大胜利,最根本的原因就在于共产党人有着为社会主义、共产主义奋斗终生的崇高理想和信念。正是因为有了这种信念,才出现了一大批像雷锋、焦裕禄等鞠躬尽瘁、死而后已的先进典范。但是,随着我们党执政时间越来越长,特别是随着改革开放不断推进和社会主义市场经济的深入发展,工作和生活各方面的条件越来越好,西方资本主义腐朽生活方式侵入国内,我们的一些党员领导干部的思想开始麻痹了,理想信念和追求目标出现了偏差,思想滑坡,精神世界坍塌,理想信念动摇,腐化堕落,走向党和人民的对立面。当前,作为一名党员领导干部,如何才能保持坚定的理想信念呢? 我想应重点解决三个思想认识问题。

(一)正确认识党,始终忠于党

中国共产党是中国工人阶级的先锋队,同时也是中国人民和中华民族的先锋队,我们党成为执政党并在全国长期执政是历史的选择、人民的选择。抗震救灾的斗争,以铁的事实再次证明我们党是中国特色社会主义事业的坚强领导核心,没有共产党的领导,我们就不可能取得这些斗争和考验的伟大胜利。认清了这一点,我们就能做到不管风云如何变幻,始终坚定不移地跟党走,做到与党同心、与党同向、与党同步,为党的事业奋斗终生。

(二)正确认识社会,坚定必胜信心

要认真研究、准确把握共产党执政规律、社会主义建设规律、人类社会发展规律,认识到实现共产主义,道路是曲折的、前途是光明的、胜利是必然的,这样才能做到挫折面前不动摇,困难面前不却步,把实现全面建

设小康社会的伟大目标同实现共产主义的远大理想结合起来,从眼前的事情做起,从身边的事情做起,一步一步地、一代一代地把远大理想变成美好现实。

(三)正确认识自己,定准人生方位

党员干部无论职务高低,都是人民的公仆,在任何时候、任何情况下都要做到与人民群众同呼吸共命运的立场不能变,全心全意为人民服务的宗旨不能忘,坚信群众是真正英雄的历史唯物主义观点不能丢,在为党和人民工作中实现自己人生的价值。这些思想问题解决了,理想信念自然就坚定了。

三、非淡泊无以明志,非宁静无以致远——道德是底线

淡泊之心是疫苗,有免疫力才能做清白人,党员干部要有经得住十万次诱惑和十万种诱惑的免疫力。这实质上是道德修养问题。党的用人原则是德才兼备、以德为先。做官必先做人,做人必先修德。对于党员干部来说,德的标准既要求政治上靠得住,也要求道德、品行、操守上过得硬。"正心以为本,修身以为基。"一个让党放心、让群众满意的干部,首先必须是一个明辨是非、公道正派的干部,是一个道德高尚、品行端正的干部。如果不能恪守从政道德,丧失了人格力量,就会失去人民群众的信任与支持,在人生的道路上一败涂地。干部要过好八小时以外的生活,耐得住寂寞、经得起诱惑、守得住清贫。古人云:非淡泊无以明志,非宁静无以致远。党员干部要做到"为官一任,造福一方",就要抛弃名利之念,拒绝各种诱惑。

要有淡泊之心,牢固树立正确的权力观。首先,权力是一种责任。其次,权力是干部的人生舞台。再次,权力是领导干部为人民服务的工具。

四、精神到处文章老,学问深时意气平——学习是境界

下苦功学习,"下"就是要把时间放在学习上;"苦"就是学习不是一件容易的事情,要有刻苦精神;"功"就是要有办法、有能力真正学好。

一个人长期不懈地读书学习,自然就会腹有诗书气自华,少了市侩气,多了书卷气;少了俗气,多了雅气;少了媚气,多了骨气;少了霸气,多了和气,成为一个具有感召力、亲和力和人格魅力的人。

(一)要把学习作为"终身大事"

做到活到老、学到老、用到老。

(二)要把学习作为"立业大事"

掌握知识、增长本领,提高修养、开阔眼界,建大功、立大业。

(三)要把学习作为"执政大事"

把学习的成果转化为谋划工作的思路、促进工作的措施、领导工作的本领,转化为推动科学发展、促进社会和谐的能力,使我们党更好地肩负起执政使命。

五、玫瑰紫罗均芳香,和而不同大雅量——团结是大智

懂团结是大智慧,会团结是大本事,真团结是大境界。大家来自五湖四海,在一起共事是一种缘分,要胸襟宽广、虚怀若谷,严以律己、宽以待人,理解尊重别人的个性和差异,理解包容别人的缺点和不足,我常讲一句话,"要用人所长、容人所短",就是这个意思。要不揽权、不争功、不诿过。要坚持大事讲原则、小事讲风格,在大是大非面前不含糊、不和稀泥,在日常交往中讲感情、讲友谊,不利于团结的话不说,不利于团结的事不做,做政治上志同道合的同志、思想上肝胆相照的知己、工作上密切配合

的同事、生活上相互关心的挚友。

六、立定脚跟竖起脊，拓开眼界放平心——开明即开放

科学发展需要开明。解放思想就要转变不合时宜的思想观念，只有开明才敢于抛弃旧的思想观念，善于接受新的理念。对于创新中出现的不足、失误，我们要以开明之心去包容和勉励。我们的很多制度，都是在执行中不断完善的。我们不能苛求每一项新的制度尽善尽美、无可挑剔；不能因为一项新的制度存在缺陷而全盘否定。要想开拓，就必须允许在体制机制创新上大胆尝试，要理性地对待改革创新，宽容和善待缺陷和失败；要允许新的制度不断地适应客观环境，在实践和执行中不断加以完善，同时我们也要主动适应新的制度，为新的制度创造良好的执行环境，并提出改进制度的意见和建议，使新的制度更加完善，更加符合客观实际。

构建和谐社会需要开明。解放思想是为了更好地构建和谐社会，和谐是各种利益协调、调和。社会主义和谐社会是全体人民各尽其能、充满创造活力的社会，是全体人民各得其所和利益关系得到有效协调的社会，是稳定有序、安定团结、各种矛盾得到妥善处理的社会。我们必须通过注重人文关怀和心理疏导，在全社会，尤其是机关工作人员中，营造和培育一种开明心态，化解心理矛盾，妥善解决各类纠纷，才能使全体成员各尽其能、各得其所，才能实现社会的稳定有序、安定团结。以开明之心来推进解放思想，实质就在于以开明之心来提高创造力，这也是解放思想的出发点和落脚点。

一是多设路标，少设路障。以开明之心服务，以无限责任理念服务。二是放心放权，舍得放权。以开明之心放权，不能放想方设法也要放。三是为事业舍得弯腰，为发展可以牺牲面子。以开明之心合作，创造部门联

动力。四是闻过则喜,从谏如流。要勇于、敢于正视失误,虚怀若谷,广开言路,诚纳益言。

七、长风破浪会有时,直挂云帆济沧海——发展是责任

科学发展是我们当前最重要的工作。如何对待这项工作,我想至少三点:第一,保持一份良知。感恩人民,感恩组织,感恩父母。第二,保持一份责任。第三,保持一份激情。要勤,要快,要实,要细。一是思考问题要细。二是具体工作要细。三是责任落实要细。四是督促检查要细。

八、高血压人群应当终生服药,高风险人群
应当警钟长鸣——廉政是生产力

(一)案件查办已成为常态,任何人都不要寄希望于不查案而求安全

(二)以清白应对查案,廉洁不怕警笛叫

(三)为政要正,为官要廉,是清白之本、幸福之本、自由之本、生存之本

(四)功劳不会被人民忘记,但功劳不是免罪牌

(五)预防机制是保障,领导干部要善于自设防火墙

(六)加强预防,结出廉政文化硕果

(节选自作者 2010 年 7 月 1 日上的党课)